O LIVRO DA
MITOLOGIA
NÓRDICA

Dados Internacionais de Catalogação na Publicação (CIP)
(Câmara Brasileira do Livro, SP, Brasil)

Lindow, John
    O livro da mitologia nórdica / John Lindow ; tradução de Lukas Gabriel Grzybowski. – Petrópolis, RJ : Vozes, 2019.

    Título original: Handbook of Norse Mythology
    Bibliografia.
    ISBN 978-85-326-6011-4

    1. Mitologia nórdica I. Título.

18-22352   CDD-293.13

Índices para catálogo sistemático:
1. Mitologia nórdica : Religião   293.13

Cibele Maria Dias – Bibliotecária – CRB-8/9427

John Lindow

O LIVRO DA MITOLOGIA NÓRDICA

Tradução de Lukas Gabriel Grzybowski

EDITORA VOZES

Petrópolis

© 2001 by John Lindow.

Título do original em inglês: *Handbook of Norse Mythology*
Publicado originalmente por ABC-CLIO, um selo de ABC-CLIO, LLC, Santa Bárbara, CA, USA.
Traduzido e publicado mediante acordo com ABC-CLIO, LLC.

Direitos de publicação em língua portuguesa – Brasil:
2019, Editora Vozes Ltda.
Rua Frei Luís, 100
25689-900 Petrópolis, RJ
www.vozes.com.br
Brasil

CONSELHO EDITORIAL

Diretor
Gilberto Gonçalves Garcia

Editores
Aline dos Santos Carneiro
Edrian Josué Pasini
Marilac Loraine Oleniki
Welder Lancieri Marchini

Conselheiros
Francisco Morás
Ludovico Garmus
Teobaldo Heidemann
Volney J. Berkenbrock

Secretário executivo
João Batista Kreuch

Editoração: Fernando Sergio Olivetti da Rocha
Diagramação: Mania de criar
Revisão gráfica: Nilton Braz da Rocha
Capa: Editora Vozes
Ilustração de capa: Marieke Kuijjer de Leiden, Holanda. O herói nórdico Sigurd chupando o polegar, dos painéis das portas da igreja de madeira Hylestad, agora no Museu Historisk, Oslo, Noruega.

ISBN 978-85-326-6011-4 (Brasil)
ISBN 1-57607-217-7 (Estados Unidos)

Editado conforme o novo acordo ortográfico.

Este livro foi composto e impresso pela Editora Vozes Ltda.

Sumário

Nota sobre a ortografia, 7

1 Introdução, 9

2 Tempo, 57

3 Divindades, temas e conceitos, 66

4 Recursos impressos e não impressos, 414

Índice remissivo, 433

Índice geral, 467

Nota sobre a ortografia

Por ser este um livro dedicado a um público amplo, foi tomada uma decisão a fim de limitar o uso de caracteres especiais, usualmente empregados para representar a sonoridade das línguas germânicas antigas, inclusive aquelas da Noruega e da Islândia durante a Era Viking e a Idade Média. Especificamente, em nomes e títulos a letra þ (thorn) aparece aqui como *th*, ð (eth) como *d*, e ǫ (o-ogonek) como ö. Todavia, essas letras foram mantidas nas discussões de termos específicos, como "*þylja*" e "*goði*". Outros caracteres, como *æ*, *œ* e ö foram mantidos. Além disso, a partícula final *r* do nominativo singular foi removida dos nomes, assim como os acentos foram retirados dos nomes "Odin" e "Thor", uma vez que estas formas são usadas de maneira mais ampla atualmente.

Tais modificações geram naturalmente algumas inconsistências, mas eu espero que elas não irão tirar a atenção do objetivo deste trabalho, a saber, deixar que os textos falem por si mesmos e dar ao leitor uma ideia das principais questões no estudo da mitologia escandinava.

1
Introdução

Quando em uma conversa nós usamos a palavra "mito", nós nos referimos geralmente a algo que não é verdade. Quando historiadores da religião usam o termo, eles costumam se referir a uma representação do sagrado em palavras. Quando antropólogos o usam, eles muitas vezes se referem a narrativas que contam sobre a formação de alguma instituição social ou algum costume. Contudo, nenhuma das definições está diretamente relacionada aos personagens e estórias tratados neste livro. Isso se deve em parte ao grande lapso temporal: Materiais relevantes ao estudo da mitologia escandinava, definida de uma maneira ampla, se dispersam por dois milênios ou mais. Mas mesmo se limitarmos a discussão ao *corpus* relativamente restrito de textos da Era Viking e posterior Idade Média a respeito dos deuses – Odin, Thor, Frey e os demais –, e as suas constantes batalhas com forças do mal e do caos, é difícil conciliar esses textos com qualquer das definições específicas de mito apresentadas acima. Certamente, elas possuíam algum valor de verdade para as pessoas que as compuseram, como também para aqueles que as compilaram e redigiram. Mas estas não eram sempre as mesmas pessoas – geralmente eram pessoas diferentes. Assim, é óbvio que aquilo que era verdade, sagrado, e um relato de como o mundo tomou sua forma para um poeta pagão da Era Viking, não pode, de maneira alguma, ter o mesmo valor para o escriba cristão, que redigiu a estória em um manuscrito centenas de anos após a Era Viking. Portanto, é mais fácil e mais elucidativo tratar de alguns conteúdos e critérios formais.

De acordo com a forma, então, mito de modo geral, e os textos que formam a mitologia escandinava em particular, são narrativas, embora essa narrativa possa ser formulada tanto em verso como prosa. De modo geral, é esperado que o mito apresente eventos importantes que aconteceram no início dos tempos e ajudaram a dar forma ao mundo. E, de fato, a mitologia escandinava possui sequências que relatam sobre a origem do cosmos e dos seres humanos. A estória segue, todavia, até a destruição e ressurgimento do cosmos, e tudo nela é apresentado diante do conflito contínuo entre dois grupos de seres: de um lado os deuses, de outro lado os gigantes. Estes termos são enganosos até certo ponto. Embora o grupo que cria e ordena o cosmos é corriqueiramente referenciado por palavras que podem ser melhor traduzidas por "deuses", a principal palavra – "æsir" – é apresentada explicitamente pelo mais importante intérprete medieval, Snorri Sturluson, como sendo "Povos da Ásia". De fato, a palavra nos textos mitológicos traz muitas vezes o sentido de estar se referindo a um grupo familiar extenso, ou a uma tribo, mais que a um conjunto de divindades. E o outro grupo, aqueles que intentam a destruição do cosmos e o rompimento da ordem, certamente não se trata de "gigantes" no sentido de serem maiores do que os deuses. Eles são mormente chamados "jötnar", e novamente o uso do termo na mitologia transparece mais um sentido de tribo ou grupo de parentesco do que qualquer outra coisa.

O mundo em que os æsir e os jötnar conduzem seu conflito tem seu próprio conjunto de nomes-lugares[1], mas pode ser reconhecido essencialmente como a Escandinávia. Há rios, montanhas, florestas, oceanos, tempestades, tempo frio, invernos rigorosos, águias, corvos, salmões e cobras. As pessoas se deslocam com barcos e a cavalo. Eles consomem carne de caça e bebem cerveja. Assim como na Escandinávia, o Norte é uma direção difícil, assim como o Leste, provavelmente porque a nossa mitologia vem da Escandinávia Ocidental (Noruega e Islândia), em que viajar ao Leste requeria atravessar montanhas, e ir ao Oeste com uma embarcação era algo muito mais simples para essa cultura de navegadores.

É útil pensar em três períodos de tempo, nos quais a mitologia se desenvolve. No passado mítico os æsir criaram e ordenaram o mundo, e se asso-

---

1. Do inglês *place-name*. Embora possa ser traduzido por "nomes de lugares", o termo possui uma importância acadêmica fundamental, sendo campo em amplo crescimento nos estudos a respeito da história escandinava. Daí a decisão pela forma composta no português [N.T.].

ciaram a outro grupo, os vanir, para fazer surgir a comunidade dos deuses. De alguma maneira essa era dourada foi interrompida no presente mítico. À medida que anões, humanos e, por vezes, elfos observam e ocasionalmente são arrastados para o conflito, os æsir e os jötnar lutam por recursos, objetos preciosos e, sobretudo, mulheres. O fluxo dessa riqueza se dá somente em uma direção, dos jötnar aos æsir. De fato, é possível dividir as narrativas do presente mítico entre aquelas em que os deuses conquistam algo aos gigantes, e aquelas em que os gigantes tentam usurpar algo dos deuses, mas são frustrados. No futuro mítico a ordem deste mundo chegará a um fim impetuoso, enquanto deuses e gigantes destroem uns aos outros e ao cosmos. Todavia, uma nova ordem do mundo deve seguir a esta, na qual o universo renascerá e será habitado por uma nova geração de æsir.

O contexto histórico

A Escandinávia consiste das planas ilhas dinamarquesas e da Península da Jutlândia, e da grande península escandinava, que em seu extremo norte é dividida em duas pela grande cadeia de montanhas conhecida como a quilha. No lado Leste fica a Suécia, com sua costa báltica suave e uma vasta porção de terras férteis, especialmente nas partes centrais da Suécia, em torno dos lagos Mälaren, Vännern e Vättern, e mais ao sul. Ao Oeste fica a Noruega, onde altas montanhas se elevam a partir da costa, a qual é protegida do Atlântico por uma série de pequenas ilhas. Ao Sul fica a Dinamarca, que até 1658 incluía não somente a Jutlândia e as ilhas, mas também porções de terra ao sul da Península Escandinava. Os nomes são sugestivos: Noruega, o caminho do Norte, a rota marítima ao largo da costa de norte a sul; Dinamarca, a floresta dos Daneses, que os separava dos Saxões; Suécia, o reino dos Sveares, os povos em torno de Mälaren que em algum momento durante a Era Viking subjugou seus vizinhos ao Sul, em Götaland. O nome "Escandinávia" parece ser a forma latinizada de um termo germânico não comprovado, *Scandinauj. (O asterisco antes da palavra significa que ela nunca foi registrada, mas sim reconstituída por linguistas.) Esta palavra é um composto. A sua segunda parte, *aujā*, significa "ilha". O significado da primeira parte tem sido debatido à exaustão. Tudo indica que ela possui a mesma raiz que o nome da porção meridional da Suécia, Skåne, e pode significar, por conseguinte, "Ilha dos Skanes".

Com o recuo do gelo da última grande era glacial as terras planas do Sul foram primeiramente expostas e a análise de pólen indica o início dos assentamentos em Sjælland e em outras partes já em torno do ano 10000 A.E.C. Sabe-se muito pouco a respeito desses assentamentos, mas por volta de 6500 A.E.C., mais ou menos, uma cultura de pescadores e caçadores pode ser identificada. Em torno de 2500 A.E.C. aproximadamente há indícios de agricultura e de criação de animais. Por volta de 2000 A.E.C. os registros arqueológicos começam a demonstrar pequenas lâminas de machado de um tipo característico, feitas de pedra, mas que copiam com cuidado as marcas de fundição que eram utilizadas para esse tipo de lâminas de machado no Sul da Europa. Uma cultura hipotética associada com esses machados e uma ainda mais hipotética imigração de pessoas com tais machados da Europa é conhecida como a cultura Barco-Machado [Boat-Ax]. Em torno de 1000 A.E.C. tem início a Era do Bronze escandinava, e desse mesmo período existe um grande número de esculturas em rochas, que podem ter tido algum propósito religioso. A Era do Ferro escandinava começa cerca de 500-400 A.E.C., e sua primeira fase, até aproximadamente o início de nossa era, é conhecida como a Era do Ferro Pré-Romana, apesar do incipiente comércio com o Império Romano. Em torno do início de nossa era nós começamos a encontrar inscrições rúnicas da Escandinávia e do continente em uma língua que pode ser identificada como germânica, e na Escandinávia tem início a chamada Era do Ferro Romana. No continente, este é o tempo em que os povos germânicos enfrentam o Império Romano com sucesso crescente. Em torno do ano 400 E.C. aparece ouro na Escandinávia, e a chamada Era do Ferro Germânica tem início. A Era do Ferro Germânica Antiga, de 400 a 550 ou 575 E.C. aproximadamente, é também conhecida como o Período das Migrações, devido ao intenso movimento das tribos germânicas por toda a Europa, como sobretudo os relatos compostos por historiadores romanos a respeito da interação com os povos germânicos nos dá a conhecer. A Escandinávia era provavelmente terra natal para alguns desses povos. Por exemplo, os Burgúndios parecem ter saído da Ilha de Bornholm, os Godos seriam ou da região de Götaland, na Suécia, ou da Ilha de Gotland, próxima à costa oriental da Suécia, e os Vândalos teriam sua origem ou na região de Vendel, na Suécia, ou na região conhecida hoje como Vendsyssel, na Dinamarca. Parte da imigração anglo-saxônica para a Inglaterra provavelmente veio de Angeln no que hoje é a Dinamarca.

Fecho de cinto em prata, ouro e pedras preciosas de Admark, Noruega, século VII E.C. (The Art Archive/Historiska Museet Norway/Dagli Orti)

O período que se estende entre 600 e 800 E.C. é chamado comumente de Era do Ferro Germânica Recente, embora arqueólogos suecos também a chamem de Período de Vendel por conta dos ricos achados encontrados em Vendel, uma região ao nordeste do Lago Mälaren. Durante esse período também havia um intenso comércio através do Báltico, centrado em Helgö, que na época era uma ilha na porção sul do Lago Mälaren. E na Dinamarca parece que um Estado dinamarquês estava começando a se estabelecer na região da Jutlândia.

Em torno de 600 a 800 E.C. uma série de mudanças linguísticas ocorreu na região norte da comunidade de fala germânica, e ao fim desse período é possível já falar em línguas escandinavas. Nessa mesma época alguns escandinavos irrompem espetacularmente no cenário europeu. Ainda que pareça ter existido algumas incursões de pilhagem esporádicas antes do outono de 793, naquele ano Vikings saquearam o rico mosteiro de Lindisfarne, próximo à costa oriental do norte da Inglaterra. A partir desse momento, por quase três séculos os Vikings, e posteriormente os reinos escandinavos, iriam desempenhar um papel central na história europeia. O que a palavra "Viking" significava originalmente não se sabe ao certo. Os autores europeus, em sua maioria clérigos, que a tornaram famosa, atrelaram a ela uma imagem clara de saqueadores pagãos que destruíam e espoliavam onde quer que fossem. Certamente há algo de verdadeiro em tal imagem, especialmente na primeira porção da Era Viking, quando os marinheiros escandinavos parecem ter possuído uma vantagem militar real, com seus barcos leves, ligeiros e manobráveis. Mas é preciso considerar que houveram incursões individuais, expedições maiores, exércitos invernando da Inglaterra e no continente e, finalmente, o Império do Mar do Norte de Canuto o Grande. E paralelamente a essa atividade militar, havia também um comércio contínuo e um padrão de assentamento nas terras às quais os navios escandinavos chegavam.

Algumas dessas terras já estavam ocupadas, como a costa francesa e o nordeste da Inglaterra. Na Normandia os escandinavos deixaram relativamente poucos traços, mas na Inglaterra sua influência foi grande. A criação do Danelaw – uma área relativamente fixa na qual imperava a lei escandinava – preparado por Alfred o Grande e o rei dinamarquês Guthrum nos anos 880 indica o quão penetrante foi a presença escandinava. A grande quantidade de palavras escandinavas emprestadas ao inglês indica um largo período de contato entre os ingleses e os escandinavos, e à medida em que os reinos escandinavos começaram a surgir durante o nono e décimo séculos os contatos com as cortes inglesas eram sem dúvida bastante frequentes. Por exemplo, um dos filhos de Harald, Cabelo Belo, da Noruega, Hákon o Bom, foi adotado para a criação na corte do Rei Athalstan da Inglaterra. De acordo com a tradição, Harald tinha unificado toda a Noruega em um único reino (isto já havia ocorrido um tanto mais cedo na Dinamarca e provavelmente viria a suceder um tanto mais tarde na Suécia, sobre a qual as fontes são bastante lacônicas). Durante o reino de Harald (870-930) teve início uma imigração de grandes proporções através do mar para as ilhas ao Oeste: as Órcades, as Shetlands, as Faroes, e a Islândia. Essa investida alcançaria finalmente a Groenlândia e a América do Norte, e foi igualada por intensas viagens da Suécia para o Leste, para a Finlândia e a Rússia, através dos vastos sistemas fluviais russos até Constantinopla e o Mar Negro.

De acordo com as fontes islandesas, chefes poderosos abandonaram a Noruega Ocidental e se assentaram na Islândia a fim de escapar à tirania de Harald, Cabelo Belo. É possível que haja alguma verdade nesses relatos, e mesmo se a Noruega não foi de longe a única origem de imigração à Islândia, ela permaneceu sendo o país mais diretamente conectado à Islândia e o reino ao qual a Islândia finalmente veio a ser anexada em 1262-1264. Mas do período do assentamento – a Islândia foi "plenamente assentada" em torno de 897, de acordo com os autores eruditos do século XII – até àquele momento, a Islândia funcionou como uma comunidade, em que o poder judicial estava nas mãos de um grupo de chefes tribais e não existia um rei ou uma autoridade central. Esses líderes eram chamados *goðar* (sing., *goði*), e mesmo se as fontes raramente mostram qualquer atividade religiosa por parte deles – e aquilo que elas mostram pode não ser confiável – o termo claramente incorpora a palavra utilizada para "deuses". Portanto, eles devem ter tido algum tipo de função religiosa. *Goðar* tinham "thing-men"[2], que deviam sua fidelidade a ele e a quem eles ajudavam em retorno. Todo homem livre devia ser o thing-man de algum *goði*. A palavra "thing" (*þing*) significa assembleia, e um dos deveres de um *goði* e de seus thing-men era comparecer às assembleias locais e à assembleia nacional (*alþingi*) para tomar parte nos litígios e, assim se acredita, para renovar as amizades e trocar estórias. Havia poucas cidades na Escandinávia durante a Era Viking e nenhuma na Islândia. Desse modo, as assembleias, e especialmente a assembleia anual nacional, devem ter desempenhado um papel social importante. Nesse espaço era recitado um terço da lei anualmente, de memória, pelo único oficial no país, o legislador. Esta era uma posição de prestígio e influência, mas de pouco poder efetivo diretamente. As pessoas viviam em fazendas e a unidade básica da sociedade era a casa. O princípio de pertencimento a uma casa era tão importante, que as pessoas poderiam mudar de uma casa para outra somente em determinadas épocas específicas durante o ano, os chamados "dias de mudança". A agricultura consistia basicamente na criação de gado e no feno necessário à subsistência deste gado.

A Era Viking é por definição um período em que escandinavos e europeus interagiram. Sem essa interação e os documentos escritos surgidos dela na Europa, os arqueólogos possivelmente chamariam o período de 800 até aproximadamente 1000 de "Idade do Ferro Escandinava". O começo do período, como já vimos, é descrito por aqueles que escreveram a história, os membros letrados da Igreja cristã, como um encontro entre pagãos e cristãos. Era natural que, com o passar do tempo, iniciativas fossem tomadas com a intenção de converter aos escandinavos, da mesma maneira como Carlos Magno havia convertido aos saxões. De fato, aqueles escandinavos que praticavam o comércio ou que se estabeleceram em territórios cristãos tinham amplo contato com o cristianismo, e muitos deles ou se converteram, ou receberam a *prima signatio*, ou seja, eles aceitaram o sinal da cruz, a primeira etapa em direção ao batismo, a fim de que pudessem realizar negócios com cristãos. Além disso, a emergência gradual de estados-nação europeus na Escandinávia durante a Era Viking e a crescente integração com a Europa tornou inevitável que a questão religiosa se tornasse

---

2. Homens fiéis ao líder em um caráter político-civil. Do termo "Thing" – assembleia. Por ser bastante específico, como "Viking", optou-se por não traduzir a palavra [N.T.].

um tema também em nível nacional. Há notícias documentadas de atividades missionárias na Escandinávia já a partir do início da Era Viking. Seu personagem mais famoso é Ansgar, o "apóstolo do Norte", que trabalhou junto a reis dinamarqueses e suecos na primeira metade do século IX.

O processo frutificou primeiramente na Dinamarca, ao final do século X, quando o Rei Harald, Dente-Azul testemunhou o clérigo Poppo carregando uma peça de ferro em brasa, sem que sofresse qualquer dano em suas mãos; uma demonstração de que Cristo era mais poderoso que os deuses pagãos. Na cidade de Jelling, na Jutlândia, Rei Harald, Dente-Azul, erigiu uma pedra rúnica bastante elaborada, celebrando seus progenitores e a si mesmo, a pessoa que "tornou os Daneses cristãos", como consta na inscrição da pedra rúnica de Jelling.

Um pouco de azeviche inglês foi exportado de Yorkshire para a Noruega durante a Era Viking. Esta escultura de um par de bestas similares a ursos se agarrando lembra exemplos relacionados em âmbar. (Historisk Museum, Bergen Universitetet)

Na Noruega há evidências de enterramentos cristãos de aproximadamente esse mesmo período, e Hákon o Bom foi um rei cristão, cujo reinado terminou por volta do ano 960, quando Harald se converte. Todavia, Hákon foi enterrado em um montículo funerário e celebrado no contexto da poesia pagã. Olaf Tryggvason, que governou a Noruega de 995 a 1001, havia sido batizado na Inglaterra, e levou a cabo um programa de conversões forçadas por todo o território norueguês. Ele pertencia a uma família da região do Fiorde de Oslo, e os pagãos alegadamente mais obstinados se encontravam no outro centro de poder do território, a região próxima à moderna Trondheim. O crédito para a conversão final é dado a Olaf Haraldsson. Quando ele foi morto na batalha de Stiklestad, em 1030 – uma batalha que tinha muito mais a ver com política nacional do que com religião, posto que os opositores de Olaf eram apoiados por Cnut o Grande, o rei cristão da Dinamarca e da Inglaterra –, as pessoas logo reconheceram sinais de sua santidade, e ele se tornou o santo mais importante da Europa Setentrional.

Sobre a conversão na Suécia nós estamos muito menos informados. Embora os reis da Suécia fossem cristãos a partir do início do décimo primeiro século, o monge Adam de Bremen, em sua história (composta em torno de 1070) do arquiepiscopado de Hamburgo-Bremen, no norte da Alemanha, que era responsável pela Escandinávia, descreveu um vasto templo pagão em Uppsala, com ídolos dos deuses pagãos e sacrifícios terríveis.

Pedras rúnicas representando o martelo de Thor, como esta, na Suécia, são relativamente fáceis de serem encontradas. Compare esta com a pedra rúnica da página 20; ambas são oriundas do final da Era Viking. (Statens Historika Museum, Estocolmo)

Contudo, pedras rúnicas daquela mesma parte da Suécia, oriundas do século XI, são abertamente cristãs: "Deus dê paz à sua alma", pedem muitas delas, em runas circundando uma cruz entalhada. A maioria dos historiadores aceita que a Suécia era completamente cristã no mais tardar no início do século XII.

Ilustração do Flateyjarbók, um manuscrito islandês do final do século XIV. A cena pode representar Santo Olaf matando um monstro. (Bob Krist/Corbis)

A conversão da Islândia seguiu um percurso fascinante. Havia missionários ativos nas décadas finais do décimo século, mas também haviam os seus opositores pagãos. Olaf Tryggvason, cujo papel na conversão foi defendido por monges islandeses do século XII e mais tarde, tomou como reféns alguns ricos jovens viajantes islandeses, impulsionando com isso uma maior determinação entre os cristãos na Islândia a fim de completar a conversão. Todavia, com a aproximação, para ambos os lados, do althingi na Islândia no ano 1000, parecia que uma guerra estava prestes a se iniciar. Finalmente se chegou ao acordo de que um único juiz deveria escolher uma religião para todo o território, e o legislador Thorgeir, um pagão, foi escolhido. Após passar uma noite inteira sob seu manto, ele se ergueu e decretou que a Islândia deveria ser cristã. E assim se fez.

Inicialmente algumas práticas pagãs continuaram sendo permitidas, se praticadas em segredo. Mas posteriormente até mesmo essa permissão foi revogada. Contudo, por razões que já não são mais bem claras, as antigas estórias sobre os deuses não foram perdidas na Islândia. Poemas a seu respeito sobreviveram na tradição oral, a fim de serem compilados mais de dois séculos após a conversão. Alguns poemas mitológicos podem mesmo ter sido compostos por cristãos na Islândia, e Snorri Sturluson fez largo uso da mitologia em seus escritos.

Por conseguinte, a mitologia escandinava foi escrita por cristãos, com quase nenhuma exceção, e não há nenhuma razão para acreditar que o cristianismo na Islândia diferia de algum modo do cristianismo em qualquer outra parte da Europa Ocidental durante a Alta Idade Média. Ainda que os primeiros bispos tivessem sido mandados da Noruega, logo os bispos eram naturais da ilha. Ao final do décimo primeiro século havia duas sés episcopais: a original em Skálholt, e a nova, para o Norte, em Hólar. Havia diversos monastérios, aderindo a ambas as ordens, beneditina e agostiniana, e havia também um convento para freiras na Islândia antes da dissolução da comunidade em 1262-1264. Ao menos alguns dos monges eram letrados, e eles compuseram textos tanto em latim quanto em islandês. Alguns indivíduos laicos de *status* mais elevado aparentemente também eram letrados, ao menos no islandês. Contudo, todos os escritos, seja na língua internacional da Igreja, seja no vernáculo, foram resultado da conversão ao cristianismo, que trouxe consigo a tecnologia de composição de manuscritos.

Compare essa pedra rúnica com uma cruz com aquela na p. 18. (Statens Historika Museum, Estocolmo)

Antes e depois que a Igreja trouxe a composição de manuscritos para o Norte, existia alguma escrita usando o sistema nativo de escrita rúnica. Uma vez que no mais antigo alfabeto rúnico não há traços horizontais, presume-se que o sistema tenha sido inventado originalmente para arranhar as letras em bastões de madeira, cuja textura poderia ocultar traços horizontais. Somente situações muito especiais permitem a preservação da madeira no chão para que arqueólogos possam desenterrá-la séculos mais tarde, e como resultado disso (mas não somente) a maioria das inscrições rúnicas sobreviventes são em pedra.

Detalhe da pedra rúnica de Rök, Suécia, do século nono E.C. Criada por Varin para seu filho morto, Vemod, com o centro enquanto ode a Teodorico, rei dos Godos. (The Art Archive/Dagli Orti)

É importante destacar que esculpir em madeira ou em pedra é um processo bastante trabalhoso e que o tipo de coisas registradas usando os alfabetos rúnicos tendia a ser curto e de uma natureza diferente dos textos, que podem ser facilmente escritos somente em manuscritos. A maioria das inscrições rúnicas é utilitária, e apesar do imaginário popular, elas têm pouco a dizer sobre mitologia ou mágica.

As inscrições mais antigas provêm da época em torno da emergência dos povos germânicos, e são escritas em um alfabeto de 24 caracteres, cuja origem é amplamente debatida. No início da Era Viking um novo alfabeto é desenvolvido na Escandinávia, e ele possui 16 caracteres. Mais tarde múltiplas variações derivaram desse alfabeto rúnico básico da Era Viking. Das aproximadamente 4.000 inscrições rúnicas, a maior parte é oriunda da Era Viking; a maior parte destas é da Suécia; e destas últimas, a maioria provém das províncias em torno do Lago Mälaren, especialmente de Uppland. A maior parte delas é memorial: elas explicam quem erigiu a pedra, a morte de quem está sendo lembrada, e qual a relação entre essas duas pessoas. Embora os poucos bastões rúnicos e outros tipos de inscrições rúnicas que foram preservadas mostrem que runas podiam ser usadas em uma grande variedade de modos, a Escandinávia durante a Era Viking era em todos os sentidos e para todos os propósitos uma sociedade oral, uma sociedade em que quase toda informação estava gravada na memória mortal – em vez de livros, que poderiam ser guardados –, e passava de uma memória para outra através de atos de fala. Alguns atos de fala eram formais em sua natureza, outros não. Mas como discursos, que políticos adaptam para audiências distintas, muito do conhecimento antigo deve ter tido propensão para mudar durante a transmissão oral. Sem a autoridade de um documento escrito não havia como comparar as versões de um texto, e, por conseguinte, não podemos assumir que um texto redigido em uma fonte do século XIII tenha passado inalterado por séculos de transmissão oral. Este fato faz com que seja extremamente difícil discutir, com qualquer autoridade, o momento ou o local de origem de muitos dos textos da mitologia escandinava, especialmente a poesia éddica.

"Poesia éddica" é o nome que usamos para um grupo de aproximadamente 35 poemas, todos eles registrados na Islândia durante a Idade Média, quase todos durante o décimo terceiro século. O termo "éddico" é um termo incorreto: a maior parte desses poemas se encontra em um único manuscrito, e quando o bispo erudito Brynjólfur Sveinsson viu esse manuscrito pela primeira vez no século XVII, ele percebeu uma similaridade com o livro chamado *Edda*, escrito por Snorri Sturluson, e imaginou que este manuscrito, uma outra *"Edda"*, fora composto por Sæmund Sigfússon, o Erudito, um sacerdote que brilhou nos anos em torno de 1100 e que, de acordo com a tradição, foi o primeiro historiador islandês, embora nenhuma obra de sua autoria se tenha preservado. Esse manuscrito foi chamado então não somente de "*A Edda de Sæmund*", mas também de "*Edda antiga*", posto que Sæmund viveu um século antes de Snorri. Já faz mais de um século que ninguém mais considera seriamente a ideia de que Sæmund tenha qualquer relação com a composição dessa obra, ou mesmo que ela preceda Snorri, mas nós ainda a chamamos "*Edda*": a *Edda Poética*. Em razão do manuscrito ter se tornado parte da coleção da Biblioteca Real em Copenhague nós hoje o chamamos "*Codex regius* (o manuscrito real) da *Edda Poética*", e nós chamamos o tipo de poemas nele "poesia éddica".

O *Codex Regius* da *Edda Poética*, que atualmente se encontra preservado na Islândia, foi composto no período final do décimo terceiro século, provavelmente nos anos em torno de 1280. Ele aparenta ser a cópia de um manuscrito hoje perdido, provavelmente composto em torno de 1250, e é possível que alguns dos poemas nele contidos possam ter sido compilados já nos anos iniciais do século XIII. Todavia, estes não fazem parte dos poemas mitológicos. O *Codex Regius* da *Edda Poética* contém 31 poemas, em alguns casos combinados ou interrompidos por passagens em prosa, arranjados em uma ordem deliberada pelo escriba desconhecido que compôs o manuscrito; uma ordem que conduz do mitológico ao heroico. Ele é igualmente ordenado dentro das seções mitológica e heroica.

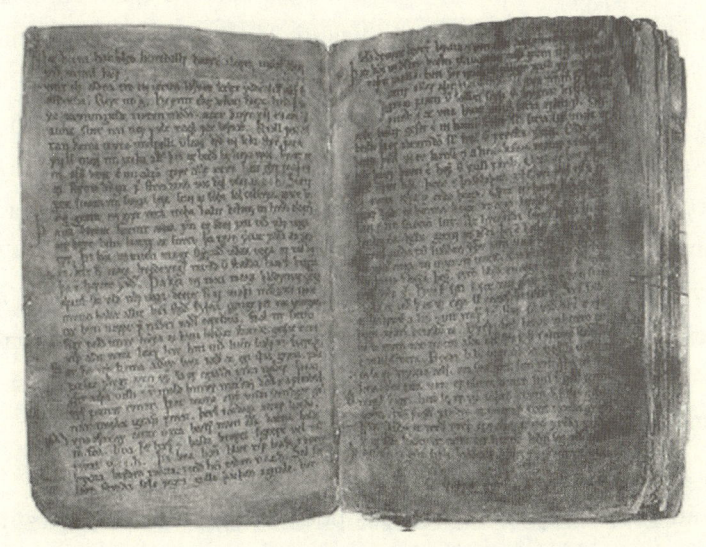

Páginas do famoso *Codex Regius* da *Edda Poética*. (British Library)

O manuscrito começa com o poema *Völuspá* (A profecia da vidente), que oferece um panorama de toda a mitologia, desde a origem do cosmos até sua destruição e renascimento. O poema *Völuspá* pode ser considerado também como um poema de Odin, uma vez que é Odin que leva a vidente a dar-lhe voz em sua fala. Os três poemas seguintes também são poemas odínicos: *Hávamál* (As palavras do grandioso), que contém a sabedoria odínica e uma série de estórias que descrevem a aquisição dessa sabedoria; *Vafthrúdnismál* (As palavras de Vafthrúdnir), que descreve a disputa de sabedoria entre Odin e o sábio gigante Vafthrúdnir; e *Grímnismál* (As palavras de Grímnir), que descreve a *performance* enlevada de sabedoria de Odin no salão do rei humano Geirröd. O poema seguinte, *Skírnismál* (As palavras de Skírnir) ou *För Skírnis* (A jornada de Skírnir) pertence a Frey, no sentido em que descreve a jornada do servo de Frey, Skírnir, no intuito de cortejar a giganta Gerd. Os quatro poemas seguintes devem ser atribuídos provavelmente a Thor. O primeiro desses é o *Hárbardsljód* (A canção de Hárbard), no qual Thor e um Odin disfarçado trocam insultos e anedotas. O próximo poema é o *Hymiskvida* (O poema de Hymir), uma narrativa acerca da jornada de Thor ao gigante Hymir e a pesca da serpente de Midgard. Segue este o *Lokasenna* (O duelo verbal de Loki), no qual Loki insulta a todos os deuses. Trata-se de um poema de Thor, pois é Thor que finalmente persegue e expulsa Loki. O último dos poemas de Thor é o *Thrymskvida* (O poema de Thrym), uma farsa na qual Thor, disfarçado de Freyja, recupera seu martelo do gigante Thrym. Os últimos dois poemas mitológicos são *Völundarkvida* (O poema de Völund), e *Alvíssmál* (As palavras do Todo-Sábio). *Völundarkvida* não apresenta deuses em seu enredo e nos parece hoje um poema heroico, mas o compilador do *Codex Regius* da *Edda Poética* deve ter pensado que o passado élfico de Völund era uma boa razão para situar o poema ali, uma vez que os elfos eram criaturas da "baixa mitologia" (nem parte dos deuses, nem dos gigantes). *Alvíssmál* apresenta uma outra dessas criaturas em Alvíss, o anão "todo-sábio" pede a mão da filha de Thor e é mantido pelo deus proferindo sinônimos até que o sol nasce e transforma o anão em pedra.

Nesse ponto começam os poemas heroicos, mas os deuses de forma alguma se ausentam, especialmente dos poemas contando as partes iniciais da história de Sigurd, o matador de dragões. Odin, Hœnir e Loki aparecem no cabeçalho em prosa ao poema *Reginsmál* (O poema de Reginn), e Loki aparece no próprio poema. Há diversas alusões a Odin e esses poemas contêm muitas informações fascinantes sobre seres mitológicos, tais como a nornas, os anões, e outros.

Existe um segundo manuscrito principal, contendo muitos desses poemas, mas diferentemente do *Codex Regius* da *Edda Poética* ele não é ordenado, aparentemente. Ele é chamado de AM 748, pois foi mantido como manuscrito número 748 na Coleção Arnamagnæan em Copenhague. Ele foi composto um pouco depois do *Codex Regius* da *Edda Poética*. Algumas diferenças são visíveis entre os textos dos poemas em ambos os manuscritos, mas AM 748 possui um poema mitológico não incluso no *Codex Regius* da *Edda Poética*; *Baldrs draumar* (Os sonhos de Baldr), uma narrativa do questionamento feito por Odin a uma vidente a respeito do destino de Baldr. Um poema mitológico adicional, *Rígsthula* (A lista rimada de Ríg), que conta sobre as origens da ordem social dos humanos, é encontrado em um manuscrito da *Edda* de Snorri.

Cada poema éddico tinha sua própria história antes de ser compilado, e existe muita especulação acerca da datação e das origens dos diversos poemas. A maioria dos estudiosos acredita veementemente na possibilidade de que alguns dos poemas mitológicos tenham sido deliberadamente compostos, após a conversão da Islândia ao cristianismo, por antiquários seguros o suficiente em sua fé cristã, a ponto de serem capazes de compor nos modelos antigos a respeito dos deuses antigos. *Thrymskvida* é o poema mais mencionado neste contexto, mas há muitos outros. Por outro lado, não há maneira de dizer se um poema, mesmo um que parece tão recente como o *Thrymskvida*, não pode ter sido composto durante a Era Viking, ou mesmo antes disso, teoricamente, e se tenha alterado na transmissão oral de tal maneira, que se parece com um produto de um antiquário cristão. Quaisquer que sejam as datas e as origens dos poemas éddicos mitológicos, me parece que as similaridades pesam mais que as diferenças, e que as imagens dos deuses são razoavelmente consistentes.

Em relação à forma, os poemas éddicos são poemas curtos em estâncias, que se apoiam principalmente em duas métricas, *fornyrðislag*, "o modo antigo de composição", e *ljóðaháttr*, "métrica de canção". *Fornyrðislag* é equivalente à forma de verso utilizada em inglês antigo, alto-alemão antigo e saxão antigo, as outras línguas germânicas, nas quais o verso foi preservado, embora a divisão em estâncias pareça ser uma inovação escandinava. Como os poemas na segunda metade do *Codex Regius* da *Edda Poética*, o verso no inglês antigo e no alto-alemão antigo trata de heróis, e mesmo o maior exemplo sobrevivente do saxão antigo, uma descrição da vida de Cristo em verso, chamada *Heliand* (Salvador), exibe uma expressão heroica. A poesia éddica heroica, então, especialmente quando faz uso do *fornyrðislag*, parece ser herdeira da poesia germânica em geral. Nós também podemos conjecturar que haviam versos a respeito dos deuses durante o período germânico em geral, mas somente a Islândia preservou alguns destes. *Fornyrðislag* tende a ser empregado em narrativas em terceira pessoa, enquanto *ljóðaháttr* é empregado em diálogos. Uma versão de *ljóðaháttr* é chamada *galdralag*, "métrica de magia", e seu emprego, embora escasso, possui um poder estilístico considerável.

Em paralelo a estes poemas mitológicos e heroicos anônimos há muito mais versos que nos foram transmitidos com o nome dos poetas atrelados a eles. O termo para "poeta" era *skald*, e esses versos são usualmente chamados "escáldicos". Em sua forma, eles são muito mais complexos do que os poemas éddicos, tanto em relação à sua métrica quanto no que tange à estrutura do poema em si, no caso dos poemas mais longos e complexos. Além disso, eles fazem uso de uma expressão muito mais complexa. O elevado nível de formalidade e complexidade torna alguns versos escáldicos bastante difíceis. Embora se conheça um grande número de skalds, compreendendo desde heróis de sagas islandesas até bispos, alguns dos mais famosos skalds serviram nas cortes de reis e outros governantes poderosos. Algumas vezes estes homens davam presentes valiosos aos skalds, como um escudo, por exemplo. E se o escudo fosse decorado com cenas tomadas das narrativas, o skáld poderia compor um poema descrevendo aquelas cenas como um agradecimento pelo presente. Um poema de escudo como este pode ser de considerável interesse no estudo da mitologia e das lendas heroicas, pois as cenas representadas nos escudos tendiam a ser originárias daquelas regiões. Há outros exemplos desse tipo de écfrase (grego: "descrição simples", nesse caso um texto a respeito de uma imagem) dentro do *corpus* escáldico, tal como o poema *Húsdrápa* de Úlf Uggason, que descreve as esculturas em um salão recentemente construído no final do décimo século na Islândia. Em alguns casos nós carecemos de um contexto para um poema, mas podemos conjecturar a existência de uma écfrase.

A poesia escáldica é preservada em versos individuais (aparentemente) não conectados com nenhum poema, assim como um poema fragmentado ou completo. Os poemas mais elaborados são chamados *drápur* (sing., *drápa*), que são subdivididos através de uma ou mais estrofes, que aqui significa linhas repetidas no mesmo espaço dentro de uma determinada estância. Uma *drápa* deve também possuir uma seção introdutória e uma seção conclusiva que faltam às estrofes. Neste livro, vou traduzir *drápa* como um "poema em estrofes". Um poema sem estrofes era chamado um *flokkr*, "um grupo".

O skáld mais antigo de que se tem conhecimento é normalmente reconhecido como sendo Bragi Boddason o Velho, que era norueguês e ativo na segunda metade do nono século, como acredita a maioria dos estudiosos. De acordo com Snorri, ele era associado ao viking semilendário Ragnar Lodbrók (Calções peludos). Existem fragmentos de um poema endereçado a Ragnar, *Ragnarsdrápa*. O poema, da maneira como nós o reconstruímos, descreve quatro cenas no escudo que Ragnar deu para Bragi, e três destas têm relação com a mitologia: a pesca de Thor da serpente de Midgard, a lavra de Gefjon das terras de Gylfi, e o encorajamento de Hild à batalha infinita de Högni e Hedin.

Um outro *skald* norueguês dos momentos iniciais foi Thjódólf de Hvin, que floresceu em torno do final do nono e começo do décimo século e foi patrocinado por vários governantes noruegueses. Dois dos poemas atribuídos a ele são importantes fontes para a mitologia. Desses poemas, o primeiro se chama *Ynglinga tal* (A enumeração dos Ynglingar), o qual Thjódólf compôs para Rögnvald heidumheiri (grandemente honrado) Óláfsson, um rei do importante distrito de Vestfold no fiorde de Oslo. A *Ynglinga tal* apresenta uma listagem com as formas pelas quais os Ynglingar, reis centrados em Uppsala e predecessores de Rögnvald, encontraram a morte e onde eles foram enterrados. O poema servia originalmente um claro propósito dinástico, mas, especialmente em sua discussão dos primeiros reis, ele tem muito a nos dizer a respeito da mitologia e da religião. Thjódólf também compôs o poema de escudo *Haustlöng* (Longo-como-o-outono, que pode se referir ao período de gestação do poema). Ele descreve duas cenas que adornavam o escudo: a traição de Loki em relação a Idun e suas maçãs ao gigante Thjazi e o resgate dela; e o duelo de Thor com Hrungnir, o mais forte dos gigantes.

Da mais antiga tradição escáldica vêm três "poemas éddicos de louvor", poemas em métrica éddica (mas nos quais a métrica está habitualmente mais estritamente conectada que nos poemas éddicos propriamente ditos), compostos para a honra não de deuses ou antigos heróis, mas de reis recentemente falecidos. Dois desses poemas descrevem o Valhöll em associação à chegada a este local do rei a quem o poeta pretende glorificar. Um deles, o poema anônimo *Eiríksmál*, foi encomendado alegadamente por Gunnhild, a esposa do Rei Eirík Haraldsson, o Machado de Sangue, que morreu em 954. O outro, atribuído a Eyvind Finnson skáldaspillir (O-Corruptor-de-Poetas), glorifica a Hákon o Bom, que morreu em 961.

Úlf Uggason foi um *skáld* islandês que viveu por volta do tumultuado período da conversão. Por volta de 985, de acordo com a cronologia da *Laxdœla saga*, Úlf compôs uma *drápa* celebrando a construção de um salão ornado por Óláf pái (Pavão), um importante líder na Islândia Ocidental. Por dentro, o salão foi decorado com cenas da mitologia. Três dessas cenas se encontram naquilo que hoje acreditamos serem os resquícios do poema, o qual Úlf recitou no casamento da filha de Óláf. Estas são o funeral de Baldr, Thor pescando a serpente de Midgard, e a luta de Loki com Heimdall.

Um outro *skáld* que viveu durante esse período foi Eilíf Godrúnarson, sobre o qual nada se sabe – nem mesmo sua nacionalidade – além do fato de que ele foi patrocinado por Hákon Sigurdarson, jarl de Hladir, um pagão notório. Eilíf compôs o *Thorsdrápa*, uma narrativa complexa e difícil acerca da jornada de Thor até Geirröd.

Além desses poemas tratando temas mitológicos, há ainda um grande número de outros textos e fragmentos relevantes. Um poema como o *Sonatorrek*

(A perda de filhos), de Egil Skallagrímsson, o herói do décimo século da *Egils saga*, pode nos dizer algumas coisas a respeito de suas próprias atitudes religiosas. "Rán me roubou grandemente", diz ele, fazendo alusão à morte por afogamento de um de seus filhos.

Na poesia escáldica, Thor é o tema mitológico mais frequente. Desses, os mais provocativos e desconcertantes são dois versos se dirigindo a Thor na segunda pessoa, ambos provavelmente dos últimos anos do paganismo na Islândia.

A poesia escáldica não é valiosa somente por conta da exposição direta de temas mitológicos, mas também por conta de sua própria expressão. Sua característica estilística primária é o kenning, uma substituição em duas ou mais partes para um nome. Kenningar consistem em uma palavra-base (p. ex., "árvore") e um modificante ("de batalha"). O que é uma "árvore de batalha"? Esta figura de linguagem tem de fato algo enigmático. Porque ele permanece altivo em uma batalha, uma "árvore de batalha" é um guerreiro. O que é um "ruído de lanças"? Porque batalhas são ocasiões rumorosas, o "ruído de lanças" é uma batalha. Kenningar são conhecidos da poesia éddica e do verso das outras línguas germânicas antigas, mas eles assumem uma importância especial na poesia escáldica, pois *skalds* os conectavam através do uso de um kenning como o modificante de uma palavra-base a fim de criar outro kenning. Por exemplo, "árvore do ruído de lanças" para um guerreiro. Os exemplos que escolhi até aqui são relativamente óbvios, mas os *skalds* também criaram kenningar baseados nas narrativas, isto é, nas lendas heroicas e nos mitos. Por exemplo, eles chamavam o ouro de "a tiara de Sif", o que só é compreensível se o leitor conhece o mito no qual Loki corta o cabelo de Sif e faz com que os anões criem um cabelo dourado para repô-lo. Kenningar podem ser úteis na datação dos mitos, pois um kenning que se apoia em um mito indica que aquele mito era conhecido pelo *skáld* e sua audiência em uma determinada época. Observar se um deus ou deusa menor é utilizado como palavra-base de um kenning – por exemplo, "Gná de anéis" para mulher – pode nos dar alguma indicação se aquela figura em questão era realmente conhecida ou não.

A poesia escáldica era, então, uma forma de poesia oral ornada, pomposa, que provavelmente demandava bastante tempo para se dominar; de fato, está claro que, enquanto membro da audiência, certa quantidade de treinamento seria necessária simplesmente para compreendê-la. Certamente é possível que o conhecimento a respeito dos mitos sobreviveu à cristianização, por causa do valor que a Islândia cristã, em seu princípio, depositou sobre os poemas escáldicos a respeito de reis e governantes. Em outras palavras, é possível que a transmissão contínua de poesias a respeito dos primeiros reis e batalhas como fontes históricas tenha demandado a continuidade também do conhecimento das lendas heroicas e dos mitos, não como objeto de crença ou como algo associado a um culto, mas simplesmente como estórias, as quais as pessoas interessadas na história de sua própria cultura deveriam conhecer. Da mesma maneira, estudantes hoje podem estudar a Bíblia a fim de compreenderem as alusões a ela na literatura mais antiga. É mesmo possível imaginar que os poemas éddicos continuaram a ser recitados por conta do seu valor narrativo, como reforço ao sistema do kenning, apesar de uma vez esgotada a crença nos deuses antigos, eles também poderiam ser recitados simplesmente por aqueles e para aqueles que apreciavam uma boa estória.

Certamente uma motivação como tal associa os primeiros registros de poesia éddica e escáldica e a sistematização da mitologia por Snorri Sturluson. Snorri nasceu durante o inverno de 1178-1179, membro de uma família abastada, os Sturlungar, que viriam a dar nome ao turbulento período em que Snorri viveu: a Era dos Sturlungar. Ele cresceu em Oddi, o filho adotivo do homem mais poderoso na Islândia; um de seus irmãos adotivos se tornou bispo, e o próprio Snorri era um *goði*, sendo que por duas vezes ele desempenhou o ofício de legislador. Através de diversas alianças ele logo se transformou em um dos homens mais poderosos de sua época, e ele esteve profundamente envolvido na política da Era dos Sturlungar. Durante esse período a política se tornou paulatinamente mortal, e muitas disputas passaram a ser resolvidas com armas. Snorri foi assassinado em 1241 por inimigos que reivindicaram estar trabalhando em nome do rei da Noruega.

Snorri havia visitado aquele rei, Hákon Hákonarson, o Velho, em 1218-1219, e ele compôs um poema glorificando o rei menino, assim como seu regente, o jarl Skuli. Este poema é chamado *Háttatal* (Enumeração de métricas) e ele exemplifica 101 variações métricas ou estilísticas em suas 102 estâncias, adidas de um comentário. De uma explicação da métrica e do estilo, ao que parece, ele passou para uma discussão do sistema dos kenningar e palavras e nomes raros ou poéticos, chamados "heiti", os quais ele incorporou em um tratado chamado *Skáldskaparmál* (A linguagem da poesia). A maior parte desse texto é composta por listas de kenningar e heiti arranjadas pelos nomes que eles podem substituir, ilustrados por uma série de citações da poesia escáldica, citando em blocos de meia-estância. Mas, concomitantemente ele usou o contexto narrativo para recontar alguns dos mitos mais importantes que subjazem os kenningar escáldicos. De acordo com este quadro, um homem chamado Ægir ou Hlér de Hlésey ("Ilha de Hlér", atual Læssø, próxima à costa da Dinamarca), um mestre da magia, vai até Ásgard onde os æsir o recebem bem, mas com ilusões de ótica. O salão é iluminado somente por espadas. Ali se encontram doze æsir masculinos e doze femininos. Ægir se senta próximo a Bragi que conta a Ægir muitas estórias dos eventos nos quais os æsir tomaram parte. A primeira destas é a estória completa da alienação e recuperação de Idun e suas maçãs, a morte de Thjazi e a compensação concedida a Skadi. Quando Bragi terminou a estória, ele e Ægir tiveram uma curta conversa a respeito de algumas poucas kenningar e Ægir então pergunta a Bragi a respeito da origem da poesia, o que provoca o início da narrativa acerca da origem e da aquisição do hidromel da poesia por Odin. Ao final dessa estória Ægir faz alguns questionamentos e Bragi os responde de um modo que se parece muito com a disciplina magistral do diálogo que tipifica deveras os textos didáticos na Idade Média. Os especialistas prestam especial atenção a este diálogo, pois ele apresenta de maneira mais clara que em qualquer outro local alguns dos princípios da poesia escáldica. Depois disso, segue-se um parágrafo que convida os jovens *skáld* a prestar atenção às narrativas seguintes se eles intentam aprender a poesia escáldica, mas lembrando-os que os cristãos não devem acreditar nos deuses pagãos ou em uma verdade literal das narrativas. Isso dificilmente poderia ser a voz de Bragi. Pelo contrário, trata-se de Snorri ou, possivelmente, de um de seus copistas, e esse parágrafo se intromete no dispositivo que enquadra o diálogo entre Ægir e Bragi. Tal dispositivo é novamente retomado quando Snorri introduz a estória do duelo de Thor com Hrungnir e a estória da jornada de Thor a Geirröd, mas é deixado de lado após esse ponto. Narrativas míticas adicionais no *Skáldskaparmál* incluem a aquisição, de um grupo de anões, dos cabelos dourados de Sif, o barco Skídbladnir, a lança de Odin, Gungnir, o anel de Odin, Draupnir, o javali de Frey, Gullinborsti, e o martelo de Thor, Mjöllnir e a subsequente aquisição, de um outro anão, do ouro e do anel amaldiçoado que desempenha um papel de grande envergadura nas lendas heroicas. Uma grande porção de lendas heroicas também é relatada no *Skáldskaparmál*.

Parece que Snorri em seguida foi levado a compilar o restante dos mitos, e a fazer isto no contexto de uma estória desenvolvida consistentemente. O resultado foi o *Gylfaginning* (A ilusão de Gylfi). Nesse caso, a história que serve de base apresenta um rei sueco, Gylfi, que vai visitar Ásgard. Ele se propõe a tanto, pois ouviu dizer que tudo vai bem e de acordo com os desejos dos æsir, e ele pretende definir se isto acontece por conta da própria natureza dos deuses ou por conta dos deuses a quem eles adoram. Um homem sábio com algum controle sobre magia, ele acaba por assumir a forma de um homem velho. Todavia, os æsir eram mais sábios na medida em que possuíam o poder de profecia, e, prevendo a jornada de Gylfi, prepararam ilusões de ótica para ele. Ele acredita ter chegado em um grande salão e, assumindo o nome de Gangleri, encontra os líderes deste local, Hár (Elevado), Jafnhár (Igualmente-elevado), e Thridi (Terceiro). Ele então declara sua intenção de determinar se há no local algum homem sábio. Hár diz que Gangleri não sairá inteiro se ele não for o mais sábio, e sucede uma série de questões e respostas, as questões apresentadas por Gylfi/Gangleri, as respostas oferecidas normalmente por Hár, com ampliações ocasionais vindas de Jafhár ou Thridi. Essas questões tratam da mitologia: primeiramente a questão de uma divindade suprema; então sobre a criação do cosmos, a identidade dos deuses e deusas e alguns dos mitos relativos a eles, e então mitos não tratados ali ou no Skáldskaparmál; finalmente questões sobre Ragnarök e suas consequências. Depois disso Gylfi ouve um estampido e o salão desaparece.

Snorri cita a poesia éddica proficuamente no *Gylfaginning*, especialmente da *Völuspá*, *Vafthrúdnismál* e *Grímnismál*. O arranjo dos assuntos tratados por ele, seguindo a discussão do "maior e mais importante dos deuses", que é o primeiro questionamento de Gylfi/Gangleri, é essencialmente aquele do *Völuspá* em seu panorama do início ao final do tempo mítico. Snorri também parece ter conhecido poemas éddicos para além destes citados por ele, e ele também apresenta paráfrases de mitos que ele provavelmente conhecia da poesia escáldica. Contudo, ele não cita a poesia escáldica fora do dispositivo do referido enquadramento, no início do *Gylfaginning*.

Se o arranjo dos materiais segue em certa medida aquele do *Völuspá*, a estória que o enquadra é ela mesma orientada sobretudo pelo *Vafthrúdnismál* e outras disputas de sabedoria. Nós conhecemos a motivação da jornada de Gylfi, e ele oculta seu nome. Hár estipula inicialmente uma aposta, mas esse *motif* é abandonado. De fato, a analogia mais próxima ao desaparecimento do salão ao final do texto é a visita de Thor a Útgarda-Loki, e não qualquer mito de Odin.

Rei Gylfi da Suécia questiona Hár, Jafnhár e Thridi, do DG 11, um manuscrito do décimo quarto século contendo a Edda em Prosa de Snorri Sturluson.
(Werner Forman/ Art Resource)

Gylfi assume o papel de Odin nessa disputa de sabedoria, como o viajante sob um nome adotado, e é preciso destacar que esse nome, Gangleri, é um dos nomes de Odin no *Grímnismál*, estância 46, e em outros locais. Isso é irônico, de certa forma, pois Hár, Jafnhár e mesmo Thridi também são nomes de Odin, os dois últimos aparecendo também no *Grímnismál*. Mas, como nós veremos, Hár, Jafnhár e Thridi provavelmente, na visão de Snorri, não eram "mais Odin" que o próprio Gylfi.

Essas três seções, na ordem inversa àquela que eu acabei de apresentá-las (i. é, *Gylfaginning*, *Skáldskaparmál*, *Háttatal*), e provavelmente na ordem inversa em que o próprio Snorri as compôs, perfazem, em conjunto com um prólogo, a *Edda* de Snorri, forma pela qual a obra é identificada em um de seus manuscritos. O significado dessa palavra não é claro, mas parece ter algo em comum com o latim *edo*, no sentido de "compor", e provavelmente, por conseguinte, significava algo como "A poesia". Certamente a *Edda* de Snorri, como um todo, é antes de mais nada um manual de poesia, mesmo se hoje ele seja muito mais famoso como uma interpretação da mitologia.

Como eu já havia mencionado, *Skáldskaparmál* contém uma advertência para os jovens *skáld* sobre a natureza pagã do material. Ao que tudo indica, Snorri desejava atribuir maior impacto a essa afirmação, e ele assim o fez no prólogo de sua *Edda*. Também ali ele promove seu entendimento da natureza histórica dos deuses e nos oferece um elemento-chave para a compreensão do *Gylfaginning*. Snorri inicia o prólogo de sua *Edda* afirmando: "Deus todo-poderoso criou os céus e a terra e todas as coisas que os acompanham, e finalmente duas pessoas, de quem as genealogias são computadas, Adão e Eva, e seus descendentes se multiplicaram e se dispersaram sobre todo o mundo". Em última análise, contudo, após o dilúvio, as pessoas perderam contato com Deus, mas eles observavam que haviam semelhanças, como também diferenças entre os humanos, os animais e a terra, e eles começaram a traçar as suas próprias genealogias a partir da terra. E percebendo a importância dos corpos celestiais para o cômputo, eles assumiram que algum ser havia ordenado o curso desses corpos, provavelmente existia já antes deles, e provavelmente governava a todas as coisas. Esse conhecimento possuído por eles era terreno, pois eles careciam de conhecimento espiritual.

Essa é uma especulação medieval a respeito da origem do paganismo, que imputa aos pagãos alguma forma de religião natural, baseada em observações do meio ambiente, carentes de esclarecimento. Ela era especialmente atraente a islandeses como Snorri, que traçavam suas genealogias a partir de pagãos e para quem a conversão de seus territórios ao cristianismo era um evento relativamente recente. A obra de historiografia islandesa mais antiga sobrevivente é um pequeno tratado chamado *Íslendingabók* (O livro dos islandeses), composto pelo clérigo Ari Thorgilsson, o Instruído, que escreveu cerca de um século antes de Snorri, e está claro que para Ari a conversão foi o evento mais importante na história dos islandeses. Nas Sagas de Islandeses, que foram compostas em sua grande maioria no décimo terceiro século, mas que geralmente são ambientadas na Islândia pagã, o "nobre pagão" é um personagem arquetípico. O que a conversão demandou, de acordo com essa teoria da religião natural, se resume a um retorno, por parte dos islandeses, à presença de Deus. Diferentemente dos pagãos a quem os islandeses conheceram através das vidas dos primeiros santos da Igreja cristã, quando eles traduziram e leram essas obras, os pagãos nórdicos não eram almas danadas, associadas a satã. Eles eram meramente ovelhas que haviam se perdido no caminho.

Com isso, Snorri acrescenta uma dimensão histórica ao seu prólogo. Depois de apresentar uma típica visão medieval do mundo, consistindo de África, Europa e Ásia, ele aponta que próximo ao centro da terra, em Tyrkland, encontra-se a cidade de Troia. Um rei dessa cidade se chamava Múnón ou Mennón, o qual era casado com Tróan, a filha do Rei Priam; O filho destes era Trór, "a quem nós chamamos Thor". Ele foi criado pelo Duque Loricus, a quem ele posteriormente matou, e ele usurpou o reino de Loricus, Trákia (Trácia), "o qual nós chamamos Thrúdheim. Então ele viajou intensamente, de território a território, explorou o continente todo, e sozinho venceu a todos os berserks e todos os gigantes e ao maior dragão e a muitos animais". Ele se casou com Sibila, uma vidente, "a quem nós chamamos Síf". Ele gerou uma família completa e após dezoito gerações nasceu Vóden; "nós chamamos a este Odin".

Troia era um local conhecido, e Agamemnon e Príamo eram figuras históricas conhecidas na Islândia do século XII em diante. Snorri coloca Thor naquele contexto; isto é, ele nos diz que havia uma figura histórica a quem os povos nórdicos chamavam Thor, que viveu antes de Cristo ter nascido e que promoveu feitos históricos (é preciso lembrar que berserks e dragões não eram seres tão fantásticos para um historiador medieval como eles se parecem a nós) que se pareciam muito como alguns dos mitos acerca de Thor reproduzidos mais tarde pelos povos nórdicos.

A ideia de que deuses derivam de humanos cujas ações foram reinterpretadas e deificadas por gerações posteriores é chamada "evemerismo", em relação ao filósofo grego Evêmero (ca. 300 A.E.C.), que teve sua reivindicação, de ter encontrado uma inscrição apontando que Zeus seria um rei mortal elevado à divindade, transformada em uma teoria de caráter mais geral, cuja reputação foi considerável até os tempos modernos.

O evemerismo de Snorri no prólogo da sua *Edda* continua com Odin, cujo dom da profecia o informa que seu futuro está posto no Norte. Ele então parte de Tyrkland com um grande grupo de seguidores, jovens e velhos, homens e mulheres, e eles trouxeram consigo uma vastidão de bens preciosos. Aonde quer que eles fossem, as pessoas contavam coisas grandiosas a respeito do grupo, "de modo que eles pareciam mais com deuses do que com humanos". Odin se delonga por algum período na Saxônia e estabelece seus filhos ali como reis. Por exemplo Beldeg, "a quem nós chamamos "Balldr", ele faz rei da Vestfália. Viajando através de Reidgotaland, "que hoje é chamada Jutlândia", ele estabelece os Skjöldungar como reis da Dinamarca. Seu destino final é a Suécia. "O rei que havia ali é aquele chamado Gylfi. E quando ele ouve a respeito da jornada desses homens-Ásia, que foram chamados æsir, ele foi ter com eles e convidou Odin a tomar para si tanto poder em seu reino quanto quisesse, e aqueles bons tempos iam sempre com eles, de modo que onde quer que eles ficassem nas terras, havia paz e prosperidade ali, e todos acreditavam que eles eram a causa daquilo." Odin se estabelece em Sigtúnir (atual Sigtuna, no Lago Mälaren, ao sul de Uppsala) e institui seus filhos Sæming como rei da Noruega e Yngvi como rei da Suécia depois de si mesmo.

Embora a palavra islandesa medieval *æsir* (sing., *áss*) etimologicamente não possui nenhuma relação com Ásia, a derivação dos æsir de homens-Ásia completou o processo evemerístico. Snorri nos conta quem eram essas figuras históricas que foram deificadas por seus antepassados, e ele suaviza assim, parcialmente, a localização periférica da Escandinávia, ao norte, ao associá-la com o centro do mundo antigo. Não é difícil imaginar que o *Gylfaginning* representa o primeiro encontro entre Gylfi e os homens-Ásia, e que a ilusão de Gylfi consistia na sua aceitação de que as estórias contadas a ele por Hár, Jafnhár e Thridi eram a respeito de deuses. Em outras palavras, é fácil acreditar que Snorri deseja que nós acreditemos que o encontro de Gylfi com os æsir tenha contribuído com a evemerização destes. Esta teoria torna possível a um autor cristão erudito recontar e ordenar as narrativas mitológicas de seus antepassados em um manual de poesia. Os mitos no *Gylfaginning* são contados pelos homens-Ásia Hár, Jafnhár e Thridi (nenhum deles precisa ser Odin), assim como os mitos no *Skáldskaparmál* são contados por Braggi, um *skáld* famoso.

A *Edda* de Snorri é, portanto, em primeiro lugar, um documento de sua época, a Idade Média cristã, e também de seu local, uma ilha onde a poesia mais antiga, por quaisquer razões, ainda era transmitida. Com efeito, o *Skáldskaparmál* cita muita poesia escáldica desconhecida em qualquer outro lugar, e sem ele nossa ideia a respeito do gênero seria muito empobrecida. E manuscritos da *Edda* de Snorri também contêm listas sistemáticas de sinônimos chamadas "thulur", copiadas ali, sem dúvida, por conta da dependência da poesia escáldica dos kenningar e heiti.

Snorri é também o autor de uma outra obra, uma vasta compilação de vidas dos reis da Noruega, conhecida como as *Heimskringla* (O orbe da Terra). Outras compilações similares foram realizadas no décimo terceiro século, mas Snorri é único no sentido em que ele começa sua obra com a pré-história. A primeira saga na obra, *Ynglinga saga*, segue o *Ynglinga tal* de Thjódolf de Hvin, e expande este, ou cria paráfrases dele em alguns lugares. Todavia, a saga começa antes do *Ynglinga tal*, em Troia, no Tyrkland. Thor não está presente nessa versão, contudo, como acontece no prólogo da *Edda* de Snorri. Informações adicionais, não encontradas no prólogo da *Edda*, é que o Vanaland ou Vanaheim – o território, ou o mundo dos vanir – se encontra às margens do Rio Tanais, ou seja, do Rio Don. A leste fica o Ásaland ou Ásaheim – o território, ou mundo dos æsir – cuja capital era Ásgard, um grande local de sacrifícios. Odin era o líder que governava ali, e os capítulos iniciais da *Ynglinga saga* tratam especialmente dessa divindade. Snorri começa o evemerismo nesse texto informando que Odin era constantemente vitorioso, o que levou seus homens a acreditar que, se ele "abençoasse" aos homens antes da batalha, eles emergiriam vitoriosos, e eles começaram a clamar por seu nome quando se encontravam em apuros. Daí eles alcançavam alívio e todo o seu consolo estava colocado sobre Odin, como coloca Snorri, usando um vocabulário marcadamente religioso. Assim terminam os dois primeiros capítulos.

O capítulo 3 da *Ynglinga saga* menciona as longas jornadas de Odin ao longínquo além das estórias de seus irmãos, Vili e Vé, que usurpam sua herança e tomam para si sua esposa Frigg durante uma ausência especialmente longa daquele.

O capítulo 4 da *Ynglinga saga* oferece a narrativa mais completa da guerra entre os æsir e os vanir, entendida aqui, é claro, como um conflito histórico. A troca de reféns está presente, embora com alguns detalhes ligeiramente distintos. Todavia, a mistura de saliva e a criação do hidromel da poesia estão completamente ausentes, sem dúvida para sustentar o projeto histórico de Snorri nesta obra. A cabeça de Mímir é enviada de volta aos æsir, decepada por Odin e utilizada para a adivinhação, mas nós precisamos aceitar que Snorri localizava tal conceito dentro das possibilidades históricas. Ele teria sido auxiliado nessa suposição pelo contexto de veneração e uso de relíquias na Europa cristã da Idade Média. Também como parte do arranjo após a guerra entre os æsir e os vanir, Njörd, Frey e Freyja se juntam aos æsir, e Freyja traz a arte mágica do seiðr, uma forma de feitiçaria e adivinhação, associada na mitologia especialmente com Odin. O incesto irmão-irmã, que era praticado entre os vanir, é abandonado quando eles se juntam aos æsir, e Snorri talvez nos queira fazer acreditar que os æsir devem ser preferidos, do ponto de vista moral, aos vanir, mesmo sendo ambos os grupos pagãos.

O capítulo 5 descreve a emigração de Tyrkland, novamente motivada pela visão de Odin, de que seu futuro estaria atrelado ao Norte. Mais uma vez ele avança através da Saxônia, mas dessa vez ele se detém em Ódinsey (a moderna Odense, na ilha dinamarquesa de Fyn), e envia Gefjon a procurar por terras. A estória dela arando a terra de Gylfi e a citação da estância de Gefjon composta por Bragi Boddason, o Velho, também aparecem no *Gylfaginning*, ainda que, novamente, os detalhes das narrativas sejam ligeiramente distintos. "Odin e Gylfi disputaram deveras em artimanhas e ilusões, e os æsir eram sempre os mais poderosos", escreve Snorri, em uma menção aparente ao quadro evemerístico do *Gylfaginning*. Odin se assentou em Sigtúnir e, assim como no prólogo da *Edda* de Snorri, ele estabeleceu outros æsir em seus locais de moradia.

Os capítulos 6 e 7 focam nas características de Odin e abrangem uma descrição bastante significativa dele. Aos seus amigos ele aparecia belo em seu semblante, mas aos seus inimigos cruel e sombrio. Ele falava somente em verso, e a poesia surgiu dele e de seus líderes. Na batalha ele podia cegar seus inimigos ou ensurdecê-los, ou dominá-los pelo medo, mas seus guerreiros poderiam tornar-se berserks. Ele era um shape-changer[3], seu corpo ficando aparentemente inerte enquanto ele estava transitando livremente na forma de um animal. Eu identifico a peça-chave para o Odin "histórico" de Snorri neste ponto, pois essa é uma descrição clássica de um transe e viagem xamanísticos. Se o Odin histórico de Snorri era um xamã de Tyrkland, ele então era apenas uma versão carismática dos xamãs Sámi, que são descritos nos registros históricos medievais escandinavos. Para citar somente um exemplo entre muitos possíveis, a *Historia Norvegiae* (A história da Noruega), uma obra composta na Noruega presumivelmente antes de 1211, descreve um transe e viagem xamanísticos ao mundo dos espíritos testemunhado por comerciantes noruegueses em meio ao povo Sámi nas montanhas norueguesas. O autor descreve o evento como se fosse um fato real, como de fato era para os escandinavos medievais. Odin não precisava ser um deus para fazer as coisas que Snorri o faz desempenhar na *Ynglinga saga*. Snorri declara explicitamente que Odin era um mestre do *seiðr*, o que se refere certamente às artes xamanísticas. "Seus inimigos o temiam, mas seus amigos dependiam dele e acreditavam em sua força e no próprio Odin". Snorri expressou dessa maneira o seu evemerismo nesse momento. E ele o ampliou ao relatar que Odin e seus líderes ensinaram as suas habilidades a outros, o que eu assumo ser uma

---

3. "Trocador-de-forma", um ser capaz de assumir a forma de outro ser [N.T.].

tentativa da parte de Snorri de prestar contas a respeito do xamanismo entre os Sámi. Snorri sabia a partir dos registros das sagas (e ele escreveu posteriormente a respeito de tais temas no *Heimskringla*) que também os islandeses haviam praticado *seiðr* durante o período pagão, e sua teoria histórica, por conseguinte, deve ter sido de que o xamanismo teria se originado com Odin e teria sido abandonado pelos escandinavos a partir de sua conversão ao cristianismo, mas foi mantido pelos Sámi, que ainda não se haviam convertido àquela época.

No capítulo 8 Snorri escreve que Odin estabeleceu vários costumes pagãos, sobretudo os funerais por cremação, mas também vários sacrifícios. No capítulo 9 Odin morre, não nas mandíbulas de um lobo monstruoso, mas de velhice. Ele se fez marcar com a ponta de uma lança e ajuntou para si todos os guerreiros caídos por armas. Ele declarou que desejava ir ao Godheim ou Godheimar, e a partir disso os suecos concluíram, de acordo com Snorri, que Odin teria ido ao antigo Ásgard e viveria ali por toda eternidade. "A crença em Odin e os chamados a ele direcionados cresceram novamente". Snorri deve ter imaginado que Godheim era um território histórico, confundido pelos suecos em conexão com seu evemerismo, pois *goð* é uma palavra para os deuses pagãos. Subsequentemente na *Ynglinga saga* ele apresenta dois dos reis dos *Ynglingar* partindo em jornadas em busca de Godheim, ao Leste na "Grande Suécia".

Njörd governou os suecos após Odin. Ele foi sucedido por Frey, que tornou Uppsalir (a atual Uppsala) a capital. Este foi um reinado de paz e prosperidade, a "Paz de Fródi", de acordo com Snorri. Por causa disso ele foi adorado ainda mais que outros *goð*. Quando Snorri usa aqui uma palavra para deuses pagãos nesse ponto, ele deve imaginar que a evemerização dos *æsir* já estava completa. Frey é o primeiro dos Ynglingar e seu sucessor, Fjölnir, é o primeiro rei catalogado no *Ynglinga tal* de Thjödolf. A partir desse momento a *Ynglinga saga* segue o *Ynglinga tal* de perto e a seção estritamente mitológica está no fim. Todavia, o restante da *Ynglinga saga*, assim como também outras partes do *Heimskringla*, contém igualmente informações que são úteis para o estudo da mitologia escandinava.

A poesia éddica e escáldica, a *Edda* de Snorri e a *Ynglinga saga* são as mais importantes fontes diretas relativas à mitologia escandinava, e como eu demonstrei, cada qual possui a sua história e está assentada, seja pela compilação ou composição, na Islândia cristã do décimo terceiro século. A Islândia registrou suas tradições mais antigas com diligência extraordinária, e em meio a esta ampla literatura vernácula há muito de interesse para o estudo da mitologia escandinava, sobretudo nas sagas.

A palavra *saga* está relacionada ao verbo "dizer" e na Islândia medieval significa tanto "história" como "narrativa". Existem muitos tipos de sagas, dos quais uma categoria, por exemplo, contempla as sagas dos reis da Noruega do tipo que se encontra no *Heimskringla*. Os outros gêneros de sagas mais importantes são as sagas mítico-heroicas (*fornaldarsögur*, literalmente "sagas de uma era antiga"; sg., *fornaldarsaga*) e as Sagas de Islandeses (*Íslendingasögur*). As sagas mítico-heroicas são um conjunto amorfo, associado essencialmente por tratarem de períodos ou territórios distantes, ou seja, anteriores aos assentamentos na Islândia ou locadas nos territórios Viking no Leste. Os deuses aparecem como personagens nessas sagas mítico-heroicas, como na *Völsunga saga*, que em parte reconta temas a partir dos materiais heroicos da segunda metade do *Codex Regius* da *Edda Poética*, ou no caso da *Gautreks saga*, que relata acerca de uma assembleia dos deuses para definir o destino do herói Starkad. As Sagas de Islandeses não retornam aos mitos, mas em vez disso apresentam relatos aparentemente sóbrios dos eventos ocorridos majoritariamente na Islândia durante o período pagão. Como resultado dessa contextualização elas por vezes apresentam informações a respeito do paganismo, como por exemplo o relato do templo pagão de *Eyrbyggja saga*, ou o relato de um cavalo consagrado para Frey na *Hrafnkels saga*. Estudiosos concordam que é preciso proceder com cuidado ao utilizar tais narrativas, posto que elas podem incluir reconstruções antiquárias do passado. Mas como pudemos ver, este cuidado deve ser empregado em respeito a virtualmente todos os textos em torno da mitologia escandinava.

Alguns outros textos vernáculos também são de interesse. Textos curtos e independentes são chamados usualmente *thættir* (sing., *tháttr*), que etimologicamente significa "linha" e sugere o entrelaçamento de tais textos em obras mais extensas, como seria o caso quando elas eram redigidas em manuscritos. Alguns desses são bastante relevantes para o tema. Por exemplo, *Sörla tháttr* narra como Freyja adquiriu o Brísinga-men, um torque ou colar, ao dormir com anões a fim de iludir um astuto Loki, que é homem de fidelidade de Odin. Enquanto *Sörla tháttr* parece com uma saga mítico-heroica, *Thidranda tháttr ok Thórhalls* compartilha a ambientação das Sagas de Islandeses e apresenta algumas evidências relativas às *dísir*, espíritos femininos.

Nem todos os materiais com fontes importantes vêm da Islândia, ou mesmo estão no vernáculo. Uma fonte extremamente importante são as *Gesta Danorum*, uma história dinamarquesa composta pelo Sacerdote Saxo Grammaticus (i. é, o Gramático). A respeito de Saxo pouco se sabe, além do fato de ele ser parte de uma família de guerreiros, provavelmente da Jutlândia, e que era membro da casa de Absalão, o qual era arcebispo de Lund de 1178-1201. Uma porção das *Gesta* parece ter sido composta antes da morte de Absalão; o restante foi completado provavelmente depois de 1216, ou, em outras palavras, apenas alguns anos antes de Snorri começar seu projeto mitológico. A história de Saxo consiste de 16 livros, dos quais os 8 primeiros tratam da Dinamarca pagã e os 8 seguintes da Dinamarca cristã. Por conseguinte, os primeiros livros, assim como a *Ynglinga saga*, são locados na pré-história, e deuses e heróis assumem um papel central que continua até o nono livro. Saxo ofereceu uma teoria de evemerismo similar àquela de Snorri, pois ele afirma no primeiro livro que Odin era um homem, que falsamente acreditavam ser um deus. Höd se tornou um rei humano, mas Baldr é um semideus, e algumas vezes Saxo parece estar muito mais interessado nas narrativas que ele está recontando, do que em qualquer teoria de evemerismo. Saxo nos conta que ele conseguiu alguns de seus materiais de islandeses, e que esses materiais provavelmente soavam um tanto quanto sagas mítico-heroicas. As sagas mítico-heroicas são prosas com versos intercalados, e Saxo adorna sua prosa latina com versos. Muitas vezes bastante ornados, mas ainda pensados como traduções de originais escandinavos.

Certamente as versões dos mitos que ele apresenta veriam profundamente das versões que nós possuímos da Islândia. Para usar o exemplo da morte de Baldr: na versão de Saxo, Baldr e Höd não são irmãos, mas rivais em busca da mão de Nanna, uma beleza humana. Höd não é cego – evidentemente, ele é um sujeito bastante talentoso. Nem Loki nem Frigg aparecem na estória, e não há visco. Não é feita nenhuma tentativa de recuperar Baldr do mundo dos mortos, e ele recebe apenas um funeral modesto. A estória de Saxo introduz algumas donzelas da floresta ímpares e alguns alimentos mágicos, e localiza a morte de Baldr no contexto de uma série de batalhas campais entre as forças de Baldr e Höd. Ainda assim, a versão de Saxo inclui sonhos desconcertantes, a invulnerabilidade de Baldr e, talvez o mais importante, a estória associada da criação de um vingador por Odin em Rind (Rinda em Saxo). Na medida em que a variação entre a versão de Saxo e as fontes islandesas representa as diferenças entre as tradições islandesa e dinamarquesa, ou, de maneira oposta, representa a variação dentro da própria tradição islandesa transmitida a Saxo, é uma questão que nunca foi completamente resolvida e provavelmente nunca será.

Ao lado destas e de uma miríade de outras fontes escritas, de dentro e de fora da Escandinávia, e em línguas variando do inglês ao árabe, existem também valiosas fontes não escritas. Destas, as mais importantes são sem dúvida as fontes arqueológicas. Nós temos, por exemplo, inúmeras representações da Era Viking a respeito do encontro entre Thor e a serpente de Midgard, tanto da Escandinávia como da Inglaterra. Nós temos inúmeros pequenos amuletos em forma de martelo, os quais devem ser representações, no mundo humano, do poder protetivo conferido pelo martelo de Thor. Nós temos até formas para modelar tais martelos e para modelar cruzes cristãs, um eloquente testemunho a respeito da missão e conversão. Alguns objetos pequenos com formas humanas foram interpretados como representações de diversos deuses em escultura. Embora esses entalhes e objetos sejam compreendidos diante da aplicação de textos, arqueólogos estão bastante confiantes nas suas identificações, e nossa compreensão da mitologia escandinava seria menos rica sem eles. Alguns estudiosos arrojados tentaram trabalhar a partir dos artefatos arqueológicos retornando à mitologia, por exemplo, ao utilizar as ilustrações em Bracteates (pequenos broches) do período das migrações para reconstruir um conjunto de mitos hipotéticos sobre Odin como um deus curandeiro.

Molde em pedra sabão para a confecção tanto do martelo de Thor quanto da cruz cristã. (Museu nacional da Dinamarca)

Um exemplo da importância da relação texto-objeto é o vasto número de pequenas peças de folha de ouro estampada que está cada vez mais sendo escavada em contextos de culto aparente de sítios arqueológicos da Era Viking na Escandinávia. Algumas vezes eles retratam um homem e uma mulher, mas não há conexão direta a qualquer texto. Esses fascinantes objetos pertencem ao campo de estudo da história da religião, mas ainda não ao estudo da mitologia escandinava.

Finalmente, na discussão das fontes de nosso conhecimento a respeito da mitologia escandinava eu preciso mencionar a etimologia (o estudo das origens e do desenvolvimento histórico das palavras), especialmente no estudo dos nomes-lugares. A etimologia pode nos ajudar a compreender a natureza original de um deus através do questionamento do significado do nome desse deus no protogermânico, a língua dos povos germânicos por volta do início de nossa era, ou em proto-indo-europeu, a língua que deu origem ao protogermânico. Nenhuma dessas línguas nos legou qualquer texto e aquilo que nós conhecemos a seu respeito foi reconstruído por linguistas. Por exemplo, de acordo com os linguistas, o nome "Odin", em islandês medieval Óðinn, deriva de uma palavra que significaria algo como "líder dos possessos". Nós não podemos ter certeza o que o nome de Týr significava em proto-germânico, mas em proto-indo-europeu ele era provavelmente uma palavra para "deus" ou "céu". Isso pode sugerir que Týr é um deus mais antigo que Odin, ainda que uma tal conjectura pouco nos ajuda a compreender os textos registrados mais de um milênio após o proto-germânico ter sido teoricamente falado, e mais de dois milênios depois que o proto-indo-europeu tinha sido corrente. E embora seja instrutivo que o nome de Odin originalmente possa ter significado "líder dos possessos", nós não podemos assumir que os escandinavos da Era Viking ou de épocas posteriores estavam cientes desse fato, e mesmo se nós soubéssemos que eles estavam cientes disso, ainda assim usaríamos tal dado somente como um detalhe na construção de uma interpretação mais completa de Odin.

Folha de ouro estampada da Noruega retrata figuras se abraçando.
(Historisk Museum, Bergen Universitetet)

A maioria dos nomes-lugares da Escandinávia são bastante antigos, e ao longo do tempo eles mudaram o suficiente, de modo que somente a etimologia consegue recuperar seu sentido original. Assim, por exemplo, Copenhague (dinamarquês København) significava originalmente "porto dos mercadores". Não poucos nomes-lugares continham originalmente os nomes de deuses e a distribuição no tempo e no espaço desses nomes pode nos dizer muitas coisas. Quase todos esses nomes teofóricos (que se referem a uma divindade) são compostos, nos quais o nome da divindade é seguido por um substantivo referente a uma característica natural ou cultural da paisagem. Por exemplo, existe uma série de locais na Dinamarca chamados "Torshøj", "Colina de Thor", e a maior cidade da ilha dinamarquesa de Fyn é Odense, que originalmente significava "Espaço sagrado de Odin". Estudiosos normalmente distinguem entre "nomes-natureza" e "nomes-culto", mas a distinção não é tão clara, como sugerem ambas as palavras previamente citadas.

O contexto indo-europeu

As línguas germânicas, cujos representantes modernos são o inglês, o alemão, o holandês e as línguas escandinavas, constituem um ramo da família de línguas indo-europeias. O nome "indo-europeu" foi criado quando a relação familiar entre o sânscrito, a língua literária clássica da Índia, e o grego e o latim, as línguas literárias clássicas da Europa, foi descoberta no século XVIII. A maioria das línguas da Europa moderna recaem na categoria indo-europeia, que inclui os grupos de línguas germânicas, romances (francês, italiano, espanhol, português, catalão, romeno), eslavas (russo, polonês, ucraniano, tcheco, esloveno, croata, sérvio), célticas (irlandês, galês, manx e bretão), e bálticas (lituano e letão). Finlandês e húngaro são as duas línguas nacionais da Europa que não são indo-europeias; sámi e basco representam duas outras línguas não indo-europeias faladas na Europa moderna.

Ramos linguísticos (como o germânico) e famílias linguísticas (como o indo-europeu) são reconstruídos sobre uma base de cuidadosa comparação de sons, palavras e formas gramaticais. Somente tal comparação torna possível a investigação etimológica que discuti acima. Partindo do pressuposto de que uma língua compartilhada significava uma cultura compartilhada, estudiosos também procuraram realizar uma comparação cultural, e uma área em que tal comparação era comum no décimo nono século foi mito e religião. Mas, embora as pessoas que estudaram mitologia comparada fossem extremamente eruditas, eles não aplicaram o mesmo rigor a este objeto, como o faziam na linguística comparada. O objetivo da comparação linguística era a reconstrução de uma dada linguagem em um estado mais primitivo; de maneira similar, a mitologia comparativa esperava conduzir à reconstrução de estados antigos de determinada mitologia ou, na região indo-europeia, de mitos e concepções de hipotéticos antecessores dos povos índicos, germânicos, entre outras populações indo-europeias de cerca de 2.000 anos atrás. O projeto estava condenado desde o seu princípio, todavia, por conta das noções a respeito do que se tratavam os mitos. Algumas pessoas acreditavam que um som particular "significava" algo em si mesmo. Isto é, por exemplo, o som que se transformou em ç no sânscrito, c [= k] no latim e h no germânico era concebido como nada mais do que a reflexão de um k do proto-indo-europeu, um som cujo significado sempre foi arbitrário. No mito, todavia, a situação era bastante diferente. Mitologia comparada no décimo nono século era sobretudo um campo conduzido por interpretações de mitos como reflexos de fenômenos naturais, envolvendo primeiramente o sol, a lua, o fogo, as tempestades e assim por diante. Essa mitologia da natureza era tida como um dado em si, e pedaços e porções de mitos de toda a parte do mundo eram colocados a seu serviço. Não havia maneira de se testar essa teoria, uma vez que, mesmo se uma pequena porção de saber mitológico fosse tomada de um povo ainda existente, ninguém se preocupava em perguntar a este povo o que ele mesmo acreditava acerca do significado daquele mito. E, de fato, o método comparativo permitia que se ignorassem os seres vivos, posto que a mudança poderia ter ocultado o sentido original de algo.

Embora Adalbert Kuhn tenha sido um importante adepto dos primórdios da mitologia da natureza, a pessoa associada de maneira mais próxima a ela é hoje Max Müller, um estudioso alemão do indo-europeu residente na Inglaterra que foi amplamente lido e era extremamente influente durante toda a segunda metade do século XIX. A teoria de Müller a respeito do mito era, na realidade, baseada na noção de uma "doença de linguagem", a ideia de que a linguagem em si era inadequada para expressar tudo aquilo que era necessário e, portanto, era um dos principais contribuintes para o desenvolvimento dos deuses e mitos, os quais surgiam da confusão linguística. Müller era um mitólogo solar fervoroso (alguém que pensava que quase todos os mitos eram estórias simbólicas acerca do nascer e do pôr do sol, luz e trevas, e das estações do ano) e ele tinha seguidores ainda mais fervorosos do que ele mesmo, ainda que menos eruditos. O alinhamento indiscriminado de elementos narrativos com fenômenos naturais levou ao eventual descrédito da mitologia comparativa, não menos por conta de Andrew Lang, um crítico de Max Müller, que demonstrou que o próprio Müller era um mito solar.

O descrédito da mitologia natural coincidiu com o crescimento da antropologia baseada na observação de campo de uma única cultura, e o resultado disso foi a derrocada da mitologia comparada nos anos iniciais do vigésimo século. Porém, Georges Dumézil, o grande comparatista, iniciou sua carreira acadêmica nessa mesma época, treinado pelo linguista do indo-europeu Antoine Meillet, mas influenciado pelos sociólogos Marcel Mauss e Émile Durkheim. Dumézil, diferentemente da maioria de seus predecessores linguisticamente instruídos, comparou estruturas, não etimologias, e estava bastante preparado para argumentar que duas divindades em diferentes tradições indo-europeias eram equivalentes, mesmo quando elas não possuíam nenhuma relação etimológica. Ele também não estava interessado em possíveis reflexões dos fenômenos da natureza. Antes disso, ele acreditava que três "funções" sociais estavam representadas nas mitologias dos diversos povos indo-europeus. A primeira função era a de soberania, a qual, de acordo com Dumézil, é habitualmente representada por duas divindades, das quais cada uma é associada com um ou outro lado da soberania: ou com a admiração inspirada por um líder, ou com a natureza legal, contratual que um soberano estava obrigado a sustentar. A divisão clássica foi encontrada no deus védico Varuna e no deus persa Mitra. Dumézil argumentou que na mitologia nórdica Odin representava o lado admirável e Týr o lado legal ou contratual da soberania. A segunda função era o poder ou a força, e Thor preenchia tal função na mitologia nórdica. A terceira função era a fertilidade, e aqui as divindades geralmente são duplas, como o são Frey e Freyja. Dumézil acreditou, em um momento inicial, que essas funções representavam classes sociais reais na sociedade proto-indo-europeia, mas posteriormente ele se afastou dessa noção e se contentou em argumentar a favor da estrutura em um plano puramente mitológico.

Um segundo aspecto da teoria dumeziliana envolvia o "deslocamento do mito", ou seja, a ideia de que uma estrutura mítica poderia ser "deslocada" à categoria de heróis divinos ou, em alguns casos, ficções históricas. Em relação ao espaço escandinavo, o argumento mais contundente de Dumézil para tal deslocamento envolvia o rei pré-histórico Hadingus, que possuía muitas características, de acordo com Dumézil, mas que também desempenhava em sua vida e carreira todas as três funções.

Até o final dos anos de 1950 ou o início dos anos de 1960 Dumézil era pouco conhecido fora da França, mas, a partir desse ponto, estudiosos de muitos campos começaram a se familiarizar com a sua imensa produção de escritos acadêmicos, e traduções de suas obras começaram a aparecer. Era provavelmente inevitável que, com um projeto tão ambicioso, cobrindo um território tão vasto, erros aparecessem no nível mais especializado, e tanto na mitologia nórdica quanto em outras áreas a reação inicial foi denunciar tais erros. Outros críticos notaram que a divisão tripartite, da forma proposta por Dumézil, era relativamente comum e, por conseguinte, teria pouco poder explanatório. Na Europa medieval cristã, por exemplo, a teoria de sociedade envolvia a divisão entre clero, guerreiros e trabalhadores, e isso dificilmente poderia ser uma herança indo-europeia. Ainda assim, o aparato dumeziliano é hoje tão difundido que todo estudante de uma mitologia indo-europeia precisa estar ciente dele.

Dumézil não foi a única pessoa no vigésimo século a procurar o panorama indo-europeu da mitologia de uma das suas tradições descendentes, e muitas contribuições foram realizadas fora de seu foco teórico. Na mitologia nórdica o estudo de Thor se beneficiou especialmente a partir da investigação de tais figuras como o deus védico Indra e os deuses bálticos do trovão.

Culto, adoração e sacrifício

Este é um livro a respeito de mitos (narrativas), não de religião (definida aqui como a prática ritual), e, como eu expliquei acima, poucas das narrativas foram compostas durante o período pagão e virtualmente nenhuma foi registrada naquela época. Isso torna qualquer estudo de cultos e rituais que possam ter acompanhado a mitologia nórdica uma questão de fato complicada. Não obstante, nós possuímos algumas informações.

Discussões a respeito das práticas rituais associadas à mitologia nórdica começam usualmente com descrições dos povos germânicos realizadas por escritores romanos. Isto é justificável, pois os deuses que nós conhecemos a partir de nossos textos mitológicos também deixaram traços em formas tais como os nomes dos dias da semana (veja a entrada Interpretatio Germanica no capítulo 3).

O principal testemunho é a *Germania* de Tácito, oriunda dos últimos anos do primeiro século E.C. Tácito descreve vários atos ritualísticos realizados por várias tribos germânicas, dos quais o mais famoso é certamente a adoração da deusa Nerthus, descrita no capítulo 40 de sua *Germania*. Nerthus, a mãe-terra, coberta por um tecido, é transportada em uma carroça puxada por vacas e acompanhada por um sacerdote que identifica quando ela está presente. Essa procissão ocorre em um bosque sagrado na ilha em que ela vive e todas as armas são deixadas de lado nos dias em que esse ritual acontece, os quais são marcados pela paz e pela quietude. Após a procissão tudo é lançado no oceano por escravos, que são então afogados.

Uma série de elementos dessa cerimônia concorda com aquilo que os especialistas acreditam ser possível conhecer a respeito do culto e dos rituais dos povos germânicos. Tácito afirma em outra passagem – e outras fontes concordam, incluindo os nomes-lugares – que a adoração acontece em bosques sagrados. A matança de escravos pode também ser considerada como uma forma de sacrifício, um tema ao qual retornarei em breve. Outros aspectos da adoração de Nerthus encontram surpreendente concordância com textos registrados muito tempo depois que são associados especificamente com os vanir. A carroça de Freyja é tracionada por gatos e, de acordo com *Ögmundar tháttr dytts*, um texto reconhecidamente tardio, (um ídolo de) Frey é carregado em uma carroça acompanhada por um servente, feminino neste caso. Fródi, que compartilha de muitas características de Frey, também era puxado em uma carroça, e tempos de grande paz e prosperidade eram associados com ambos Frey e Fródi.

Embora não pareça que teria havido uma classe de sacerdotes específica, o termo *goði*, como sugerido acima, implica uma função religiosa aos líderes da sociedade islandesa antes da conversão ao cristianismo. Sendo romano, Tácito utilizou o vocabulário de sua própria época e, portanto, chamou o homem que acompanhava Nerthus de "sacerdote", mas ele poderia facilmente ser algo como um *goði*, uma pessoa de *status* e um líder secular nos dias em que a divindade não estava presente. É o *goði* que percebe quando a deusa está presente e, diferentemente dos escravos, ele sobrevive ao ritual para presidir as cerimônias em outro dia. A maioria, ou todos os cultos deveriam ser dessa mesma natureza, conduzidos pelo líder durante a execução do ritual público, e pelo chefe de uma casa no caso de um ritual privado. Muitos historiadores da religião argumentaram em favor de uma relação próxima entre lei, sociedade e religião, e esta conexão seria incorporada nos homens que presidiam os assuntos seculares e sagrados.

Embora Tácito afirme que os povos germânicos cultuavam em locais abertos, a noção de templos pagãos é bastante comum em muitas das fontes posteriores. Isto provavelmente marca tanto uma mudança no paganismo, talvez na medida em que as técnicas de construção se modificaram, e a influência da adoração cristã (e também pagã romana). Nas porções mais ao norte da Escandinávia os povos Sámi parecem ter preservado um paganismo ao ar livre e carente de sacerdotes, e eles estavam distantes de tais influências. Os poemas éddicos trazem referências à construção de espaços de adoração (p. ex., o altar e templo de "alto madeiramento" do *Völuspá*, estância 7), e existe uma descrição bastante explícita de um templo pagão na *Eyrbyggja saga*, que demonstra, se nada mais, onde um islandês do décimo terceiro século acreditava que seus ancestrais pagãos adoraram três séculos mais cedo. A narrativa de Adam de Bremen a respeito do templo em Uppsala, mencionada acima, é difícil de ignorar, mas é preciso manter em mente que o final do século XI, quando Adam estava escrevendo, foi um tempo de enorme influência cristã na Suécia e é em grande medida presumível que a noção de um edifício reservado para propósitos religiosos possa ter resultado de tal influência. Os pagãos escandinavos provavelmente tinham saído da chuva muito mais cedo para a realização de suas cerimônias religiosas: estudiosos hoje concordam que grandes herdades eram tanto espaço de atividades de culto quanto de outras atividades sociais.

As fontes mencionam algo chamado *Hörgr*, que eu traduzi como "altar" neste livro. Os poemas éddicos sugerem que o *hörgr* era algo que poderia ser avermelhado, e eles fazem parecer ser alguma forma de altar, ao menos no sentido de que sacrifícios eram realizados sobre ele. Etimologicamente a palavra parece ter alguma relação com pedras ou rochas, e não é difícil de imaginar o *hörgr* germânico como uma pilha de rochas em um bosque sagrado. O cognato do antigo alto-alemão é encontrado de fato em algumas ocasiões tendo o sentido de "rocha sagrada" e algumas vezes significando "bosque sagrado".

Tácito diz que os povos germânicos não produziam imagens de seus deuses. Adam de Bremen diz que o tempo pagão em Uppsala possuía ídolos de Thor, Wodan (Odin), e Fricco (Frey). Mais uma vez, a diferença se assenta sobre o milênio transcorrido entre os tempos em que ambos os autores escreveram, e provavelmente, em algum grau, sobre a influência de outros modelos. Certamente os escandinavos medievais acreditavam que seus antepassados pagãos adoravam ídolos, posto que eles rotineiramente inserem ídolos em seus escritos históricos. Nas Sagas de Islandeses a expressão "os deuses" quase sempre se refere a ídolos, e quando islandeses traduziram as vidas dos santos cristãos, eles algumas vezes acrescentaram os nomes de seus próprios deuses pagãos aos ídolos adorados pelos pagãos, a quem os santos primevos encontram.

A palavra usada para referir à prática pagã de culto é *blót*. A sua etimologia é debatida, e isso é uma pena, pois se nós pudéssemos recuperar o sentido original da palavra poderíamos ao menos saber algo da origem ou talvez da natureza dessa atividade entre os povos germânicos ou pré-germânicos. As duas hipóteses críveis são de que *blót* esteja relacionado ao latim *flamen*, "sacerdote de uma deidade específica", de uma raiz significando em última instância algo como "atividade sacrificial"; ou que esteja relacionado a uma raiz significando "tornar forte", derivando em última instância de uma raiz significando "inchado". A primeira hipótese tem a vantagem de estar associada com atividades religiosas, mas ela não nos diz muito a respeito da real conceptualização. Muito mais importante são os empréstimos de *blót* ao finlandês, a saber, *luote*, "encantamento mágico", e ao sámi *luotte*, "canção mágica".

Estes empréstimos nos demonstram a importância da atividade verbal em um *blót*, especificamente a atividade verbal no intuito de produzir um resultado, presumivelmente através da intervenção das divindades.

Uma outra forma de influenciar as divindades era certamente a realização de sacrifícios a eles, e aqui nós temos um amplo registro para servir de apoio. Pântanos, fontes, lagos e a terra nos ofereceram objetos tais como armas partidas, que podem ser interpretadas somente como oferendas aos deuses após uma batalha. Fontes clássicas relatam que os povos germânicos matavam seus inimigos derrotados em vez de tomá-los como prisioneiros, também como uma forma de sacrifício; e Adam de Bremen afirma que a cada nono ano no templo pagão de Uppsala eram realizados sacrifícios de todos os tipos de criaturas, incluindo humanos. Mas os sacrifícios mais importantes em um *blót* eram certamente animais, que eram abatidos e comidos, presumivelmente em alguma forma de honraria a um deus.

No capítulo 8 de sua *Ynglinga saga*, Snorri Sturluson afirma que Odin estabeleceu a ordem de cerimônias *blót* no Norte. Seguindo em direção ao inverno (i. é, no outono) deveria ocorrer um *blót* em favor da prosperidade; ao meio do inverno, um para o crescimento do solo; e no verão, um terceiro, chamado *blót* da vitória. Há uma conexão evidente aqui, como esperado, com os ritmos anuais: a cerimônia de outono ocorreria após a última colheita ser completada, e os animais sacrificados seriam aqueles que não sobreviveriam ao inverno. Parte de sua carne poderia ser consumida fresca durante o *blót*, mas muito seria preservado para o inverno. O *blót* do meio do inverno ocorreria após a passagem das noites mais longas e celebraria o renascimento da terra; e a cerimônia de verão, se ela era para a vitória, coincidiria com a partida dos barcos em viagens de pilhagem (e, mais ordinariamente, de comércio).

Mais tarde, em seu *Heimskringla*, na *Hákonar saga góda* (A saga de Hákon, o Bom), Snorri oferece uma descrição elaborada de um *blót*, que mostra o quão penetrante foi a influência da liturgia do cristianismo na visão a respeito do paganismo nórdico tardio de Snorri e de outros intelectuais islandeses. A palavra *hlaut* é cognata com o termo inglês "sorte", como em "atirar sortes". Eu não consigo encontrar uma tradução mais razoável, então deixei a palavra no original.

Era o costume antigo, quando um *blót* deveria ser executado, que todos os fazendeiros deveriam vir ao local onde estava o templo, e que eles levassem para lá os suprimentos por eles necessários durante o tempo que durasse o banquete. No banquete todas as pessoas deveriam beber cerveja. Todos os tipos de gado e cavalos eram mortos ali, e todo o sangue que vinha dele era chamado *hlaut*, e os recipientes nos quais eles ficavam eram tigelas-*hlaut*, e os gravetos-*hlaut* eram constituídos como um aspersório [um feixe utilizado para borrifar água-benta na liturgia católica]. Com ele se deveria avermelhar o pedestal juntamente com as paredes do templo por dentro e por fora, e também borrifá-lo sobre as pessoas, enquanto a carne dos animais sacrificados deveria ser cozida para que as pessoas a saboreassem.... Um jarro deveria ser levado ao fogo, e aquele que teria preparado o banquete e era o líder deveria abençoar o jarro e toda a carne sacrificial, e deveria primeiramente brindar a Odin – isso deveria ser bebido para a vitória e para o reino de seu rei – e depois deste um brinde a Njörd e a Frey para paz e prosperidade. Então as pessoas ficavam ávidas por beber em seguida o *bragafull* [o brinde do líder]. As pessoas também bebiam um brinde aos seus aparentados que foram enterrados nos montes funerários; isso era chamado *minni* [memorial].

Removam-se as referências aos deuses e o sangue borrifado por todos os lados e se chegará a uma imagem de uma festividade de um homem rico na Noruega ou Islândia medieval.

A importância da mitologia escandinava

Embora a adoração dos deuses escandinavos tenha acabado há um milhar de anos, e que os mitos são hoje exóticos e estranhos à maioria das pessoas no mundo anglófono, nós realizamos referências implícitas aos deuses e mitos quase todos os dias de nossas vidas. Isso ocorre por conta dos nomes dos dias da semana [em inglês] Tuesday, Wednesday, Thursday e Friday [terça-feira, quarta-feira, quinta-feira, sexta-feira], todos contêm os nomes de deuses escandinavos antigos (Týr, Odin, Thor e Frigg; as formas no inglês antigo eram Tiw, Wodæn, Thunor e Frija), e a escolha dos deuses para cada um desses dias estava baseada nos mitos a seu respeito. (Eu trato desse assunto em maior detalhe no tópico Interpretatio Germanica no capítulo 3.) Além disso, quando nós lemos a respeito ou viajamos a locais como Odense na Dinamarca (provavelmente conhecida em maior grau fora da Dinamarca como o local de nascimento de Hans Christian Andersen), observamos um *place-name* que em algum momento trazia em si o nome do deus Odin. Há centenas desses na Escandinávia, mas eles são raramente óbvios, exceto na Islândia, onde há locais com nomes como Þórsmörk (A floresta de Thor), um local muito procurado para caminhadas e acampamentos. E se você está familiarizado com ou já ouviu alguém chamado Freyja, Thor, Baldur (um nome bastante comum na Islândia), ou qualquer nome escandinavo começando com Tor, você já conhece a persistência dos nomes de divindades nos sistemas de nomeação de pessoas.

A época em que a mitologia nórdica era melhor conhecida em tempos mais recentes foi o período do Romantismo, quando deuses e mitos se tornaram uma fonte de inspiração popular. A *Introduction à l'histoire de Dannemarc, ou l'on traite de la religion, des loix, des moeurs, et des usages des anciens danois* (Copenhague: Berling, 1755), de Paul Henri Mallet, tornou a mitologia nórdica vastamente conhecida pela primeira vez em uma linguagem mundial, e a obra foi traduzida ao inglês em 1770 com o título *Northern Antiquities: Or, A Description of The Manners, Customs, Religion, and Laws of The Ancient Danes, and Other Northern Nations; Including Those of Our Own Saxon Acestors. With a Translation of The Edda, Or System of Runnic Mythology, and Other Pieces, from The Ancient Icelandic Tongue* (Londres: T. Carnan and Co., 1770)[4]. O tradutor foi o Bispo Percy, que é famoso por seu *Reliques of Ancient Poetry*[5], uma coleção de baladas e outras peças que foi uma das obras mais influentes do Romantismo inglês. O segundo volume da obra de Mallet continha a tradução das estórias mitológicas da *Edda* de Snorri, em uma organização tardia realizada por Magnús Ólafsson, pároco em Laufás no início do décimo sétimo século e, portanto, conhecida como a *Edda* de Laufás. Foi também ao final do século XVIII que traduções da poesia éddica começaram a aparecer nas línguas europeias. Durante o final do décimo oitavo século e começo do décimo nono a mitologia nórdica estava em voga, especialmente na Alemanha e Escandinávia, e muitos dos poetas famosos do Romantismo retrabalharam

---

4. Em francês lê-se Introdução à história da Dinamarca, onde se trata da religião, das leis, dos modos e dos usos dos antigos dinamarqueses; em inglês lê-se Antiguidades nórdicas: ou uma descrição dos modos, costumes, religião e leis dos antigos dinamarqueses, e outras nações nórdicas; incluindo aquelas de nossos próprios antepassados saxões. Com a tradução da *Edda*, ou sistema rúnico de mitologia, e outras obras, a partir da língua islandesa antiga [N.T.].

5. Relíquias da poesia antiga [N.T.].

estórias da mitologia nórdica na forma de drama ou de verso. Pintores do Romantismo também buscaram inspiração nos mitos nórdicos.

Em certo sentido, o resultado final desse interesse do romantismo nos mitos nórdicos e lendas heroicas foi o ciclo de óperas do compositor alemão Richard Wagner, intitulado *Der Ring der Nibelungen* (O anel dos Nibelungos). Esta obra grandiosa, originalmente pensada para ser apreciada num período de apenas três dias, consiste de um prólogo chamado *Das Rheingold* (O ouro do Reno), seguido por três óperas intensas em três atos cada, *Die Walküre* (A Valquíria), *Siegfried* e *Götterdämmerung* (O crepúsculo dos deuses). Wagner escreveu tanto o livreto quanto a música, usando um tipo de alemão arcaico, aliterativo, que possui seu próprio charme, ao menos quando cantado. Ele baseou sua estória livremente no chamado Ciclo Borguinhão, ou seja, os poemas heroicos da *Edda Poética* centrados sobre a figura de Sigurd, a *Völsunga saga*, e o épico medieval germânico *Das Nibelungenlied* (A canção dos Nibelungos). Grande parte das ações da primeira parte do ciclo Wagner tomou da estória que prefacia o *Reginsmál* na *Edda Poética*, que envolve um anel amaldiçoado que os deuses obtêm e precisam abandonar. Embora muitos dos deuses façam apenas pequenas aparições, Odin, chamado ou por Wotan (a forma germânica de seu nome), ou por O Viajante, desempenha um papel central. Ele deixa o palco ao final do segundo ato de *Die Walküre*, mas Walhalla, a residência dos deuses, é vista desmoronando ao final de *Götterdämmerung*, enquanto o Reno extravasa suas margens e purifica o mundo do anel amaldiçoado. É música e teatro poderosos.

Wagner foi um dos compositores favoritos de Hitler, e a mitologia nórdica experimentou um triste renascimento em conexão com a ideologia nazista. Hoje, a mitologia nórdica recorrentemente é encontrada em conexão com atividades desprezíveis de neonazistas. Em geral, todavia, ela serve de material tanto para revistas em quadrinhos quanto para literatura fantástica. Houve também um renascimento de "crença nos æsir" há algum tempo na Islândia, que pareceu ter, ao menos em parte, algo a ver com incentivos fiscais relativos a religiões organizadas, embora festas também sejam importantes. Aquele reavivamento teve sua contraparte também na Noruega, onde um grupo de estudantes anunciou a si mesmos como crentes nos æsir. Em comemoração eles beberam algumas cervejas e sacrificaram uma linguiça.

2
Tempo

A natureza do tempo mítico

As religiões do mundo experimentam e decodificam o tempo de diversas maneiras: como uma progressão linear, como um conjunto interminável de ciclos, como um processo de degeneração e assim por diante. Nós estamos mais acostumados com um sistema linear, uma vez que ele caracteriza nossa tradição judaico-cristã, que percebe uma clara progressão da criação do mundo, através de um longo presente, conduzindo a um tempo final, um dia de julgamento e um fim da história. De modo similar, nossa ciência nos oferece dados cada vez mais detalhados a respeito da origem de todo o universo. Vivemos no longo rescaldo da grande explosão e da origem do nosso sistema solar, e sabemos que em determinado momento nosso sol irá morrer. Em um sistema cíclico, todavia, uma tal progressão linear se repete em um sem-fim; todo o fim é substituído por um novo começo. Determinar o sistema de tempo da mitologia escandinava apresenta desafio especial, pois muitas das fontes foram registradas por cristãos, cuja noção de tempo era linear e cuja noção de história exigia uma cronologia essencialmente clara. Este é o caso especialmente de Snorri Sturluson, cuja *Edda* é a narrativa mais clara e mais atraente aos leitores modernos a respeito da mitologia. Não se deve esquecer que Snorri também era um historiador, o autor ou compilador de uma história dos reis da Noruega (o *Heimskringla*), integralmente organizado de maneira cronológica. O outro grande panorama da mitologia é o poema éddico *Völuspá*. Embora quase todos os estudiosos concordem que ele seja originário do período pagão, a maioria o localizaria no período do paganismo tardio, e a influência do cristianismo parece evidente. Ainda assim, *Völuspá* parece apresentar traços de uma organização cíclica do tempo, como também uma organização linear.

Ademais, os vários mitos apresentam contradições diretas das cronologias relativas. Tais contradições são, contudo, características do mito, que possui suas próprias regras. Dentro da mitologia escandinava, essas regras parecem sugerir um ordenamento bastante consistente dos eventos dentro de uma determinada narrativa, mas nenhum requisito de que os eventos no contexto da mitologia como um todo necessitem ser encaixados em uma ordem precisa. Exemplos serão apresentados mais adiante, mas qualquer pessoa que coteje as fontes primárias ou mesmo um sumário da mitologia irá identificar facilmente outros.

Passado mítico, presente e futuro

A mitologia como um todo pode ser dividida em eventos que sucedem no passado, presente e futuro, uma ideia que está expressa nos significados dos nomes das nornas Urd, "Tornou-se" ou "Aconteceu"; Verdandi, "Tornando--se" ou "Acontecendo"; e Skuld, "Tornar-se-á" ou "Acontecerá". Todavia, é mister fazer mais distinções.

O *passado distante* envolveria o período anterior à criação do universo. Naquele tempo existia somente o Ginnunga gap, o grande vazio de potência e potencial, e talvez também Élivágar, as águas misteriosas das quais a vida viria a emergir. Nós devemos atribuir Ymir a esse passado distante, assim como a sua geração hermafrodita das raças de gigantes. De modo semelhante, Bur, o primeiro dos deuses, existia nesse período.

O foco do *passado recente* seria a criação do cosmos a partir do corpo de Ymir, de acordo com a maior parte das fontes. A precondição para a formação do cosmos foi o assassinato de Ymir pelos filhos de Bur, de modo que nós podemos afirmar que o movimento de um passado distante a um passado recente engloba um movimento de uma relação estática entre os dois principais grupos de deuses, a um estado de inimizade. Durante esse passado recente os deuses também permitiram o cômputo do tempo ao estipular as posições para os corpos celestes (*Völuspá*, estância 5), e eles igualmente permitiram o surgimento da cultura ao criarem ferramentas (*Völuspá*, estância 7). Eles criaram as raças de anões e humanos. Finalmente, eu incluiria ainda a incorporação dos vanir e de Loki aos æsir como os eventos finais do passado recente.

Com a conclusão dessas incorporações o universo mitológico apresenta a aparência que tem na maioria dos mitos. O catálogo dos deuses de Snorri no *Gylfaginning* inclui os vanir e Loki, além de Baldr, cuja morte ainda não ocorreu. Eu chamaria esse estado de *presente mitológico*, o tempo em que a maior parte dos mitos acontece. Embora pouco importe se um dado mito do presente mitológico acontece antes ou depois de um outro mito, alguns eventos parecem realmente preceder ou seguir outros. Por exemplo, quando no *Skáldskaparmál* da *Edda* de Snorri os deuses intentam apaziguar Skadi pela morte de seu pai Thjazi, eles oferecem a ela a escolha de um marido dentre os deuses, autorizando a escolha dela com base na observação somente das canelas dos deuses. Ela escolhe aquele que acredita ser Baldr, mas acaba com o velho Njörd. De acordo com a razão dessa narrativa, então, o casamento de Njörd com Skadi antecede a morte de Baldr. Todavia, o casamento de Frey com Gerd parece ocorrer após a morte de Baldr. No *Skírnismál*, estância 21, Skírnir oferece à giganta Gerd "o anel que foi queimado com o jovem filho de Odin", e este só pode ser Draupnir. Se ele foi queimado com o filho de Odin, Baldr já deve estar morto e o casamento de Gerd e Frey ainda precisa ser arranjado, sendo que não pode ainda ter sido consumado, após as nove noites que precisam suceder a conclusão do arranjo. Eu creio que Snorri deve ter mantido essa sequência de eventos em sua mente quando ele compôs o *Gylfaginning*, pois no catálogo de deuses ele informa que Njörd é casado com Skadi, mas não afirma que Frey é casado com Gerd. E seguindo essa cronologia, nós podemos assumir que Baldr já estava morto, na mente de Snorri, quando os deuses visitaram Ægir ao início do *Skáldskaparmál*, pois ele inclui Gerd na lista de convidados. Todavia, nós devemos ter cuidado com tais suposições. No caso dessa lista de convidados, por exemplo, Baldr está de fato ausente, mas Nanna está presente. Ou ela não se lançou, ao fim e ao cabo, na pira funerária de Baldr, como Snorri afirma que ela fez em seu *Gylfaginning*, ou a cronologia não se sustenta. Tais inconsistências não são, permitam-me sublinhar, causas de preocupação. Elas são parte da natureza da mitologia.

De maneira similar, nós podemos considerar os eventos que ocorrem relativamente cedo ou tarde no presente mitológico. Um exemplo de um evento relativamente primevo seria a aquisição do hidromel da poesia. O hidromel foi criado em primeiro lugar como resultado da finalização das hostilidades entre os æsir e os vanir e é um símbolo da incorporação dos dois grupos. Trata-se de uma das armas mais poderosas de Odin na contínua disputa com os jötnar. Igualmente, a construção da muralha em torno da fortaleza dos deuses, narrada de forma mais completa no *Gylfaginning* de Snorri, é uma estória do presente mitológico primevo. Ela explica não somente como uma muralha é construída em torno do Valhöll (a qual é mencionada em diversos mitos, p. ex., a interação de Odin com Hrungnir e o resgate de Idun por Loki), mas também como Sleipnir, o cavalo de oito patas de Odin, é criado. Aqui mais uma vez observa-se a carência de uma consistência cronológica em sentido estrito, pois o relato da aquisição do hidromel da poesia no *Skáldskaparmál* implica a existência da muralha (os deuses dispõem as caldeiras para o hidromel dentro do cercado), mas a incorporação dos æsir e dos vanir, a qual é precondição para o hidromel, ocorreu no passado recente. Uma outra estória do presente mitológico primevo seria o envio, por Odin, de Hel ao mundo inferior e da serpente de Midgard às águas exteriores do oceano, assim como o aprisionamento do lobo Fenrir, quando Týr perdeu a sua mão. No presente mitológico Hel preside o mundo inferior, Thor fisga a serpente de Midgard em alto-mar e Týr está sem a sua mão, enquanto Fenrir aguarda o fim do mundo.

Os mitos de Odin tendem para a parte inicial do presente mítico: já mencionados são os mitos do hidromel da poesia, da guerra e paz com os vanir, do juramento de irmandade-de-sangue com Loki e o arranjo dos filhos de Loki. Em adição a estes há o autossacrifício de Odin, que lhe concedeu muito do restante da sabedoria que ele utiliza no presente mitológico. Os mitos de Odin no presente mitológico incluiriam particularmente as estórias de suas visitas com o gigante Vafthrúdnir e com o rei humano Geirröd, nas quais respectivamente a sabedoria assume um papel importante.

Quase todos os mitos a respeito de Thor sucedem no presente mítico indiferenciado. Esses incluem, além de sua pesca da serpente de Midgard, seus encontros com Hrungnir, Hymir e Geirröd.

Alguns eventos devem ser bastante tardios no presente mitológico, e o principal destes é a morte de Baldr. Sendo a primeira morte entre os deuses, ela mudou todos os termos do jogo. Mesmo que ela não tenha tornado o Ragnarök inevitável, ela o tornou possível, pois a partir desse momento a morte de qualquer, e, portanto, todos os deuses, é uma possibilidade. Se nós seguirmos a estória de Baldr no *Gylfaginning* de Snorri, observaremos que a estratégia de Odin, de jurar irmandade-de-sangue com Loki, falhou, pois foi Loki que provocou a morte de Baldr. Os deuses restringem nesse momento a Loki, e como seus filhos, o lobo Fenrir e a serpente de Midgard, ele aguarda o Ragnarök, o fim do mundo e o período final na mitologia. Muitos dos eventos no presente mítico esperam pelo Ragnarök: o fracassado juramento de irmandade-de-sangue, o aprisionamento de criaturas perversas, e a coleta de einherjar, os guerreiros escolhidos de Odin, no Valhöll.

O futuro mítico também possui dois estágios. No *futuro próximo* se encontra o Ragnarök, quando o poder dos deuses sobre os jötnar, característico do presente, será revertido. Surt irá conduzir as forças do caos contra os deuses, que irão cair. As atividades criativas do passado recente serão desfeitas: a contagem do tempo irá sucumbir, uma vez que o sol e a lua serão engolidos e os céus destruídos, e o cosmos será consumido por inteiro nas chamas e nas águas. Cada um dos principais deuses irá morrer em um combate individual com um gigante adversário, mas Odin, ao menos, será vingado por seu filho Vídar, o deus silencioso. E esta vingança constitui uma ponte para o futuro distante, o período após o Ragnarök, quando os deuses de segunda geração, Vídar e Váli, Magni e Módi, e, talvez os mais importantes, Baldr e Höd, vítima e assassino, irão habitar a terra renovada. Eles possuirão as propriedades culturais de seus ancestrais na forma de tradições orais a respeito deles, assim como na forma concreta das peças de jogo que o *Völuspá*, estância 61, afirma que eles encontrarão na grama. Este paraíso será fértil e livre de jötnar.

Como eu apresentei, então, a cronologia geral da mitologia escandinava é ordenadamente simétrica. O presente primevo se orienta sobre o passado recente, da mesma forma como o presente tardio espera imediatamente pelo futuro próximo. O trabalho criativo do passado recente é desfeito no futuro próximo, mas a relação rancorosa entre deuses e jötnar, a qual possibilitou a criação do cosmos e conduziu à sua destruição desaparece no futuro distante, assim como ela não estava presente no passado distante. Mas ainda assim houve algum progresso: No passado distante não havia um cosmos, mas no futuro distante haverá um mundo verde com pássaros e terras férteis. A trajetória da mitologia conduziu de fato a um mundo melhor.

Tempo cíclico

Völuspá, estância 4, afirma que os deuses criadores elevaram a terra, e o poema silencia em relação ao assassinato de Ymir. Estes fatos poderiam implicar que, quando a terra se ergueu dos mares após o Ragnarök, mais tarde no poema, havia uma noção cíclica em movimento. Em outras palavras, o cosmos poderia ser formado e reformado em múltiplas ocasiões através da sua elevação a partir do mar. Essa noção, que concorda com as teorias de Mircea Eliade, como foram expressas, por exemplo, em seu *O mito do eterno retorno*, foi exposta de maneira mais clara por Jens Peter Schjødt em seu artigo de 1981, intitulado "Völuspá – cyklisk tidsopfattelse i gammelnordisk religion" (*Danske studier* 76 [1981]: 91-95). Schjødt aponta principalmente para a última estância do *Völuspá*, que se refere à chegada de um dragão e o afundamento da sibila. No melhor tratamento dado ao tempo na mitologia nórdica, realizado por Margaret Clunies Ross no primeiro volume de seu *Prolonged Echoes*, especialmente no capítulo 7, Clunies Ross aceita a possibilidade de traços subjacentes de tempo cíclico, mas oferece uma progressão linear bastante parecida com esta que apresentei aqui. As diferenças são que eu subdividi o presente mítico em períodos primevo, indeterminado e tardio, além do fato de que demonstrei as simetrias da cronologia e suas implicações.

Tempo e espaço

Clunies Ross também discute a relação entre tempo e espaço que caracteriza a análise estrutural de Eleazar Meletinskij, "Scandinavian Mythology as a System", *The Journal of Structural Anthropology* 1 (1973): 43-58, e 2 (1974): 57-78, assim como Kirsten Hastrup, *Culture and History in Medieval Iceland: Na Anthropological Assessment of Structure and Change* (Oxford: Clarendon, 1985). Ambos esses autores procuraram distinguir os eixos vertical do horizontal, o primeiro destes manifestando-se na árvore do mundo conectando os céus e o mundo inferior, e o segundo destes, no discoide da terra, no qual estão localizados Ásgard, Midgard e os mundos dos gigantes. Meletinskij defendeu a ideia de que cosmogonia e escatologia eram separadas pelos eixos e que essa distinção possuía um caráter cronológico. Hastrup descreveu a diferença como sendo da ordem da reversibilidade: eventos no eixo vertical eram "irreversíveis", pois eles estavam ligados ao destino; já aqueles do eixo horizontal eram "reversíveis", no sentido em que o equilíbrio entre os deuses e os gigantes era bastante próximo. Ambos, Clunies Ross e Jens Peter Schjødt, discordaram em "Horizontale und verticale Achsen in der vorchristlichen skandinavischen Kosmologie", no livro *Old Norse and Finnish Cultic Religions and Place Names*, editado por Tore Ahlbäck, Scripta Instituti Donneri Abonensis, 13 (Åbo, Finlândia: Donner Institute for Research in Religious and Cultural History, 1990), p. 35-57. Schjødt aborda a noção da natureza "escatológica" ou "irreversível" do eixo vertical e argumenta que ele apresenta aspectos cíclicos. Clunies Ross arrazoa que os eventos no eixo horizontal (aqueles que em sua maior parte são atribuídos ao presente mítico) dificilmente são reversíveis, mesmo dentro do modelo de Hastrup, uma vez que eles contribuem diretamente para com a escatologia (posto de outra maneira: o presente mítico sempre observa o passado e espera pelo futuro).

Mito, narrativa e linguagem

A situação é ainda mais complicada por outros dois fatores. O primeiro é a "imanência" da mitologia: o sistema como um todo está implícito em cada um dos seus detalhes e um mito está igualmente presente em um kenning ou em um poema escáldico alusivo do período pagão. Nenhum desses elementos exige qualquer tipo de cronologia, mas, em vez disso, implica uma espécie de simultaneidade do mito. O segundo fator é uma consequência linguística e pode ser apresentado aqui através da discussão da estância 28 do *Lokasenna*. Frigg acabou de admoestar Loki.

> Você sabe, se aqui eu tivesse no salão de Ægir
> um filho como Baldr
> Escapar você nunca iria dos filhos dos æsir,
> E você seria abatido em fúria.

A resposta de Loki é vangloriar-se acerca de seu papel no assassinato de Baldr. A segunda metade da estância 28 segue literalmente da seguinte maneira.

> Eu tomo conta, que você nunca verá
> Baldr daqui em diante cavalgar para o salão novamente.

A maioria dos tradutores vertem as três primeiras palavras para algo como "eu sou responsável", e, de fato, o uso do tempo presente do verbo pode ser compreendido dessa maneira. Concebivelmente elas podem também ser lidas literalmente como um progressivo: "estou arranjando", ou seja, eu estou tomando conta disso nesse exato momento. Mas no islandês medieval o tempo presente simples também é usado para o futuro, então Loki pode estar dizendo "eu tomarei conta". E embora a palavra seja bastante clara em um manuscrito contendo o poema, a diferença entre tempo presente e tempo passado é somente da vogal, e alguns editores escolheram imprimir o tempo passado ao invés do tempo presente. Em outras palavras, quando Loki estava insultando todos os deuses, ele já havia matado Baldr, estava fazendo-o ou o faria mais tarde.

O mesmo dado linguístico complica nossa compreensão de outros textos. No *Völuspá*, por exemplo, a vidente que entoa o poema diz em um dos manuscritos que ela *viu* vários eventos ligados ao Ragnarök (no outro em que ela fala, ela usa o tempo presente, como seria esperado de uma visão do futuro mítico, como o contexto do poema sugere). Mas, por volta da estância 44, ela passa a utilizar o tempo presente. Estaria ela situada em relação ao início do Ragnarök?

Mito e história

Para os cristãos da Idade Média escandinava, os deuses teriam um espaço no tempo histórico tanto por conta de sua evemerização, como também por sua presença em algumas das vidas de santos traduzidas do latim ao islandês. De acordo com a noção da evemerização que prevalecia na Islândia medieval, os deuses eram originalmente seres humanos que haviam emigrado do Oriente Médio (Tyrkland) para a Escandinávia há muito tempo. Eles teriam deixado a sua terra natal em algum momento no período do Império Romano, que pode ser calculado por volta do ano 100 A.E.C. Ambos, Snorri Sturluson e Saxo Grammaticus, associam o lendário Rei Fródi, neto de Frey, de acordo com Snorri, com a paz que ocorreu enquanto Cristo estava na terra. E as vidas de santos traduzidas colocam os deuses nórdicos (ao invés de Júpiter, Marte, Diana e outros deuses romanos) no tempo e espaço do cristianismo primitivo – mesmo se eles, na maior parte das vezes, são apenas vislumbrados como ídolos animados por demônios nesses textos.

Além disso, é possível – e talvez provável – que o Ragnarök fosse visto, ao menos por alguns cristãos, como a derrocada não somente dos deuses pagãos, mas também na crença e na adoração a eles. Sua época teria precedido àquela de Cristo, e ela teve um final impetuoso e bem-merecido. Certamente a famosa estância 65H do *Völuspá*, encontrada em uma redação do texto de finais do décimo quarto século, sustenta tal possibilidade, pois ela menciona a chegada ao poder do "poderoso, das alturas, aquele que a tudo governa". Quem quer que tenha criado esse verso parece ter considerado que o mundo em que ele e seus companheiros cristãos viviam era aquele novo mundo que seguiria o Ragnarök. A conversão para o cristianismo parece ter sido imaginada, enquanto ela ocorria, como a luta entre Thor e Cristo. Thor e os deuses seus companheiros deixaram então a história aproximadamente na mesma época em que Cristo adentrou-a no Norte, isto é, nos séculos X e XI.

3
Divindades, temas e conceitos

Ægir

O mar personificado; um famoso anfitrião dos deuses, mas listado entre os jötnar.

O nome parece ser idêntico a um nome para "mar" na poesia escáldica, e este nome, ou o nome do personagem em discussão aqui, é a palavra-base em muitos kenningar. Por exemplo, "O cavalo de Ægir" é uma embarcação, e "As filhas de Ægir" são ondas. No *Skáldskaparmál*, Snorri afirma que Rán é a esposa de Ægir, e que eles possuem nove filhas, as quais, em sua maioria, trazem nomes que significam "onda". Posto que Rán é listada entre as deusas nos thulur, e Ægir possui um relacionamento pacífico com os deuses, sua inclusão nos thulur como sendo um gigante parece questionável.

Os poemas éddicos frequentemente mostram Ægir como anfitrião dos deuses. O *Hymiskvida* tem sua origem por conta da expectativa dos deuses de visitar Ægir e sua necessidade de um imenso caldeirão no qual preparar a cerveja que será consumida. O poema descreve como Thor adquire o caldeirão do gigante Hymir. O poema seguinte no *Codex Regius* da *Edda Poética* é o *Lokasenna*, o duelo verbal de Loki com os deuses, e é ambientado em um festejo oferecido por Ægir. De fato, manuscritos de papel chamam o poema *Ægisdrekka* (Festa de bebedeira de Ægir). De acordo com o cabeçalho ao poema, composto em prosa, "Ægir, que também era chamado Gymir, havia preparado cerveja para os æsir". Após a enumeração da lista de convidados (a maioria dos æsir, exceto Thor, que estava distante, ao Leste, surrando trolls), o autor relata que ouro brilhante era utilizado naquele local em vez da luz de chamas, e a cerveja servia-se ela mesma. Este era um grande local de tranquilidade, mas Loki mata o servo de Ægir, Fimafeng, e Eldir, o outro servo de Ægir, é o primeiro com quem Loki troca palavras na série de duelos verbais que constituem o poema. As últimas palavras de Loki são reservadas a Ægir.

> Tu fizeste a cerveja, Ægir, e tu nunca voltarás a
> organizar uma festa.
> Todas as tuas posses, que estão aqui dentro,
> consuma o fogo por completo
> e que ele queime as tuas costas.

A maestria de Ægir como anfitrião é o *motif* final que Odin revela ao aterrorizado Rei Geirröd no *Grímnismál* antes de dar início à lista de nomes que conduz à sua epifania. Mas Ægir também era um hóspede famoso, de acordo com Snorri. A estória ambientadora que ele utiliza nas primeiras seções do *Skáldskaparmál* começa com a seguinte introdução de Ægir:

> Um homem se chamava Ægir ou Hlér; ele vivia naquela ilha que hoje se chama Ilha de Hlér [a moderna Ilha de Læssø, na Dinamarca]. Ele possuía um grande conhecimento acerca da magia. Ele abriu caminho até Ásgard, mas os æsir já sabiam acerca de sua jornada com antecedência. Ele foi bem-recebido, mas muitas coisas foram realizadas através de ilusões.

As semelhanças com o *Gylfaginning* são dignas de nota, e elas são estendidas somente quando Bragi, que está sentado próximo a Ægir, começa a contar estórias a Ægir: as narrativas míticas no *Skáldskaparmál*, iniciando pelo complexo de Thjazi-Idun-Skadi. Ægir faz questionamentos após ouvir esse ciclo e mais mitos se seguem. O diálogo entre Ægir, o questionador, e Bragi, o narrador, continua por muitas páginas no *Skáldskaparmál* e está arraigado em muitos dos mitos que são recontados. Após um momento, os declarantes não são identificados, mas o formato do diálogo é levado adiante por todo o *Skáldskaparmál*, e Ægir reaparece como tema em um dos questionamentos relativos aos kenningar: Por que ouro é chamado "fogo do mar" ou "fogo de Ægir"? A resposta é aquilo que se encontra no cabeçalho em prosa do *Lokasenna*: O ouro era utilizado para iluminar o salão de Ægir quando ele entretinha os æsir.

O início da *Orkneyinga saga* (A saga dos insulanos das Órcades) é chamado, algumas vezes, *Fundinn Noregr* (Encontrado pela Noruega), e está diretamente relacionado com uma seção do *Flateyjarbók*, chamada *Hversu Noregr byggdisk* (Como a Noruega foi povoada). Ela começa com um rei chamado Fornjót, que governava a porção Norte da Noruega. "Fornjót tinha três filhos. Um se chamava Hlér, o qual nós chamamos Ægir; o segundo Logi e o terceiro Kári". Assim como *ægir*, *hlér* é um nome que significa "mar". O nome *logi* significa "fogo", e *kári* é listado em meio aos thulur significando "vento". Desse modo, como personificação do mar, Ægir parece ter sido considerado como um dos três elementos em uma tradição genealógica que estava presumivelmente localizada na Noruega.

Ver também As filhas de Ægir; Fornjót; Rán.

Referências e leituras complementares: TVEITANE, M. "Omkring det mytologiske navnet Ægir 'vannmannen'". *Acta Philologica Scandinavica* 31, 1976, p. 81-95 (resumo em inglês), argumenta que o nome do ser Ægir, o qual ele interpreta como sendo "homem-água", originalmente era distinto do nome "massa de água, mar". Francis P. Magoun tratou de alguns nomes-lugares, incluindo o nome de Ægir, em "Fi feldor and the Name of the Eider". Namn och bygd, 28, 1940, p. 91-114. Franz Rolf Schröder ("Die Göttin des Urmeeres und ihr männlicher Partner". *Beiträge zur Geschichte der deutschen Sprache und Literatur* (Tübingen), n. 82, 1960, p. 221-264) centra-se sobre Nertus e Njörd, mas também incluiu discussões a respeito de Rán e Ægir/Hlér. Margaret Clunies Ross ("Snorri Sturluson's Use of the Norse Origin Legend of the Sons of Fornjótr in His Edda". *Arkiv för nordisk filologi*, 98, 1983, p. 47-66) analisa a compreensão por parte de Snorri a respeito das forças da natureza como gigantes.

Æsir

Os deuses; também o grupo principal de deuses, em oposição aos vanir.

A palavra islandesa medieval *æsir* é um plural; o singular é *áss*, e uma forma derivada feminina, *ásynja* (pl. *ásynjur*), significa "deusa". Etimologicamente, *áss* parece ser derivada de uma raiz indo-europeia de significado "respiração", e isso sugeriria uma associação com a vida e com as forças que permitem a vida. Uma etimologia dissidente compreenderia o termo como associado a soberania e "deuses de ligação", paralelo a termos como *bönd* e *höpt*. O termo é encontrado algumas vezes em inscrições rúnicas primitivas, e um cognato é encontrado no inglês antigo *os*, "deus, divindade", e em *anses*, "semideuses", uma versão latinizada de uma palavra em gótico, a linguagem da famosa tribo germânica. A palavra *áss*, ou seu homônimo, também significa "viga", ou "poste", e alguns estudiosos procuram uma associação com ídolos de madeira, ou algo equivalente. Os poemas rúnicos, que são relativamente tardios, dão o nome *áss* ou seu equivalente como nome para a runa-*a*.

Em islandês medieval o termo *æsir* é um dos mais comumente encontrados quando os deuses estão sendo descritos como um grupo, tanto na prosa como na poesia. No *Thrymskvida*, por exemplo, quando é revelado que o martelo de Thor foi roubado pelo gigante Thrym, e que este só irá devolvê-lo em troca da entrega de Freyja, o poeta escreve:

> Então todos os æsir se encontravam em uma assembleia,
> E todas as *ásynjur* em discussão. (Estância 14)

Frequentemente o termo *álfar*, "elfos", é utilizado como um paralelo, provavelmente por conta da aliteração que a forma poética requeria, mas também, talvez, por causa de uma associação fundamental entre os dois grupos. Enquanto ela está descrevendo o esfacelamento do mundo em torno deles no Ragnarök, por exemplo, a vidente do *Völuspá* questiona: "O que há de errado com os æsir, / o que há de errado com os elfos?" (estância 48), uma fórmula que é repetida no *Thrymskvida*, estância 7. Na seção *Ljódatal* do *Hávamál*, Odin se vangloria de poder discernir as diferenças ente os æsir e os álfar (estância 159), e ele acrescenta que a décima quinta canção que aprendeu foi entoada pelo anão Thjódrörir diante das portas de Delling: "Ele entoou força aos æsir, / progresso para os álfar, / e compreensão para Hroptatýr [Odin]" (estância 160). A associação formulaica de æsir e álfar também se encontra no *Grímnismál*, no *Skírnismál* e no *Lokasenna*.

Embora o plural se refira a todos os deuses, o singular parece ter uma associação especial com Thor. Assim, quando Thor conta a Loki a respeito do roubo do martelo no início do *Thrymskvida*, ele afirma: "O *áss* teve seu martelo roubado" (estância 2). Thor é chamado Ása-Thor (Thor dos æsir). Nenhum outro deus é descrito dessa mesma maneira, e foi sugerido que essa extensão do nome significa que ele era considerado o melhor dos æsir.

O uso mais interessante da palavra *æsir* é aquele realizado por Snorri Sturluson no projeto de evemerização que ele propôs no prefácio à sua

Edda e nos capítulos iniciais da *Ynglinga saga*. *Ásía*, a palavra em nórdico antigo para Ásia, parecia conter a palavra *áss*, embora, é claro, ela não a contenha, e Snorri utilizou a similaridade do som para sugerir que o sentido original de *æsir* era "homens da Ásia". O capítulo 2 da *Ynglinga saga* começa como a seguir:

> A leste do Tanakvísl [o Rio Don] na Ásia era chamado de Ásaland [território dos æsir] ou Ása-heimr [mundo dos æsir], e a principal fortaleza naquele território eles chamavam Ásgard.

Por conta desse uso é preciso muito cuidado ao se ler a *Edda* de Snorri. Quando o Rei Gylfi decide partir para seu encontro com Alto, Igualmente-Alto, e Terceiro, é porque ele está curioso acerca do conhecimento e do poder do povo-Ása, que deve se referir aos "asiáticos"; o evemerismo intentado pode inclusive explicar a escolha de Snorri do termo "povo-Ása", que possui claramente a raiz do *Ásía*, ao invés do termo "æsir". No contexto do *Skáldskaparmál*, contudo, ele se refere aos habitantes de Ásgard somente como æsir, e ali a ambiguidade pode ser deliberada.

Ver também Guerra Æsir-Vanir; Almáttki áss; Ása-Thor; Palavras para deuses.

Referências e leituras complementares: HEUSLER, A. *Die gelehrte Urgeschichte im altisländischen Schrifttum* – Abhandlungen der Königlichen Preussischen Akademie der Wissenschaften, Philosophisch-Historische Klasse; [Jahrg.] 1908, Abh. 3 (Berlim: Verlag der Königlichenen Akademie der Wissenschaften, in Commission bei Georg Reimer, 1908). • HUNKE, W. "Odins Geburt". In: SCHNEIDER, H. (ed.). *Edda, Skalden, saga*: Festschrift zum 70. Geburtstag von Felix Genzmer (Heidelberg: C. Winter, 1952, p. 68-71). • POLOMÉ, E. "L'étymologie du terme germanique *ansuz 'dieu souverain'". *Études germaniques*, 8, 1953, p. 36-44. • STURTEVANT, A.M. "Regarding the Name Ása-Þórr". *Scandinavian Studies*, 15, 1953, p. 15-16.

A garota de Billing

Personagem de uma seção do poema *Hávamál*, um dos chamados exemplos de Odin.

Relatado em primeira pessoa por Odin, a seção começa pela revelação de que Odin estava aguardando sua amada (presumivelmente a garota de Billing) no juncal. Ela lhe era muito querida, mas ele nunca a havia possuído. Ele encontrou a garota de Billing dormindo em uma cama e a desejou. Ela marcou um encontro amoroso com ele. Ele retornou para esse encontro amoroso, mas o caminho estava bloqueado por chamas e um bando de guerreiros experientes. Pela manhã ele retornou e encontrou uma cadela amarrada à cama no lugar da mulher. A estância 102 parece ser uma reflexão a respeito desse episódio e possui inúmeros paralelos verbais com a estância 96. Estâncias 96 e 102, portanto, balizam esse incidente.

Sigurður Nordal compreendeu o episódio como uma demonstração da magia da garota de Billing, que frustrou às investidas de Odin através da deflexão de seus poderes mágicos na forma de um cachorro em sua cama. Sob essa ótica, o aprisionamento do cachorro seria um aprisionamento mágico imposto por Odin, antecipando um estupro. A maioria dos outros observadores se satisfazem com o contraste dessa sedução desastrada com a sedução de Gunnlöd no próximo episódio do poema.

Billing aparece como um nome de anão na versão *Hauksbók* do *Völuspá*, e é encontrado em um kenning para poesia: "xícara do filho de Billing". Uma vez que ambos, os anões e os gigantes, possuíam o hidromel da poesia antes de Odin recuperá-lo, esse kenning funciona tanto para Billing como um anão ou como um gigante. O problema com a compreensão de Billing como um anão não é relativa às relações sexuais entre deuses e anões, pois Freyja dormiu com três anões a fim de obter os homens Brísinga, e o anão Alvíss ambicionou a mão da filha de Thor e até mesmo reivindicou ter noivado com ela (*Alvíssmál*). Todavia, se Billing é um anão, sua "garota" (presumivelmente sua filha) seria uma das pouquíssimas anãs femininas na mitologia. Certamente a garota de Billing é um membro de um grupo periférico, e Odin seduz e estupra muitos desses.

A analogia mais reveladora é a estância 18 do *Hárbardsljód*, na qual Odin se vangloria de abusar com garotas gigantes na Ilha de Algrœn (Tudo-verde) exatamente na mesma linguagem que ele utiliza no *Hávamál*, estância 99, para falar de seu desejo pela filha de Billing: Possuir uma mulher é obter "toda a sua mente e prazer". Se a linguagem em comum indicar uma estória em comum, os juncais na estância 96 seriam próximos à Ilha de Algrœn, mas isso é apenas conjectura.

Odin não deve parecer malsucedido em nenhum de seus encontros, e por essa razão também parece frutífero especular sobre como o fracasso de Odin em seduzir a garota de Billing pode, de fato, ser um sucesso. Eu já sugeri que o seu fracasso na relação sexual com a cadela o afasta de cometer um ato de bestialidade, o que é um ato próprio do universo dos gigantes. Um paralelo no folclore irlandês em que o *motif* de uma cadela aprisionada no lugar de uma garota é usado para prevenir o incesto pai-filha também pode ser relevante.

Referências e leituras complementares: Dois artigos são dedicados a esse incidente: NORDAL, S. "Billings mær". In: *Bidrag till nordisk filologi tillägnade Emil Olson den 9 Juni 1936* (Lund/Copenhague: C.W.K. Gleerup/Levin & Munksgaard, 1936, p. 288-295). • LINDOW, J. "Billings mær". In: HANSSON, S. & MALM, M. (eds.). *Gudar på jorden*: Festskrift till Lars Lönnroth (Estocolmo: Brutus Östlings Bokförlag Symposion, 2000, p. 57-66).

Álfablót

"Sacrifício-Elfo", ritual pagão conhecido através de fontes literárias.

O skáld islandês Sighvatr Thórdarson compôs versos a respeito de sua viagem a Västergötland, Suécia, em torno de 1017, reunidos sob o título *Austrfaravísur*. Muitas vezes os pagãos suecos recusavam hospitalidade, e em um verso essa recusa é conectada explicitamente ao *álfablót* que estava sendo praticado no interior. O verso afirma que foi uma senhora idosa que negou a entrada, e que ela estava receosa da fúria de Odin.

Isso parece associar um culto aos elfos explicitamente aos deuses. A *Kórmáks saga*, capítulo 22, apresenta a profetisa Thórdís dando conselhos a Thorvard, que foi ferido em um duelo com Kormák e busca ser curado. Ele deve conseguir um touro abatido por Kormák, derramar seu sangue em uma colina habitada por elfos, e preparar uma festa para eles a partir da carne abatida. Embora a palavra *álfablót* não seja utilizada, também aqui parece haver um sacrifício aos elfos. Certamente existe uma grande diferença entre uma cerimônia realizada no interior de um salão, como no caso do *álfablót* sueco mencionado por Sighvatr, e atos sacrificiais levados a cabo na natureza, como sugere a *Kórmáks saga*, composta no décimo terceiro século, a respeito de uma Islândia do século X, e essa diferença parece ser maior do que aquela esperada pela simples variação regional. Posto que Sighvatr realmente utiliza o termo *álfablót*, e é alguém considerado como testemunha ocular, nós provavelmente deveríamos dar preferência para seu relato.

Álfheim (Terra dos elfos)

Propriedade de Frey, presumivelmente uma residência.

A informação relativa ao Álfheim é encontrada na segunda metade da estância 5 dos Grímnismál, que dá início à lista de residências dos deuses:

> Álfheim os deuses em tempos antigos
> deram a Frey como um presente-de-dentição.

Um presente-de-dentição era dado quando uma criança ganhava seu primeiro dente, ou seja, quando tinha por volta de um ano de idade. A noção de Frey como uma criança entre os æsir contradiz o mito da Guerra Æsir-Vanir, no qual Frey se juntou aos æsir na condição de refém (garantia humana) e era, à época, um homem distinto.

Talvez, por essa razão, no *Gylfaginning* Snorri apresenta um relato diferente sobre o Álfheim: ele é, como o nome sugere, a residência dos elfos – ou, mais precisamente, dos elfos-de-luz; os elfos-da-escuridão (somente Snorri apresenta essa distinção) vivem debaixo da terra. Não há nas outras fontes nenhuma conexão conhecida entre Frey e os elfos.

Álfheimar (plural), de acordo com a historiografia medieval, também era o nome do distrito geográfico localizado entre as desembocaduras dos rios Göta älv e Glomma (nórdico Raum) nos distritos fronteiriços na costa entre a Suécia e a Noruega. O *Sögubrot af fornkonungum* relata que as pessoas que habitavam aquele local eram mais belas do que as demais, o que poderia indicar uma associação com os elfos, mas o nome do distrito provavelmente deriva de uma palavra significando uma camada de cascalho abaixo de um campo.

Alfödr (Pai-supremo)

Nome de Odin, encontrado na poesia escáldica e éddica, e frequente no *Gylfaginning*, na Edda de Snorri.

No *Gylfaginning*, a primeira questão apresentada por Gylfi/Gangleri é "Quem é o mais importante ou o mais antigo de todos os deuses?" Hár responde: "Aquele é chamado Alfödr em nossa língua, mas em Ásgard Antiga ele tinha doze nomes". Os nomes listados são nomes de Odin, mas Odin não é identificado explicitamente como Alfödr até mais adiante no *Gylfaginning*. Mais tarde Snorri escreve: "E ele pode ser chamado Alfödr porque ele é o pai de todos os deuses e dos homens e de tudo aquilo que foi criado por ele e seu poder. A terra foi sua filha e sua esposa. Dela ele obteve seu primeiro filho, Ása-Thor". Embora Snorri pareça utilizar Alfödr e Odin de maneira indistinta (e alguns manuscritos trazem Alfödr, enquanto outros trazem Odin), a identidade entre Odin e Alfödr não aparecerá de maneira explícita até a introdução formal de Odin como o primeiro em seu catálogo dos æsir.

> Odin é o principal e o mais antigo dos æsir; ele governa a todas as coisas, e tão poderosos os outros deuses também sejam, eles o servem como crianças a um pai... Odin é chamado Alfödr.

A forma *födr* para "pai" parece ser arcaica. Ela também é encontrada nos nomes de Odin Herfödr e Valfödr.

Ver também Odin.

Referências e leituras complementares: Walter Baetke discutiu o uso de Snorri do nome Alfödr em seu *Die Götterlehre der Snorra-Edda* – Berichte über die Verhandlungen der sächischen Akademie der Wissenschaften zu Leipzig, phil.-hist. Kl., 97, p. 3 (Berlim: Akademie Verlag, 1950). Segundo Baetke, a analogia cristã óbvia ao conceito de um pai-supremo tem relação com a tentativa de Snorri de descrever a religião natural de seus antepassados pagãos, a qual Snorri acredita que teria tendido ao monoteísmo. Desse modo, Odin, somente um deus entre muitos na própria mitologia, foi promovido, segundo a visão de Baetke, a uma posição de liderança na descrição de Snorri a seu respeito.

Almáttki áss

"Divindade todo-poderosa" de identidade desconhecida.

A expressão é encontrada em juramentos, e é apresentada em sua forma mais completa no *Landnámabók* (no capítulo 268 na versão do *Hauksbók*). A passagem descreve o paganismo que se constituiu na Islândia nos primeiros dias de seu assentamento. Todo templo pagão deveria possuir um anel, e antes de se lançar a procedimentos jurídicos todo homem deveria fazer um juramento sobre aquele anel:

> Eu atesto que faço um juramento sobre o anel, um juramento legal: Permita que Frey e Njörd e o almáttki áss me auxiliem nesse caso enquanto eu acuso ou me defendo ou trago testemunhas, ou vereditos, ou julgamentos, posto que eu sei como realizar quase tudo corretamente ou verdadeiramente ou corretamente dentro dos procedimentos, e despachar todos os requerimentos legais que me couberem, enquanto eu estou na assembleia.

Eu apresento todo o trecho para contrapor a impressão dada por alguns escritores modernos de que o juramento servia a propósitos gerais; o autor dessa recensão do *Landnámabók* declara de maneira bastante evidente que se trata de um juramento legal.

Não se chegou a nenhuma certeza no que tange à identidade do almáttki áss. Uma interpretação baseada puramente na mitologia apontaria para Odin, o pai-supremo e o mais poderoso dos æsir. Uma reflexão a respeito do papel de Thor no contexto da conversão para o cristianismo e seu nome expandido, Ása-Thor, conduziriam facilmente a ele. Um enfoque sobre o anel poderia nos levar a Ull, uma vez que no *Atlakvida*, estância 30, Gudún lembra a Atli que ele jurou votos sobre o anel de Ull. E em seu *Lexikon der germanischen Mythologie*, Rudolf Simek brinca até mesmo com a ideia de Týr, que pode ser possível se uma leitura puramente histórica fosse intentada.

Porque Frey e Njörd são vanir, a palavra *áss* na fórmula parece apontar especificamente para longe dos vanir. Mas é preciso que tenhamos cuidado, posto que a passagem inteira em questão é o produto de um autor medieval cristão, que estava evidentemente muito mais interessado no âmago cristão de seus antepassados do que em seu conteúdo pagão. Talvez ele tenha até mesmo pensado o "áss todo-poderoso" como uma nobre antecipação pagã da nova religião que haveria de vir.

Referências e leituras complementares: PÁLSSON, H. "Áss hinn almáttki". *Skírnir*, 130, 1956, p. 187-192 (em islandês; argumenta em favor de Ull). • SMÁRI, J.J. "Áss hinn almáttki". *Skírnir*, 110, 1936, p. 161-163 (em islandês; argumenta em favor de um criador sem nome). • TAPP, H.L. "Hinn almáttki áss – Thor or Odin?" *Journal of English and Germanic Philology*, 55, 1956, p. 85-89. • TURVILLE-PETRE, G. "The Cult of Odin in Iceland". *Nine Norse Studies* (Londres: Viking Society/University College London, 1972, p. 1-19 [Viking Society Text Series, 5]).

Alvíssmál

Poema éddico, "As palavras do todo-sábio".

Encontrado somente no *Codex Regius* da *Edda Poética*, o poema se encontra entre o *Völundarkvida* e o *Helgakvida Hundingsbana* I, o primeiro dos poemas heroicos no manuscrito. O *Alvíssmál* pode ser o último dos poemas na seção mitológica porque ele apresenta um anão como o personagem principal; *Völundarkvida* traz um elfo, e ambos em conjunto podem, portanto, representar uma seção transitória dos poemas referentes aos deuses para os poemas a respeito dos homens.

Alvíssmál consiste de 35 estâncias de diálogo na métrica normalmente utilizada para diálogos, *ljóðaháttr*. Nas primeiras estâncias um dos narradores anuncia que ele veio em busca de uma esposa, e quando desafiado a respeito de sua identidade ele afirma: "Eu me chamo Alvíss [todo-sábio], / eu vivo embaixo, sob a terra, / eu possuo minha residência sob uma rocha". Na estância 6 o outro narrador, o pai da noiva, se identifica como Vingthór, o filho de Sídgrani; isto é, Thor, o filho de Odin. Thor entregará a moça, cujo noivado foi realizado, como ele afirma, durante sua ausência (estância 4), se o anão lhe contar tudo aquilo que ele quiser saber. O que se segue é uma série de 13 questionamentos. Cada qual começando com a fórmula "Conte-me aquilo, Alvíss, / – todos os destinos dos homens / eu espero que você saiba, anão". As questões em si estão preocupadas com o vocabulário: Como se chama alguma coisa, de modo que Thor parece desejar uma lista de sinônimos. Em suas respostas, Alvíss oferece estes sinônimos de acordo com as raças ou grupos de seres na mitologia. Os grupos não são sempre exatamente os mesmos, mas humanos, deuses e gigantes são constantes, e vanir (em oposição aos deuses em geral), elfos, anões e os mortos aparecem com bastante frequência. Geralmente a palavra de uso corrente é atribuída aos humanos e os outros termos decorrem do vocabulário poético. Frequentemente, as palavras atribuídas aos deuses possuem um aspecto elegante, enquanto aquelas atribuídas aos gigantes parecem ser mais pesadas ou grosseiras, embora, sem dúvida, tais sentimentos são em grande medida elementos subjetivos.

As categorias que Thor solicita são as seguintes: terra, céu, lua, sol, nuvens, vento, calmaria, mar, fogo, madeira, noite, semente e cerveja. Essas categorias e a ordem em que elas aparecem não são de nenhuma maneira arbitrárias. As primeiras cinco são cósmicas e elas aparecem na mesma ordem em que são apresentadas na estória da criação. Mar e fogo irão destruir o cosmos durante o Ragnarök, madeira poderia representar Yggdrasil, a árvore do mundo, e cerveja, que deriva dos grãos que crescem das sementes, é associada com Odin e a sabedoria. Num momento equivalente em uma disputa de sabedoria odínica, haveria ali uma epifania, como no *Grímnismál* ou no *Vafthrúdnismál*, conduzindo à morte daquele disputando em sabedoria com o deus, e aqui algo semelhante ocorre: Noite, a décima primeira categoria, terminou. Thor tem a última palavra e em sua meia-estância final ele usa da métrica "mágica" *galdralag*. "Em um peito / eu nunca vi / sabedoria mais antiga; / com grandes enganações / eu te declaro aprisionado: / você está "amanhecido", anão / agora o sol brilha no salão". Nós supomos que o raio de luz solar destrói o anão ou o torna em pedra, como em muitas lendas a respeito de anões; uma giganta é transformada em pedra sob exatamente as mesmas circunstâncias em um poema éddico heroico, *Helgakvida Hjörvardssonar*.

Nem Thor nem os anões são comumente conhecidos por sua habilidade em duelos verbais, e apesar de algumas insinuações tentadoras associando alguns anões com a sabedoria, a maioria não possui nenhuma. Esta e outras evidências têm sido usadas para propor uma origem tardia para o poema. Mas Thor é responsável pela proteção de suas mulheres e, portanto, o resultado da ação do poema é apropriado, ainda que os agentes nos pareçam deslocados.

Referências e leituras complementares: Um bom estudo da linguagem do poema são: MOBERG, L. "The Language of Alvíssmál". *Saga-Book of the Viking Society*, 18, 1973, p. 299-323. • WATKINS, C. "Language of Gods and Language of Men: Remarks on Some Indo-European Metalinguistic Traditions". In: PUH-VEL, J. (ed.). *Myth and Law among the Indo-Europeans*: Studies in Indo-European Comparative Mythology (Berkeley/Los Angeles: University of California Press, 1970, p. 1-17) oferece um contexto mais amplo. A situação da ambientação, Thor protegendo sua filha de uma associação negativa é analisada por Margaret Clunies Ross, "Þórr's Honour". In: UECKER, H. (ed.). *Studien zum Altgermanischen*: Festschrift für Heinrich Beck (Berlim/Nova York: W. de Gruyter, 1994, p. 48-76).

Andhrímnir (Fronte-em-cinza)

Cozinheiro no Valhöll.

A passagem-chave é a estância 18 do *Grímnismál*.

> Andhrímnir no Eldhrímnir
> Ferveu Sæhrímnir.

No *Gylfaginning*, Snorri compreende a passagem como sendo um cozinheiro (Andhrímnir) cozinhando um porco (Sæhrímnir) em uma imensa panela (Eldhrímnir), e, de fato, o restante dessa estância parece chamar Sæhrímnir, o melhor de todos os porcos, e se refere à misteriosa alimentação dos einherjar. Todos os três nomes estão unidos pelo elemento *hrímnir*, que é derivado da palavra utilizada para a cinza em uma fogueira de cozimento. O elemento *And-* poderia se referir à (ou poderia ter sido compreendido por Snorri como referindo à) fronte do cozinheiro, que estaria voltado de fronte à fogueira enquanto ele trabalhava em sua mágica culinária.

Ver também Eldhrímnir; Sæhrímnir.

Andlang

O segundo de três céus na cosmologia do *Gylfaginning* de Snorri.

Nenhum outro texto se refere a este espaço, ou a um segundo céu, portanto ele pode ser invenção de Snorri. O nome parece significar "esticado", mas pode concebivelmente derivar de uma forma mais extensa significando "céu espiritual".

Ver também Vídbláin.

Andvari (Cuidadoso)

Anão de quem Loki e os deuses extraem ouro para pagar uma compensação pelo assassinado de Otr, o filho de Hreidmar.

A estória é contada no *Skáldskaparmál* de Snorri, no cabeçalho em prosa e nas estâncias iniciais do *Reginsmál* na *Edda Poética*, e na *Völsunga saga*. Os deuses envolvidos são Odin, Hœnir e Loki. Loki mata Otr ("Otter", que tinha efetivamente tomado a forma de uma lontra[6]) e Hreidmar exige uma compensação. Fazendo uso da rede de Rán, Loki captura Andvari, o qual estava nadando pelo mundo na forma de um lúcio, e extrai dele todo o seu ouro, exceto por um anel que o anão deseja manter consigo. Quando Loki insiste em ter o anel de qualquer maneira o anão o amaldiçoa, dizendo que ele conduzirá à morte e à discórdia. E assim acontece.

Andvari também é mencionado no catálogo de anões no *Völuspá* e no thulur. O thulur também apresenta a palavra como um nome para "peixe".

Ver também Anões.

Angrboda (Aquela-que-oferece-tristeza)

Giganta, parceira de Loki e mãe de monstros.

O nome é encontrado somente uma vez na poesia, no *Hyndluljód*, estância 40, um trecho do "*Völuspá* abreviado".

> Loki gerou o lobo em Angrboda,
> e teve Sleipnir em Svadilfari;
> a bruxa sozinha parecia a mais maldosa
> aquela que veio do irmão de Byleipt.

Snorri faz de Angrboda, "uma giganta em Jötunheimar", a mãe de três monstros: o lobo Fenrir, Jörmungand, isto é, a serpente de Midgard, e Hel. Isso traz à tona a possibilidade que a bruxa nas linhas 3-4 da estância citada acima do *Hyndluljód* possa ser Hel.

Ver também Fenrir; Hel; Loki; Serpente de Midgard.

---

6. Em inglês *otter*, o que evidencia um jogo de palavras irreprodutível em português [N.T.].

Anões

Seres mitológicos.

Völuspá dirige sua atenção aos anões logo após os æsir terem criado o cosmos, terem assegurado a contagem do tempo e terem adquirido ouro. Os æsir estavam bastante felizes, "até que três vieram, / donzelas gigantes, / muito poderosas, / vindas de Jötunheimar" (estância 8). Pela primeira de muitas vezes no poema, quando há uma ameaça de crise, os deuses recorrem aos seus "assentos de julgamento". Nessa ocasião específica eles discutem sobre "que anões devem criar um senhor" (*Codex Regius*) ou "quem deve criar tropas de anões" (*Hauksbók*) "a partir da rebentação sangrenta e a partir de membros escuros" (*Codex Regius*). A passagem é bastante complexa e as edições predominantemente a traduzem de forma similar a "quem deveria criar um senhor de anões a partir do sangue de Brimir e dos membros de Bláin". A estância seguinte, no entanto, é bastante clara:

> Naquele momento Mótsognir
> se tornou o principal
> de todos os anões,
> e Durinn o segundo;
> imagens humanas eles
> fizeram muitas, aqueles anões, a partir da terra,
> como Durinn relatou.

Nesse ponto segue um catálogo de anões que toma várias estâncias. Portanto, o *Völuspá* possui efetivamente mais informações a respeito dos anões do que dos deuses. Os nomes neste e em outros catálogos de anões sugerem algo a respeito de suas características: Eles são associados com a morte, com batalhas, com sabedoria, com habilidades manuais, com o supernatural, e mesmo com os elfos em certo nível.

Não está clara a razão pela qual a chegada das donzelas gigantes no *Völuspá* deveria provocar uma crise envolvendo os anões. Todavia, a resposta parece ter alguma relação com a criação de uma determinada ordem na comunidade já existente de anões, ou a criação de tropas de anões propriamente ditos. O que esses anões fazem é criar "imagens de humanos", e não é improvável que estes sejam seres humanos a quem os æsir vão conceder as características da vida.

Talvez a chegada das donzelas gigantes tornou claro que os humanos seriam necessários, uma vez que guerreiros humanos mortos formavam as bases das fileiras dos einherjar, que irão lutar ao lado de Odin contra as forças do caos.

Certamente, a composição de "imagens de humanos" é consistente com o quadro mais geral na mitologia dos anões enquanto artesãos habilidosos. De acordo com Snorri no *Skáldskaparmál*, os anões Fjalar e Galar criaram o hidromel da poesia a partir do sangue de Kvasir. Na maioria das vezes, no entanto, os anões criavam objetos. Snorri também narra no *Skáldskaparmál* a respeito da criação de algumas das posses mais importantes e preciosas dos deuses. Loki havia cortado o cabelo de Sif, a esposa de Thor, e Loki evitou uma surra somente através da promessa de obrigar os anões a fazerem para Sif um ornamento para sua cabeça que iria se transformar em cabelos dourados. Ele faz com que os filhos de Ívaldi criem o ornamento, além de igualmente criar a embarcação Skídbladnir e a lança de Odin, Gungnir. Então ele aposta com o anão Brokk, que o irmão desse, chamado Eitri, não conseguirá criar três objetos de igual qualidade. Brokk deve operar os foles para Eitri e Loki se transforma em uma mosca e atormenta Brokk. Eitri cria primeiramente um javali com pelagem dourada, em seguida o anel Draupnir, e finalmente Mjöllnir, o martelo de Thor. A empunhadura do martelo é curta porque o trabalho de Brokk nos foles quase foi interrompido quando a mosca o mordeu entre os olhos, de modo que jorrou sangue.

Assim, se nós atribuirmos o cabelo de Sif ao reino de Thor, cada um dos três deuses principais conseguiu dois objetos. Odin recebe a sua lança, a qual ele pode usar para criar pânico em um exército inimigo, e o anel que duplica a si mesmo em diversas cópias. Thor recebe o martelo com o qual ele mata gigantes, e Frey recebe a embarcação que pode ser dobrada e guardada em um bolso, e o javali de pelagem dourada, Gullinborsti. Talvez seja digno notar que cada deus recebe um objeto de ouro e um outro objeto de ferro ou de madeira. Além disso, Odin encomendou junto aos anões que estes fizessem os grilhões Gleipnir, os quais ele utilizou para aprisionar Fenrir. E quando Odin, Hœnir e Loki precisaram de ouro para compensar a Hreidmar pela morte de seu filho Otr no *Skáldskaparmál*, foi aos anões que Odin enviou Loki. Da mesma forma como entre os deuses masculinos, Freyja também possuía objetos preciosos criados pelos anões: Ela tinha o seu próprio javali de pelagem dourada (*Hyndluljód*, estância 7, e adquiriu um colar (*Sörla thát-tr*, que provavelmente é um texto bastante tardio), talvez o Brísinga men. Além de fazer objetos preciosos para os deuses, os anões talvez também os tenham dado suporte através da magia. De acordo com o *Hávamál*, estância 160, Odin aprendeu um encantamento pronunciado primeiramente pelo anão Thjódrörir: "[E]le cantou riquezas para os æsir, / e prosperidade para os elfos, / e intelecto para Hroptatýr". Hroptatýr é Odin, e ter concedido a ele o intelecto teria sido um grandioso presente.

Todavia, no esquema geral da mitologia escandinava, os anões parecem ocupar uma posição mais próxima àquela dos gigantes do que de algum tipo de aliados dos deuses. O fluxo de bens ocorre sempre dos anões em direção aos deuses, nunca no sentido reverso, e algumas vezes hostilidades estavam envolvidas, como no caso em que Loki consegue ouro de Andvari para compensar Hreidmar pela morte de Otr. Alvíss intenta se casar com a filha de Thor e acaba sendo morto por conta de sua presunção (*Alvíssmál*), da mesma forma como ocorre com os gigantes Thrym e Thjazi, que cortejaram Freyja e Idun (Freyja, todavia, aparentemente dormiu com alguns anões para conseguir o seu colar no *Sörla tháttr*). O poeta Thjódólf de Hvin mencionou em seu *Ynglinga tal* (estância 5) que um anão enganou o rei sueco Sveigdir quando o rei pulou na pedra atrás do anão, e "o brilhante salão de Sökmímir e seu povo, habitado por gigantes [jötnar], escancarou-se". Parafraseando o poema na *Ynglinga saga*, Snorri nos narra que o Rei Sveigdir viu um anão uma noite, após o pôr do sol, em uma fazenda chamada Steinn (pedra), sentado próximo à rocha e foi convocado para a pedra pelo anão, para nunca mais retornar.

A ideia de anões como seres habitando na terra ou em rochas ou montanhas é profundamente enraizada. Alvíss relata a Thor que ele vive no fundo sob a terra, debaixo de uma pedra. Quando Odin mandou buscar os grilhões Gleipnir a direção era para baixo. Aqui, contudo, e no *Skáldskaparmál* também, na estória da aquisição do ouro de Andvari, Snorri chama o destino Svartálfaheim (o mundo dos elfos pretos), o que sugere que para ele a categoria dos elfos e dos anões era um tanto imprecisa. Snorri nos conta no *Gylfaginning* que os anões se originaram como larvas na carne do protogigante Ymir, cujo corpo os deuses utilizaram para formar o cosmos. Snorri também dá aos anões uma função cosmológica e os equipara com as direções cardeais quando ele escreve que os anões Nordri (Norte), Sudri (Sul), Austri (Leste) e Vestri (Oeste) sustentavam os céus.

Na literatura medieval islandesa posterior os anões aparecem como figuras estereotipadas, parecidas àquelas na literatura medieval de outras partes da Europa.

Ver também Alvíssmál; Völuspá.

Referências e leituras complementares: A respeito dos nomes dos anões e suas implicações, ver GOULD, C.N. "Dwarf-Names in Old Icelandic". *Publications of the Modern Language Association*, 44, 1929, p. 949-967. • MOTZ, L. "New Thoughts on Dwarf-Names in Old Icelandic". *Frühmittelalterliche Studien*, 7, 1973, p. 100-117 (com um epílogo de Dietrich Hoffmann). Motz também contribuiu com diversos outros estudos sobre anões: "Of Elves and Dwarfs". *Arv* 29-30, 1973-1974, p. 93-127. • "The Craftsman in the Mound". *Folklore*, 88, 1977, p. 46-60. • *The Wise One of the Mountain*: A Study in Folklore, Göppinger Arbeiten zur Germanistik (Göttingen: Kümmerle, 1983, p. 379).

Árvak e Alsvin (Madrugador e Ligeiro)

Cavalos que puxam o sol.

O *Grímnismál*, estância 37, é a fonte principal:

> Árvak e Alsvin, eles deveriam se levantar daqui,
> Os audaciosos, puxam o sol;
> E sob suas pegadas os poderes joviais,
> Os æsir, ocultaram "ferro gelado".

Os nomes dos cavalos estão atrelados por aliteração e eles também aparecem como um casal na outra ocasião em que surgem em verso. Isso ocorre no *Sigrdrífumál*, em uma parte misteriosa do poema introduzida por uma estância que afirma que a cabeça de Mím falou. A próxima estância, número 15, é onde os cavalos aparecem:

> Em um escudo deverá ser entalhado, aquele que se coloca de fronte ao deus brilhante,
> nas orelhas de Árvak e no casco de Alsvin,
> Naquela roda, que revolve a si mesma sob o cavalgar de Rungnir,
> Nos dentes de Sleipnir e nas molas de um trenó.

Esta rocha esculpida, encontrada em Havor, Gotland, pode ser uma representação incomum dos cavalos que puxam o sol, Árvak e Alsvin.
(The Art Archive / Historiska Museet Stockholm / Dagli Orti)

A lista continua e não se torna mais edificante.

Snorri cria uma paráfrase da estância do *Grímnismál* em seu *Gylfaginning*, mas, de maneira um tanto incaracterística, ele não tem nada a acrescentar a respeito dos cavalos. Todavia, ele expande o "ferro gelado" (*ísarn kól*) para entranhas dirigidas pelo vento, chamadas "Ísarnkól".

Ver também Sól.

Ása-Thor (Thor-dos-Æsir)

Nome de Thor.

Esse nome é encontrado no *Hárbardsljód*, estância 52, e frequentemente na *Edda* de Snorri. Embora ele seja utilizado em casos nos quais o poderio de Thor é levado a questionamento (p. ex. na estória de Útgarda-Loki), parece ser um tanto precipitado considerar o nome como irônico.

Referências e leituras complementares: STURTEVANT, A.M. "Regarding the Name Ása-Þórr". *Scandinavian Studies*, 15, 1953, p. 15-16.

Ás-Brú (Ponte-Æsir)

Nome alternativo para Bilröst, de acordo com Snorri Sturluson no *Gylfaginning*. Ele cita o *Grímnismál*, estância 29, que pode, contudo, fazer uso da palavra como um substantivo comum ao invés de um nome próprio.

Ver também Bilröst.

As filhas de Ægir

As ondas do mar; nove irmãs, filhas de Ægir e Rán.

Ægir é a personificação do mar e suas filhas são as ondas. O poeta conhecido apenas como Svein, talvez um islandês do décimo primeiro século, descreve uma tempestade invernal, na qual rajadas de vento das montanhas embaralham e dividem as filhas de Ægir, isto é, as ondas. *Helgakvida Hundingsbana* I, estância 29, chama uma onda poderosa que quase leva a pique uma embarcação de filha de Ægir. No *Skáldskaparmál*, Snorri Sturluson afirma que Rán é a esposa de Ægir e a mãe das filhas de Ægir. Snorri enumera seus nomes duas vezes, com uma variação somente no oitavo nome: Himinglæfa (Transparente-no-topo), Dúfa (Onda), Blódudhadda (Cabelos-sangrentos), Hefring (Elevação), Unn (Onda), Hrönn (Onda), Bylgja (Vaga), Kára (Poderosa) ou Dröfn (Onda), e Kólga (Onda-fria). O único destes nomes cuja propriedade não é imediatamente aparente é "Cabelos-sangrentos", que eu acredito se referir a uma espuma avermelhada ao topo de uma onda.

Ver também Ægir.

Ásgard (Recinto dos Æsir)

O local de residência dos deuses.

O nome é encontrado na poesia éddica, na *Edda* de Snorri, e, talvez de caráter mais interessante, em um fragmento de um poema a respeito de Thor, composto pelo skáld Thorbjörn dísarskáld, do final do décimo século, que foi um dos dois skalds que nos deixaram poemas endereçados a Thor, o único desse tipo de verso de que se tem conhecimento. O que Thorbjörn disse foi que "Thor defendeu Ásgard e o povo [os deuses] de Ygg [Odin] com força". O substantivo *-gard*, "quintal", é utilizado para os domínios dos maiores grupos na mitologia: Ásgard para os deuses, Midgard (Recinto central) para os humanos, e Útgardar (Recintos externos) para os jötnar (o último, contudo, é encontrado somente em conexão com Útgarda-Loki). Dentro de Ásgard se encontrava o Valhöll.

O que faz de Ásgard um recinto é a muralha que o circunscreve, que parece ser o tema de uma estória intricada no *Gylfaginning*. Os deuses estabeleceram Midgard e construíram Valhöll quando um construtor veio até eles e ofereceu construir uma fortaleza tão segura que os gigantes não poderiam atravessá-la. Ele ofereceu concluir o trabalho no prazo de um ano e meio em troca de Freyja, do sol e da lua como formas de pagamento. Os deuses acreditavam ter conseguido um excelente negócio quando fizeram ele concordar em realizar o trabalho em somente meio ano com a ajuda exclusivamente de seu cavalo Svadilfari. Eles estavam enganados, e quando faltavam apenas três dias parecia certo que a muralha seria terminada. Os deuses culparam Loki e o ameaçaram. Loki se transformou em uma égua e distraiu Svadilfari. A muralha nunca foi completada, e quando Thor retornou ele matou o construtor gigante. Em seguida Loki deu à luz a Sleipnir.

Referências e leituras complementares: As analogias medievais e folclóricas à estória da construção da muralha foram apresentadas há bastante tempo em SYDOW, C.W. "Studier i Finnsägnen och besläktade byggmästarsägner". *Fatabu-*

ren, 1907, p. 65-78, 199-218; 1908, p. 19-27. A discussão de Lotte Motz ("Snorri's Story of the Cheated Mason and Its Folklore Parallels". *Maal og minne*, 1977, p. 115-122) acrescenta pouco. Joseph Harris ("The Masterbuilder Story in Snorri's Edda and Two Sagas". *Arkiv för nordisk filologi*, 91, 1976, p. 66-101) argumenta que Snorri criou essa estória em uma tentativa de clarificar o *Völuspá*, estâncias 25-26. Sua fonte teria sido uma lenda oral, mantida em duas da Sagas de Islandeses, *Eyrbyggja saga* e *Heidarvíga saga*, a respeito de dois berserks que construíram uma estrada; esta lenda estava baseada, por sua vez, na lenda migratória internacional que von Sydow havia discutido. O argumento é bastante plausível, mas ele foi contestado por Ursula Dronke ("Völuspá and Satiric Tradition". *Annali: Sezione germânica* – Studi nederlandesi, studi nordici 77, 1979, p. 57-86), que postulou uma *Canção de Svadilfari* como a fonte para *Völuspá*, estâncias 25-26.

Ask (Freixo) e Embla

Os primeiros humanos.

A estória da criação dos humanos é encontrada no *Völuspá*, estâncias 17-18, e no *Gylfaginning* de Snorri. De acordo com o *Völuspá*, Freixo (o primeiro homem humano) e Embla (a primeira mulher humana) foram encontrados no litoral, capazes de pouco e sem destino. Odin, Hœnir e Lódur dotaram-nos com as várias qualidades que eles precisavam para viver. Odin lhes deu o fôlego ou espírito, Hœnir lhes concedeu as faculdades mentais ou a voz, e Lódur lhes deu o sangue, o rubor, ou o calor vital e a boa coloração. Snorri acrescenta alguns detalhes e modifica outros. Os deuses criadores, de acordo com Snorri, são os filhos de Bor (em outros locais Bur) – Odin, Vili e Vé – que encontram dois pedaços de madeira às margens do oceano e os moldam na forma de humanos. Um dos filhos de Bor lhes dá o espírito e a vida; o segundo, a mente e os movimentos; o terceiro, a aparência, a fala, a audição e a visão. Os filhos de Bor também deram a essas peças de madeira vivificada roupas e os seus nomes, Ask e Embla, e dele descendem as raças da humanidade.

No *Völuspá*, as estâncias a respeito de Ask e Embla seguem o catálogo de anões, e é deveras possível que a estância 10, que se refere aos anões produzindo formas humanas a partir da terra, esteja relacionada. Neste cenário, os anões teriam formado os humanos, mas os deuses lhes teriam dotado com a vida.

Embora Ask claramente signifique "Freixo", o significado de Embla é incerto. "Árvore Ulmeiro" é uma das possibilidades, mas ela encontra obstáculos linguísticos sérios. A outra possibilidade usualmente oferecida é "vinha", e relacionada a essa opção vem a sugestão subsequente, de uma relação entre a relação sexual humana e a transformação de uma madeira dura, como o Freixo, em uma madeira macia para fazer fogo.

Ver também Hœnir.

Referências e leituras complementares: O possível papel dos anões na criação do Freixo e da Embla é convincentemente debatido em STEINSLAND, G. "Antrogonimyten i Voluspá: En tekst- og tradisjonskritisk analyse". *Arkiv för nordisk filologi*, 98, 1983, p. 80-107. Para Embla como "vinha" e para a hipótese da madeira dura/madeira macia ver SPERBER, H. "Embla". *Beiträge zur Geschichte der deutschen Sprache und Literatur*, 36, 1910, p. 219-222.

Atla

Uma das nove mães gigantas, talvez de Heimdall, listadas no *Hyndluljód*, estância 37 (parte do "*Völuspá* abreviado").

Ver também Heimdall; *Hyndluljód*.

Referências e leituras complementares: MOTZ, L. "Giantesses and Their Names". *Frühmittelalterliche Studien*, 15, 1981, p. 495-511.

Audhumla

A protovaca, envolvida na origem das raças dos deuses e dos gigantes.

Embora o nome possa ser encontrado entre os thulur para "vaca", o papel mitológico de Audhumla só é encontrado no *Gylfaginning* de Snorri. Snorri afirma que Audhumla emergiu das gotas de orvalho congelado logo após a formação de Ymir, e que quatro riachos de leite corriam de seu ubre e alimentavam Ymir. Ela, por sua vez, lambeu blocos de sal, e destes blocos emergiu, após três dias, Búri, o primeiro dos æsir.

Embora vacas não sejam incomuns nas estórias de criação de todas as partes do mundo, o que mais chama a atenção em relação a Audhumla é que ela unifica as duas classes de seres em contenda na mitologia, ao alimentar Ymir, o ancestral de todos os gigantes, e ao dar à luz a Búri, progenitor dos æsir. A etimologia presumida de seu nome, "vaca sem chifres rica em leite", não oferece nenhum auxílio na interpretação de seu papel mitológico.

Ver também Ymir.

Referências e leituras complementares: A respeito da etimologia, ver NOREEN, A. "Urkon Audhumla och några hennes språkliga släktningar". *Namn och bygd*, 6, 1918, p. 169-172.

Aurboda (Aquela que oferece cascalho)

Giganta, mãe de Gerd, mulher de Frey.

A fonte relevante é o *Hyndluljód*, estância 30, linhas 5-8:

> Frey possuiu a Gerd, ela era a filha de Gymir [corrigido de Geymir]
> Da raça dos gigantes, e de Aurboda.

No *Gylfaginning*, Snorri repete essa informação.

A estância 38 do *Fjölsvinnsmál*, que é a estância 54 no poema que os editores criaram a partir do *Grógald* e do *Fjölsvinnsmál*, e que eles chamam *Svipdagsmál*, também menciona uma Aurboda. Ela aparece em uma lista de nove virgens que se assentam nos joelhos do Menglöd. Embora Menglöd seja uma giganta, esses não são nomes de gigantas – uma é, de fato, Eir, uma *ásynja* de acordo com Snorri, e as demais são adjetivos como brilhante, alegre e bela. Eu duvido que nós estejamos lidando com a mesma Aurboda em ambos os casos.

Ver também Frey, Gerd.

Aurgelmir (Gritador de lama)[7]

Gigante primitivo.

No *Vafthrúdnismál*, Odin pergunta a Vafthrúdnir quem foi o mais antigo dos æsir, ou parente de Ymir. Vafthrúdnir afirma que Bergelmir nasceu muitos anos antes da terra ter sido formada; seu pai era Thrúdgelmir e seu avô

---

7. Assim como Aurboda, apresenta a partícula "Aur", que pode ser traduzida tanto por lama, barro, terra ou cascalho. Sigo aqui a variação apresentada pelo autor no inglês [N.T.].

Aurgelmir. Odin pergunta então (estância 30), por tal razão, se Aurgelmir veio em primeiro lugar ente os filhos dos jötnar. O gigante responde:

> Do Élivágar jorraram gotas de veneno,
> e então ele cresceu, até que um gigante emergiu.

Odin então pergunta como aquele gigante teve filhos, uma vez que ele não tinha o prazer de uma giganta. Vafthrúdnir responde na estância 33:

> Debaixo de um braço do gigante de gelo, dizem eles, cresceu,
> Uma donzela e um rapaz juntos;
> Uma perna teve na perna do sábio [ou frutífero] gigante
> Um filho de seis cabeças.

Snorri cita esses versos, mas afirma que Aurgelmir era o nome que os gigantes de gelo usavam para Ymir. Posto que isso seria singular, nós devemos mais uma vez assumir que Snorri estava sistematizando, embora também seja verdade que o processo de nascimento hermafrodítico se encaixa etimologicamente de maneira mais adequada com Ymir (cujo nome tem a ver com duplicação) que com Aurgelmir.

Ver também Bergelmir; Thrúdgelmir; Ymir.

Aurvandil

Gigante (?) cujo dedão do pé foi transformado em uma estrela por Thor; esposo de Gróa.

De acordo com o relato de Snorri a respeito do duelo de Thor com Hrungnir no *Skáldskaparmál*, Thor foi procurado pela vidente Gróa, que pronunciou encantamentos sobre ele e com isso soltou a pedra de amolar que estava alojada na cabeça de Thor após o duelo.

> E quando Thor soube disso e acreditou ser possível que a pedra de amolar pudesse ser removida, então ele quis retribuir a Gróa por sua cura e fazê-la feliz. Ele lhe contou que ele estava vadeando a partir do Norte através do Élivágar e que havia carregado Aurvandil em suas costas, dentro de um cesto, para fora de Jötunheimar, e um sinal disso era que um dos dedões do pé de Aurvandil ficou do lado de fora do cesto e acabou congelando, e Thor o quebrou e o lançou ao céu e o transformou na estrela que é chamada de Dedão do pé de Aurvandil. Thor disse que não demoraria muito até que Aurvandil voltaria para casa, e Gróa ficou

tão feliz que ela esqueceu os encantamentos e a pedra de amolar não se soltou.

Embora a etimologia do nome seja desconhecida, ela é cognata com o inglês antigo *earendel*, "amanhecer, raio de sol", de modo que pode existir algum mito germânico aqui, apesar da ausência de Aurvandil do *corpus* poético nórdico. Thor também transformou os olhos de Thjazi em estrelas, e em minha opinião nós deveríamos compreender estes atos como sua contribuição para a cosmogonia, uma área em que de outro modo ele está ausente.

Referências e leituras complementares: MUNCH, R. "Aurvandils tá". *Altschlesien*, 5, 1934, p. 387-388 especula sobre qual estrela o Dedão do pé de Aurvandil possa representar.

Baldr

Deus, membro do grupo dos æsir, morto por seu meio-irmão cego Höd, enterrado em um funeral solene, e deixado no mundo dos mortos quando uma tentativa de o recuperar fracassa.

A morte de Baldr é um dos momentos mais importantes da mitologia. Partes da estória são aludidas em vários poemas escáldicos; muito dela é contado na versão do *Codex Regius* do *Völuspá*, e Snorri apresenta uma versão completa no *Gylfaginning*, usando provavelmente uma versão oral do *Völuspá* e outras fontes. De acordo com Snorri, Baldr é o segundo filho de Odin, depois de Thor, e "a seu respeito há coisas boas a se relatar; ele é o melhor, e todos o adoram; ele é tão belo em sua face e brilhante, que ele parece resplandecer, e há uma planta que é tão branca, que ela é comparada às sobrancelhas de Baldr; essa é a mais branca de todas as plantas e dela você pode perceber a beleza do deus, tanto dos cabelos como da face; ele é o mais sábio dos æsir e o mais eloquente, e o mais piedoso, mas essa natureza o acompanha, que nenhum de seus julgamentos perdura. Ele vive no local chamado Breidablik; isto é, no céu; naquele lugar nada pode ser impuro". Algumas páginas mais tarde Snorri relata que Forseti é o filho de Baldr e Nanna Nepsdóttir. Mais adiante no *Gylfaginning* ele conta sobre a morte de Baldr e as suas consequências, e estas estórias tomam cerca de 10% de todo o *Gylfaginning*.

A morte de Baldr de fato compreende várias partes constituintes, e Snorri é o primeiro a combinar todas elas em uma narrativa fluida, mesmo se o *Völuspá*, uma versão do qual ele claramente tinha diante de si, conta a maior parte da estória. Essas partes podem ser divididas convenientemente da seguinte maneira: a morte de Baldr, seu funeral, a tentativa de reavivamento, a vingança por sua causa.

A estória da morte de Baldr e da tentativa de sua ressurreição estão entrelaçadas, ao menos por Snorri. Ela começa, de acordo com ele, com Baldr sofrendo com sonhos desconcertantes, presumivelmente que ele pode vir a ser ferido ou morto. Frigg evoca de todas as coisas um juramento para que elas não lhe causem dano, e a partir daí os æsir passam a se divertir, atacando-o com armas e pedras, e tudo indica que eles veem como uma realização o fato de ele permanecer intacto. Loki fica insatisfeito com o fato de Baldr permanecer intacto. Ele assume a forma de uma mulher, vai até Frigg, e questiona se algo pode ferir a Baldr. Frigg responde que ela tomou juramentos de todas as coisas, exceto da erva-de-passarinho, que lhe parecia muito jovem. Loki arranja um tanto de erva-de-passarinho, cria uma lança a partir desta e se dirige até a assembleia. Ali ele vê o meio-irmão cego de Baldr, Höd, que não está participando nas brincadeiras. Ele dá a lança de erva-de-passarinho para Höd que a arremessa em Baldr. A lança perfura Baldr, e ele cai morto na terra. "O maior infortúnio entre os deuses e os homens foi feito", escreve Snorri.

Os deuses ficam arrasados, e não se pode tomar nenhuma vingança no momento, pois eles estão em um local de santuário. Frigg pede por um voluntário para ir até Hel e tentar recuperar Baldr. Hermód, outro filho (ou servo) de Odin se voluntaria. Tomando Sleipnir emprestado, ele viaja nove noites até à ponte Gjallar (Gjallarbrú, a ponte entre a terra e o mundo inferior), onde ele é desafiado pela donzela Módgud. Ela lhe diz que o caminho para Hel é para baixo e para o norte. Ele segue cavalgando, chega até Hel, e vê que Baldr está assentado sobre o alto trono (o assento de honra) em seu salão. Hel concorda em liberar Baldr se todas as coisas, vivas e mortas, chorarem por ele. Levando sinais do mundo inferior, Hermód retorna ao mundo dos vivos. Emissários são enviados para requisitar que todos chorem por Baldr, e no momento em que essa tentativa parece ter dado certo, eles vêm a uma velha senhora que se chama a si mesma Thökk (Graças). Ela declama um verso: "Thökk irá chorar / lágrimas secas / sobre o funeral de Baldr; / eu não tive uso para o filho de Karl, / vivo ou morto; / deixe Hel manter o que ela possui". As pessoas pensam, explica Snorri, que essa velha senhora que manteve Baldr junto a Hel era Loki.

Enquanto Hermód conduzia a sua jornada, de acordo com Snorri, sucedeu o funeral de Baldr. Provavelmente Snorri estava seguindo o *Húsdrápa* do skáld Úlf Uggason nessa passagem, um poema que descreve as ricas decorações entalhadas no recentemente construído salão de Óláf pái (Pavão), de aproximadamente 1185 na Islândia Ocidental. Eis o que o *Húsdrápa* apresenta em relação ao funeral:

> O experimentado-em-batalha Frey cavalga um javali, a pelagem ouriçada de ouro, primeiramente à pira do filho de Odin, e conduz exércitos. O extremamente, amplamente famoso Hropta-Týr [Odin] cavalga para a pira de seu filho. Ali eu percebo valquírias, e corvos acompanham a sábia árvore--da-vitória [homem; aqui Odin] até o sangue do cadáver santo. Assim, [o salão] é adornado de dentro com coisas relembradas. O excelente Heimdal cavalga um cavalo até àquela pira que os deuses construíram para o filho decaído do sapientíssimo testador do corvo [Odin]. A extremamente poderosa Hild das montanhas [uma giganta] fez com que o Sleipnir-do-mar [embarcação] sulcasse adiante; mas os portadores das chamas do elmo de Hropt [Odin] derrubou a sua montaria.

Snorri possui mais alguns detalhes. Ele acrescenta uma gama de deuses à lista daqueles que tomaram parte, e ele confere sentido à estância em que aparece a giganta ao afirmar que a embarcação funerária não podia ser lançada, e que os deuses, portanto, se dirigiram a Jötunheimar em busca daquela ogra que se chamava Hyrrokkin. "Ela chegou cavalgando um lobo com serpentes venenosas por rédeas, e quando ela desmontou, Odin chamou quatro berserks a fim de tomar conta de seu cavalo, e eles não podiam segurá-lo a não ser que o matassem. Então Hyrrokkin se dirigiu à proa da embarcação e o lançou para a frente em sua primeira tentativa, de modo que faíscas foram lançadas dos cordames e todas as terras tremeram." Thor ficou irado e a teria matado se os deuses não tivessem implorado por sua anistia. Thor chutou um pequeno anão chamado Lit em direção ao fogo, e Nanna morreu de pesar e foi colocada na pira junto com Baldr. O anel Draupnir e o cavalo de Baldr também foram queimados junto com ele.

A sequência da vingança contém duas partes. A primeira, em relação à qual Snorri silencia no *Gylfaginning*, é contada no *Völuspá*: "O irmão de Baldr foi / parido rapidamente; / aquele filho de Odin / morto quando ele tinha uma noite de vida". No *Skáldskaparmál*, Snorri relata que kenningar para Váli incluem "inimigo de Höd e seu assassino". Vingança também recai sobre Loki, e nesse caso Snorri possui uma narrativa bastante detalhada (a prosa subsequente ao *Lokasenna* na *Edda Poética* conta em grande medida a mesma estória, mas afirma que os deuses estavam se vingando por conta de injúrias proferidas por Loki contra si). Loki foge para uma montanha e bane-se a si mesmo em uma casa com quatro portas, a partir das quais ele espia esperando o ataque dos æsir. Frequentemente transformando-se em um salmão, ele antecipa a estratégia dos æsir e concebe uma rede, mas a queima e pula no rio enquanto eles se aproximam. Vendo o padrão nas cinzas, Kvasir compreende o potencial que ele representa e os æsir perseguem a Loki com uma rede. Duas vezes ele escapa, mas na terceira tentativa ele tenta pular sobre a rede e Thor o apanha pelo rabo, razão pela qual os salmões são finos em suas caudas até os dias de hoje. Os æsir levam Loki a uma caverna onde eles o amarram a uma rocha. Eles transformam um de seus filhos em um lobo e o fazem esfacelar o outro em pedaços. Suspendem uma serpente venenosa sobre ele, pingando veneno. Sua esposa Sigyn coleta o veneno em uma bacia, mas quando ela vai esvaziá-la o veneno cai em sua face, e seu contorcer causa terremotos.

Saxo Grammaticus apresenta uma estória um tanto distinta para a morte de Baldr e suas consequências. Høtherus, o filho adotivo do Rei Gevarus, e Balderus, o filho de Othinus e um semideus, ambos se apaixonaram por Nanna. Høtherus adquire uma espada especial e um anel mágico. Nanna recusa a Balderus com o argumento de que semideuses e humanos não são compatíveis. Høtherus e um aliado confrontam Balderus e os deuses em uma batalha naval e alcançam a vitória quando Høtherus corta com sua espada mágica a empunhadura do martelo de Thor, a principal arma dos deuses.

Høtherus se casa com Nanna. Em uma batalha subsequente Balderus o derrota. Balderus é acometido por sonhos com sua desejada Nanna. Høtherus é então escolhido rei sobre os dinamarqueses, mas em sua ausência os dinamarqueses votam novamente, e dessa vez eles escolhem Balderus. Em uma terceira batalha Høtherus é posto a correr. Em sua batalha final ele fere Balderus. Balderus sonha com Proserpina (como Saxo a chama, usando o nome romano para a grega Perséfone, que, como Hel, presidia sobre o mundo inferior), morre, e é enterrado em um monte funerário.

A estória se transforma nesse ponto em vingança. Um feiticeiro orienta Othinus que ele deve seduzir a Rinda, a filha do rei dos Rutenianos. Após três tentativas fracassadas, primeiramente disfarçado de guerreiro, depois de ferreiro e finalmente como cavaleiro, Othinus retorna ainda uma quarta vez, disfarçado de mulher, e se torna uma donzela de serviço da princesa. Quando Rinda adoece, Othinus providencia que ela seja amarrada, a fim de que ela possa receber alguns medicamentos. Ele a estupra e ela concebe Bous, que mata a Høtherus.

Essas estórias são de fato bastante diferentes, mas há similaridades importantes que ultrapassam o caso de Höd matando Baldr e sofrendo a vingança. Sonhos são importantes em ambas as versões, assim como uma arma mágica. A deusa dos mortos desempenha um papel em ambos. O estupro de Rinda encontra seu paralelo na tradição islandesa medieval em uma estância que afirma que Odin usou o seid mágico sobre Rind, a mãe de Váli. As diferenças nas versões podem refletir variações na tradição oral islandesa, posto que Saxo aprendeu dos islandeses, mas ele também pode estar transmitindo algumas tradições dinamarquesas genuínas.

A estória levou a muitas tentativas de interpretação, algumas das quais bastante fantasiosas. A erva-de-passarinho permanece sem explicações, apesar da tentativa de Sir James Frazer de construir uma teoria grandiosa em torno dela. De fato, a estória pode ter muito menos a ver com a fertilidade exemplificada por vários deuses que morrem (no outono) e renascem (na primavera), do que ela tem em relação à iniciação a um hipotético culto a Odin. Portanto, o nome de Höd parece ter significado "batalha", e sua cegueira intensifica o sacrifício de Odin de um único olho. *Gautreks saga* contém um sacrifício fraudulento a Odin, que acaba se tornando real. Quando Starkad lança um caniço que lhe foi dado por outra pessoa em direção ao Rei Víkar, o caniço se transforma em uma lança e mata o rei.

Todavia, a análise da estória de Baldr como ritual odínico conflita com o fato de que no *Völuspá* a morte de Baldr conduz diretamente ao Ragnarök (e a vitória de Høtherus sobre todos os deuses em Saxo pode ser análoga a isso). Também para Snorri a morte de Baldr foi um desastre que conduziu ao Ragnarök. Eu compreendo a estória como a reflexão mítica e um problema social básico, nomeadamente, o fato de que uma sociedade que fazia uso do feudo de sangue para resolver disputas – como a Islândia medieval assim como, presumivelmente, a das sagas – não conseguia lidar com um assassinato dentro de uma família. Simplesmente por requerer um contra-ataque em relação à família do assassino, o assassinato de Baldr por parte de Höd coloca Odin em uma situação impossível. Ele se volta para fora do grupo de parentesco para gerar o vingador Váli/Bous, mas isso não é solução, posto que simplesmente desloca o problema de irmão matando irmão. O poema épico do inglês antigo, *Beowulf*, apresenta uma estória que parece cognata, em que um irmão, Hædcyn (Höd), mata outro irmão por engano, Herebeald (Baldr?). Hredel, o pai, morre de pesar.

Referências e leituras complementares: Uma comparação das versões da estória nas fontes islandesas e em Saxo, argumentando pela similaridade essencial, é ROSS, M.C. "Mythic Narrative in Saxo Grammaticus and Snorri Sturluson". *Saxo Grammaticus*: Tra storiografia e letteratura: Bevagna, 27-29/09/1990 (Roma: Il Calamo, 1992, p. 47-59). A leitura de Sir James Frazer do mito de Baldr – ainda um clássico da "antropologia de gabinete" – pode ser estudada em seu "Balder the Beautiful". In: *The Golden Bough*: A Study in Magic and Religion. 2 vols. 3. ed. (Nova York: St. Martin's Press: 1990 [1890], parte 7). Ver também MARTIN, J.S. "Baldr's Death and The Golden Bough". In: TURVILLE-PETRE, G. & MARTIN, J.S. (eds.). *Iceland and the Medieval World*: Studies in Honour of Ian Maxwell (Vitória, Austrália: The Organizing Committee for Publishing a Volume in Honour of Professor Maxwell, 1974, p. 26-32). Minha leitura do mito de Baldr está em meu *Murder and Vengeance among the Gods*: Baldr in Scandinavian Mythology (Helsinki: Societas Scientiarum Fennica, 1997) [FF Communications, 277]. Ver também meu "Interpreting Baldr, the Dying God". *Australian Academy of the Humanities Proceedings*, 1993, p. 155-173. Também em QUINN, J.; BARNES, G. & ROSS, M.C. (eds.). *Old Norse Studies in the New World* (Sydney: University of Sydney, 1994, p. 14-25). Sobre feudos de sangue, ver MILLER, W.I. *Bloodtaking and Peacemaking*: Feud, Law, and Society in Saga Iceland (Chicago/

Londres: University of Chicago Press, 1990), e em sua aplicação geral à mitologia ver meu "Blood Feud and Scandinavian Mythology". *Alvíssmál*, 4, 1994, p. 51-68. Em seu *Prolonged Echoes*: Old Norse Myths in Medieval Icelandic Society – Vol. 1: *The Myths* (Odense: Odense University Press, 1994), Margaret Clunies Ross acentua as implicações dinásticas da estória: Baldr é o herdeiro legítimo de Odin, e sua morte dá início a uma crise sucessória.

Baldrs Draumar (Os sonhos de Baldr)

Poema éddico.

Encontrado não no *Codex Regius* da *Edda Poética*, mas somente em um outro manuscrito principal, AM 748, o poema compreende 14 estâncias em *fornyrðislag*. Ele se inicia com os æsir em um estado de crise por conta dos pesadelos de Baldr. Odin cavalga até Hel. Ele é confrontado por um cão infernal, mas cavalga a leste do salão de Hel, onde ele sabe existir o túmulo de uma vidente. Despertada, ela pergunta por sua identidade, e ele diz que ele é Vegtam (Acostumado-com-a-estrada). A partir da estância 6 em diante o poema consiste de uma série de questionamentos apresentados por Odin e respondidos pela vidente. A vidente conclui cada resposta, exceto a última, afirmando ter sido forçada a falar, e que naquele momento ela ficará em silêncio, mas Odin sempre a força a continuar. Primeiramente, Odin pergunta para quem o salão de Hel foi preparado; a vidente responde que é para Baldr. Em segundo lugar, Odin questiona quem irá matar Baldr, e a resposta é Höd. A terceira questão é quem irá vingar Baldr, e a resposta é aparentemente Váli (o nome é omitido no manuscrito, mas um nome começando com *V* é necessário para completar a aliteração). O quarto e último questionamento não está claro, mas tem algo a ver com a identidade de um grupo de donzelas. De alguma maneira, em um modo que nós já não conseguimos compreender, a questão revela à vidente que ela está conversando com Odin. A isto Odin responde, "você não é uma vidente, / nem uma mulher sábia, / mas antes de três / gigantes a mãe" (estância 13). "Vá para casa", ela diz. O próximo passo é o Ragnarök.

A versão do mito da morte de Baldr aqui omite o papel de Loki, o qual é tão importante na narrativa de Snorri, embora alguns observadores tenham encontrado uma referência a Loki na mãe dos três gigantes da estância 13, posto que os filhos de Loki são três dos mais famosos gigantes, a saber, a serpente de Midgard, o lobo Fenrir, e a própria Hel. Essa versão parece colocar seu foco sobre os elementos essenciais: Baldr morrerá, Höd irá matá-lo, Váli irá vingar a morte de Baldr. Essa é uma distinção em relação à versão de Snorri muito maior, efetivamente, que a omissão do papel de Loki, pois Snorri não tem nada a dizer a respeito de uma vingança contra Höd. A maioria das fontes parece concordar que a vingança seja uma parte integral desse mito.

Em sua forma, *Baldrs draumar* compartilha muitas características com as outras disputas de sabedoria éddica, especialmente com o *Vafthrúdnismál*, o qual também apresenta uma referência incerta a um grupo de mulheres próximo ao final do poema, assim como um questionamento que revela a identidade de Odin, ainda que no *Vafthrúdnismál* e no *Baldrs draumar* estes questionamentos não sejam os mesmos.

Muito embora haja paralelos verbais evidentes com o *Thrymskvida*, poucos observadores são confidentes quanto a uma datação tardia para o *Baldrs draumar* do mesmo modo que o são para aquele poema.

Referências e leituras complementares: Discussões a respeito do poema em inglês incluem LINDOW, J. *Murder and Vengeance among the Gods*: Baldr in Scandinavian Mythology (Helsinki: Suomalainen Tiedeakatemia, 1997, p. 130-134 [FF Communications, 262]) e MALM, M. "Baldrs draumar: Literally and Literarily". In: ROSS, M.C. & BARNES, G. (eds.). *Old Norse Myths, Literature, and Society*: Proceedings of the Eleventh International Saga Conference, 2-7 July 2000 (Sydney: Centre for Medieval Studies/University of Sydney, 2000, p. 277-289).

Báleyg (Olho flamejante)

Nome de Odin.

O próprio Odin inclui este na lista de nomes que ele oferece pouco antes da epifania no *Grímnismál* (estância 47). O skáld islandês Hallfred Óttarson vandrædaskáld usou o kenning "esposa de Báleyg" para se referir à terra na estância 6 de seu Hákonar drápa, composto para Hákon, o jarl de Hladir, em torno do final do décimo século, e no início do décimo primeiro século Gísli Illugason chamou os guerreiros por "árvores de Báleyg" em um memorial ao rei norueguês Magnús Perna-pelada. Esse nome também é encontrado nos thulur. A chama deve ser metafórica, uma referência ao olhar feroz do único olho de Odin.

No *Grímnismál* Báleyg segue e forma uma aliteração com Bileyg (Olho-vacilante), e esse par de nomes foi associado com Bolwisus e Bilwisus no Livro 6 das *Gesta Danorum* de Saxo Grammaticus, dois homens velhos que aconselham o Rei Sigarus na estória de Hagbard e Signe. Bilwisus trabalha para promover a reconciliação dos inimigos, enquanto Bolwisus semeia a discórdia, mesmo entre amigos. Muitos observadores vieram a aceitar que aquilo que Saxo afirma nesse ponto reflete os dois lados de Odin, uma distinção que é contrastada nos nomes Bileyg e Báleyg.

Ver também Bileyg; Ód.

Barri

O local do amor secreto, onde Frey irá encontrar Gerd, sua noiva gigante.

Nós temos a estória no *Skírnismál* e em uma forma abreviada no *Gylfaginning* de Snorri. De maneira breve, após o emissário de Frey, Skírnir, persuadir Gerd, a giganta por quem Frey se apaixonou de uma grande distância, ela concorda em encontrá-lo dentro do prazo de nove noites em Barri (Barrey, de acordo com Snorri).

A explicação já clássica de Magnus Olsen, de que Barri está relacionado a *barr*, "cevada", conecta a estória a um hipotético mito de fertilidade, no qual Skírnir é compreendido como o raio de sol e o subsequente casamento como as núpcias sagradas entre um deus e a terra. Aqueles que não são convencidos disso demonstram que *barr* pode igualmente bem significar "agulha de pinheiro", o que viria a corroborar o fato de o *Skírnismál* chamar Barri de maneira explícita um bosque, que o Barrey de Snorri (Ilha-de-cevada ou Ilha-de-grãos) não faz nenhum sentido em um contexto de um mito de fertilidade, e que em ambos os textos o casamento é, de fato, adiado. Todavia, não foi proposta nenhuma outra explicação para os nomes em si.

Referências e leituras complementares: O famoso artigo de Magnus Olsen é "Fra gammelnorsk myte og kultus". *Maal og minne*, 1909, p. 17-36. A crítica filologicamente mais bem fundamentada à leitura de Olsen é aquela apresentada em SAHLGREN, J. "Lunden Barre i Skírnismál". *Namn och bygd* 50, 1952, p. 193-203 (resumo em inglês, p. 233).

Baugi (Forma-de-anel)

Gigante, irmão de Suttung, o gigante de quem Odin obteve o hidromel da poesia.

Baugi é conhecido somente através da *Edda* de Snorri e dos thulur, e não aparece em nenhum lugar na poesia. No *Skáldskaparmál* Snorri apresenta Odin partindo a fim de conseguir o hidromel. Ele se depara com nove escravos que estão cortando feno e amola as suas gadanhas com uma pedra de amolar que trouxe consigo. As gadanhas ficam tão mais afiadas que cada um dos escravos quer a pedra de amolar para si, e enquanto eles estão contendendo acerca de quem deverá comprá-la, Odin lança a pedra de amolar para o ar. Enquanto os escravos se atropelam para pegá-la, eles cortam as gargantas uns dos outros. Nesse ponto nós ficamos sabendo que esses escravos trabalhavam para Baugi, e Odin, chamando a si mesmo Bölverk (feito-maléfico), oferece realizar o trabalho dos nove homens, em troca de um salário correspondente a um gole do hidromel. Baugi diz que somente Suttung controla o hidromel, mas que ele irá ajudá-lo. Depois de o trabalho da temporada de verão ter sido concluído, Bölverk/Odin pede seu pagamento, e quando Suttung se recusa terminantemente uma mera gota do hidromel, Bölverk/Odin recorre à ajuda de Baugi. Eles fazem uma perfuração na montanha, e quando Baugi afirma que o túnel está completo, Bölverk/Odin assopra no buraco. Mas lascas ricocheteiam, indicando que o final do túnel ainda está bloqueado. Bölverk/Odin percebe então que Baugi deseja enganá-lo. Eles perfuram novamente. Odin então se transforma em uma serpente e desliza para dentro do buraco. Baugi tenta acertá-lo com um golpe, mas erra, e ali ele desaparece da mitologia tão rápida e confusamente como ele adentrou nela.

O maior problema com Baugi é sua ausência fora da obra de Snorri, especialmente no *Hávamál*, ao qual Snorri parece estar parafraseando na maior parte da estória da aquisição do hidromel da poesia. A.G. van Hamel argumentou que Snorri encontrou Baugi em uma outra fonte (de fato, que Odin obteve o hidromel de Baugi) e que a versão que nós possuímos no *Skáldskaparmál* é, portanto, uma habilidosa harmonização das duas fontes. Outros argumentaram que Snorri inventou Baugi, e Aage Kabell considerou saber o motivo disso: porque ele compreendeu equivocadamente a estância 110 do *Hávamál*:

> Um juramento de anel [*baugeiðr*] eu creio que Odin fez,
> que bem são tais juramentos?
> Ele deixou Suttung enganado do banquete
> e fez Gunnlöd chorar.

O problema com essa hipótese é que juramentos de anel eram suficientemente bem conhecidos na Islândia medieval, e a estância é realmente bastante clara. Se Margaret Clunies Ross está correta em sua recuperação do argumento de que um anel pode representar o ânus em alguns contextos e, portanto, estar envolvido de maneira insinuada em relação a *ergi* (perversão sexual), Snorri poderia estar se entregando a um jogo de palavras; ou ele pode até mesmo ter imaginado uma forma simbólica de estupro de Suttung através de Baugi paralelamente ao seu estupro de Gunnlöd, a filha de Suttung.

Ver também Hidromel da poesia; Odin.

Referências e leituras complementares: As reflexões de Van Hamel estão expressas em "The Mastering of the Mead". *Studia Germanica tillägnade Ernst Albin Kock den 6 december 1934* (Lund: C. Blom, p. 76-85). A respeito de Baugi e o anel, ver KABELL, A. "Baugi und der Ringeid". *Arkiv för nordisk filologi*, 90, 1975, p. 30-40. Margaret Clunies Ross escreveu a respeito do possível valor metafórico do anel em "Hild's Ring: A Problem in the Raganarsdrápa, Strophes 8-12". *Mediaeval Scandinavia*, 6, 1973, p. 75-92.

Beli

Gigante morto por Frey.

Este parece ser um daquele mitos perdidos que podem ser vislumbrados somente de maneira fugidia. Em alguns kenningar Frey é chamado "assassino de Beli", mas a única referência a respeito de como isso pode ter ocorrido aparece no *Gylfaginning* de Snorri. Logo após apresentar resumidamente a estória do arranjo do casamento entre Frey e Gerd, Snorri acrescenta que, por ter dado a Skírnir a sua espada, Frey estava desarmado quando ele lutou com

Beli, e, portanto, ele matou o gigante com o chifre de um veado. Pelo motivo de no *Skírnismál*, estância 36, Gerd reclamar do assassinato de seu irmão por parte de Frey, alguns observadores desejaram crer que Beli era irmão de Gerd.

Ver também Frey.

Bergbúa tháttr (O conto do morador da montanha)

Conto incorporando um poema falado por um gigante do décimo terceiro século, incluindo muitas referências mitológicas.

O texto é mantido em manuscritos do final do décimo quarto século, mas é geralmente atribuído ao século XIII. Ele conta acerca de como Thórd e seu servo se perderam em seu caminho para a igreja no inverno e se abrigaram durante a noite em uma caverna. Ali eles ouviram barulhos, viram um par de olhos fogosos enormes, e, finalmente, ouviram o dono daqueles olhos recitar um poema em 12 estâncias muito bem composto, repetindo-o três vezes ao longo da noite. No poema o declamante refere a si mesmo como *bjarg-álfr*, "elfo-montanha", que é um kenning para gigante, e refere às suas jornadas ao redor das montanhas e ao norte, ao Élivágar, no terceiro mundo inferior. Ele possui, como ele mesmo afirma, uma casa somente para si no campo de lava, mas poucos o visitam ali. Resumidamente, ele parece ser um ser de natureza sobrenatural, tal como era corriqueiramente encontrado no folclore europeu até muito recentemente – um habitante solitário das áreas distantes de onde os humanos vivem. Mas esse gigante em particular possui conexões com a mitologia nórdica. "Thor forte traz problemas às pessoas", diz ele na estância 10, e "a terra está dilacerada, porque eu digo que Thor veio então novamente para cá", ele acrescenta na estância 11. A palavra "pessoas" na estância 10 poderia, na linguagem da poesia, referir-se às pessoas, ou povo, do declamante, ou seja, os gigantes, ou poderia se referir a todas as pessoas no mundo. O restante do poema se dedica a realizar profecias: as montanhas ruirão, a terra irá se movimentar, os homens serão escaldados em água fervente e serão queimados pelo fogo, e assim por diante, e isso pode ser uma mistura da destruição da raça dos gigantes e dos humanos, como no Ragnarök (o fogo de Surt é mencionado na estância 10). Mas muitas das predições de rupturas na terra poderiam também se encaixar na atividade vulcânica que é tão comum na Islândia.

No final do poema o declamante diz aos seus ouvintes que eles devem se lembrar dele, ou eles sofrerão uma punição. Thórd decora palavra por palavra, mas o seu servo não. Ele morre um ano após a noite na caverna. A própria caverna não pode ser localizada, e Thórd se muda para mais perto da igreja.

Ver também Ragnarök; Thor.

Bergelmir (Gritador de urso, Gritador da montanha ou Gritador desnudo)

Gigante, um daqueles a partir de quem os gigantes traçavam a sua genealogia.

Vafthrúdnismál, estância 29, apresenta a linhagem de Bergelmir. Odin questionou Vafthrúdnir sobre quem era o mais antigo dos æsir, ou dos parentes de Ymir. Vafthrúdnir responde:

> Uma grande quantidade de anos antes de a terra ser formada,
> nasceu Bergelmir;
> Thrúdgelmir era o pai deste,
> e Aurgelmir o avô.

Depois de perguntar a respeito do nascimento monstruoso dos descendentes de Aurgelmir, Odin pergunta qual é a memória mais antiga de Vafthrúdnir. Vafthrúdnir responde na estância 35:

> Uma grande quantidade de anos antes da terra ser formada,
> nasceu Bergelmir;
> A primeira coisa da qual eu me lembro é quando o sábio gigante
> foi colocado sobre um *luðr*.

Este verso gerou toda a sorte de especulações. Snorri escreveu no *Gylfaginning* que ele tinha uma relação com uma estória de dilúvio. Depois que os filhos de Bor mataram Ymir, seu sangue inundou a terra, e "com ele todos os gigantes de gelo foram mortos, exceto um, que conseguiu escapar com sua família. Os gigantes o chamaram Bergelmir. Ele subiu em seu *luðr* juntamente com sua esposa e conseguiu se salvar ali, e deles derivam as famílias dos gigantes de gelo".

Snorri claramente compreendeu o *luðr* como algo que poderia flutuar, e a palavra pode de fato ter significado "caixão" ou "arca" ou alguma forma de parte de madeira de um moinho; o significado esperado, de um instrumento musical pesado, algo parecido com uma trompa alpina, não faz nenhum sentido, nem em Snorri nem em sua fonte poética. Se há algum consenso aqui, é que aquilo sobre o que Vafthrúdnir tinha lembrança era o funeral de Bergelmir, e que Snorri transformou isso em uma analogia da estória do dilúvio judaico-cristão.

Ver também Aurgelmir; Thrúdgelmir; *Vafthrúdnismál*, Ymir.

Referências e leituras complementares: A melhor interpretação para as questões envolvendo Bergelmir e seu *luðr* continua sendo aquela apresentada em HOLTS-MARK, A. "Det norrøne ord lúðr". *Maal og minne*, 1946, p. 49-65.

Berserks

Guerreiros furiosos, na mitologia associados com Odin.

A passagem em questão é o capítulo 6 da *Ynglinga saga* de Snorri, que também oferece uma descrição de *berserksgangr*, "tornando-se berserk". Após afirmar que Odin poderia tornar seus inimigos cegos, surdos ou imprimir-lhes medo durante uma batalha, fazer suas armas se tornarem inúteis, Snorri acrescenta: "mas seus homens foram sem armaduras e estavam alucinados como cachorros ou lobos, refrearam seus escudos, eram fortes como ursos ou touros. Eles matavam homens, mas nem fogo nem ferro os afetavam. Isso é chamado tornar-se berserk".

Diferentemente dessa passagem, berserks parecem ter pertencido mais ao universo dos homens do que dos deuses, o que concorda com o projeto de evemerismo que Snorri havia adotado com a sua *Ynglinga saga*. O poema escáldico *Haraldskvæði*, composto por vários fragmentos e atribuído geralmente a um poeta chamado Thorbjörn hornklofi, atribui os berserks às forças do Rei Harald, Cabelo Belo, no contexto da batalha de Hafrsfjörd (ao final do século nono): "Os berserks berraram, / a batalha estava em suas mentes, / os pele-de-lobo rosnaram / e balançaram as suas lanças" (estância 8b). Na Estância 20 o poeta questiona a respeito dos berserks, "quem bebe sangue", e responde a si mesmo: "Eles são chamados peles-de-lobo, / que na batalha / carregam escudos sangrentos; / eles avermelham as lanças / quando eles vêm para a batalha" (estância 21a).

De acordo com o capítulo 9 do *Vatnsdæla saga*, uma das Sagas de Islandeses, provavelmente composta nos anos próximos que antecederam 1280, Harald, Cabelo Belo, possuía berserks a bordo de sua embarcação, os quais eram chamados *úlfhednar*; eles se vestiam com peles de lobo e defendiam a proa.

A conexão entre as peles de lobo e os berserks dá suporte para uma das etimologias sugeridas para o islandês medieval *berserkr*, nomeadamente, "camisa de urso", e esta etimologia é comumente mencionada diante de tais amalgamações guerreiro-animal, como as apresentadas nas placas de capacetes de Torslunda, da Suécia, que sugerem guerreiros usando peles de animais, máscaras ou ambos. Aderentes dessa etimologia veem uma conexão com um culto reconstruído a Odin, o qual, por sua vez, eles argumentam, pode refletir cultos indo-europeus de guerreiros extáticos, corriqueiramente conhecidos pelo termo acadêmico alemão *Männerbünde* (sing., *Männerbund*). A outra etimologia proposta para *berserkr* é "camisa desnuda". A afirmação de Snorri a respeito da ausência de armadura parece sustentar essa etimologia, embora haja sempre a possibilidade de que Snorri tenha escrito tais palavras por conta de sua própria compreensão da etimologia.

Fivela de bronze dourado do cemitério anglo-saxão em Finglesham, Kent, com ornamentos e rebites circundados com fios de ouro. Ela apresenta uma figura masculina nua em um elmo com chifres e um cinto, segurando uma lança em cada mão (Cortesia da Sra. Sonia Hawkes)

Além de Harald, Cabelo Belo, e do Odin da *Ynglinga saga*, outros reis na tradição literária escandinava mais antiga são outorgados com berserks como tropas de elite, e o código de lei islandês medieval, *Grágás*, apresenta provimentos contrários a tornar-se berserk. Em outros lugares da literatura medieval islandesa, contudo, berserks são na maioria das vezes figuras estereotipadas, que ameaçam, mas são facilmente derrotados pelos heróis, algumas vezes após entrar em uma disputa pela mãe de uma mulher. Embora possa existir um paralelo aqui com o desejo dos gigantes por Freyja e outras æsir femininas, a única conexão direta entre berserks e a mitologia é a passagem de Snorri. Todavia, se realmente houvesse um culto de guerreiros disfarçados de animais, este certamente estaria centrado em torno de Odin.

Referências e leituras complementares: BEARD, D.J. "The Berserkr in Icelandic Literature". In: THELWALL, T. (ed.). *Approaches to Oral Literature* (Ulster: New University of Ulster, 1978, p. 99-114). • BLANEY, B. "The Berserk Suitor: The Literary Application of a Stereotyped Theme". *Scandinavian Studies*, 54, 1982, p. 279-294.

Bestla

Mãe de Odin.

A relação entre Bestla e Odin é apresentada no *Gylfaginning* de Snorri. O primeiro homem foi Búti, cujo filho foi Bor.

> Ele se casou com aquela mulher que era chamada Bestla, a filha do gigante Bölthorn. Eles tiveram três filhos; o primeiro era chamado Odin, o segundo Vili, o terceiro Vé.

Hávamál, estância 140, oferece uma versão diferente do nome, Bölthor, e o transforma em avô de Bestla:

> Nove canções mágicas eu recebi do filho famoso
> de Bölthor, pai de Bestla,
> E eu recebi um gole do precioso hidromel,
> Derramado a partir de [por? para?] Ódrerir.

Embora não haja nada nessa estância indicando uma relação de parentesco com Odin, e embora o hidromel fosse, de acordo com outras fontes, roubado, não é inconcebível que Odin poderia ter obtido canções mágicas de seu tio maternal (o verbo na primeira linha, "recebeu", também significa "aprendeu"). E os skalds sabiam a respeito de Bestla como mãe de Odin e formaram kenningar baseados no relacionamento. Um manuscrito da *Edda* de Snorri afirma que se podem fazer kenningar sobre Odin ao chamá-lo "pai de Bestla ou de seus outros filhos", mas uma vez que isso contradiz as outras fontes e está ausente de outros manuscritos, nós não devemos dar muita atenção.

Certamente é significativo que Odin seja descendente dos gigantes a partir de seu lado materno, posto que o assassinato de Ymir perpetrado por ele e seus irmãos precisa, então, ser compreendido como um assassinato dentro de uma mesma família, a destruição ou a negação de um relacionamento maternal. Uma outra teoria, contudo, apresentada por Waltraud Hunke, observa Bestla como a casca da árvore do mundo, na qual Odin talvez tenha nascido (ou renascido em um ritual de iniciação?) de acordo com o *Hávamál*, estância 141 ("então eu comecei a tornar-me frutífero"). Hunke passaria então a compreender Bestla etimologicamente como a casca da árvore maternal.

Ver também Odin.

Referências e leituras complementares: HUNKE, W. "Odins Geburt". In: SCHNEIDER, H. (ed.). *Edda, Skalden, Saga*: Festschrift zum 70. Geburtstage von Felix Genzmer (Heidelberg: C. Winter, 1952, p. 68-71).

Beyla

Personagem mitológico.

Beyla é encontrada somente na introdução em prosa ao *Lokasenna*, e nas estâncias 55-56 desse poema. A introdução em prosa afirma que ela e Byggvir eram servos de Frey. Na estância 55 ela adverte Loki que Thor está se aproximando e que ele irá silenciar aquele que está zombando de todos os deuses. Loki responde na estância 56: "Cale-se, Beyla! / você é a esposa de Byggvir / e muito emaranhada com o mal; / um monstro maior / nunca esteve entre os filhos dos deuses; / você é inteiramente imunda, serva de leite". Beyla é uma dessas figuras para as quais os especialistas tiveram que recorrer à etimologia para a interpretação, mas o problema é que a etimologia não é nada clara. Seu nome pode estar relacionado à palavra para "vaca", "feijão" ou "abelha". Por que Loki deveria acusá-la de ser completamente imunda permanece incerto.

Referências e leituras complementares: DUMÉZIL, G. "Two Minor Scandinavian Gods: Byggvir and Beyla" (1952). In: HAUGEN, E. (ed.). *Gods of the Ancient Northmen* (Berkeley/Los Angeles: University of California Press, 1973, p. 89-117).

Bil e Hjúki

Crianças que acompanham a lua, segundo Snorri Sturluson.

Snorri inclui elas em sua discussão a respeito da lua no *Gylfaginning*; elas eram levadas da terra na medida em que elas deixavam a fonte chamada Byrgir, carregando um balde e um poste. Seu pai era Vidfinn (Finn-da-floresta). Agora elas acompanham a lua, como pode ser visto da terra.

Estes nomes são encontrados somente nessa passagem, com uma exceção: mais adiante no *Gylfaginning*, Snorri afirma que, juntamente com Sól (sol), Bil, "cuja natureza foi explicada mais acima", é contado entre os æsir. A ausência de toda essa estória a respeito da lua de outras fontes levou muitos observadores à conclusão de que elas carecem de significância mítica, ou mesmo que Snorri tenha inventado elas, mas Anne Holtsmark apresentou um argumento plausível no sentido de que Snorri teria tido acesso a uma fonte em verso, hoje perdida, provavelmente alguma forma de charada acadêmica, na qual Bil e Hjúki representavam a lua minguante e a lua crescente. Holtsmark acredita que seja possível que Bil fosse um dos dísir (espíritos femininos).

Ver também Máni; Sól; Vidfinn.

Referências e leituras complementares: HOLTSMARK, A. "Bil og Hjuke". *Maal og minne*, 1945, p. 139-154. A. Wolf ("Die germanische Sippe bil: Entsprechung zu Mana – Mit einem Anhang über den Bilwis". *Språkvetenskapliga sällskapets i Uppsala förhandlingar*, 1928-1930, p. 17-156) acreditava que a raiz *bil* significava "poder sobrenatural" e se referia a um conceito como o de mana, um poder sobrenatural presente em deuses e objetos.

Bileyg (Olho vacilante)

Nome de Odin.

O próprio Odin inclui este na lista de nomes que ele oferece logo antes da epifania no *Grímnismál* (estância 47). Não é sabido, todavia, a partir de outras fontes, embora seja apresentado em meio aos thulur.

Este nome é encontrado na mesma linha, e realiza uma aliteração com Báleyg (Olho-flamejante), e alguns observadores consideram que dois lados de Odin são representados nesse par.

Ver também Báleyg; Odin.

Bilröst

A ponte entre o mundo dos humanos e o mundo dos deuses, ou entre o céu e a terra.

Grímnismál, estância 44, é uma lista das mais maravilhosas ou melhores coisas: Yggdrasil dentre as árvores, Odin dentre os æsir, e assim por diante. Ali, Bilröst é chamada a melhor das pontes. No *Fáfnismál*, estância 15, Fáfnir responde a uma questão perguntando como se chama a ilha onde Surt e os æsir irão lutar, presumivelmente no Ragnarök.

> Óskópnir ela é chamada, e ali todos irão
> Os deuses fazer jogos com lanças;
> Bilröst irá se quebrar, quando eles forem embora,
> E cavalos irão nadar na corrente.

A palavra Bilröst é composta por *bil*, "local de parada, tempo, instante, ponto fraco", e *röst*, ordinariamente "liga" ou "corrente", mas aqui, aparentemente, com o sentido de "estrada". Snorri utiliza, ao invés disso, o termo "Bifröst", cujo primeiro componente tem a ver com vacilar ou tremer. Snorri menciona "Bifröst" diversas vezes. Quando perguntado a respeito do caminho para os céus a partir da terra, Hár diz a Gylfi/Gangleri que se trata de Bilröst, que os deuses o fizeram, e que ele pode ser chamado de o arco-íris. A ponte possui três cores, é muito forte, e foi feita com grande habilidade e conhecimento, mas que ela irá se partir quando os filhos de Muspell cavalgarem sobre ela. Nada pode sobreviver à devastação dos filhos de Muspell, e muito mais tarde no texto, descrevendo o Ragnarök, Snorri afirma que Bilröst irá se partir, "como foi estabelecido anteriormente". Jafnhár também conta a Gylfi/Gangleri que os deuses cavalgam sobre essa ponte, que também pode ser chamada de Ás-Brú (Ponte-Æsir), até à Urdarbrunn (Fonte-de-Urd), onde eles se dirigem para realizar julgamentos. E um tanto depois disso, Gylfi/Gangleri pergunta se o fogo arde sobre Bilröst. Hár responde que a cor vermelha "no arco" é de fato fogo, e ele sugere que as chamas estão ali para manter os gigantes afastados. A partir do *Gylfaginning* também aprendemos que na parte final superior da ponte ali fica Himinbjörg, onde vive Heimdall.

Fogo sobre a ponte também é um tema encontrado no *Grímnismál*, estância 29, que relata que Thor atravessa os rios Körmt e Örmt e dois chamados

Kerlaug, todos os dias quando ele se dirige a julgamentos próximo ao freixo de Yggdrasil,

> Porque a Ás-Brú queima toda com fogo,
> as águas sagradas fervem.

A noção da ponte entre a terra e o céu, ou a terra e o mundo dos deuses, possui um paralelo na Gjallarbrú, a ponte entre a terra e o mundo inferior, ou a terra e o mundo dos mortos.

Ver também Gjallarbrú.

Referências e leituras complementares: Åke Ohlmarks ("Stellt die mythische Bilröst den Regenbogen oder die Milchstrasse dar? – Eine textkritische-religionshistorische Untersuchung zur mythographischen Arbeitsmethode Snorri Sturlusons". *Meddelanden från Lunds astronomiska observatorium*, ser. 2 (110), 1940, p. 1-40), pergunta se Bilröst representa o arco-íris ou a Via láctea e conclui que Bilröst originalmente era a Via láctea, mas que Snorri reinterpretou a ponte com o arco-íris quando confrontado com as variações na terminologia. Bilröst como a Via láctea dificilmente pode ser considerado um conceito novo. Ver, p. ex., SCHRÖDER, R.F. *Germanentum und Hellenismus*: Untersuchungen zur germanischen Religionsgeschichte (Heidelberg: C. Winter, 1924) [Germanische Bibliothek, Abteilung 2, vol. 17). William MacArthur acreditou ter visto Bilröst em meio a "Norse Myths Illustrated on Ancient Manx Crosses" (*Notes and Queries*, ser. 11 (5), 1912, p. 506), mas ninguém mais pensou o mesmo.

Bilskírnir

Salão de Thor.

Grímnismál, estância, traz Odin a revelar a seguinte visão, enquanto ele cataloga as moradias dos deuses:

> Cinco centos de quartos e quarenta
> Existem, creio eu, sob as arcadas de Bilskírnir
> Daqueles salões que estou certo estarem cobertos,
> O de meu filho é o maior.

No *Gylfaginning*, quando ele introduz Thor, Snorri faz com que Hár diga que Thor possui um reino em Thrúdvangar, e um salão chamado Bilskírnir, com 540 quartos, o qual é a mais grandiosa de todas as edificações. Ele então cita este verso. No *Skáldskaparmál* Snorri afirma que "o proprietário de

Bilskírnir" é um kenning válido para Thor, e de fato, "príncipe de Bilskírnir" é atestado no *corpus* escáldico.

O significado do nome é incerto, mas ele parece ser ou "repentinamente iluminado [por relâmpagos]" ou "permanente".

Ver também Thrúdvangar.

Bláin

No *Völuspá*, estância 9, aparentemente um nome alternativo para Ymir:

> Então todos os poderes se dirigiram aos seus assentos de julgamento
> os santíssimos deuses, e discutiram,
> quem deveria formar o senhor dos anões,
> a partir do sangue de Brimir e dos membros de Bláin.

Contendo, como é de fato o caso, o adjetivo "azul", o nome pode se referir ao céu azul. Todavia, ele também é encontrado em meio aos thulur como um nome de anão.

Ver também Brimir.

Bölthor(n)

Pai ou avô de Bestla, a mãe gigante de Odin.

A forma "Bölthor" é encontrada no *Hávamál*, estância 140, onde ele é referido como sendo o pai de Bestla e de um filho famoso, conquanto não nomeado, de quem Odin conseguiu ou aprendeu nove canções mágicas. A forma "Bölthorn" é encontrada em Snorri, que diz que Odin casou-se com aquela mulher que era chamada Bestla, a filha de Bölthorn. A diferença na forma dos nomes não parece ser de grande significância, mas Bölthorn significa obviamente "espinheiro-maléfico", enquanto a forma "Bölthor" não teria um significado óbvio para um escandinavo da Era Viking ou da Escandinávia medieval.

Uma relação especial com o tio maternal é mencionada por Tácito e é também encontrada em textos nórdicos e em um provérbio da Islândia medieval: "Os homens se parecem especialmente como seus tios maternos". Certamente Odin, dentre todos os deuses, se tornou o mais parecido com um gigante.

Ver também Bestla, Odin.

Bous

Vingador de Baldr na versão da estória nas *Gesta Danorum* de Saxo.

Bous foi o resultado do estupro de Othinus em relação à princesa ruteniana Rinda. Ele cresce habilidoso com as armas, e quando ele tem dez anos de idade, Odin o convoca e argumenta que a vingança é mais nobre do que o assassinato de adversários aleatórios. Quando Bous e Høtherus (na versão de Saxo, o competidor de Balderus pelo afeto de Nanna) se encontram em batalha, Bous mata Høtherus, mas é ele mesmo ferido por um golpe mortal; ele morre no dia seguinte. Assim, Bous se diferencia de Váli, o vingador de Baldr nas tradições vernáculas da Escandinávia Ocidental não somente por conta de seu nome, pois Váli não somente sobrevive a seu encontro com Höd, mas também, o que é muito mais significativo, o extermínio cataclísmico dos deuses, gigantes e do cosmos, que é o Ragnarök. Váli é verdadeiramente uma figura perene, mas Bous é um personagem bastante insignificante na estória de Saxo.

O nome Bous é entendido corriqueiramente como representando uma versão dinamarquesa do nome medieval islandês Búi, e posto que o nome é definitivamente relacionado ao verbo de significado "morar, assentar", os primeiros estudiosos associaram-no com as suas teorias a respeito de um mito e um ritual de fertilidade associado com a morte de Baldr. Mas "Búi" era um nome masculino comum, e de fato não era infrequentemente utilizado em lendas heroicas: um dos mais famosos dos Jómsvíkingar, por exemplo, foi Búi o Robusto, e um Búi também aparece entre os filhos de Karl no *Rígsthula*.

Ver também Baldr; Rind; Váli; Filho de Odin.

Bracteates

Pequenos discos redondos dourados, estampados com imagens em uma face e ocasionalmente também com inscrições rúnicas.

Bracteates datam do Período das Migrações tardio (séculos V-VI E.C.) e foram encontrados em túmulos e em tesouros escondidos, assim como em achados isolados. Eles provavelmente se pretendiam usar como pingentes pendurados em torno dos pescoços. Mais de 900 bracteates ainda existem, a maioria deles da Escandinávia, mas também da Inglaterra e do continente.

Bracteate de ouro encontrada na Dinamarca mostrando uma figura em um elmo com chifres, cavalo, pássaro e uma suástica. (Universitets Oldsaksamling, Oslo)

Bracteates são significativos para o estudo da mitologia nórdica não por conta das inscrições rúnicas, mas pelas imagens humanas e animais neles contidas. Estas imagens foram baseadas na iconografia romana, mas elas logo desenvolveram formas germânicas características, que alguns estudiosos acreditavam estarem relacionadas especialmente ao deus Odin. Em um imenso corpo de trabalhos, Karl Hauck argumentou que os bracteates apresentam um "deus-vento" que está envolvido em processos de cura, e especificamente que alguns bracteates contendo esta figura e aquela de um animal apresentam Odin curando o cavalo de Baldr, assim como ele faz no segundo encantamento de Merseburg. Ele interpreta outra imagem característica, aquela de três figuras juntas (os chamados bracteates de três-deuses) como representando Odin, Baldr e Loki, ou talvez Odin, Baldr e Hel. Independente do caso, ambas corresponderiam ao mito de Baldr na forma que nós o encontramos nas fontes escandinavas. Ademais, os gêmeos divinos foram identificados em imagens com duas figuras. Embora o trabalho de Hauck seja extremamente erudito e bastante meticuloso, as interpretações mitológicas permanecem bastante especulativas e parecem convidar novas investigações.

Ver também Baldr; Hel; Loki; Encantamentos de Merseburg; Odin.

Referências e leituras complementares: Karl Hauck forneceu um sumário relativamente curto de suas análises no artigo enciclopédico "Brakteatenikonlogie" (In: BECK, H.; JANKUHN, H.; RANKE, K. & WENSKUS, R. (eds.). *Reallexikon der germanischen Altertumskunde* (Berlim/Nova York: W. de Gruyter, 1973-; vol. 3, 1978, p. 361-401". Os detalhes estão em seu *Goldbrakteaten aus Sievern*: Spätantike Amulett-Bilder der "Dania Saxonica" und die Sachsen-"Origo" bei Widukind von Corvey (Munique: W. Fink, 1970) [Münstersche Mittelalter-Schriften, 1] e em uma extensa série de artigos a partir de 1971, publicados em diversos locais, chamada "Zur Ikonologie der Goldbrakteaten". Os próprios bracteates podem ser encontrados em Hauck, *Die Goldbrakteaten der Völkerwanderungszeit* (3 vols. Munique: W. Fink, 1985-1989). Um trabalho recente revisitando o pensamento de Hauck é STARKEY, K. "Imagining an Early Odin: Gold Bracteates as Visual Evidence?" *Scandinavian Studies*, 71, 1999, p. 373-392.

Bragi

Deus da poesia de acordo com Snorri Sturluson; talvez idêntico a Bragi Boddason o Velho, reconhecido tradicionalmente como o primeiro skáld.

Bragi é listado em quarto lugar no catálogo dos æsir de Snorri no *Gylfaginning*:

> Um é chamado Bragi. Ele é excelente em relação à sabedoria e muito destacado em gênio linguístico e em fala. Ele conhece mais que todos a respeito da poesia, e por causa dele *bragr* é chamada poesia, e de seu nome é aquele chamado um *bragr* entre os homens ou uma *bragr* entre as mulheres que possui talento verbal acima dos demais, um homem ou uma mulher. Sua esposa é Idun.

Snorri não tem nada mais a dizer a respeito de Bragi no *Gylfaginning*, mas ele usou Bragi extensivamente no *Skáldskaparmál*. Seu uso ocorre no contexto. Ægir veio visitar aos æsir, e em meio ao esplêndido banquete que se segue, ele é acomodado ao lado de Bragi, que lhe conta "muitas notícias a respeito dos æsir". Estas são as narrativas míticas do *Skáldskaparmál*, e muitas são contadas no contexto de um diálogo entre Ægir e Bragi, que constitui um paralelo perfeito ao diálogo entre Gylfi/Gangleri e Hár, Jafnhár e Thridi no *Gylfaginning*.

O Grímnismál, estância 44, chama Bragi "o melhor dos poetas" em uma lista de outros "melhores" – Odin dos æsir, Sleipnir dos cavalos, e assim por diante. No *Lokasenna*, Bragi tem um encontro inicial com Loki. Loki acabou de se juntar aos æsir após referir-se ao seu relacionamento de irmão de sangue com Odin, e Vídar serviu-lhe uma bebida.

> 11. [Loki:] Salve æsir, salve *ásynjur*
> e a todos os santíssimos deuses,
> exceto àquele um *áss*, que se senta mais adentro,
> Bragi, no banco.
> 12. [Bragi:] Um corcel e uma espada eu te darei das minhas riquezas,
> e Bragi então irá te arranjar com um anel;
> para que você não devolva aos deuses com inveja;
> não provoque os deuses que se irritem com você.
> 13. [Loki:] Cavalos e anéis de braço você sempre
> carecerá de ambos, Bragi;
> dos æsir e dos elfos que estão aqui
> você é o que mais desconfia de batalhas
> e o mais tímido de um tiro.
> 14. [Bragi:] Eu sei que se eu estivesse do lado de fora, da mesma forma
> que estou dentro
> vindo ao salão de Ægir,
> sua cabeça eu traria em minhas mãos
> eu vejo isso por conta de tua mentira
> 15. [Loki:] Você é bravo em seu assento, mas você nunca o fará,
> Bragi, seu enfeite de banco.
> siga por teu caminho, se você está irritado
> você não parece nem um pouco bravo.

A covardia de Bragi não é mencionada em nenhum outro lugar, e de fato essa acusação é bastante comum no *Lokasenna*.

Bragi é encontrado no Valhöll, em ambos o *Hákonarmál* (estância 14) e no *Eiríksmál* (estância 3). Cada um desses poemas do final do décimo século mostra a chegada de um rei humano no Valhöll, e não é inconcebível que os poetas imaginassem Bragi Boddason – o poeta – ali como um primeiro chegado do mundo dos humanos. Se essa fosse de fato a fonte do deus Bragi, ela teria que ter precedido as estâncias do *Grímnismál* e do *Lokasenna*, e este nível de cronologia relativa nos confunde.

Referências e leituras complementares: Dois dos gigantes do século XIX debateram a questão de Bragi, o poeta, e Bragi, o deus. Eugen Mogk ("Bragi als Gott und Dichter". *Beiträge zur Geschichte der deutschen Sprache und Literatur*, 12, 1887, p. 383-392) deduziu o deus a partir do poeta e acreditou que a elevação de Bragi ao Valhöll tivesse ocorrido tão cedo quanto o final do nono século. Oposição partiu de Sophus Bugge ("Der Gott Bragi in den norrönen Gedichten". *Beiträge zur Geschichte der deutschen Sprache und Literatur*, 13, 1888, p. 187-201), que acreditou que o contexto temporal para o processo era muito curto. Mogk teve a última palavra: "Bragi". *Beiträge zur Geschichte der deutschen Sprache und Literatur*, 14, 1889, p. 81-90.

Breidablik

A morada de Baldr, de acordo com o *Grímnismál*, estância 12, e com Snorri no *Gylfaginning*.

Interpretando o verso, que diz que há poucos males em Breidablik, Snorri afirma que não há nada impuro ali, e ele certamente tinha a "bondade" de Baldr em mente quando ele afirmou isso. O nome significa ou "brilho-amplo", ou "visão-ampla".

Ver também Baldr.

Brimir

No *Völuspá*, estância 9, aparentemente um nome alternativo para Ymir:

> Então todos os poderes se dirigiram aos seus assentos de julgamento
> os santíssimos deuses, e discutiram,
> quem deveria formar o senhor dos anões,
> a partir do sangue de Brimir e dos membros de Bláin.

Contendo, como é o caso aqui, a palavra *brim*, "rebentação, corrente marítima", o nome pode fazer alusão à composição do mar a partir do sangue de Ymir. Também é encontrado no *Völuspá*, estância 37, onde parece referir-se a um salão de bebida dos gigantes, embora não seja completamente impossível que se refira ao dono de tal salão de bebidas. Este salão está localizado em (ou é chamado de, se Brimir é seu dono) Ókólnir (Não frio).

Ver também Bláin.

Brísinga men

Torque ou colar pertencente a Freyja.

Na poesia éddica, o Brísinga men é encontrado no *Thrymskvida*. Ele treme quando Freyja se irrita quando é sugerido que ela vá à terra dos gigantes (estância 13), e diante da sugestão de Heimdall (estância 15) é posto em Thor quando este assume seu disfarce de Freyja (estância 19). De outro modo, o Brísinga men é encontrado somente na *Edda* de Snorri. Tanto no *Gylfaginning* quanto no *Skáldskaparmál* Snorri simplesmente afirma que Freyja o possuía, mas no *Skáldskaparmál* ele também apresenta dois elementos informativos bastante interessantes: Loki e Heimdall lutaram por ele, e Loki é conhecido como o "ladrão de gigantes, do bode, do Brísinga men, e das maçãs de Idun". Uma batalha entre Heimdall e Loki é conhecida através de uma estância do poema islandês do final do décimo século chamado Húsdrápa, de autoria de Úlf Uggason. É bastante difícil de interpretar, mas alguns estudiosos acreditam que eles poderiam estar de fato lutando pelo Brísinga men. Na estância 9 do *Haustlöng* de Thjódólf de Hvin, um dos mais antigos poemas escáldicos, Loki é chamado "ladrão-do-anel de Brísinga men", uma referência aparente ao seu roubo do colar. O mesmo mito parece ter sido recontado ao final do *Sörla tháttr*, no qual Loki, tomando a forma de uma mosca, rouba de Freyja um colar dourado, feito para ela pelos anões, mas o colar não é explicitamente chamado Brísinga men.

As linhas 1.197-1.201 do poema épico em inglês antigo chamado *Beowulf* alude a uma narrativa lendária na qual o herói Hama rouba o colar dos Brosings (Brosinga mene), enquanto foge do terror de Ermanerico. Este colar é claramente análogo ao Brísinga men, e muitos estudiosos tentaram relacionar a estória atrelada a ele com a batalha de Loki contra Heimdall ou com o roubo do colar, uma empreitada que não é nada fácil. O que o análogo em *Beowulf* parece demonstrar é que o Brísinga men deveria ser entendido como o "torque dos Brísings", não, como alguns estudiosos consideraram, "torque brilhante" ou "torque ensolarado". Mas quem os Brísings possam ser permanece uma questão em aberto. O Brísing do *Haustlöng* não é encontrado em nenhum outro lugar, embora os thulur se refiram a uma ilha norueguesa com esse nome. A explicação mais simples talvez seja considerar os Brísings como anões, aqueles que, de acordo com *Sörla tháttr*, confeccionaram o precioso colar de Freyja.

Referências e leituras complementares: O tratamento mais famoso do Brísinga men é talvez um ensaio de Karl Müllenhoff ("Frija und der Halsbandmythus". *Zeitschrift für deutsches Altertumn*, 30, 1886, p. 217-260), que argumenta em favor de uma forma de mito solar, que, segundo a colocação de F. Klaeber, "induz à admiração mais do que à aceitação" (*Beowulf and the Fight at Finnsburg*: Edited with Introduction, Bibliography, Notes, Glossary, and Appendices. 3. ed. Boston: D.C. Heath, 1950, p. 178). O contexto arqueológico é explorado por Birgit Arrhenius: "Det flammande mycket". *Fornvännen*, 57, 1962, p. 79-101. • "Zum symbolischen Sinn des Almadin im früheren Mittelalter". *Frühmittelalterliche Studien*, 3, 1969, 47-59. O paralelo entre Brosinge mene e Brísinga men é tratado por Ursula Dronke ("Beowulf and Ragnarǫk". *Saga-Book of the Viking Society*, 17, 1968, p. 302-325) e por Helen Damico ("Sörlaþáttr and the Hama Episode in Beowulf". *Scandinavian Studies*, 55, 1983, p. 222-235).

Brokk

Anão; ajudou a criar alguns dos objetos preciosos dos deuses.

Snorri apresenta a estória no *Skáldskaparmál*. Loki havia cortado o cabelo de Sif, a esposa de Thor, e ele evitou uma surra somente através da promessa de obrigar os anões a fazer para Sif um adorno para a sua cabeça que cresceria na forma de um cabelo dourado. Depois de ter obrigado os filhos de Ívaldi a fazer o ornamento de cabeça, além da embarcação Skídbladnir e também a lança de Odin, Gungnir, ele aposta com o anão Brokk que o irmão deste, Eitri, não conseguiria fazer três objetos igualmente bons. Brokk deve operar o fole para Eitri e Loki se transforma em uma mosca e inferniza a Brokk. Primeiro Eitri faz um javali com pelos de ouro, em seguida o anel Draupnir, finalmente Mjöllnir, o martelo de Thor. O cabo do martelo é curto, pois a operação do fole por Brokk foi quase interrompida quando a mosca o mordeu entre os olhos, de modo que escorreu sangue.

Brokk não é conhecido de nenhuma outra fonte.

Ver também Anões.

Bur, Bor (filho)

Filho de Búri, pai de Odin, Vili e Vé.

Bur é encontrado na poesia éddica e na Edda de Snorri, onde o nome é soletrado como Bor. A palavra *bur* é um nome poético significando "filho". Juntamente com a giganta Bestla, Bur teve os três filhos, Odin, Vili e Vé.

Ver também Bestla; Búri; Odin.

Búri

Primeiro dos æsir, pai de Bur e, portanto, avô de Odin.

Búri é encontrando no *Gylfaginning* de Snorri, mas não na poesia éddica. Ele é parte da estória da criação, posto que ele foi lambido a partir dos blocos de sal pela vaca primeva Audhumla. Snorri o descreve como sendo "belo em sua aparência, grande e poderoso. Ele originou aquele filho chamado Bor". Embora o texto não o faça explicitamente, nós podemos, creio eu, assumir que ele o tenha feito através de uma relação sexual humana comum, em contraste à procriação monstruosa e hermafrodítica de Ymir.

Ver também Audhumla; Bur, Bor; Ymir.

Byggvir

Personagem mitológico.

Byggvir só é encontrado no prólogo em prosa ao *Lokasenna* e nas estâncias 55-56 do poema. A introdução em prosa afirma que ele e Beyla eram servos de Frey. A intervenção de Byggvir em relação a Loki segue convenientemente àquela de Frey. Na estância 43 Byggvir aparentemente afirma (a estância é complicada) que se ele pudesse se equiparar a Frey, ele iria dar uma surra em Loki, aquele corvo maldito! A resposta de Loki é desdenhosa: "O que é aquela coisinha pequena, / que eu vejo se gabar por aí, / um parasita faminto? / Nos ouvidos de Frey / você sempre estará / e irá cacarejar sob a pedra de moinho" (estância 45). Byggvir responde ao anunciar o seu nome e afirmar que todos os homens e deuses o têm por muito ligeiro: "Eu estou orgulhoso aqui / que os filhos de Hropt [i.e., de Odin] / todos bebem cerveja em conjunto". Loki responde: "Cale a boca, Byggvir! / Você nunca foi capaz / de dividir alimento entre as pessoas. / E na palha do chão / você nunca foi visto / quando as pessoas lutavam".

Assim como no caso de sua esposa Beyla (de acordo com o *Lokasenna*, estância 56), Byggvir é compreendido principalmente através da etimologia de seu nome, embora o problema seja bastante complicado pelo formato paralelo no poema, "Beyggvir". *Bygg* é a palavra para cevada, e muito do que o poema apresenta em relação a Byggvir pode ser pensado relativamente à cevada, que é pequena, moída em um moinho e utilizada na fabricação de cerveja. Cevada seria associada com Frey na medida em que Frey é um deus de fertilidade.

Se Byggvir for realmente uma personificação da cevada, ele é virtualmente único na mitologia escandinava, a qual, de outro modo, tem muito pouco a dizer a respeito desse tipo de personagem.

Ver também Beyla.

Referências e leituras complementares: Georges Dumézil ("Two Minor Scandinavian Gods: Byggvir and Beyla" (1952)). In: HAUGEN, E. (ed.). *Gods of the Ancient Northmen* (Berkeley/Los Angeles: University of California Press, 1973, p. 89-117)) apresenta um panorama a respeito das evidências.

Byleist (Byleipt, Byleift)

O irmão de Loki.

Embora ele não haja em nenhum mito preservado, Byleist é encontrado em uma série de passagens na poesia através do kenning "irmão de Byleist", usado para Loki. Snorri afirma diretamente tanto no *Gylfaginning* quanto no *Skáldskaparmál* que Byleist é um dos dois irmãos de Loki; o outro é Helblindi.

Diferentemente de Helblindi, cujo significado é transparente (Cego-para--Hel), o nome de Byleist é obscuro. A maior parte das tentativas ligadas à etimologia chegaram a alguma forma relacionada a fenômenos meteorológicos, o que é de pouca ajuda.

Ver também Loki.

Dag (Dia)

Personificação do dia.

Dag é encontrado no *Vafthrúdnismál*, estância 25, na resposta de Vafthrúdnir ao questionamento de Odin na estância 24, "De onde vem o dia / que se estende sobre as pessoas / ou a noite com as marés?"

> Delling ele é chamado, ele é o pai de Dag,
> e Nótt [noite] nasceu para Nör.
> Nova lua e marés os poderes úteis criaram
> Para as pessoas contarem o tempo.

Uma tradução alternativa da segunda metade da primeira linha seria "ele é o pai do dia".

No *Gylfaginning*, Snorri apresenta uma expansão interessante da ideia contida nessa estância:

> Nörfi ou Narfi era um gigante que vivia em Jötunheimar. Ele tinha uma filha chamada Nótt [Noite]; ela era morena e escura, como ela possuía a linhagem para tanto. [Ela teve dois casamentos, com Naglfari, e então com Ánar.] Por fim ela se casou com Delling, e ele era da linhagem dos æsir. O filho de ambos era Dag, de acordo com a sua herança paterna.

Este é um exemplo típico da visão de Snorri a respeito da diferença mitológica entre os jötnar e os æsir. Mas isso também demonstra a importância da patrilinearidade na mitologia, a qual operava no interior de um sistema de parentesco bilateral na Islândia medieval, ou seja, as pessoas poderiam reconhecer o seu pertencimento familiar pelo pai *e* pela mãe (e nós podemos imaginar sua crença na herança de características de ambos, e não somente do pai). Assim como na genealogia dos æsir como um todo, o mesmo se dá em relação aos corpos celestes. Dag e Odin possuem cada um uma giganta por mãe (Nótt, Bestla) e em último caso um progenitor gigante no lado materno (Ymir, Nörfi), mas cada um é compreendido exclusivamente como um membro dos æsir.

Snorri prossegue no *Gylfaginning* afirmando que Alfödr deu a Dag e a Nótt respectivamente um cavalo e uma carruagem e colocou a ambos nos céus, onde eles seguem um percurso em torno da terra uma vez por dia. "O cavalo que Dag possui é chamado Skínfaxi, e todo o céu e toda a terra brilham em virtude de sua crina".

Ver também Delling; Nótt; Nari e/ou Narfi.

Dáin (Morto)

De acordo com o *Grímnismál*, estância 33 (e, por conseguinte, Snorri no *Gylfaginning*), um dos quatro veados que roem Yggdrasil; em outros lugares um nome de anão muito utilizado e apropriado, exceto no *Hávamál*, estância 143, onde ele parece ser um elfo.

Esta última estância lista diversos povos que esculpem runas, e posto que Odin as compõe para os æsir, os demais presumivelmente pertencem às raças para as quais eles esculpem, e Dáin esculpe as runas para os elfos. Talvez o nome "morto" fosse somente muito útil mitologicamente.

Ver também Dvalin; Yggdrasil.

Delling

Pai de Dag, o qual é o dia personificado.

Delling é encontrado no Vafthrúdnismál, estância 25, na resposta de Vafthrúdnir ao questionamento de Odin na estância 24, "De onde vem o dia / que se estende sobre as pessoas / ou a noite com as marés?"

> Delling ele é chamado, ele é o pai de Dag,
> e Nótt [noite] nasceu para Nör.
> Nova lua e marés os poderes úteis criaram
> Para as pessoas contarem o tempo.

Uma tradução alternativa da segunda metade da primeira linha seria "ele é o pai do dia".

No *Gylfaginning* Snorri apresenta uma expansão interessante da ideia contida nessa estância:

> Nörfi ou Narfi era um gigante que vivia em Jötunheimar. Ele tinha uma filha chamada Nótt; ela era morena e escura, como ela possuía a linhagem para tanto. [Ela teve dois casamentos.] Por fim ela se casou com Delling, e ele era da linhagem dos æsir. O filho de ambos era Dag, de acordo com a sua herança paterna.

Este é um exemplo típico da visão de Snorri a respeito da diferença mitológica entre os jötnar e os æsir. Como eu apresentei acima, na entrada a respeito de Dag, isso também apresenta uma típica ênfase mitológica sobre a patrilinearidade. Dag pertence aos æsir porque seu pai é membro dos æsir, mesmo que sua mãe não o seja.

Delling provavelmente significa algo como "brilhante", o que seria um nome apropriado para o pai do dia. Mas a situação é complicada pelo *Hávamál*, estância 160, na qual Odin está enumerando os encantamentos que ele aprendeu:

> Eu conheço um décimo quinto, o qual Thjódrörir berrou,
> O anão, diante da porta de Delling.

A não ser que a porta de Delling seja alguma metáfora para o nascer do sol, é possível que tenha havido duas figuras chamadas Delling, a segunda sendo um anão, e Delling é efetivamente anotado nos thulur como um nome de anão.

Ver também Dag.

Referências e leituras complementares: Rudolf Much ("Der germanische Himmelsgott". *Abhandlungen zur germanischen Philologie*: Festgabe für R. Heinzel (Halle an der Saale: M. Niemeyer, 1898, p. 189-278)) argumentou, baseado na conexão etimológica entre *Dell-* e *-dall*, que Delling era uma representação de Heimdall.

Dísablót

Sacrifício aos dísir.

Do ponto de vista da mitologia, a referência mais interessante ao dísablót é encontrada em uma versão da *Hervarar saga ok Heidreks konungs* (A Saga de Hervör e do Rei Heidrek), a qual os estudiosos costumeiramente datam em torno do final do décimo terceiro século, embora a sua datação seja de fato difícil. Esta versão da saga inicia com uma narrativa da Pré-história erudita e conta a respeito de Starkad Áludreng. Starkad sequestra Álfhild, a filha do Rei Álf de Álfheimar, depois que ela tornou vermelho o altar (*hörgr*) com sangue em um grandioso dísablót em um determinado outono. O prefixo *Álf-* significa "elfo", e embora não exista nenhuma outra evidência conectando os elfos com o dísablót, em sua apresentação o texto oferece um modelo mitológico para o comportamento humano. A cerimônia é realizada na residência de um rei, ela é presidida por uma mulher (de fato, uma mulher de linhagem real), e envolve o derramamento de sangue, presumivelmente de algum animal que tenha sido sacrificado. Irado pelo sequestro de sua filha o Rei Álf invoca Thor, que subsequentemente mata Starkad e devolve Álfhild a seu pai. É ao menos concebível que o autor dessa saga acreditava que Thor apresentava a intenção de intervir, porque o dísablót foi realizado de modo bem-sucedido. Em outras palavras, que nos olhos desse autor, ao menos, um dísablót poderia ser realizado em vistas de agradar aos æsir.

Esta cerimônia também é mencionada em fontes islandesas do décimo terceiro século que possuem um caráter mais histórico. Duas delas alocam a cerimônia na Noruega da Era Viking e a outra, a *Ynglinga saga* de Snorri, capítulo 29, sugere Uppsala. Snorri afirma que no dísablót o Rei Adils estava cavalgando em torno do *dísarsal*, o "salão do dís", quando seu cavalo tropeçou e derrubou o rei. A cabeça do rei bateu contra uma rocha de tal modo que seu crânio se partiu e seu cérebro foi espalhado por cima da rocha, e desse modo o rei morreu. Snorri então passa a citar o *Ynglinga tal* de Thjódólf de Hvin, que não menciona o dísablót, mas afirma que uma "criatura de mágica", ou uma bruxa, teria vindo a despojar Adils de sua vida; o bravo descendente de Frey deveria cair de seu cavalo e seu cérebro deveria ser misturado com areia molhada. Presumivelmente Snorri entendeu que a criatura de mágica era uma bruxa, e ele também deve ter acreditado que o dísablót envolvia a cavalgada sobre um cavalo em torno de uma edificação consagrada para, ou temporariamente separada para um dos dísir. Aqui poderia estar refletida a conexão dos dísir com a morte. A estória é contada com menos detalhe no *Historia Norvegiae*.

Os outros dois relatos vêm das Sagas de Islandeses. Ambos localizam o dísablót em um banquete ou festejo em meados do décimo século na Noruega. *Egils saga*, que é originária da primeira parte do décimo terceiro século – talvez, de acordo com algumas opiniões, da pena de Snorri Sturluson –, afirma que um festejo foi preparado em uma determinada gleba de propriedade do Rei Eirík, Machado-de-Sangue, e da Rainha Gunnhild, e que em determinada noite, quando o rei e a rainha haviam acabado de chegar, "deveria ocorrer um dísablót ali". Efetivamente, o relato dos procedimentos tem quase que exclusivamente relação com a ingestão de cerveja em enormes canecos, mas inclui uma estância escáldica de autoria de Egil aludindo ao dísablót. *Víga-Glúms saga*, que foi composta um tanto mais tarde que a *Egils saga* e talvez, com essa saga em mente, afirma que Víga-Glúm vem a Voss, no oeste da Noruega, e que uma festividade foi preparada durante as "noites de inverno" (o início do inverno ao final de outubro), e ali se realizou o dísablót.

Portanto, o dísablót parece ter tido uma conexão com o outono e também parece ter sido um evento relativamente público na medida em que envolvia a participação da realeza. Para além disso nós sabemos muito pouco. Um *dísathing* (assembleia dos dísir ou para os dísir) era realizado em Uppsala no início de fevereiro, e há uma série de *place-names* atestando o culto aos dísir.

Dísir

Espíritos femininos coletivos.

Nas fontes estritamente mitológicas os dísir quase não se encontram. Sua única aparição segura ocorre no poema éddico *Grímnismál*, estância 53. Odin está prestes a revelar a sua identidade ao amaldiçoado Geirröd:

> Carniça massacrada
> irá Ygg [Odin] possuir agora,
> Eu sei que sua vida percorreu seu trajeto;
> irados estão os dísir –
> agora você poderá ver Odin,
> aproxime-se de mim, se você puder!

A associação com a morte eminente parece ser um lugar-comum no uso do termo "dísir" na poesia éddica. No *Reginsmál*, estância 24, Hnikar relata a Sigurd que existe um grande perigo no caso deste tropeçar enquanto vai à batalha: "dísir maliciosos / se põem em ambos os teus lados / e desejam ver-te ferido". No *Hamdismál*, estância 28, Hamdir, lamentando o assassinato de seu meio-irmão por suas próprias mãos, afirma para Sörli que os dísir tinham-nos incitado. Algumas vezes os dísir se pareciam com valquírias, como no caso do *Atlamál*, estância 28, onde Glaumvör narra a seu marido Gunnar um sonho desconcertante:

> Eu pensei que mulheres mortas
> vieram para cá, dentro do salão,
> de nenhum modo maldecorado.
> Elas desejavam te escolher,

> teriam te convidado de maneira ligeira
> para seus bancos;
> Eu declaro sem nenhum valor
> esses dísir para você.

Esses dísir que iriam escolher um guerreiro condenado e convidá-lo para vir a seus acentos se pareciam deveras com valquírias, as seletoras dos mortos e as donzelas que os servem no Valhöll. E, certamente, a expressão "dísir de Herjann [Odin]", que é encontrada no *Gudrúnarkvida* I, estância 19, se parece como um kenning para valquírias, as donzelas de Odin, mas como o nome *dís* pode também significar simplesmente "dama", aquela estância pode também estar nos dizendo nada a respeito dos dísir.

Figuras encontradas por toda a parte na Escandinávia, as quais, acredita-se, representam as valquírias ou os dísir. (The Art Archive / Historiska Museet Stockholm / Dagli Orti)

Snorri utiliza a forma singular, *dís*, em conexão com duas figuras no *Gylfaginning*. Após voltar a contar a estória do casamento fracassado entre Njörd e Skadi, Snorri afirma que Skadi se mudou para as montanhas e viveu em Thrymheim, "e ela perambula bastante sobre esquis e com um arco e caça animais; ela é chamada 'deusa-do-sapato-de-neve' ou 'dís-do-sapato-de-neve'". Snorri afirma mais tarde no *Gylfaginning* que Freyja "também é chamada Vanadís", ou seja, dís dos vanir.

O texto em que os dísir desempenham seu papel mais destacado é o *Thidranda tháttr ok Thórhalls*, o qual é encontrado em manuscritos da *Grande Saga de Olaf Tryggvason* do décimo quarto século tardio, mas que alguns observadores acreditam que tenha sido incluído já na hagiografia latina, hoje perdida, de Olaf Tryggvason do final do décimo segundo século, composta pelo monge islandês Gunnlaug Leifsson. O texto é ambientado em um período anterior à conversão da Islândia ao cristianismo, em uma fazenda pertencente a Sídu-Hall, um chefe local de grande importância que mais tarde viria a compor o grupo que propôs a causa da conversão. O Profeta Thorhall havia previsto que um profeta deveria ser morto durante o sacrifício das noites de inverno, mas Sídu-Hall possui um touro chamado profeta que é abatido. Thorhall então decreta que ninguém deveria abandonar a casa durante a noite, mas quando se ouvem três imponentes pancadas na porta, o filho de Sídu-Hall, Thidrandi, abre a porta e se dirige para fora. Ele é atacado por nove mulheres vestidas de preto, cavalgando do Norte, enquanto nove mulheres vestidas de branco cavalgam do Sul. Thorhall sugere mais tarde que haverá uma mudança de religião de caráter positivo. As mulheres eram fylgjur (estratagemas) da família de Sídu-Hall. As nove mulheres de preto eram dísir que queriam a sua parte antes de serem separadas para sempre da família, enquanto as nove mulheres de branco eram dísir que chegaram tarde demais para ajudar.

Muitas interpretações dessas mulheres estranhas e dos eventos nos quais elas aparecem foram trazidos à tona. Alguns especialistas argumentam que Sídu-Hall irritou os dísir na medida em que ele falhou na organização do dísablót (sacrifício aos dísir), mas no texto não há nenhuma evidência para tanto. O que o texto de fato apresenta de maneira unívoca é que em algum momento entre o final do décimo segundo século e o décimo quarto século tardio um autor erudito encontrou poucas diferenças entre os fylgjur e os dísir, e não encontrou grandes dificuldades na apresentação destes através do simbolismo da cor para representar a oposição entre a fé antiga e a nova. A natureza destrutiva e benigna dos dois grupos nos remete, além disso, aos destinos bons e ruins distribuídos pelas valquírias. Mais uma vez a distinção entre estes grupos de espíritos femininos coletivos se dissolve.

Outra conexão com a conversão é o apelido do poeta Thorbjörn dísarskáld (skald do dís), o qual é um dentre dois poetas que deixou fragmentos de poesias endereçadas diretamente a Thor.

Place-names sugerem um culto dos dísir, e fontes escritas relatam a respeito de um sacrifício dedicado aos dísir, o dísablót.

Ver também Dísablót.

Referências e leituras complementares: Tratamentos generalizados a respeito dos dísir incluem: BRATE, E. "Disen". *Zeitschrift für deutsche Wortforschung*, 13, 1911-1912, p. 143-152. • STRÖM, F. "Diser, norner, valkyrjor: Frukbarhetskult och sakralt kungadöme i Norden". *Kungliga vitterhets, historie och antikvitetsadademiens handlingar* (Estocolmo: Almqvist & Wiksell, 1954) [Filologisk-filosofiska serien 1]. • STRÖMBÄCK'S, D. "Tidrande och disarna: Ett filologiskt-folkloristiskt utkast" (segunda parte). *Folklore och filologi*: Valda uppsatser utgivna av Kungl. Gustav Adolfs akademien 13.8.1970 (Uppsala: Kungliga Gustav Adolfs akademien, 1970, p. 181-191) [Skrifter utgivna av Kungliga Gustav Adolfs akademien, 48]. Para uma discussão do *Thidranda tháttr*, ver também KAPLAN, M. "Prefiguration and the Writing of History in Þáttr Þiðranda ok Þórhalls". *Journal of English and Germanic Philology*, 9, 2000, p. 379-394.

Draupnir (Gotejador)

O anel de braço dourado de Odin.

Muitos skald usam "Draupnir" em kenningar para ouro; logo, ele deve ter sido bastante conhecido, embora o único Draupnir encontrado na poesia éddica a partir de seu próprio nome é um anão no catálogo de anões no *Völuspá*. Todavia, no *Skírnismál*, estância 21, Skírnir oferece a Gerd um anel que havia sido queimado com o jovem filho de Odin, a partir do qual gotejam a cada nona noite oito anéis de mesmo peso. Este anel só pode ser Draupnir, pois no *Gylfaginning* Snorri afirma que Odin colocou o anel Draupnir na pira funerária de Baldr e acrescenta ainda a informação sobre sua multiplicação mágica, informação esta que ele também inclui no *Skáldskaparmál*, quando ele relata a respeito da origem de Draupnir. Assim como no caso do cabelo dourado de Sif, da embarcação de Frey, Skídbladnir, da lança de Odin, Gungnir, do javali dourado de Frey e do martelo de Thor, ele foi produzido pelos anões. Juntamente com o javali e o martelo, Draupnir é um dos três tesouros forjados por Eitri enquanto Loki, na forma de uma mosca, atormentava a Brokk, que estava operando os foles.

Draupnir verdadeiramente foi até Hel e retornou, posto que Snorri afirma em seu relato da morte de Baldr, que, quando Hermód deixa o reino dos mortos, depois de conseguir o consentimento de Hel a respeito da liberação de Baldr caso toda a criação chore, ele toma Draupnir consigo, enviado por Baldr para Odin como uma lembrança. Certamente, *Skáldskaparmál* lista entre os kenningar para Baldr "possuidor de Draupnir", e a passagem de Draupnir pelo fogo funerário e o mundo dos mortos deve realmente ter elevado o seu valor.

Ver também Brokk; Eitri; Odin.

Drómi

Ver Fenrir.

Duneyr

De acordo com o *Grímnismál*, estância 33 (e, portanto, Snorri no *Gylfaginning*), um dos quatro veados que roem Yggdrasil.

O nome parece significar "orelha-escura".

Ver também Dáin; Durathrór; Yggdrasil.

Durathrór

De acordo com o *Grímnismál*, estância 33 (e, portanto, Snorri no *Gylfaginning*), um dos quatro veados que roem Yggdrasil.

O significado do nome não é claro.

Ver também Dáin; Duneyr; Yggdrasil.

Dvalin (Atrasado)

Nome de anão; também de acordo com o *Grímnismál*, estância 33 (e, portanto, Snorri no *Gylfaginning*), um dos quatro veados que roem Yggdrasil.

Dvalin é mencionado na estância 11 do *Völuspá*, no catálogo de anões, e mais uma vez na estância 17, quando o catálogo de anões está se encaminhando para seu fim, quando os "anões no grupo de Dvalin" são mencionados. Na Estância 145 do *Hávamál*, Dvalin aparece como um representante dos anões, juntamente como Odin para os æsir, Dáin para os elfos e Alsvinn para os gigantes. De acordo com a estância 16 do *Alvíssmál*, os anões chamam o sol de "enganador de Dvalin" (ou a expressão é compreendida dessa forma, como uma referência ao sol tornando os anões em pedra). Quando, então, o Fáfnismál, estância 13, afirma que algumas das nornas são da família dos æsir, algumas são dos elfos, e algumas são as filhas de Dvalin, parece ser aparente que os anões é o que se pretende dizer. Os skald usavam com frequência "a bebida de Dvalin" ou algo similar como um kenning para poesia, claramente porque o hidromel da poesia havia estado, em algum momento, sob a posse dos anões. Finalmente, Dvalin é o nome de um dos anões para quem Freyja deu a si mesma no *Sörla þáttr* em troca de um colar de ouro, presumivelmente o Brísinga men. Dvalin é, então, um dos nomes de anão mais comuns. Por que ele deveria ser "atrasado" não é claro.

Em relação ao veado, os thulur apresentam "Dvalar" como o nome do veado, mas não "Dvalin", e alguns estudiosos acreditam que o veado que rói Yggdrasil deva ser Dvalar.

Ver também Anões.

Eggthér

No *Völuspá*, estância 42, o pastor de uma giganta:

> Ele se sentou ali em um morro e tocou uma arpa,
> O pastor de uma giganta, o feliz Eggthér.

A giganta em questão pode ser aquela que aparece na estância 40, que criou a ninhada de Fenrir em Járnvid (florestas-de-ferro), portanto possivelmente Angrboda. Por que quem quer que seja trabalhando para ela estaria feliz não tem explicação; talvez Eggthér tivesse um apreço especial pela harpa. Em todo caso, seu nome é idêntico ao de Ecgtheow, o qual no épico em inglês antigo *Beowulf* é o pai do personagem Beowulf. Andy Orchard, em seu *Dictio-*

nary of Norse Myth and Legend, afirma que esse paralelo "é quase certamente um *red herrring*"[8], uma afirmação com a qual eu concordo.

Referências e leituras complementares: SALUS, P.H. & TAYLER, P.B. "Eikinskjaldi, Fjalar, and Eggthér". *Neophilologus*, 53, 1969, p. 76-81. • ORCHARD, A. *Dictionary of Norse Myth and Legend* (Londres: Cassell, 1997, p. 35).

Egil

De acordo com o *Hymiskvida*, estância 7, aquele que tomava conta dos bodes de Thor enquanto Thor estava visitando Hymir; possivelmente o pai dos servos humanos de Thor, Thjálfi e Röskva.

A suposição relativa a Thjálfi e Röskva é baseada no Hymiskvida, estância 37, a antepenúltima estância do poema e aquela que segue a aquisição de Thor da chaleira e o assassinato dos gigantes que o perseguiam. Partes dessa estância são difíceis, especialmente na terceira linha, mas ela significa algo como o seguinte:

> Eles foram por um longo período, antes de se deitar
> O bode de Hlorridi [Thor], meio-morto, na frente;
> O companheiro de equipe da parelha estava mancando de sua perna;
> E o ardiloso Loki o havia causado.

De acordo com o Gylfaginning, quando Thor e Loki partiram para sua visita a Jötunheimar que os levaria até Útgarda-Loki, eles pararam por uma noite em uma casa de fazenda. Thor matou e cozinhou seus bodes e então, na manhã seguinte, os reviveu. Um dos dois estava aleijado, porque Thjálfi havia quebrado seus ossos para alcançar o tutano. Aqueles que são capazes de ignorar os destinos diferentes das duas viagens e os papéis diferentes desempenhados por Loki (ele não acompanhou Thor no *Hymiskvida*, e ele não foi responsável pelo aleijamento no *Gylfaginning*) e que gostam de costurar as coisas de maneira ordenada acharão a possibilidade de conectar Egil a Thjálfi e Röskva atrativa.

---

8. *Red Herring* é uma expressão idiomática do inglês, sem tradução para o português. Ela se refere a um artifício utilizado para distrair e confundir um leitor de um texto, direcionando sua atenção para um dado sem importância no enredo da obra [N.T.].

Egil era um prenome comum na Escandinávia medieval. Um Egil aparece como o irmão de Völund, e outro é o tema central de uma das mais impressionantes sagas de islandeses.

Ver também Thjálfi; Útgarda-Loki.

Eikinskjaldi (Com-um-escudo-de-carvalho)

Nome de anão encontrado no *Völuspá*, estâncias 13 e 16.

Ver também Anões.

Referências e leituras complementares: SALUS, P.H. & TAYLER, P.B. "Eikinskjaldi, Fjalar, and Eggthér". *Neophilologus*, 53, 1969, p. 76-81.

Eikthyrnir (Cercador-de-carvalho)

Veado que mordisca as folhas de Yggdrasil, a árvore do mundo.

A fonte principal é o *Grímnismál*, estância 26:

> Eikthyrnir é o nome de um veado, que se encontra no salão de Herjafödr [Odin]
> E morde os membros de Lærad.
> No entanto, de seus chifres goteja no Hvergelmir,
> De onde todas as águas têm seus caminhos.

No *Gylfaginning* Snorri parafraseia esta estância quase palavra por palavra, ao menos em sua primeira metade, mas ele clarifica a última linha para significar um conjunto de rios, aos quais ele dá nomes.

Ver também Lærad; Yggdrasil.

Referências e leituras complementares: O ano especial dos estudos a respeito de Eikthyrnir (e também o único ano em que algo significativo sobre isso apareceu) foi 1917: Axel Olrik ("Yggdrasil". *Danske studier*, 14, 1917, p. 49-62) partiu da confluência do carvalho e do grande veado para atribuir a proveniência de Yggdrasil à Dinamarca ou ao oeste da Noruega. Uno Holmberg (Harva) ("Valhall och världsträdet". *Finsk tidskrift för vitterhet, vetenskap, konst och politique*, 48, 1917, p. 349-377) considerou que Eikthyrnir era uma invenção islandesa baseada na constelação Ursa Maior.

Ein(d)ridi (Cavaleiro-solitário)

Nome de Thor.

O nome é encontrado na estância 19 do *Haustlöng* de Thjódólf de Hvin, um dos primeiros skald, na cena do duelo de Thor com Hrungnir, em que a pedra de amolar fica alojada na cabeça do deus. Em outros momentos dessa mesma estância Eindridi é chamado de ambos: filho da terra e filho de Odin. Isso também se encontra no *Vellekla* de Einar Helgason skálaglamm, um poema de louvor a Hákon, o jarl de Hladir, provavelmente do período em torno de 975-985 E.C. Nessa estância ele se remete às terras de templos de Einridi e de todos os deuses (*bönd*).

A forma com *d* na segunda sílaba é mais recente. Minha tradução do nome (qualquer que sejam as formas) é o que eu acredito um nórdico teria acreditado que significava; alguns estudiosos consideraram que etimologicamente ele pode originalmente ter significado "governante solitário" O fato desse nome ser atestado em pedras rúnicas para seres humanos, que podem ter sido nomeados, portanto, em homenagem ao deus é digno de nota.

Ver também Hlórridi; Thor.

Einherjar (Guerreiros-solitários)

Os guerreiros escolhidos de Odin, os quais se exercitam no Valhöll, aguardando pela última batalha durante o Ragnarök.

O Vafthrúdnismál, estância 41, descreve a vida no Valhöll:

> Todos os einherjar nos campos de Odin
> Retalham uns aos outros todos os dias
> Eles escolhem a matança e cavalgam a partir do campo
> Mais tarde eles se assentam, conciliados, todos juntos

Grímnismál, estância 18, afirma que os einherjar são nutridos com Sæhrímnir, cozido em Eldhrímnir por Andhrímnir. A estância 23 afirma que 800 einherjar saem de cada uma das portas do Valhöll. A estância 36 apresenta as valquírias que trazem cerveja para eles. Ao final do poema, quando Odin revela a sua identidade a Geirröd, Odin lhe conta que ele perdeu a mercê de todos os einherjar e de Odin.

O anônimo *Eiríksmál*, da segunda metade do décimo século, descreve o Valhöll e insere os einherjar ali. De fato, a estância 1 traz Odin sonhando que ele despertou os einherjar e solicitou destes que se preparem para receber um visitante honrado. O poema similar *Hákonarmál*, atribuído a Eyvind Finnsson skáldaspillir, também menciona os einherjar: Odin relata à comitiva de Hákon o Bom na medida em que estes estão chegando ao Valhöll, que eles deverão ter uma trégua com os einherjar, e os convida para beber cerveja.

No *Gylfaginning* Snorri utiliza e expande estas fontes, adicionando, entre outras coisas, que os einherjar são "todos aqueles homens que caíram nos campos de batalha desde os princípios do mundo". Ele também manda os einherjar em luta contra as forças do caos durante a última batalha, mas não oferece nenhum detalhe de suas lutas ou de seus destinos.

A ênfase nas fontes é dupla: a luta eterna e o renascimento contínuo dos einherjar, e sua relação especial com Odin, que é manifestada parcialmente em seus festejos intermináveis com este, e em parte também pela sua participação no favor deste. Muitos estudiosos creem que pode haver alguma base para este mito em um antigo culto a Odin, que teria se centrado em torno de jovens guerreiros, os quais entravam em um relacionamento extático com Odin. Algumas vezes essa noção é justaposta à descrição na *Germania*, de Tácito, capítulo 43, de um exército de mortos. As pessoas são chamadas Harii, um nome que alguns afirmam estar etimologicamente ligado a *-herjar*, presente em einherjar. No *Lokasenna*, estância 60, Loki se dirige a Thor como *einheri*, a forma singular de *einherjar*, e a única vez em que a forma singular está atestada. Thor certamente possui uma relação especial com Odin, posto que é filho deste com Jörd.

Ver também Andhrímnir; Eldhrímnir; Odin; Sæhrímnir; Valhöll.

Referências e leituras complementares: A noção de um culto extático a Odin foi articulada da maneira mais adequada por Otto Höffler (*Kultische Geheimbünde der Germanen* (Frankfurt: M. Diesterweg, 1934)) e em diversos trabalhos posteriores. Uma visão mais recente é aquela apresentada por Bruce Lincoln, articulada em seu trabalho *Priests, Warriors, and Cattle*: A Study in the Ecology of Religions (Berkeley/Los Angeles: University of California Press, 1981, p. 122-133). Uma alternativa crível para a etimologia de einherjar, que propõe que a palavra significa "guerreiros sem iguais", está presente em Lennart Elmevik ("Fisl. Einherjar 'krigare i Valhall' och några andra fornnord. sammansättningar med -ein". *Saga och sed*, 1982, p. 75-84.

Eir

Deusa menor.

Snorri apresenta Eir na terceira posição em seu catálogo de deusas entre os æsir em seu poema *Gylfaginning* e a chama de "a melhor das médicas". Seu nome é idêntico ao substantivo *eir*, "paz, clemência". Eir não apresenta nenhum papel na mitologia, mas no *Fjölsvinnsmál*, estância 38, encontra-se Eir em uma lista das damas que servem a Menglöd; nenhuma das outras damas é uma divindade, e muitas são somente adjetivos femininos ("brilhante", "feliz", "bela"). Eir é listado entre os nomes de valquírias nos thulur, mas não entre os nomes das deusas. O nome é comum como uma palavra-base em kenningar escáldicos, mas se nós por acaso deveríamos confiar em Snorri e imaginar a existência de uma deusa Eir permanece problemático.

Eiríksmál

Poema anônimo composto após a morte do Rei Eirík, o Machado-de-Sangue, na batalha de Stainmoor, em Westmoreland, Inglaterra, no ano 954, e relata a sua chegada gloriosa no Valhöll. O poema, na forma como o temos hoje, possui somente nove estâncias, e faz uso de duas métricas diferentes. Não obstante, ele parece oferecer uma imagem do Valhöll que estava de fato enraizada no paganismo tardio. O poema inicia com Odin relatando um sonho: Ele pensou que acordou cedo e que pediu aos einherjar e às valquírias que preparassem o Valhöll para a chegada de um grande governante. Ele pergunta a Bragi qual barulho estrondoso ressoa, como se o próprio Baldr estivesse retornando ao salão. Mas é Eirík, o Machado-de-Sangue, e Odin pede que os heróis Sigmund e Sinfjötli se levantem e convidem o visitante para entrar no salão, se é de fato Eirík. Bragi pergunta por que Odin acredita que seja Eirík, e Odin responde que o convidado avermelhou a sua espada em muitos territórios. Por que privar um rei tão grandioso de sua vitória?, pergunta Bragi.

Porque, responde Odin, nunca se pode ter certeza – o lobo cinzento olha fixamente na direção das moradas dos deuses. Eirík então chega e é recebido calorosamente no salão e é questionado sobre quem o acompanha. Cinco reis, ele afirma. O poema encerra nesse ponto.

Os detalhes mitológicos são familiares: Einherjar e valquírias habitam o Valhöll, e Baldr está ausente. Bragi aqui deve ser considerado presumivelmente como sendo o poeta humano, pois o poema menciona especificamente também os heróis humanos Sigmund e Sinfjötli, e, certamente, Eirík; os cinco reis que o acompanham não foram identificados com nenhuma certeza. O poeta explica por que razão um guerreiro favorecido por Odin pode vir a ser derrotado durante uma batalha, e ele sugere que o Ragnarök possa estar próximo, ou ao menos que na Dinamarca do décimo século Odin estava ajuntando tropas de maneira consciente para a batalha final.

Ver também *Hákonarmál*.

Referências e leituras complementares: A relação literária entre o *Eiríksmál* e o *Hákonarmál* é discutida por Klaus von See, "Zwei eddische Preislieder" (In: SIMON, W.; BACHOFER, W. & DITTMANN, W. (eds.). *Festgabe Ulrich Pretzel zum 65. Geburtstag dargebracht von seinen Freunden und Schülern* (Berlim: Schmidt, 1963, p. 107-117)). Edith Marold ("Das Walhallbild in den Eiríksmál und Hákonarmál". *Mediaeval Scandinavia*, 5, 1972, p. 19-33) reconhece que o retrato do Valhöll no *Hákonarmál* é mais sombrio e possivelmente mais arcaico do que aquele apresentado no *Eiríksmál*, e ela analisa especialmente a dualidade das concepções no *Hákonarmál*. Axel Seeberg trata da identidade daqueles que acompanham Eirík para o Valhöll ("Five Kings". *Saga-Book of the Viking Society*, 20, 1979-1980, p. 106-113).

Eistla

Uma das nove mães gigantes, talvez de Heimdall, enumeradas no *Hyndluljód*, estância 37 (parte do "*Völuspá* reduzido").

Ver também Heimdall; *Hyndluljód*.

Referências e leituras complementares: MOTZ, L. "Giantesses and Their Names". *Frühmittelalterliche Studien*, 15, 1981, p. 495-511.

Eitri

Anão; ajudou a criar alguns dos objetos preciosos dos deuses.

Snorri narra a estória no *Skáldskaparmál*. Loki havia cortado o cabelo de Sif, a esposa de Thor, e ele evitou uma surra somente através da promessa de obrigar os anões a fazer para Sif um adorno para a sua cabeça que cresceria na forma de um cabelo dourado. Depois de ter obrigado os filhos de Ívaldi a fazer o ornamento de cabeça, além da embarcação Skídbladnir e também a lança de Odin, Gungnir, ele aposta com o anão Brokk que o irmão deste, Eitri, não conseguiria fazer três objetos igualmente bons. Brokk deve operar o fole para Eitri e Loki se transforma em uma mosca e inferniza a Brokk. Primeiro Eitri faz um javali com pelos de ouro, em seguida o anel Draupnir, finalmente Mjöllnir, o martelo de Thor. O cabo do martelo é curto, pois a operação do fole por Brokk foi quase interrompida quando a mosca o mordeu entre os olhos, de modo que escorreu sangue.

Eitri não é conhecido através de nenhuma outra fonte.

Ver também Anões.

Eldhrímnir (Fuligem-de-fogo)

Panela no Valhöll.

A passagem-chave é a estância 18 do *Grímnismál*.

> Andhrímnir no Eldhrímnir
> Ferveu Sæhrímnir.

No *Gylfaginning*, Snorri compreende a passagem como sendo um cozinheiro (Andhrímnir) cozinhando um porco (Sæhrímnir) em uma imensa panela (Eldhrímnir), e, de fato, o restante dessa estância parece chamar Sæhrímnir o melhor de todos os porcos e se refere à misteriosa alimentação dos einherjar. Todos os três nomes estão unidos pelo elemento *hrímnir*, que é derivado da palavra utilizada para a cinza em uma panela de cozimento. "Fuligem-de-fogo" como a panela é o termo mais apropriado dos três.

Ver também Andhrímnir; Sæhrímnir.

Eldir

Servo de Ægir; o primeiro oponente verbal de Loki no *Lokasenna*.

A introdução em prosa ao *Lokasenna* afirma que as pessoas louvavam os servos de Ægir grandemente (os quais não poderiam ter muito a fazer, posto que a cerveja se conduzia sozinha para o salão), e por conta da sua inveja, Loki mata um deles, chamado Fimafeng. Após os deuses perseguirem Loki até uma floresta, Loki retorna e confronta Eldir. A troca de palavras entre eles compõe as cinco primeiras estâncias do poema. Loki pergunta o que os æsir estão discutindo no salão (estância 1) e Eldir responde que eles estão medindo as suas armas e a sua destreza. Nenhum deles, ele afirma, é amigo de Loki em palavras (ou tem coisas boas para falar a respeito de Loki) (estância 2). Loki declara a sua intenção de entrar no salão e misturar hidromel com poderes sinistros ou prejudiciais (estância 3). As estâncias 4-5 parecem ser o desafio de Eldir a Loki, que é rejeitado:

> 4. [Eldir:] Você sabe, se você entrar no salão de Ægir,
> Para olhar aquele festejo,
> Se você despejar calúnia ou difamação no salão dos æsir,
> Eles usarão você para secá-lo.
> 5 [Loki:] Você sabe, Eldir, se nós dois sozinhos devêssemos
> Competir com palavras de prejuízo,
> Rico serei eu em respostas
> Se você falar muito a esse respeito.

Isso silencia a Eldir, e Loki entra no salão.

Eldir se enquadra no tipo de personagem do guardião externo, muitas vezes um pastor como no caso do *Skírnismál*, estâncias 11-16, com quem alguém discute antes de entrar em um local para a confrontação principal.

Ver também *Lokasenna*.

Élivágar (Ondas-de-granizo)

Rios míticos, associados com o protogigante Aurgelmir/Ymir, ou com os confins do mundo.

A associação com o protogigante é explícita no *Vafthrúdnismál*, estância 31. Odin perguntou a Vafthrúdnir de onde veio Aurgelmir, o ser mais antigo entre os gigantes, de acordo com a estância 29. Vafthrúdnir responde:

> Das Élivágar respingaram gotículas de veneno
> E daí houve crescimento, até que um gigante emergiu.

Snorri afirma que Aurgelmir é o nome de Ymir entre os gigantes e ele expande consideravelmente o tema da estância supracitada, que deve ter sido ao menos em parte sua fonte de informações. Hár é quem fala nessa seção, e ele está respondendo a esta questão de Gylfi/Gangleri: "Como as coisas se arranjavam, antes que os clãs surgissem ou que a humanidade ganhasse volume"?

> Aqueles rios que são chamados os Élivágar, quando eles haviam corrido para tão longe de suas fontes que a fermentação que os acompanhava ali endureceu como a escória que corre das fogueiras, posto que estava gelado, e quando o gelo parou e se tornou plenamente sólido, e aquela chuva fina que surgiu do veneno se congelou como geada, e a geada cresceu sobre todo o Ginnunga gap.

A discussão agora se dirige ao Ginnunga gap e à eventual emergência de Ymir a partir deste.

A maioria dos editores compreende "fermentação" como "fermento venenoso" para tornar a passagem mais condizente com o *Vafthrúdnismál*, estância 29. Mas ainda há uma diferença substancial entre os dois relatos, uma ampla lacuna entre as duas linhas do *Vafthrúdnismál*, que é preenchida pelos detalhes conduzindo ao Ginnunga gap. No relato de Snorri, então, os Élivágar precediam até mesmo o Ginnunga gap e formavam o primeiro ponto fixo no cosmos, embora ele nunca mais retorne a mencioná-los.

O *Hymiskvida* nos oferece uma excelente razão para acreditar que os Élivágar fossem localizados na periferia do universo mitológico. Na parte inicial do poema, enquanto os deuses ponderam como eles irão conseguir a chaleira para fermentar cerveja para a festa de Ægir, Týr dá a Thor um "conselho grandioso e amável", na estância 5:

> Ali reside a Leste dos Élivágar
> O extremamente sábio Hymir, nos limites dos céus.
> Meu pai, o todo-poderoso, possui uma chaleira,
> Uma panela imensa, com uma légua de profundidade.

Finalmente, há ainda o curioso conjunto de estâncias encontradas no *Bergbúa tháttr*, um relato do décimo terceiro século de um certo Thórd e seu servo, que se perdem em seu caminho para a igreja em um inverno, e que se refugiam durante a noite em uma caverna. Ali eles ouvem o habitante sobrenatural daquela caverna recitar um poema predizendo vários eventos cataclísmicos. Na sétima estância (de um total de doze), o poeta afirma que ele viaja para o Norte, em direção ao terceiro mundo inferior, e que ali alguém teme a sua chegada aos Élivágar. O poema é por vezes difícil de compreender, mas aqui, ao menos, a localização periférica dos Élivágar é assegurada.

Há poucas discussões diretas de caráter útil a respeito dos Élivágar, mas está claro que eles são pensados como sendo bastante distantes no tempo, no espaço, ou em ambos.

Ver também Aurgelmir; *Bergbúa tháttr*; *Hymiskvida*; Ymir.

Elli (Idade-Avançada)

Mulher idosa com quem Thor luta quando ele visita Útgarda-Loki.

Thor é incapaz de lançar Elli ao chão, e no final ele perde a disputa quando um de seus joelhos toca o chão. Somente mais tarde Útgarda-Loki explica que a *performance* de Thor foi extraordinária, pois Idade-Avançada só fora capaz de fazê-lo flexionar o joelho. Elli só é encontrada no *Gylfaginning* de Snorri.

Ver também Útgarda-Loki.

Elfos

Islandês medieval *álfar*, sg. *álfr*, seres mitológicos.

A fórmula "æsir e elfos" é um lugar-comum na poesia éddica, e na medida em que o Ragnarök se aproxima no *Völuspá*, a vidente questiona: "O que há com os æsir? / O que há com os elfos"? Essa mesma linha é ecoada no *Thrymskvida*. A despeito desse uso, todavia, e a despeito da presença de elfos em outras listas de seres mitológicos, tal como aquelas no *Alvíssmál*, em que itens de vocabulário das raças mitológicas são catalogados, há pouco conhecimento concreto a seu respeito. A única figura importante explicitamente identificada como um elfo é Völund: O poema éddico *Völundarkvida* o chama de príncipe dos álfar (estâncias 13 e 32), e de "compatriota dos álfar" (estância 10). Mas ele não apresenta interações com elfos dentro ou fora do poema, e embora se case de fato com uma donzela cisne e voe para longe com asas ao final do poema, suas habilidades de ferreiro sugeririam uma associação com os anões, como seu cognato, Wayland, o Ferreiro, confirma. De maneira similar, Völund não tem nenhum contato com os deuses ou com os gigantes da mitologia; sua estória da maneira como nós a possuímos pertence à poesia heroica, mesmo embora a pessoa que arranjou a *Edda Poética* da maneira como a conhecemos tenha colocado este poema antes do *Alvíssmál*. Neste Thor desempenha de fato um papel, mas assim também um anão. Efetivamente, a palavra *álfr* aparece isolada como um nome de anão em listas contendo tais nomes, e ela é composta juntamente com outros substantivos para dar origem a outros nomes de anão na tradição islandesa medieval. Além de Völund, o único outro elfo explicitamente nomeado é Dáin (*Hávamál*, estância 143), e este também é mais frequentemente encontrado como sendo um nome de anão.

No *Gylfaginning*, Snorri introduz uma distinção entre elfos-de-luz[9] e elfos-escuros. "Há ainda aquele local, ao qual se chama Álfheim (mundo-dos--elfos); ali vive um povo que é chamado de elfos-de-luz, mas os elfos-escuros habitam cá embaixo na terra, e eles são distintos em sua aparência e muito mais distintos em suas experiências. Os elfos-de-luz são mais belos que o sol em sua aparência, mas os elfos-escuros são mais pretos que o piche." Algumas linhas mais adiante, Snorri faz Hár contar a Gylfi/Gangleri que existem três céus, dos quais o mais elevado somente os elfos-de-luz habitam. Conquanto eles vivam na terra, os elfos-escuros supostamente pareceriam ser similares, ou mais provavelmente idênticos aos anões. Por duas vezes Snorri afirma que os anões moram no Svartálfaheim (Mundo-dos-elfos-pretos), e se ele por acaso tinha a intenção de realizar uma distinção entre os elfos-escuros e os elfos-pretos é desconhecido, da mesma maneira que uma distinção entre os elfos também é desconhecida para além de Snorri.

A relativa falta de informações a respeito dos elfos na mitologia se torna ainda mais desconcertante por conta das referências contidas na tradição medieval islandesa em relação ao *álfablót*. No folclore escandinavo recente, elfos são importantes, exercendo uma função de elementos sobrenaturais da natureza na tradição islandesa e dinamarquesa.

---

9. Ou elfos-claros [N.T.].

Ver também *Æsir*; *Álfablót*; Álfheim; Völund.

Referências e leituras complementares: Dois tratamentos aceitáveis do tema em língua inglesa são os trabalhos de Jón Hnefill Aðalsteinsson ("Folk Narrative and Norse Mythology". *Arv* 46, 1989, p. 115-122 [reimpresso como "Giants and Elves in Mythology and Folktales". In: AÐALSTEINSSON, J.H. *A Piece of Horse Liver*: Myth, Ritual, and Folklore in Old Icelandic Sources (Reykjavík: Háskólaútgáfan, 1998, p. 129-139) e Lotte Motz ("Of Elves and Dwarfs". *Arv* 29-30, 1973-1974, p. 93-127).

Encantamentos de Merseburg

Dois encantamentos em antigo alto-alemão, com análogos na mitologia escandinava.

O primeiro encantamento de Merseburg é para desatar amarras, e se refere a mulheres chamadas Idisi que libertavam guerreiros de seus grilhões. Essas mulheres parecem ser cognatas com as dísir da mitologia escandinava.

O segundo encantamento de Merseburg está relacionado a um ferimento:

> Phol e Wodan foram para a floresta.
> Então o cavalo de Balder torceu o pé.
> Então Sinthgunt cantou encantamentos, e Sunna sua irmã;
> Então Friia cantou encantamentos, e Volla sua irmã;
> Então Wodan cantou encantamentos, como ele bem era capaz:
> sejam ossos torcidos, seja torcedura de sangue, seja membro torcido:
> osso a osso, sangue a sangue,
> membro a membro, assim eles são colados juntos.

Phol pode ser idêntico a Fulla em escandinavo e Wodan é certamente Odin. A maioria dos observadores aceita que Balder é idêntico a Baldr, embora alguns pensem que Balder aqui possa ser um substantivo que significa "senhor". Claramente não há conexão narrativa com os materiais escandinavos, onde Baldr, cavalos e torções não têm nenhuma associação particular. No entanto, Karl Hauck argumentou em uma série de trabalhos que alguns bracteates mostram uma cena relacionada contendo Baldr, Odin (entendido como um deus da cura) e um cavalo.

Ver também Baldr; Bracteates; Dísir.

Referências e leituras complementares: Um tratamento principal e geral dos deuses dos encantos de Merseburg é Felix Genzmer, "Die Götter des zweiten

Merseburger Zauberspruches". *Arkiv för nordisk filologi* 63 (1948): 55-72, que vê Phol como um contraposto masculino de Fulla. Outro estudo interessante é o de Axel Olrik, "Odins ridt". *Danske studier* 22 (1925): 1-18. O mais importante dos muitos artigos discutindo o relacionamento de Baldr e o Segundo Encantamento de Merseburg é Franz Rolf Schröder, "Balder und der zweite Merseburger Spruch". *Germanisch-Romanische Monatsschrift* 34 (1953): 161-183. Mas Karl Helm respondeu com um vigoroso "não" à sua própria pergunta, "Balder in Deutschland?" (Baldr na Alemanha? [Pelo qual ele quis dizer no continente de modo geral]), *Beiträge zur Geschichte der deutschen Sprache und Literatur*, 67, 1944): 216-222, e incluiu o Balder do Segundo Encantamento de Merseburg como um de seus "Erfundene Götter" ("deuses inventados"), em *Studien zur deutschen Philologie des Mittelalters: Festschrift zum 80. Geburtstag von Friedrich Panzer*, ed. Richard Kienast (Heidelberg: C. Winter, 1950), 1-11.

Eyrgjafa

Uma das nove mães gigantes, talvez de Heimdall, enumeradas no *Hyndluljód*, estância 37 (parte do "*Völuspá* reduzido").

Ver também Heimdall; *Hyndluljód*.

Referências e leituras complementares: MOTZ, L. "Giantesses and Their Names". *Frühmittelalterliche Studien*, 15, 1981, p. 495-511.

Falhófnir (De-cascos-pálidos)

Nome de cavalo encontrado no *Grímnismál*, estância 30, que lista os cavalos que os æsir cavalgam todos os dias quando eles partem a fim de realizar julgamentos na Yggdrasil.

Snorri Sturluson inclui Falhófnir em sua lista dos cavalos dos æsir no *Gylfaginning*, mas não atribui o cavalo a nenhum deus em específico. Falhófnir também é citado nos thulur para cavalos.

Fárbauti (Batedor-raivoso)

Pai de Loki.

Dois skald do décimo século chamam Loki de filho de Fárbauti (utilizando, todavia, a palavra poética *mögr* para "filho" em vez da palavra usual *sonr*), de modo que a genealogia é assegurada. Quando Snorri introduz Loki no *Gylfaginning*, ele nos relata que Loki é o filho de Fárbauti, o gigante, e não há razão para duvidar da atribuição de Fárbauti aos gigantes, especialmente em vista do significado de seu nome. Sem dúvida os desejos maldosos de Loki em relação aos æsir têm a ver com a sua descendência paterna.

Ver também Laufey; Loki.

Fenrir

Lobo; inimigo dos deuses.

Fenrir também é chamado de Fenrisúlf, o lobo de Fenrir, e esse uso nunca foi satisfatoriamente explicado. Ele possui dois papéis na mitologia: por um lado como o ser que irá mutilar Týr nas fases iniciais do presente mítico, por outro lado como aquele que irá assassinar Odin durante o Ragnarök. Nesse ínterim ele se encontra aprisionado.

Hyndluljód, estância 40, uma parte do "*Völuspá* reduzido", afirma que Loki gerou o (ou um) lobo em Angrboda, e Snorri concorda que Fenrir é o descendente de Loki e dessa giganta, e que a ninhada de ambos ainda incluía Jörmungand (a serpente de Midgard) e Hel. O grande ato do lobo no presente mitológico é privar Týr de sua mão direita, um evento que é mencionado diretamente no *Lokasenna*, estância 38. Loki está repreendendo Týr:

> Cale a boca, Týr. Você nunca soube como
> Mediar algo de bom entre duas pessoas
> A sua mão direita, aquela que eu irei mencionar
> A qual Fenrir arrancou de você.

"Mediar algo de bom entre duas pessoas" é a tradução mais comum, mas uma alternativa atraente, diante dos fatos que se sucedem, seria "conduzir algo de bom com duas [mãos]".

Snorri apresenta o mito duas vezes no *Gylfaginning*. Na primeira ocasião ele está descrevendo Týr e cita o episódio como um sinal da bravura de Týr:

> Quando os æsir provocaram o lobo de Fenrir a fim de permitir que os grilhões fossem colocados sobre ele, então ele não acreditou que eles iriam liberá-lo, até que eles colocaram a mão de Týr como um voto de confiança em sua boca. E quando os æsir não queriam soltar o lobo, então ele arran-

cou a mão com uma mordida, no local que hoje se chama de "articulação do lobo" [pulso], e Týr é maneta e não é chamado de pacificador.

Algumas páginas adiante Snorri relata a estória completa. Quando os deuses ficaram sabendo que os descendentes malditos de Loki com Angrboda estavam sendo criados em Jötunheimar, eles descobriram através de uma profecia que essa ninhada traria problemas para eles, e Odin fez com que os descendentes de Loki fossem trazidos até ele. Ele lançou a serpente de Midgard no mar e Hel o mandou para o mundo dos mortos. Por razões que não são claras (porque Odin possuía uma conexão com lobos? Porque Loki era o irmão de sangue de Odin?), os deuses criaram o lobo consigo, e somente Týr era bravo o suficiente para alimentá-lo. Mas quando eles perceberam o quão rapidamente ele estava crescendo e quando eles reconsideraram as profecias, então eles decidiram aprisionar o lobo. Primeiramente eles trouxeram um grandioso grilhão chamado Lœding, mas Fenrir permitiu que eles o prendessem com este grilhão e o arrebentou com seus primeiros movimentos. Em seguida os deuses conseguiram um grilhão mais forte, Drómi, e seguindo um procedimento pensado que em português[10] se traduz no provérbio "quem não arrisca, não petisca", o lobo permitiu que eles o aprisionassem com aquele grilhão e arrebentá-lo em pedaços. Por essa razão, Snorri nos explica, existem os provérbios "soltar-se de Lœding" e "liberar-se de Drómi"; nenhum desses, todavia, deixou qualquer vestígio. Os deuses passaram ao recurso da mágica nesse momento. Alfödr (Odin) enviou Skírnir aos anões para conseguir destes um grilhão, Gleipnir (talvez "Emaranhador"), produzido a partir de ruídos de gato, barba de mulher, raízes de montanhas, tendões de urso, respiração de peixe e saliva de pássaro. Na Ilha de Lyngvi (urzal) no Lago Ámsvartnir (Vermelho-preto), eles convidaram o lobo a permitir-se ser novamente aprisionado. Não é preciso mencionar que o lobo estava desconfiado. Que tipo de renome poderia estar atrelado à destruição desse grilhão, que se parecia com uma fita de seda? Fenrir determinou como condição que alguém deveria colocar uma mão em sua boca.

---

10. No original a referência é a um provérbio em inglês. Como o mesmo provérbio existe em português, tomou-se a liberdade de adequar também aqui o texto original [N.T.].

E cada um dos æsir olhou para o outro e pensou consigo que agora seus problemas se haviam multiplicado, mas nenhum deles ousava oferecer a sua própria mão, até que Týr estendeu a sua mão direita e a colocou dentro da boca do lobo. E quando o lobo se mexeu, então o grilhão se enrijeceu, e quanto mais ele lutava, mais afiado o grilhão se tornava. Então todos os deuses gargalharam, exceto Týr; este perdeu a sua mão.

Lokasenna, estâncias 37-40, compreendem uma altercação entre Týr e Loki. Loki vangloria-se do fato de Fenrir ter arrancado o braço de Týr; Týr responde que embora ele possa estar em falta de sua mão, Loki lhe falta seu Hródrsvitnir, isto é, o famoso lobo, Fenrir. *Málsháttakvædi*, um poema do décimo segundo ou décimo terceiro século e que se acredita usualmente que tenha sido composto nas Órcades, é o único poema que se refere ao aprisionamento de Fenrir. Também há uma discussão que afirma que Týr e Fenrir aparecem na imagem de pedra do oitavo século Alskog Tjängvide, de Gotland.

O *Vafthrúdnismál* oferece algumas informações sobre a posterior trajetória do lobo. Na porção final do poema Odin pergunta a respeito dos resultados do Ragnarök, e ele faz o seguinte questionamento a Vafthrúdnir:

> De onde virá o sol para o suave céu,
> Depois que Fenrir o tenha destruído?

Em sua descrição a respeito do sol e da lua Snorri afirma no *Gylfaginning* que o sol deve finalmente ser engolido por um lobo chamado Sköll. Quando ele chega no Ragnarök, Snorri afirma simplesmente que um lobo engole o sol, e um outro a lua, e aparentemente ele não considera nenhum desses como sendo idêntico a Fenrir, pois somente após a sua descrição a absorção do sol e da lua e depois de um terremoto devastador é que ele irá relatar que Fenrir conseguiu se soltar. Mas as ações subsequentes de Fenrir ressoam o consumo dos corpos celestiais, pois ele "perambula com uma boca escancarada, e a mandíbula inferior está na terra, enquanto a superior se coloca contra o céu – ele a abriria ainda mais se houvesse espaço – fogo queima em seus olhos e em suas narinas".

Nas séries de duelos que compõem a última defesa dos deuses contra as forças do caos, Odin luta contra e é morto por Fenrir. No *Völuspá*, estância 53, lê-se:

> Então o segundo infortúnio de Hlín [Frigg] ocorre,
> Quando Odin parte para lutar contra o lobo.

O *Völuspá* não oferece nenhum detalhe quanto à morte de Odin, mas somente em relação à vingança subsequente:

> Então vem o grande filho de Sigfather [Odin];
> Vídar, para lutar com a besta de batalha;
> Pois o filho de Hvedrung, ele faz erguer-se com sua mão
> Uma espada no coração; assim o pai é vingado.

Hvedrung certamente é Loki, posto que o *Ynglinga tal*, estância 32, se refere a Hel como filha de Hvedrung. O termo também é encontrado nos thulur como uma palavra para gigante, e, de modo confuso, como um nome de Odin.

O *Vafthrúdnismál*, estância 53, também relata sobre a morte de Odin nas mandíbulas do lobo da vingança de Vídar. Odin acaba de perguntar a Vafthrúdnir a respeito do destino de Odin.

> O lobo engolirá Aldafödr [Odin]
> Vídar irá vingar isso;
> As mandíbulas malevolentes ele irá partir
> No momento da morte do lobo

Snorri concorda que Fenrir engole Odin e segue em sua descrição com a vingança do seguinte modo:

Imediatamente após este fato Vídar irá lançar-se adiante e colocará um pé na mandíbula inferior do lobo... Com uma mão ele irá sustentar a mandíbula superior do lobo e irá arrancar o seu esôfago, e isto causará a morte do lobo.

Assim como seu pai, Loki, e seu irmão, a serpente de Midgard, então, Fenrir é uma criatura que passa algum tempo em meio aos deuses, é aprisionado ou expulso por eles, e retorna ao final da ordem mítica presente para destruí-los, somente para ser destruído ele mesmo, quando uma geração de jovens deuses, um dos quais é seu assassino, sobrevive para gerar uma nova ordem mundial.

Ver também Hel; Serpente de Midgard; Vídar.

Referências e leituras complementares: A tradução alternativa do *Lokasenna*, estância 38, é discutida em JAKOBSEN, A. "*Bera tilt með tveim*: Til tolkning av Lokasenna 38". *Maal og Minne*, 1979, p. 34-39 [Impresso novamente em seu *Studier i norrøn filologi* ([Trondheim:] Tapir, 1979, p. 43-48]. A respeito da imagem de pedra de Gotland, Alskog Tjängvide, ver HELM, K. "Zu den gotländischen Bildsteinen". *Beiträge zur deutschen Geschichte und Literatur*, 62, 1938, p. 357-361.

Fensalir (Salões-de-pântano)

A habitação de Frigg.

A atribuição de Fensalir a Frigg é baseada em uma estância pungente no *Völuspá*, estância 33 (não encontrada na versão tardia do poema no *Hauksbók*). O poeta nos está relatando que ocorrerá alguma vingança pela morte de Baldr, "e ainda assim Frigg chora sobre as desgraças do Valhöll em Fensalir". De modo cruel, Snorri afirma no *Gylfaginning* que foi justamente nos Fensalir que Loki adulou Frigg a fim de conseguir as informações a respeito da vulnerabilidade de Baldr diante do visco branco; mais cedo ele havia afirmado que Frigg vivia em Fensalir "e é altamente estimada". No *Skáldskaparmál* ele afirma que Frigg pode ser chamada de "governante de Fensalir". Eu não tenho ideia do motivo pelo qual Frigg deveria viver em um local pantanoso, apesar do argumento já antigo de que haveria aí uma associação com um culto localizado na primavera.

Ver também Frigg.

Referências e leituras complementares: A ideia de um culto de primavera foi proposta em EDZARDI, A. "Fensalir und Vegtamskviq 12, 5ff". *Germania* 27, 1882, p. 330-339.

Fimafeng

Servo de Ægir, assassinado por Loki de acordo com a introdução em prosa ao *Lokasenna* e Snorri no *Skáldskaparmál*.

De acordo com a introdução em prosa ao *Lokasenna*, Loki não conseguia suportar as pessoas louvando Fimafeng e o outro servo de Ægir, Eldir, e então ele matou Fimafeng. Por conta dessa ofensa ele foi expulso e banido para a floresta. Uma vingança imediata se tornou impossível, uma vez que o ambiente da festa "era um grandioso local de santuário". Fimafeng pode significar algo como "serviço apressado".

Ver também Eldir; *Lokasenna*.

Fimbul-

Adjetivo que significa "poderoso", encontrado somente em contextos mitológicos.

O *Völuspá*, estância 60, se refere às antigas runas de Fimbultýr (Deus-poderoso), o qual deve ser Odin. As estâncias 80 e 142 do *Hávamál* se referem a um *fimbulthul*, "sábio ou poeta poderoso", o qual novamente é Odin. O *Grímnismál*, estância 27, apresenta uma lista de rios mitológicos, incluindo Fimbulthul (Rugido-poderoso?). A mais importante palavra com a partícula *fimbul-* é Fimbulvetr (Inverno-poderoso), o que deve ocorrer no início do Ragnarök.

Finalmente, existe também o Fimbulfambi, mencionado na porção final do *Hávamál*, estância 103:

> Ele é chamado Fimbulfambi, que pode dizer muito pouco,
> Essa é a natureza de um homem tolo.

Eu considero isto um contexto mitológico, apesar da natureza moralista dessas linhas, porque elas se encontram entre os episódios da garota de Billing e de Gunnlöd no poema. No primeiro desses episódios Odin não consegue conquistar uma mulher; no segundo ele alcança o sucesso. Odin é um mestre da sedução e das palavras, e todos os demais são considerados fimbul-tolos.

Ver também A garota de Billing; Gunnlöd; *Hávamál*.

Fjalar (Enganador)

Um dos nomes mais utilizados na mitologia, presumivelmente por conta de todas as fraudes que perpassam as estórias.

No *Völuspá* dois seres aparecem com o nome de Fjalar, o primeiro destes ocorrendo no catálogo de anões, enquanto o segundo aparece na estância 42, um belíssimo galo vermelho que cacarejava próximo ao alegre pastor harpista Eggthér ao início do período do Ragnarök. No *Hávamál*, estância 14, Fjalar, o Educado, é um anfitrião com cuja cerveja o narrador (Odin?) se embriaga. No *Hárbardsljód*, estância 26, Odin está censurando Thor a respeito das desventuras deste último com o gigante Skrýmir em sua jornada até Útgarda-Loki, e declara que Thor não deve ousar espirrar ou bufar-se, para que Fjalar – presumivelmente Skrýmir – não o ouça. O Fjalar mais importante é um dos dois anões que assassinaram Kvasir e criaram o hidromel da poesia a partir de seu sangue, de acordo com Snorri no *Skáldskaparmál*.

Se tomarmos o *Hávamál*, estância 14, como uma referência ao consumo do hidromel da poesia, levado a cabo por Odin, nós nos vemos com Fjalar o anão, Fjalar o galo e Fjalar como Skrýmir. Neste último caso é tentador pensar no nome como simplesmente um substantivo, "enganador", para se referir a Skrýmir e sua habilidade de mudar de forma.

Ver também Hidromel da poesia; Ragnarök; Útgarda-Loki.

Referências e leituras complementares: SALUS, P.H. & TAYLER, P.B. "Eikinskjaldi, Fjalar, and Eggthér". *Neophilologus*, 53, 1969, p. 76-81.

Fjölnir

Nome de Odin, filho de Frey na Pré-história erudita (uma teoria histórica medieval que considerava que os escandinavos haviam emigrado de Troia).

No *Grímnismál* Odin declama uma longa série de seus nomes (estâncias 46-50) que constitui o início de sua epifania diante de Geirröd. Fjölnir aparece em meio a estes nomes na estância 47. No *Reginsmál* um homem posto de pé sobre uma montanha, claramente Odin, utiliza esse nome para referir-se a si mesmo; a estância é citada na *Völsunga saga*. No *Gylfaginning* de Snorri, Fjölnir aparece entre os 12 nomes dados a Alfödr e é apresentado novamente quando Snorri cita a partir do *Grímnismál*. Também é um nome comum na poesia escáldica.

O outro Fjölnir, ou a tradição acerca de Fjölnir, é apreendido de maneira mais completa na *Ynglinga saga* de Snorri. Ali Fjölnir aparece como o filho de Frey, rei e divindade dos suecos em Uppsala. Durante o reinado de Fjölnir a Paz de Fródi, que havia começado durante o reinado de Frey, prossegue, "em Lejre", isto é, na Dinamarca, de acordo com Snorri. Fjölnir visita Fródi e um imenso tanque de cerveja é fermentado no porão com as tábuas do assoalho abertas sobre este tanque. Durante aquela noite Fjölnir, sonolento e terrivelmente embriagado, caminha para fora de seu aposento para aliviar-se e acaba caindo dentro do tanque, onde ele vem a perecer. A primeira estância do *Ynglinga tal* de Thjódólf provavelmente serviu de fonte para Snorri, e ele a cita nesse ponto, mas relata apenas que Fjölnir morreu visitando Fródi.

A etimologia do nome é controversa. Quando Odin carrega o nome, algo como "onisciente" parece ser apropriado, mas muitas outras possibilidades foram propostas para o caso do rei sueco pré-histórico.

Ver também Frey.

Fjölvar

Um ser, talvez um gigante, com quem Odin passou algum tempo, de acordo com o *Hárbardsljód*, estância 17:

> Eu estava com Fjölvar todos os cinco invernos,
> Naquela ilha, que é chamada Algrœn [Toda-verde];
> nós podíamos lutar e derrubar carniça,
> para testar muito, para tentar a nossa sorte com uma donzela.

Posto que uma Fjölvör feminina é apresentada entre os thulur para gigantas, parece provável que Fjölvar seria a sua contraparte masculina, e, por conseguinte, também um gigante. No *Hárbardsljód*, estância 18, Odin afirma que somente ele dormiu com sete irmãs em Algrœn. O incidente não aparece em nenhum outro lugar, mas ele parece caber um padrão de seduções odínicas na terra dos gigantes, conhecido, por exemplo, através de sua estória da sedução de Gunnlöd. Algrœn também só se encontra através dessa passagem.

Ver também Gunnlöd; *Hárbardsljód*; Odin.

Fjörgyn

Um nome alternativo para Jörd (Terra) quando no feminino; o pai de Frigg quando no masculino (uma distinção perdida no sistema usado neste livro para nomes islandeses medievais).

Fjörgyn como Jörd é encontrada no *Völuspá*, estância 56, no kenning "filho de Fjörgyn" para designar Thor, e de maneira ainda mais clara no Hárbardsljód, estância 56. Odin na pessoa de Hárbard se recusou terminantemente a transportar Thor por sobre as profundezas. A estância termina da seguinte maneira:

> Então permaneça sempre à esquerda na estrada, até que você encontre Verland;
> Ali Fjörgyn irá encontrar Thor, seu filho,
> E ela irá ensiná-lo as maneiras dos parentes chegarem às terras de Odin.

Alguns skald usaram Fjörgyn (ou um substantivo *fjörgyn*) para "terra" ou "território" em seus versos.

Fjörgyn (masc.) como sendo o pai de Frigg é conhecido a partir da *Edda* de Snorri, onde ele é encontrado tanto no *Gylfaginning* como no *Skáldskaparmál*. O *Lokasenna*, estância 26, parece oferecer essa mesma informação. Loki está respondendo a Frigg:

> Cale a boca, Frigg! Você é a filha de Fjörgyn
> e sempre esteve grandiosamente ardente por homens,
> quando Vé e Vili você permitiu, esposa de Vidrir,
> que te abraçassem.

Há uma pequena quantidade de ambiguidade aqui, uma vez que a palavra que eu traduzi como "filha" é utilizada no kenning "donzela de Ód" para Freyja, a qual é a esposa de Ód. Mas se nós aceitarmos Snorri, que diz tanto no *Gylfaginning* como no *Skáldskaparmál* que Frigg é a filha de Fjörgyn, nós devemos assumir que a informação a respeito de Fjörgyn é puramente genealógica e não tem nenhuma relação com a acusação de instabilidade sexual que se segue.

Ver também Jörd.

Referências e leituras complementares: Aqueles que conseguem ler holandês talvez desejem ler Jan de Vries ("Studien over germaansche mythologie, I: Fjorgyn en Fjorgynn". *Tijdschrift voor nederlandsche taal- en letterkunde*, 50, 1931, p. 1-25) que acredita que a forma masculina do nome é tardia e que o nome originalmente significava algo como "vida" ou "poder vital".

Floresta de Hoddmímir

De acordo com o *Vafthrúdnismál*, estância 45, o lugar onde Líf e Lífthrasir se esconderão durante o Fimbulvetr (inverno poderoso, que deverá ocorrer no início de Ragnarök).

Na floresta de Hoddmímir, Líf e Lífthrasir terão o orvalho da manhã como alimento, e deles a raça dos humanos descenderá.

Hodd significa "tesouro" ou "ouro", e Mímir, é claro, é uma figura mitológica importante, embora enigmática. Se Hoddmímir for idêntico a Mímir, sua floresta presumivelmente estaria perto do poço com o qual Mímir está associado. Uma árvore chamada Mímameid é encontrada duas vezes no poema que os editores chamam *Fjölsvinnsmál*. Mímameid poderia ser um nome para Yggdrasil; se assim for, a floresta de Hoddmímir também pode ter a ver com a árvore.

Fólkvang (Campo-de-pessoas ou Campo-de-exércitos)

Habitação de Freyja.

A visão de Odin a respeito dos lugares de moradia dos deuses no *Grímnismál* inclui Fólkvang, na estância 14:

> Fólkvang é o nono, e ali governa Freyja
> A escolha dos assentos no salão.
> Metade dos mortos que ela escolhe todos os dias,
> E Odin possui metade.

De acordo com o *Gylfaginning* de Snorri, o salão propriamente dito em Fólkvang é chamado Sessrúmnir (Amplo-de-assentos), mas essa informação não se encontra em nenhum outro lugar.

Se nós compreendermos *Fólk-* como "exército", Fólkvang começa a parecer algo como um tipo alternativo de Valhöll, onde os einherjar habitam até o Ragnarök. Freyja também possui uma associação com guerreiros que, como os einherjar, lutam cotidianamente e festejam todas as noites, no sentido em que ela preside o Hjadningavíg (um combate eterno entre guerreiros). Neste caso, no entanto, o fim se aproxima não com o Ragnarök, mas com a intervenção de um cristão.

Ver também Freyja; Hjadningavíg.

Fornjót

Progenitor dos elementos, de acordo com a tradição norueguesa.

Esta tradição está localizada no *Fundinn Noregr* (Fundo da Noruega) como o início da *Orkneyinga saga* (A saga das ilhotas das Órcades) é por vezes referida, assim como em uma seção do *Flateyjarbók* chamado *Hversu Noregr byggdisk* (Como aconteceu o assentamento da Noruega). De acordo com estes relatos o Fornjót foi um rei que governou sobre a Ilha de Gotland ou sobre a Jutlândia, "a qual é chamada Finlândia [i.e., a terra dos Sámi ou dos Lapões] e Kvenland [a parte norte da Noruega, povoada por finlandeses]". Alguns editores alteram "Gotland" ou "Jutlândia" para "aquele território". Fornjót teve três filhos: Hlér ("a quem nós chamamos Ægir", de acordo com o *Fundinn Noregr*), Logi e Kári. *Ægir* e *hlér* são substantivos que significam "mar". O substantivo *logi* significa "fogo", e *kári* é apresentado entre os thulur para "vento". Kári, de acordo com o *Fundinn Noregr*, era o pai de Frosti (Geada), o pai de Snær (Neve), o Velho. A partir desse ponto a genealogia parte para alguns dos nomes dos meses do ano do antigo sistema escandinavo. *Hversu Noregr byggdisk* apresenta uma genealogia um tanto mais elaborada: o filho de Kári é Jökull (Geleira); seu filho, Snær (Neve); seus descendentes são Thorri (o nome do quarto mês de inverno), Fönn (Montículo-de-neve), Drífa (Amontoado-de-Neve) e Mjöll (Neve-fresca-poeirenta). Os últimos três nomes são femininos, e nós presumivelmente devemos compreender essas crianças como filhas, mas Thorri é um substantivo masculino e Thorri é um rei. Ele teve três filhos, dois meninos Nór e Gór, e uma menina, Gói. Ela desapareceu, e quando Thorri realizou o sacrifício com um mês de atraso em relação ao usual, eles chamaram o mês em homenagem a Gói (ô mês Gói seguia o mês Thorri no calendário escandinavo antigo).

O Fornjót é encontrado somente em duas ocasiões na poesia mais antiga. No *Ynglinga tal*, estância 29, Thjódólf de Hvin parece utilizar o kenning "filho de Fornjót" para significar fogo, e um poeta conhecido somente pelo nome Svein aparentemente utiliza o kenning "filhos feios de Fornjót" para significar vento (Snorri cita a linha no *Skáldskaparmál* como um exemplo desse tipo de kenning. Fornjót está incluído entre os thulur para gigantes.

O significado do nome é incerto. Ele pode ser analisado como Forn-jótr (Antigo-Jutlandês, ou possivelmente -Gigante), ou For-njótr (Utilizador-Inicial ou Destruidor-Inicial), Forn-njótr (Alguém-que-aprecia-sacrifícios), ou mesmo talvez Forn-þjótr (Gritador-antigo).

Ver também Ægir.

Referências e leituras complementares: Margaret Clunies Ross ("Snorri Sturluson's Use of the Norse Origin Legend of the Sons of Fornjót in his Edda". *Arkiv för nordisk filologi*, 98, 1983, p. 47-66) analisa a compreensão de Snorri a respeito das forças da natureza como sendo gigantes.

Forseti (Presidente)

Filho de Baldr e Nanna.

Na poesia Forseti é encontrado somente no *Grímnismál*, estância 15, na visão de Odin apresentando as habitações dos deuses.

> Glitnir é o décimo. Está cravejado de ouro
> E recoberto de prata também
> E ali Forseti habita a maior parte dos dias
> E liquida todos os processos jurídicos.

Snorri inclui Forseti no catálogo dos æsir no *Gylfaginning*:

> Forseti é o filho de Baldr e de Nanna Nepsdóttir. Ele possui aquele salão no céu, o qual se chama Glitnir, e todos aqueles que vêm até ele com problemas jurídicos entre si vão embora reconciliados. Aquele é o melhor lugar para o julgamento de deuses e homens.

Exceto por sua presença durante o banquete de Ægir no início do *Skáldskaparmál* e na lista de kenningar para Baldr (como "Pai de Forseti"), Forseti não é conhecido de nenhuma outra maneira na mitologia. Desde o décimo nono século alguns estudiosos procuraram associá-lo com Fosite, um deus, segundo o qual uma ilha na Frísia supostamente foi nomeada, de acordo com a *Vida de São Willebrord* de Alcuíno, composta no fim do nono século. A forma germânica original estaria mais próxima do frísio e teria sido convertida pelos escandinavos em um substantivo comum *forseti* (o qual ainda se encontra em uso nos dias atuais como título do presidente da Islândia).

Ver também Baldr; Glitnir.

Referências e leituras complementares: As implicações da conexão hipotética entre Fosite e Forseti (colocadas em dúvida em SIEBS, T. "Der Gott Fos[e]te und sein Land". *Beiträge zur Geschichte der deutschen Sprache und Literatur*, 35, 1909, p. 535-553) são investigadas em SCHWARTZ, S. *Poetry and Law in Germanic Myth* (Berkeley/Los Angeles: University of California Press, 1973) [Folklore Studies, 27].

Freki (O-Esfomeado)

Um dos lobos de Odin.

O *Grímnismál*, estância 19, parte da visão de Odin a respeito das habitações dos deuses, menciona Freki:

> Geri e Freki aquele que está acostumado a batalhar alimenta,
> O glorioso Herjafödr [Odin];
> E somente de vinho o nobre-de-armas
> Odin sempre vive.

Snorri cita esta estância no *Gylfaginning* e coloca as duas metades juntas, afirmando que Odin dá a sua própria comida aos lobos, de modo que ele vive somente de beber vinho.

O nome é simplesmente a forma definida de um adjetivo, e é mais que somente um pouco irônico que o mesmo adjetivo é utilizado no *Völuspá* em uma estância que se repete várias vezes (44, 49, 58) acerca do Ragnarök:

> Garm berra muito diante de Gnipahellir.
> Grilhões irão se partir, e o esfomeado [*freki*] irá libertar-se.

Então, Odin alimenta um esfomeado a seu lado no Valhöll, e um outro esfomeado – com seu corpo – durante o Ragnarök.

Ver também Geri; Odin.

Frey

Deus de grande importância, membro dos vanir.

Frey é o filho de Njörd, ou por parte de sua irmã quando ele vivia entre os vanir, ou por parte de Skadi. Quando Snorri afirma no *Gylfaginning* que Njörd possuía duas crianças, aparentemente a partir de Skadi, ele introduz primeiramente Frey e Freyja, afirmando que eles eram ambos de boa aparência e poderosos:

> Frey é o mais nobre dos æsir. Ele governa sobre a chuva e o brilho do sol, e com isso o crescimento da terra, e é bom se dirigir a ele para alcançar prosperidade e paz. Ele também governa sobre a riqueza dos homens.

Pequena figura de Rällinge, Suécia, possivelmente Frey, e se realmente for o caso, provavelmente utilizada como um amuleto. (Statens Historika Museum, Estocolmo)

Esta é praticamente uma descrição didática de um deus de fertilidade. Na cultura beligerante dos æsir há pouco para ele realizar, e a mitologia concede a ele somente três momentos: sua entrada para o grupo dos æsir, seu casamento, e sua morte.

Frey se juntou aos æsir como resultado da Guerra Æsir-Vanir, de acordo com Snorri na *Ynglinga saga*. Quando um acordo de paz foi alcançado, ambos os grupos "trocaram reféns [compreendidos aqui como homens trocados como voto de boa vontade]. Os vanir enviaram os seus homens mais distintos, Njörd e Frey, e os æsir enviaram em troca Hœnir, que eles declararam ser um grande líder, e Mímir, que era extremamente sábio". Embora Hœnir não fosse capaz de tomar nenhuma decisão sem Mímir, a quem os vanir finalmente decapitaram, Njörd e Frey foram um sucesso, e os æsir transformaram-nos em líderes de culto.

O cortejo realizado por Frey a Gerd é uma das narrativas completas a respeito dele na mitologia, embora de fato ele haja sobretudo de modo passivo nela. A estória é o tema central do poema éddico *Skírnismál*, e é parafraseado em uma versão muito mais curta por Snorri no *Gylfaginning*. Seguindo a estória como apresentada no *Skírnismál*: Frey havia se sentado no Hlidskjálf, o alto assento de Odin, com sua vista para todos os mundos. Ao olhar para Jötunheimar ele viu uma belíssima donzela e ficou imediatamente apaixonado. Skírnir, o servo de Frey, é solicitado para que tome conta desse assunto. Frey explica que os braços brilhantes de uma donzela na fazenda de Gymir o cativaram:

> 7. A donzela é mais querida para mim do que para qualquer jovem
> Homem, em dias passados,
> Ninguém deseja, dos æsir e dos elfos,
> Que nós dois nos aproximemos.

Tendo recebido a espada e o cavalo de Frey, Skírnir parte para galantear a garota no lugar de seu mestre. Na fazenda de Gymir ele é desafiado primeiramente por um pastor de ovelhas, e então pela própria garota, Gerd. Convidado para entrar (embora ela tema, afirma Gerd, que ele possa ser o assassino de seu irmão), Skírnir começa as suas lisonjas relativas à garota. Gerd primeiramente recusa maçãs douradas e então o anel

Draupnir, afirmando que ela não tem uso para o ouro. Skírnir então passa a realizar ameaças: Ele irá matar a Gerd e ao seu pai; ele irá apaziguá-la através de magia. Ele se volta às maldições: Ela se tornará um motivo de chacota, será forçada a viver entre os gigantes, com um gigante de três cabeças, ou sem nenhum homem sequer. Os æsir estão com raiva dela. Ela está proibida de desfrutar os prazeres de homens, irá viver com um gigante debaixo do Portão-de-cadáveres (Nágrind, um dos portões para os domínios de Hel), a ela será oferecida urina de bode. Finalmente Skírnir parte para alguma forma de ameaça rúnica, e Gerd acaba capitulando. O casamento ocorrerá no prazo de nove noites em um local chamado Barri. Skírnir retorna para casa e relata as novidades para Frey, que não se alegra; ele lamenta:

> 42. Uma noite é longa, duas são ainda mais longas,
> Como resistirei a três?
> Muitas vezes um mês pareceu-me mais curto
> Que esta meia lua de mel.

Pela maior parte do século XX a interpretação de Magnus Olsen desse mito, ligada a uma mitologia natural, manteve o seu momento: Skírnir é o raio de sol, enviado do céu para recuperar Gerd ("terra") do mundo inferior; o local de encontro será em Barri ("na semente"). A maioria dos estudiosos da mitologia nórdica de alguma seriedade iriam apontar hoje que as etimologias necessárias para dar suporte a essa leitura são questionáveis e não estaria em forma alguma aparentes para uma audiência medieval. O mito pode, em vez disso, ser interpretado como uma parte de uma disputa permanente entre os æsir e os jötnar, na qual os æsir quase sempre alcançaram sucesso na obtenção de bens valiosos, muitas vezes mulheres, do mundo dos gigantes. A direção da movimentação de tal riqueza é quase sempre em uma única direção. Além disso, como Margaret Clunies Ross demonstrou, este mito, juntamente com o mito de Njörd-Skadi, serve para colocar os vanir hierarquicamente abaixo do restante dos æsir: Os æsir podem tomar esposas dentre as *ásynjur*, mas os vanir precisam recorrer aos gigantes, onde os outros deuses vão buscar suas concubinas, mas não suas esposas.

Durante o Ragnarök Frey irá lutar contra Surt (*Völuspá*, estância 53). No *Gylfaginning* Snorri transporta a passagem de Frey entregando sua espada para Skírnir para esta cena, onde, ele afirma, Frey estará sem espada e irá, portanto, perecer. Isto não é, de acordo com Snorri, a primeira vez que Frey lutou sem uma espada; ao final de sua apresentação do mito de Gerd, Snorri afirma que Frey lutou com o gigante Beli sem a sua espada, e o matou com a galhada de um veado.

Grandes montes funerários em Gamla Uppsala, Suécia. De acordo com a *Ynglinga saga* de Snorri, o Frey histórico foi enterrado em um monte como esse. (Cortesia de Roger Buton)

De acordo com o *Grímnismál*, estância 5, os deuses deram Álfheim para Frey como um presente nos dias passados, quando ele ganhou seu primeiro dente, e isso presumivelmente foi, por conseguinte, o local de moradia de Frey. Por outro lado, Snorri designa Álfheim aos chamados elfos-de-luz. Frey possui dois objetos preciosos, a embarcação Skídbladnir (embora Snorri atribua essa embarcação a Odin na *Ynglinga saga*) e o javali Gullinborsti (Pelo-dourado) ou Slídrugtanni. Ambos esses objetos foram produzidos pelos anões Ívaldi e Brokk, de acordo com o *Skáldskaparmál* de Snorri (o *Grímnismál*, estância 43, menciona somente a embarcação). Em seu relato a respeito do funeral de Baldr, Úlf Uggason afirma que Frey chegou cavalgando um javali com pelagem dourada, e Snorri entendeu que este se tratava de Gullinborsti, acrescentando que o javali estava tracionando a carruagem na qual Frey viajava.

O *Lokasenna* atribui dois servos a Frey, Byggvir e Beyla, a quem os estudiosos interpretam através da etimologia como associados com a cevada e vacas, feijões ou abelhas; qualquer um destes pode caber dentro de uma noção de um deus da fertilidade. O insulto de Loki a Frey no poema é uma lembrança da espada abandonada por Frey em favor de Gerd, e o problema que essa perda trará durante o Ragnarök.

Na versão de Snorri da Pré-história erudita no capítulo 10 da *Ynglinga saga*, Frey é um dos importantes reis primevos da Suécia. Ele sucede a seu pai Njörd, que sucedeu a Odin. Ele era popular e próspero como seu pai. Frey erigiu um grandioso templo em Uppsala e estabeleceu seu principal local de residência ali, deu a todos o que lhes era devido, terras e dinheiro. E então teve início a riqueza de Uppsala, e ela perdurou desde então.

> Em seus dias teve início a paz de Fródi. Naquele tempo havia também prosperidade através de todos os territórios. Os suecos atribuíram isso a Frey. Quanto mais as pessoas ficaram ricas através da paz e da prosperidade, tanto ele era adorado, mais que os demais deuses.

A passagem continua no sentido de afirmar que Frey se casou com Gerd, a filha de Gymir, que seu filho era Fjölnir (nas *Edda* esse é um nome de Odin), que o outro nome de Frey era Yngvi, e que por essa razão os seus descendentes são chamados de Ynglingar.

Em seguida Snorri conta uma estória curiosa a respeito da morte de Frey. Após a morte de Frey, os seus homens colocaram o cadáver em um monte funerário, mas não revelam o fato de sua morte. Freyja assume os sacrifícios, e os homens de Frey mantêm o corpo por três anos. Quando os suecos finalmente ficam sabendo a respeito da morte de Frey, eles acreditam que a sua paz e a sua prosperidade dependem de seu corpo estar presente na Suécia e desejam que ele não seja cremado. Eles declaram que Frey é o deus *veraldar* ("deus mundial"), e a partir desse momento realizam sacrifícios para ele em busca de paz e prosperidade continuamente.

Essa estória apresenta uma similaridade bastante próxima com aquela da morte do Rei Frotho (Fródi) III, mantida em segredo, presente no livro 5 da *Gesta Danorum* de Saxo, que igualmente permanece assim por três anos. E Fródi é também reconhecidamente associado com a paz e a prosperidade. Claramente, as duas figuras desempenharam o mesmo padrão mítico, e muitos estudiosos acreditam que eles possam ter sido a mesma figura em algum momento.

De acordo com o livro 1 da *Gesta Danorum* de Saxo, o rei pré-histórico dinamarquês chamado Hadingus realizava sacrifícios a Frey e estabeleceu um sacrifício anual para Frø (Frey), ao qual os suecos chamam de Frøblot.

O conto *Ögmundar tháttr dytts* oferece informações a respeito daquilo que uma audiência alto-medieval islandesa acreditava no que tange a adoração de Frey em Uppsala. Ögmund, um islandês, fugiu da corte de Olaf Tryggvason na Noruega, pois ele é falsamente suspeito de ter cometido um assassinato contra um dos homens do rei. Vindo à Suécia, ele conhece e se torna amigo de uma sacerdotisa de Frey. O deus é uma estátua, habitada por um demônio e conduzida sobre uma carroça. Ögmund luta contra o demônio e o expulsa através da intervenção divina do Rei Olaf e a partir daí personifica Frey. Os suecos estão encantados por seu deus se dignar a comer e beber com eles e ficam impressionados quando sua sacerdotisa engravida. Ao contrário do que ocorria anteriormente, Frey está agora disposto a ser propiciado com ouro e roupas finas. Os tempos são bons até que o Rei Olaf chega para levar Ögmund de volta à Noruega. Ögmund se casa com a sacerdotisa de Frey e ambos são batizados.

Place-names apresentando a adoração a Frey são especialmente populares no leste da Suécia. Escrevendo em torno do ano 1070, Adam de Bremen descreveu, em sua história do arquiepiscopado de Hamburgo-Bremen, o templo pagão em Uppsala. Nele havia estátuas de três deuses, um dos quais, Fricco, claramente reflete Frey, equipado com um enorme falo. Uma pequena estatueta encontrada em Rällinge, Suécia, apresenta uma característica similar e foi interpretada como Frey e associada com uma afirmação na *Vatnsdæla saga*, no sentido em que um adorador de Frey trazia consigo uma estatueta do deus. Outras Sagas de Islandeses mencionam pessoas que eram sacerdotes (*goðar*) de Frey. O mais famoso deles, Hrafnkel, o personagem que dá título à *Hrafnkels saga*, possuía um cavalo que ele mantinha consagrado a Frey. O grau em que esses materiais representam adoração a Frey não está claro, mas Frey era certamente conhecido como uma divindade importante.

Ver também Guerra Æsir-Vanir; Álfheim; Aurboda; Beyla; Byggvir; Fjölnir; Freyja; Fródi; Hadingus; Ingunar-Frey; *Ögmundar tháttr dytts*; Slídrugtanni; Yngvi.

Referências e leituras complementares: A leitura de Magnus Olsen do mito por trás do *Skírnismál* está presente em "Fra gammelnorsk myte og kultus". *Maal og minne*, 1909, p. 17-36. A leitura de Margaret Clunies Ross a respeito da mitologia, incluindo o papel hierárquico dos casamentos vanir-gigantes está presente em *Prolonged Echoes: Old Norse Myths in Medieval Icelandic Society* – Vol. 1: The Myths (Odense: Odense University Press, 1994). A primeira objeção séria à hipótese seasonal de Olsen foi feita por Jöran Sahlgren (*Eddica et Scaldica: Fornvästnordiska studier* 1-2 – Nordisk filologi, undersökningar och handlingar, 1 (Lund: C.W.K. Gleerup, 1927-1928)), o qual nas páginas 209-303 argumentou que há paralelos com contos populares e sagas. Mais recentemente Lars Lönnroth interpretou o mito sociologicamente em "Skírnismál och den fornisländska äktenskapsnormen" (In: JACOBSEN, B.C. et al. *Opuscula Septentrionalia*: Festskrift til Ole Widding, 10/10/1977 (Copenhague: C.A. Reitzel, 1977, p. 154-178)). Lotte Motz tentou uma leitura mais voltada para o campo heroico em "Gerðr: A New Interpretation of the Lay of Skírnir" (*Maal og minne*, 1981, p. 121-136) e Stephen A. Mitchell tentou realizar uma análise estrutural em "For Scírnis as Mythological Model: Frið at kaupa" (*Arkiv för nordisk filologi*, 98, 1983, p. 109-122). As implicações de um presumido casamento sagrado, todavia, dão vida à análise literária de Ursula Dronke ("Art and Tradition in Skírnismál". In: DAVIS, N. & WRENN, C.L. (eds.). *English and Medieval Studies, Presented to J.R.R. Tolkien on the Occasion of His Seventieth*

Birthday (Londres: Allen and Unwen, 1962, p. 250-268)) e à análise comparativa de Annelise Talbot ("The Withdrawal of the Fertility God". *Folklore*, 93, 1982, p. 31-46). A detalhada análise de Gro Steinsland (*Det hellige bryllup og norrøn kongeideologi*: En analyse av hierogami-myten i Skírnismál, Ynglingatal, Háleygjatal, og Hyndluljód (N.p.: Solum, 1991)), a investigação mais recente de caráter detalhado do mito como um todo parte, mais uma vez, da noção de um casamento sagrado, mas Steinsland o associa ao mesmo tempo com fertilidade e com realeza. A respeito da maldição de Skírnir ver HARRIS, J. "Cursing with the Thistle". *Skírnismál*, 31, p. 6-8. • "Metrical Charm 9, 16-17". *Neuphilologische Mitteilungen*, 76, 1975, p. 26-33. A respeito de Frey e os animais, ver ROSÉN, H. "Freykult och djurkult". *Fornvännen*, 8, 1913, p. 213-244.

Freyja (Senhora)

Deusa importante; a única deusa feminina dos vanir nomeada; objeto de desejo dos gigantes.

Freyja é a filha de Njörd, ou por parte de sua irmã quando ele vivia entre os vanir, ou por parte de Skadi. Quando Snorri afirma no *Gylfaginning* que Njörd possuía duas crianças, aparentemente a partir de Skadi, ele introduz primeiramente Frey e Freyja, afirmando que eles eram ambos de boa aparência e poderosos:

> E Freyja é a mais excelente das deusas. Ela possui aquela fazenda no céu, a qual é chamada de Fólkvang, e sempre que ela cavalga para a batalha, ela toma para si metade dos mortos, e Odin a outra metade... O seu salão é Sessrúmnir; é grandioso e belíssimo. E quando ela viaja, conduz seus gatos e se assenta em uma carruagem. Ela é a deusa mais acessível para as pessoas invocarem, e a partir de seu nome trata-se de um sinal de respeito que mulheres de grande qualidade sejam chamadas de *frúvur* [senhoras]. Ela desfruta a poesia erótica. É bom invocá-la para o amor.

Na primeira metade dessa passagem Snorri estava parafraseando o *Grímnismál*, estância 14, o qual ele acabara de citar. A partir de então, algumas páginas mais adiante, aparentemente contradizendo a sua afirmação de que Freyja era a mais excelente dentre os *ásynjur*, Snorri apresenta ela somente como a sexta em seu catálogo de *ásynjur*, embora ele tenha de fato afirmado que ela seja igual a Frigg no tocante à nobreza.

Ela é casada com Ód, e a filha deles é Hnoss... Ód se ausentou em longas jornadas, e Freyja se lamenta por ele, e suas lágrimas são de ouro vermelho. Freyja possui muitos nomes, e a razão para isso é que ela se chamou por diversos nomes quando ela perambulou em meio aos povos desconhecidos procurando por Ód. Ela é chamada de Mardöll e Hörn, Gefn e Sýr, Freyja possuía o Brísinga men.

As jornadas de Ód não são mencionadas na poesia mais antiga, embora "amiga de cama de Ód" seja um kenning para Freyja na poesia escáldica, e as jornadas de Freyja em busca de seu marido são completamente indocumentadas. A sua propriedade do Brísinga men é mencionada no *Thrymskvida* e talvez explicada no *Sörla tháttr*. O *Thrymskvida* também menciona um casaco de plumas que Freyja empresta a Loki, dando-lhe o poder de voar. Loki empresta o mesmo item de Freyja na estória de seu resgate de Idun do poder Thjazi no *Skáldskaparmál*.

Na mitologia sobrevivente atualmente, Freyja existe primariamente como um objeto de desejo para os gigantes masculinos. Thrym só devolverá o martelo roubado de Thor se ele receber Freyja em contrapartida; o gigante que deve construir a muralha em volta de Ásgard exige que Freyja, o sol e a lua sejam dados a ele como pagamento; e Hrungnir, embriagado em Ásgard, alardeia que ele matará todos os æsir, exceto Freyja e Sif, a quem ele levará embora consigo. A reputação de Freyja, entretanto, é um tanto questionável. Quando lhe pedem para partir como a noiva de Thrym, a fim de que Thor consiga recuperar seu martelo de volta, ela protesta, afirmando que desse modo todos saberão que ela tem grande desejo por homens, se ela assim o fizer. No *Lokasenna* Loki diz a ela que ela tem sido amante de todos os æsir reunidos e dos elfos; ela inclusive foi pega em flagrante delito com seu irmão, e então Loki afirma: "você teve que flatular" – um insulto ou piada cujo tenor exato nos escapa hoje em dia. Certamente Loki acusa todas as deusas da indiscrição sexual, mas o *Sörla tháttr* afirma de forma bastante direta que Freyja compreende bem a profissão mais antiga, pois ela se entrega a quatro anões para obter um lindo colar, talvez o Brísinga men. No *Hyndluljód* Hyndla acusa Freyja de ser a amante de Óttar, o humano cuja genealogia o poema explora.

Essa história hipersexualizada e seu gosto pela poesia erótica tornam plausível a afirmação de Snorri de que é para Freyja que alguém deve se voltar para tratar dos assuntos do coração. Presumivelmente, esse apego ao amor humano está de acordo com a noção dos vanir como deidades da fertilidade. Poderíamos razoavelmente esperar que uma divindade da fertilidade fosse associada aos mortos, mas, pelo menos nesta mitologia, as evidências vão todas na direção oposta. Odin, o deus da sabedoria e magia, possui a associação mais próxima com os mortos, e os demais vanir, Njörd e Frey não apresentam essa conexão. De fato, a palavra usada por Snorri para os mortos que Freyja compartilha igualmente com Odin refere-se especificamente àqueles que morrem em batalha. Essa associação com os mortos nos campos de batalha também pode estar por trás da conexão de Freyja com a eterna batalha do Hjadningavíg, que possui óbvios paralelos com as intermináveis batalhas dos einherjar.

Freyja também está conectada com magia, especialmente o tipo de magia xamânica chamada seid. Na *Ynglinga saga*, Snorri diz que Freyja foi a primeira figura a ensinar o seid entre os æsir, e muitos estudiosos supõem que Freyja seja idêntica à figura de Gullveig no *Völuspá*, a quem os æsir não podem matar e que, aparentemente, sob o nome de Heid executa o seid. O seid, assim como no caso dos mortos, é algo que Freyja e Odin compartilham. Portanto, pode ser pertinente lembrar aqui a respeito da promiscuidade sexual de Odin, além de seus muitos nomes. Finalmente, os nomes Ód (Óðr) e Odin (Óðinn) parecem uma espécie de duplicada, paralelo ao que se encontra em Ull e Ullin, e Saxo apresenta uma estória no Livro 1 de suas *Gesta Danorum* sobre uma longa ausência de Odin de seu reino, que alguns estudiosos acreditam que possa ser paralela às ausências de Ód.

Sabemos que Freyja foi uma força poderosa nos últimos anos do paganismo, pelo menos na Islândia, devido a um famoso incidente relatado em conexão com a conversão. Hjalti Skeggjason, um dos defensores da conversão, foi banido sob acusação de blasfêmia durante o althingi por causa de uma pequena cantiga que ele recitou chamando Freyja de cadela (ou seja, um cachorro fêmea; foi sugerido que ele queria sugerir que ela era uma prostituta). Ela também aparecia frequentemente como uma palavra-base em kenningar de mulheres dos primeiros skald, e muitos *place-names* indicam uma adoração a ela.

Ver também Guerra Æsir-Vanir; Frey; Gullveig; Njörd; Odin; Seid; Vanir.

Referências e leituras complementares: Investigações envolvendo os versos blasfemos de Hjalti Skeggjason incluem Felix Genzmer ("Der Spottvers des Hjalti Skeggjason". *Arkiv för nordisk filologi*, 44, 1928, p. 311-314) e Klaus von See ("Der Spottvers des Hjalti Skeggjason". *Zeitschrift für deutsches Altertum*, 97, 1968, p. 155-158 [reimpresso em VON SEE, K. *Edda, saga, Skaldendichtung* (Heidelberg: C. Winter, 1981, p. 380-383)]. Jan de Vries ("Studien over germaansche mythologie, VII: De skaldenkenningen met de namen der godinnen Freyja en Frigg". *Tijdschrift voor nederlandsche taal- en letterkunde*, 53, 1934, p. 210-217) apresenta um estudo abrangente dos kenningar para Freyja e Frigg.

Frigg

Deusa, esposa de Odin e mãe de Baldr.

No *Gylfaginning*, Snorri cita Frigg como a principal dentre as deusas, como seria sem dúvida apropriado para a consorte de Odin. Evidentemente, na mitologia na forma em que a temos hoje, ela funciona principalmente como esposa e mãe. Ela adverte Odin a não entrar em uma disputa de sabedoria com Vafthrúdnir, o mais sábio dentre os gigantes, mas deseja-lhe bem quando ele insiste em fazê-lo (*Vafthrúdnismál*, estâncias 1-4), e lamenta a sua morte em meio ao Ragnarök (*Völuspá*, estância 53). Na introdução em prosa para o *Grímnismál* ela discute com Odin sobre o destino de seus protegidos. Na versão de Snorri da estória de Baldr, ela primeiro consegue um juramento de todas as coisas para que estas não prejudiquem a Baldr, e quando essa promessa falha, como resultado de sua própria interação com Loki disfarçado, ela envia Hermód até Hel a fim de tentar recuperá-lo. De acordo com o *Völuspá*, estância 33, ela chora em Fensalir após a morte de Baldr, e Snorri afirma que Fensalir é seu local de morada. E no Segundo Encantamento de Merseburg, originário do décimo século ou anterior a este, Frija, o equivalente de Frigg no antigo alto-alemão, participa da cura do cavalo de Baldere (Baldr); Odin também está presente ali.

No entanto, existem também informações desconcertantes de uma natureza muito diferente. De acordo com Snorri na *Ynglinga saga*, certa vez quando Odin estava fora em uma viagem por um tempo particularmente longo, os irmãos de Odin, Vili e Vé, dividiram sua herança entre si e ambos possuíram Frigg, mas Odin mais tarde retornou e a tomou de volta para si. Saxo Grammaticus conta uma história bastante semelhante no Livro 1 de suas *Gesta Danorum*. Para adornar-se com ouro, Frigga despoja uma estátua de Othinus e depois se entrega a um criado a fim de poder apontá-lo como seu ajudante na tarefa de derrubar a estátua. Envergonhado, Othinus parte em direção a um exílio autoimposto e, durante o seu exílio, um feiticeiro chamado Mithothyn toma o seu lugar e institui uma mudança nos procedimentos de culto. Após o retorno de Othinus, Mithothyn foge para Fyn e acaba sendo morto pelos habitantes daquela localidade.

Loki conhecia uma versão desta estória e não estava disposto a deixar de lembrar Frigg a esse respeito. No *Lokasenna*, estância 26, quando Frigg tenta fazer com que Loki fique quieto, ele a repreende.

> Cale a boca, Frigg! Você é a filha de Fjörgyn
> e sempre esteve grandiosamente ardente por homens,
> quando Vé e Vili você permitiu, esposa de Vidrir [Odin],
> que te abraçassem.

Frigg não contesta essa acusação, mas em resposta ela afirma que se ela tivesse um filho como Baldr naquela ocasião, Loki não sairia dali com vida. Essa afirmação oferece a Loki a chance de reivindicar para si a responsabilidade pela morte de Baldr (estâncias 27-28). Neste ponto Freyja intervém, admoestando Loki que Frigg tem conhecimento a respeito do destino de todas as pessoas, ainda que ela opte por não revelar seu conteúdo (estância 29, citada também por Snorri no *Gylfaginning*).

Não é tarefa fácil compreender o conteúdo desse material. Ser chamada de "filha de Fjörgyn" (Snorri apresenta essa mesma informação, embora o nome não seja atestado em outras formas) dificilmente pode ser entendido como um insulto. Fjörgyn, na forma feminina do nome (uma distinção perdida no sistema utilizado neste livro para tratar os nomes islandeses medievais), é a mãe de Thor. A usurpação da herança de Odin por parte de Vili e de Vé na ausência de Odin presente na *Ynglinga saga* pode indicar a ausência de um herdeiro legítimo; logo, esse incidente deve ter ocorrido no início da carreira de Odin. A infidelidade de Frigga com o escravo dificilmente deve ser considerada da mesma ordem. A dissensão sugerida na introdução em prosa para o

Grímnismál encontra um paralelo em um incidente na História dos Lombardos de Paulo Diácono, composta na segunda metade do oitavo século. Nesse caso Godan (Odin) e Frea (Frigg) se desentendem em relação a uma batalha entre os vândalos, a quem Godan favorece, e o povo que se tornará o povo dos Lombardos, a quem Frea favorece.

O nome Frigg é derivado de uma raiz indo-europeia cujo significado é "amor", e na Interpretatio Germanica, o dia de Vênus, isto é, sexta-feira, foi associado com Frigg. Isso pode estar de acordo com as estórias escandinavas a respeito da infidelidade de Frigg. Seu dom de profecia silenciosa, no entanto, permanece sem explicação. Ele seria propriedade mais adequada para Freyja, em virtude de sua associação com o seid. O nome Frigg é frequentemente encontrado em *place-names* escandinavos, indicando atividade de culto. Baseado nas evidências dos *place-names* suecos, Hugo Jungner argumentou que Frigg e Freyja foram figuras idênticas em algum momento primevo. Embora isso não possa ser comprovado, certamente há semelhanças entre ambas, entre outros, por exemplo, no casamento de Freyja com Ód, que também está frequentemente ausente em viagens. *Oddrúnargrátr*, estância 9, apresenta uma fórmula: "Que os seres graciosos ajudem você, / Frigg e Freyja / e mais deuses".

Ver também Interpretatio Germanica; Encantamentos de Merseburg; Seid.

Referências e leituras complementares: A investigação de Hugo Jungner é *Gudinnan Frigg och Als härad: En studie i Västergötlands religions-, språk- och bebyggelsehistoria* (Uppsala: Wretman, 1922). Jan de Vries, "Studien over germaansche mythologie, VII: De skaldenkenningen met de namen der godinnen Freyja en Frigg". *Tijdschrift voor nederlandsche taal- en letterkunde* 53 (1934): 210-217, apresenta um estudo abrangente dos kenningar para Freyja e Frigg.

Fródi

Antigo rei dinamarquês e personagem de uma lenda heroica.

Em seu relato da estória contada para explicar o kenning "farinha de Fródi" significando ouro no *Skáldskaparmál*, Snorri afirma que Skjöld era um filho de Odin e o fundador da dinastia de Skjöldung na Dinamarca. Seu filho era Fridleif, e o filho de Fridleif era Fródi. Fródi ascendeu ao trono na época em que o Imperador Augusto impusera paz ao mundo inteiro quando Cristo nasceu.

Mas como Fródi era o mais poderoso de todos os reis das terras do Norte, a paz daquele período era atribuída a ele em todas as partes onde a língua escandinava era falada, e as pessoas do Norte chamam este momento de Paz de Fródi. Nenhum homem causava qualquer dano a outro, mesmo no caso de ele ter encontrado o assassino de seu pai ou irmão, livre ou preso. Naquela época não havia ladrão ou assaltante, de modo que um certo anel de ouro ficou por muito tempo jogado na charneca de Jelling.

Snorri provavelmente obteve os detalhes precisos a respeito da Paz de Fródi da estância 6 do poema *Grottasöng* (o qual ele citou logo depois de relatar sobre a morte de Fródi, por consequência das ações de duas garotas escravas que ele comprou para girar um enorme moinho).

> Aqui ninguém deve prejudicar o outro
> Viver para o mal ou trabalhar para a morte
> Nem golpear com uma espada afiada
> Mesmo se o assassino de seu irmão ele encontrar aprisionado.

No poema esta paz parece estar relacionada com o local do assento de Fródi em Hleiðra (Lejre na Dinamarca moderna), enquanto na versão de Snorri essa paz é temporal e evemerizada com o nascimento de Cristo. Alguns estudiosos acreditam que Snorri tenha tomado ambas as noções da *Skjöldunga saga*, um relato dos primeiros reis dinamarqueses conhecido atualmente apenas por meio de uma paráfrase do décimo sétimo século composta em latim. Mas Snorri tinha conhecimento (ou escreveu sobre) outra versão da Paz de Fródi, que ele retomou no capítulo 10 de sua *Ynglinga saga*. De acordo com este outro relato, a Paz de Fródi estava associada a Frey, aqui evemerizado como um rei da Suécia que havia sucedido a Njörd, o qual, por sua vez, sucedeu ao próprio Odin. Mas Snorri se afasta um pouco da sua evemerização:

> Em seus dias teve início a paz de Fródi. Naquele tempo havia também prosperidade através de todos os territórios. Os suecos atribuíram isso a Frey. Quanto mais as pessoas ficaram ricas através da paz e da prosperidade, tanto ele era adorado, mais que os demais deuses.

Curiosamente, Snorri apresenta Fródi no capítulo subsequente de sua obra, chamando-o de "Fródi-da-Paz" e colocando-o em Lejre no mesmo período em que o filho de Frey, Fjölnir, se encontra em Uppsala. Talvez Snorri tenha transferido a Paz de Fródi para Frey, ou talvez, como alguns estudiosos passaram a considerar, Frey e Fródi fossem, na verdade, duas versões da mesma figura, um deus local da fertilidade. Essa suposição encontra força nas referências a Frey das estâncias 1 e 2 do *Skírnismál* como "o fródi", isto é, "o sábio" ou "o frutífero".

No *Vellekla*, um poema do final do décimo século, que apresenta a glorificação de Hákon, o jarl de Hladir, o poeta Einar Helgason skálaglamm afirmou que nenhum governante havia trazido tal paz e prosperidade, exceto Fródi.

Saxo apresenta diversos reis chamados Frotho, o equivalente em língua latina do nórdico Fródi. Destes, o mais relevante é o Rei Frotho III, que é o personagem do fundamental quinto livro das *Gesta Danorum*. Este Fródi, o filho de Fridleif, é um bem-sucedido rei dinamarquês, reconhecido pela promulgação de leis. Tendo derrotado seus inimigos, ele institui uma era de paz em seus territórios, livrando-o do roubo, e para colocar essa paz à prova, ele pendura um pesado anel de braço dourado em uma encruzilhada. Temerosos de sua autoridade, nenhum ladrão ousa tomar o anel, e o rei conquista uma grande fama através desse ato. Saxo nos conta que esse período coincide com a permanência de Cristo na Terra, e termina quando uma mulher perversa insiste que seu filho roube o anel do braço, e então, tentando se esconder da ira de Fródi na forma de uma espécie de peixe-boi, ela o perfura com os dentes e o assassina. Para prevenir-se da possibilidade de rebelião ou de uma invasão, os dinamarqueses escondem a morte de Fródi, embalsamam o corpo e perambulam com o cadáver em uma carroça por três anos antes de finalmente enterrá-lo. Esta história tem uma grande semelhança com o relato de Snorri a respeito da morte de Frey na *Ynglinga saga*, posto que a morte de Frey também é ocultada por três anos, durante os quais a paz e a prosperidade continuam. *Ögmundar tháttr dytts* fala da adoração de um ídolo de Frey transportado em uma carroça nas proximidades de Uppsala e, de modo mais distante, Tácito relata o mesmo em relação à deusa Nerthus.

Fródi, portanto, parece ser um remanescente historicizado de um ou mais aspectos referentes ao mito e ao culto dos vanir, associados à paz e à prosperidade.

Ver também Frey; Njörd; *Ögmundar tháttr dytts*.

Referências e leituras complementares: Os cultos relativos a Frey, Fródi e Nerthus são escrutinizados e associados a Baldr por Gustav Neckel no quarto capítulo de seu influente livro sobre Baldr: *Die Überlieferungen vom Gotte Balder* (Dortmund: F.W. Ruhfus, 1920). O livro *Festschrift für Otto Höfler zum 65. Geburtstage* (Viena: Notring, 1968) [Ed. de Helmut Birkhan e Otto Gschwantler] contém dois capítulos sobre Fródi: (1) Albert Fröben (Fróði und Seine Fried) trata da Paz de Fródi e (2) Kurt Schier (Freys und Fróðis Bestattung, p. 389-409) demonstra a unidade essencial dos funerais de Fródi e Frey. No "Appolon emintheús and the Teutonic Mysing" (*Archiv für Religionswissenschaft*, 33, 1936, p. 40-56), Alexander Haggerty Krappe defendeu uma conexão implausível entre o assassino de Fródi, Mýsing, na tradição nórdica e o *emintheús* grego (deus-camundongo), talvez a praga.

Fulla

Deusa de menor importância.

Snorri apresenta Fulla em quinto lugar no seu catálogo de deusas em meio aos æsir no *Gylfaginning*, e afirma: "Ela ainda é virgem e perambula com o cabelo solto e com uma faixa dourada na cabeça; ela carrega o baú de Frigg e cuida de seus sapatos, e compartilha conselhos secretos com ela". O trecho em prosa que precede o *Grímnismál* na *Edda Poética* afirma que Frigg enviou sua "donzela-do-baú", Fulla, até Geirröd, a fim de trapaceá-lo, fazendo-o maltratar o disfarçado Odin, e no *Skáldskaparmál* Snorri afirma que "governante de Fulla" é um kenning para Frigg. Nanna enviou um anel de dedo para Fulla desde o mundo dos mortos na reapresentação de Snorri acerca da estória de Baldr, e Fulla é contada com outras deusas importantes em meio aos convidados da festa de Ægir, de acordo com a introdução do *Skáldskaparmál*.

Fulla é presumivelmente idêntica à Volla do Segundo Encantamento de Merseburg. A etimologia do nome parece ter alguma relação com plenitude, talvez, portanto, com fertilidade.

Ver também Encantamentos de Merseburg.

Galar (Gritador)

Ver Hidromel da poesia.

Galdrar

Encantamentos mágicos.

O que achamos que sabemos sobre os galdrar nós obtemos das sagas. Na mitologia, estes são especialmente associados com Odin. No *Baldrs draumar*, estância 3, Odin é chamado de o pai dos galdrar, e o *Hávamál*, a partir aproximadamente da estância 135 em diante, descreve seu domínio de canções mágicas. Embora estes sejam chamados de músicas em vez de encantamentos, eles são claramente os galdrar. Evemerizando, no capítulo 7 de sua *Ynglinga saga*, Snorri escreveu sobre as artes mágicas de Odin:

> Todas essas habilidades ele ensinou com runas e aquelas músicas que são chamadas de galdrar. Por causa disso, os æsir foram chamados de ferreiros de galdrar. Odin aquela arte que se chamava seid, e ele mesmo a executou.

O substantivo parece ser um simples particípio passado do verbo *gala*, "urrar, gritar". Embora alguns comentaristas distingam galdrar de *ljóð* como falado em vez de cantado, é difícil encontrar qualquer fonte de materiais primários que reforcem essa distinção.

Curiosamente, uma das métricas da poesia éddica é chamada de métrica de galdrar. É uma forma estendida de *ljóðaháttr*, "métrica de canções ou de encantamentos".

Ver também Seid.

Garm

Cachorro, "o melhor dos cachorros" de acordo com o *Grímnismál*, estância 44.

A estância é recitada por Odin enquanto ele está se demorando diante do fogo na casa do Rei Geirröd no final do poema e pouco antes de começar a recitação de seus nomes que culmina em uma epifania. A estância 44 apresenta uma lista das coisas que são as melhores do mundo mitológico: Yggdrasil das árvores, Skídbladnir das embarcações, Odin dos æsir, Sleipnir dos cavalos, Bilröst das pontes, Bragi dos skald, Hábrók dos falcões, e, finalmente, Garm dos cachorros. Em sua companhia nós esperaríamos que Garm fosse uma figura positiva, mas em sua única outra aparição na poesia, repetida três vezes, mais ou menos sem modificações no *Völuspá* (estâncias 44, 49 e 58), ele aparenta ser o total oposto:

> Garm uiva alto diante de Gnipahellir
> As amarras irão se arrebentar e o lobo correrá livre.

Aqui Garm parece ser idêntico a Fenrir, o lobo aprisionado que se libertará durante o Ragnarök. Escrevendo sobre o Ragnarök no *Gylfaginning*, Snorri, que conhecia e já havia citado em outro contexto a estância do *Grímnismál*, chama Garm de "o mais magnífico monstro" e diz que, vindo daquele lugar diante de Gnipahellir onde ele está aprisionado, ele lutará com Týr e eles irão matar um ao outro.

O nome (ou substantivo?) é usado como uma palavra-base nos kenningar, sempre com a conotação de alguém que causa destruição (p. ex., o fogo é o "Garm da madeira"). Assim, a besta de Snorri, Mánagarm (cachorro-da-Lua), deve ser o destruidor da lua, e é precisamente isso que Snorri diz que ele é no *Gylfaginning*.

Ver também Monstro aprisionado; Mánagarm.

Gefjon

Deusa menor e/ou figura feminina da pré-história lendária.

Snorri lista Gefjon em quarto lugar em seu catálogo de deusas entre os æsir no *Gylfaginning* e diz que ela é uma virgem, servida por aquelas mulheres que morreram sem terem se casado. Snorri também a menciona entre as deusas presentes na festa de Ægir no começo do *Skáldskaparmál*, e novamente quando ele está discutindo os kenningar de ouro. Ela também faz uma aparição do *Lokasenna*, onde ela segue Idun na tentativa de desencorajar o duelo verbal. Loki diz a ela: "Cale a boca, Gefjon! / Aquele um eu mencionarei agora, / que seduziu você: / o rapaz branco, / que te deu uma peça de joia, / e você colocou sua anca sobre ele".

A estória mais intrigante a respeito de Gefjon é registrada como parte do *Ragnarsdrápa* de Bragi Boddason o Velho, considerado o mais antigo skald de que se tem conhecimento. Bragi está descrevendo cenas que decoram um escudo, e uma estância difícil diz que Gefjon, usando quatro bois, arou a terra que ela então tomou de Gylfi e acrescentou à Dinamarca. Este verso é encontrado em alguns manuscritos da *Edda* de Snorri e em seu *Heimskringla*. Nos manuscritos da *Edda* de Snorri que apresentam o verso, ele acompanha a seguinte estória, que introduz o *Gylfaginning*: Gylfi, o rei sueco pré-histórico cujas "ilusões" nas mãos do æsir formarão o tema desta seção da *Edda*, teria uma vez dado "a uma mulher viajante como pagamento pelo seu prazer" (i. é, como pagamento a uma prostituta) a terra que ela poderia arar em um dia e uma noite usando quatro bois. Essa mulher era Gefjon, da família dos æsir. "Ela tomou para si quatro bois do Norte, de Jötunheimar, e esses eram os filhos de um gigante e dela", e com seu poder sobrenatural eles araram um pedaço inteiro de terra e o levaram para o oeste a um estreito, onde eles o depositaram. Gefjon nomeou o local Selund (a moderna Sjælland, a principal ilha da Dinamarca, na qual a cidade de Copenhague está localizada nos dias atuais). E um corpo de água foi deixado para trás na Suécia, o reino de Gylfi, chamado Lögrinn (o lago, ou seja, o Lago Mälaren, a oeste de Estocolmo), e as baías em Lögrinn coincidem com os promontórios de Seland.

Quando Snorri contou esta estória e citou o verso na *Ynglinga saga*, ele diz que Odin tinha acabado de se estabelecer em Óðinsey (a ilha de Odin, a Odense moderna na Dinamarca; o nome é mais provável de ser derivado de "lugar sagrado de Odin", mas isso não seria adequado para o propósito de Snorri na *Ynglinga saga*). De lá, Odin mandou Gefjon para o norte para procurar alguma terra, e ela foi até Gylfi, que lhe deu terra arável; nenhuma motivação para o presente é fornecida. Ela foi para Jötunheimar, teve quatro filhos de um certo gigante, transformou-os em bois, e arou e transportou a terra que seria Seland, criando assim Lögrinn, cujos fiordes coincidem com os promontórios de Seland. Ela se estabeleceu em Seland e Odin casou ela com seu filho chamado Skjöld.

Essas concepções e histórias divergentes não são de fácil conciliação. Somos confrontados com uma prostituta que se diz ser uma deusa virgem, e uma deusa – virgem ou não – que dizem ter tido filhos com um gigante, o que deve desqualificá-la como uma deusa porque o trânsito sexual ocorre totalmente na direção contrária. Em outras palavras, temos impossibilidades físicas e mitológicas. Algumas das inconsistências são contornadas se entendermos Gefjon como uma figura da pré-história, um membro dos æsir não em seus papéis como deuses, mas em seus papéis de "homens da Ásia", como a Pré-história erudita islandesa os entendia, e como Snorri os apresentou no Prólogo de sua *Edda*, o contexto para o *Gylfaginning* e a *Ynglinga saga*. Esta Gefjon tinha uma associação clara com a Dinamarca, especialmente com Sjælland, mesmo que nenhum outro texto ampare o tema do casamento com Skjöld, o fundador da família real dinamarquesa conhecida como Skjöldungar na tradição escandinava medieval e os Scyldingas no inglês antigo. Sua interação com os gigantes teria sido da ordem de outras interações humano-sobrenaturais. No entanto, muitos estudiosos se viram persuadidos do fato de que Gefjon originalmente seria uma deusa. Eles acreditam que seu nome tem etimologicamente alguma relação com presentes ou doações e que ela era, portanto, uma divindade da fertilidade, talvez localizada na Dinamarca. Também é possível que o nome dela fosse a fonte de uma palavra finlandesa que significa "roupa de noiva, enxoval". Finalmente, em algumas traduções das vidas dos santos para o islandês medieval, o tradutor substituiu o nome de Gefjon por um deus pagão romano, ou fez uso dele em listas de deuses pagãos escandinavos nos lugares em que havia uma lista de deuses pagãos romanos no texto original. Às vezes Diana é a deusa romana em questão, e isso levou à ideia de que a divisão de Gefjon entre virgem e prostituta pode ter se originado a partir de uma analogia com Diana.

A ausência da estória de Gefjon/Gylfi em um ramo dos manuscritos da *Edda* de Snorri, e o fato de Gylfi ser reintroduzido diretamente após esse ponto em outros manuscritos, sugere que ele não fazia parte do texto original de Snorri, mas pode ter sido adicionado mais tarde por um escriba. Se esta passagem não é da pena de Snorri, é possível que quem escreveu essa estória soubesse sobre a equivalência de Gefjon-Diana, ou que assumisse a visão de que os deuses pagãos eram de fato demônios, e, portanto, que fizesse de Gefjon uma prostituta. No entanto, o *Lokasenna* sugere que a noção a respeito da atividade sexual de Gefjon era mais difundida. Uma vez que ter filhos com um gigante é normalmente inconcebível para uma deusa, como observei, talvez no final devamos simplesmente aceitar que havia concepções mutáveis, às vezes contraditórias, de Gefjon.

Referências e leituras complementares: Dois artigos recentes em inglês falam de Gefjon: LINDOW, J. "The Two Skaldic Stanzas in Gylfaginning: Notes on Sources and Text History". *Arkiv för nordisk filologi*, 92, 1977, p. 106-124. • ROSS, M.C. "The Myth of Gefjon and Gylfi". *Arkiv för nordisk filologi*, 93, 1978, p. 149-165.

Gefn

Nome para Freyja.

Snorri diz no *Gylfaginning* que Freyja tem muitos nomes porque ela assumiu nomes diferentes entre os vários povos com que se encontrou quando foi procurar por seu marido desaparecido, Ód. Gefn está listado como um nome Freyja em *Skáldskaparmál* e os thulur, e aparece em kenningar na poesia escáldica, mas não há narrativa existente em que Freyja leva o nome. O significado do nome tem a ver com o verbo "dar" e estaria, portanto, de acordo com a noção de Freyja como uma divindade da fertilidade.

Ver também Freyja.

Geirröd

Gigante visitado por Thor, que matou as filhas do gigante.

O mito é conhecido a partir do poema *Thórsdrápa*, composto pelo skald Eilíf Godrúnarson, sobre quem só sabemos que ele estava associado à corte de Hákon Sigurdarson, jarl de Hladir no final do século X, e que ele é retratado nas fontes como um pagão entusiasta. *Thórsdrápa* é um poema extremamente difícil, mas temos um relato do mito no *Skáldskaparmál* de Snorri Sturluson, que antecede a citação do próprio poema. Ele começa com Loki voando para Geirrödargardar, a morada do gigante, no casaco de falcão de Frigg. Capturado por Geirröd e deixado para morrer de fome em um baú trancado por três meses, Loki concorda em trazer Thor para lá sem seu martelo ou cinto de força. Acompanhado por Loki (Thjálfi no *Thórsdrápa*), Thor chega primeiro à casa da giganta Gríd, a mãe de Vídar, o silencioso. Ela o avisa sobre Geirröd e equipa-o com um cinto de força, uma luva de ferro e um bastão chamado Grídarvöl (bastão de Gríd). Thor sai dali e chega a Vimur, o maior de todos os rios. Vestindo o cinto de força e se apoiando contra a corrente com o cajado, Thor luta para atravessar as águas profundas. Então ele vê que Gjálp, a filha de Geirröd, está parada no rio e fazendo com que este se amplie com sua urina ou seus fluidos menstruais. Dizendo: "Um rio deve ser represado em sua fonte", ele joga uma pedra e atinge o alvo. Naquele momento ele chega à margem e agarra uma espécie de sorveira[11], razão pela qual, diz Snorri, a sorveira é chamada de "proteção de Thor". Em Geirrödargardar ele senta em um banco e descobre que as filhas de Geirröd, Gjálp e Greip, estão empurrando-o por debaixo, obviamente tentando com isso esmagá-lo contra o teto. Ele pressiona Grídarvöl contra o teto e força a cadeira para baixo sobre as meninas, quebrando as costas de ambas. Então Geirröd o desafia para um jogo no salão. Geirröd joga um pedaço de ferro em brasa em Thor, que o pega usando a luva de ferro. Geirröd pula atrás de um pilar, mas Thor joga o pedaço de ferro na direção do pilar, Geirröd e a parede atrás deste, e para dentro da terra.

Saxo Grammaticus relata no Livro 8 de suas *Gesta Danorum* a respeito da visita de Thorkillus ao perverso salão do falecido Geruthus, onde ele e seus companheiros veem o corpo perfurado de um homem velho e três mulheres mortas com as suas costas quebradas. Thorkillus diz a eles que Thor tinha empurrado um lingote quente através de Geruthus e havia matado suas filhas com raios.

O mito apresenta uma série de características das histórias de Thor – a jornada perigosa para o outro mundo, a inimizade especial das gigantas femininas e o assassinato de um gigante masculino – e ele também introduz noções do trabalho de ferreiros que às vezes parecem se colocar como pano de fundo por trás de Thor.

Uma figura sem nenhuma relação com a apresentada também leva o nome Geirröd, no poema éddico *Grímnismál*.

Referências e leituras complementares: Eugen Mogk ("Die Überlieferungen von Thors Kampf mit dem Riesen Geirröð". *Festskrift tillägnad Hugo Pipping på hans sextoårsdag den 5 november 1924* (Helsinki: Mercator, 1924, p. 379-388)) [Skrifter utgivna av Svenska litteratursällskapet i Finland, 175] discute as fontes: *Thorsdrápa*, *Snorra Edda*, Saxo, e uma versão transporta na *Thorsteins saga bœjarmagns* do período islandês tardio (Apud "An Interpretation of the Myth

---

11. Árvore do gênero *Sorbus* [N.T.].

of Þórr's Encounter with Geirrøðr and His Daughters". In: DRONKE, U.; HEL-GADÓTTIR, G.P.; WEBER, G.W. & NIELSEN, H.-B. (eds.). *Speculum Norroenum*: Norse Studies in Memory of Gabriel Turville-Petre ([Odense:] Odense University Press, 1981, p. 370-391)), Margaret Clunies Ross apresentou uma leitura essencialmente psicológica, na qual Thor teria que se livrar de "the female objects of his primary bonding and the destructive rivalry with his father" (p. 390).

Gerd

Giganta esposa de Frey.

Gerd é a filha dos gigantes Gymir (Geyser de acordo com uma fonte) e Aurboda. Frey tomou conhecimento a seu respeito quando a viu do assento de Odin, Hlidskjálf, se apaixonou por ela e enviou seu servo Skírnir para cortejá-la. Gerd não cedeu às lisonjarias de Skírnir, mas sim às maldições que ele utiliza para ameaçá-la, e um casamento foi marcado nove noites mais tarde. Frey reclamou que essa espera seria muito longa. No entanto, Frey e Gerd parecem casados no presente mitológico. Frey desistiu de sua espada para obter Gerd, e sem ela ele estará completamente desarmado quando enfrentar Surt durante o Ragnarök.

O nome de Gerd tem sido associado etimologicamente à terra e aos recintos cercados, e o casamento é muitas vezes considerado a cópula divina entre o céu e a terra, ou pelo menos do deus da fertilidade e de um representante do solo. Também pode ser lido como um simples caso dos deuses obtendo o que eles querem dos gigantes.

Ver também Frey; Hrímgrímnir.

Folha de ouro estampada de Helgö, Suécia, apresentando um casal se abraçando. (Statens Historiska Museet, Stockholm)

Geri (O-Esfomeado)

Um dos lobos de Odin.

Grímnismál, estância 19, uma parte da visão de Odin a respeito dos locais de habitação dos deuses, menciona Geri:

> Geri e Freki aquele que está acostumado a batalhar alimenta,
> O glorioso Herjafödr [Odin];
> E somente de vinho o nobre-de-armas
> Odin sempre vive.

Snorri cita esta estância no *Gylfaginning* e coloca as duas metades juntas, afirmando que Odin dá a sua própria comida aos lobos, de modo que ele vive somente de beber vinho.

O nome é simplesmente a forma definida de um adjetivo.

Ver também Freki; Odin.

Gestumblindi (Aquele-que-é-cego-para-os-convidados?)

Um nome assumido por Odin quando ele participa de uma competição de charadas na *Hervarar saga ok Heidreks konungs*.

Um homem chamado Gestumblindi foi convocado por seu inimigo, o Rei Heidrek. Em busca de ajuda, ele oferece sacrifícios a Odin. Naquela noite, um estranho chega à porta, diz que *seu* nome é Gestumblindi e troca de lugar com o Gestumblindi original. Este segundo Gestumblindi, claramente Odin disfarçado, vai até Heidrek e opta por propor enigmas em vez de ser julgado pelos homens sábios de Heidrek. "Isso é certo e adequado", diz o rei. Gestumblindi apresenta 30 enigmas, e Heidrek adivinha facilmente a resposta para os primeiros 29. As respostas referem-se principalmente a situações domésticas e a fenômenos naturais, mas uma é "as mulheres de Ægir", e a vigésima nona é "Odin cavalgando Sleipnir". A trigésima é a pergunta para a qual não há resposta possível e que condenou a Vafthrúdnir: O que Odin disse no ouvido de Baldr antes deste ser colocado na pira funerária? Nesse momento Heidrek reconhece Odin e tenta golpeá-lo com uma espada, mas Odin escapa na forma de um falcão. Ele amaldiçoa a Heidrek, profetizando que os piores escravos matarão o rei, e isso rapidamente acontece.

Apesar do conteúdo majoritariamente mundano dos próprios enigmas, a história se encaixa no tipo de competição em torno de sabedoria, muitas das quais envolvem Odin na mitologia. O *Vafthrúdnismál* é o análogo mais próximo, não apenas por conta da questão final, mas também porque o gigante apostou sua cabeça na disputa. No *Grímnismál*, Geirröd, o rei humano que prendeu Odin no fogo e tem escutado seu desempenho de sabedoria extática, cai sobre sua espada no final da história e é assim morto. Ambos os reis humanos sofrem mortes ignominiosas.

Referências e leituras complementares: Jan de Vries ("Om Eddaens visdomsdigtning". *Arkiv för nordisk filologi*, 50, 1934, p. 1-19) trata a história Gestumblindi em associação com a poesia éddica de sabedoria. Uma análise da história em si é apresentada em WESSÉN, E. "Gestumblinde". *Festskrift tillägnad Hugo Pipping på hans sextoårsdag den 5 november 1924* (Helsinki: Mercator, 1924, p. 537-548) [Skrifter utgivna av Svenska litteratursällskapet i Finland, 175].

Gimlé

Salão onde as pessoas vivem depois do Ragnarök.

A principal fonte é o *Völuspá*, estância 65, onde a vidente, descrevendo a situação depois do Ragnarök, tem isto a dizer:

> Ela vê um salão em pé, mais belo que o sol,
> Coberto de ouro, em Gimlé;
> Ali habitarão pessoas dignas de confiança
> E ao longo de todas as idades desfrutarão de felicidade.

Snorri Sturluson cita esta estância no *Gylfaginning* de sua *Edda*, onde ele menciona Gimlé três vezes. Parece que ele pensou que se tratasse, ou talvez mais precisamente, desejou que os æsir o apresentassem a Gylfi/Gangleri, como uma espécie de paraíso pagão.

Ginnunga Gap

O vazio primitivo que existia antes da criação do cosmos.

A principal fonte é o *Völuspá*, estância 3:

> Era cedo, quando Ymir habitava,
> Não havia areia nem mar nem ondas frias;

> Terra não existia nem céu acima,
> O Ginnunga gap existia, mas nenhuma grama em absoluto.

No *Gylfaginning*, Snorri não explica o Ginnunga gap, mas ele a usa em sua estória da criação:

> Aqueles rios que são chamados os Élivágar, quando eles haviam corrido para tão longe de suas fontes que a fermentação que os acompanhava ali endureceu como a escória que corre das fogueiras, posto que estava gelado, e quando o gelo parou e se tornou plenamente sólido, então foi coberto de geada, e aquela chuva fina que surgiu do veneno se congelou como geada, e a geada cresceu sobre todo o Ginnunga gap... Aquela parte do Ginnunga gap, que se encontrava voltada para o norte, estava cheia de uma carga e peso de gelo e, a partir daí, chuviscos e rajadas de vento; e a parte sul do Ginnunga gap se voltava para aquelas faíscas e brasas que voavam de Muspellsheim... Assim como o frio e todas as coisas ruins vieram de Niflheim, tudo o que veio de Muspell era quente e brilhante, mas o Ginnunga gap estava tão calmo quanto um céu sem vento, e quando a brisa morna encontrou a geada, ela derreteu e gotejou. E daquelas gotas venenosas surgiu a vida, com o poder que o calor enviou, e se transformou em uma forma humana, e essa forma é chamada Ymir, mas os gigantes de gelo o chamam de Aurgelmir, e todas as famílias de gigantes de gelo descendem dele.

Mais tarde Snorri deixa claro que ele compreendia o Ginnunga gap como o centro do universo, pois foi lá que os filhos de Bor colocaram as partes do corpo de Ymir para fazer o cosmos, e uma das raízes de Yggdrasil corre onde o Ginnunga gap costumava estar.

Formalmente, o Ginnunga gap deve ser analisado do ponto de vista do vocabulário como "lacuna dos ginnungs". O que estes ginnungs são não está totalmente claro, mas as primeiras sílabas *ginn-* eram utilizadas nos contextos mitológicos para intensificar o que se seguia, como em *ginn*-santo, "extremamente santo", deuses, ou *ginnregin*, "grandes potências", isto é, os deuses. Ao mesmo tempo, como um substantivo (na poesia), *ginn* significava "falsidade, engano", e havia um verbo comum *ginna*, "enganar". Uma lacuna de ginnungs, então, era provavelmente um protoespaço repleto de poderes mágicos.

Referências e leituras complementares: O significado que proponho na última sentença é tirado de VRIES, J. "Ginnungagap". *Arkiv för nordisk filologi*, 5, 1930, p. 41-66 [reimpresso em HEEROMA, K. & KYLSTRA, A. (eds.). *Kleine Schriften* (Berlim: W. de Gruyter, 1965, p. 113-132)].

Gísl

Nome de cavalo encontrado no *Grímnismál*, estância 30, que lista os cavalos que os æsir cavalgam todos os dias quando eles partem para fazer julgamentos em Yggdrasil.

Snorri Sturluson inclui Gísl em sua lista dos cavalos dos æsir em *Gylfaginning*, mas não atribui o cavalo a nenhum deus específico. Gísl também é listado entre os thulur para cavalos. O nome parece o substantivo comum para refém, mas etimologicamente pode ser conectado com a palavra para "feixe de luz" ou "raio de luz", o que faria mais sentido para um cavalo, especialmente um com uma pelagem particularmente brilhante.

Gjallarbrú

Ponte que precisa ser atravessada no caminho para Hel.

Nosso conhecimento a respeito da Gjallarbrú é derivado quase exclusivamente do *Gylfaginning* de Snorri Sturluson, na seção do mito de Baldr que descreve a jornada de Hermód até Hel, em uma tentativa de recuperar Baldr. Depois de andar nove noites escuras Hermód chega à ponte, e lá ele trava uma conversa com Módgud, a donzela que toma conta da ponte. Que esta ponte conduz ao mundo dos mortos fica claro através do diálogo entre ambos. Ela pergunta a Hermód seu nome e sobre sua família e o informa que, embora cinco tropas de homens mortos cavalgaram por sobre a ponte no dia anterior, a mesma não ressoa menos sob Hermód sozinho. Quando ela pergunta a Hermód a respeito de sua missão, ele responde a ela, e pergunta em seguida se Baldr veio através desse caminho. Ele veio, responde ela, e ela ainda acrescenta que o caminho para Hel fica para baixo e para o Norte. Snorri acrescenta o detalhe intrigante de que a ponte é toda "coberta de ouro brilhante".

Gjallarbrú significa "ponte de [ou seja, sobre] Gjöll", mas temos poucas informações sobre esse rio. Mais cedo no *Gylfaginning*, quando ele catalogou os rios que fluem de Hvergelmir, Snorri afirmou que Gjöll está "mais próximo do portão de Hel", mas isso ele pode ter considerado a partir de sua concepção da jornada de Baldr. O lobo Fenrir está preso por meio de uma rocha plana chamada Gjöll, mas não há razão para associar a pedra ao rio.

A Gjallarbrú é encontrada apenas uma vez à parte da obra de Snorri na Islândia medieval, a saber, em um verso de seu sobrinho, Sturla Thórdarson, que certa vez usou a expressão "viajar a Gjallarbrú" para "morrer". Mas também aparece várias vezes no conto *Draumkvæde*, uma canção norueguesa que narra a jornada através do outro mundo de certo Olav Åsteson, que adormeceu na noite de véspera de Natal e acordou no dia da Epifania tendo tido uma visão do destino das almas mortas, incluindo, entre outras coisas, uma passagem sobre a proibitiva ponte Gjallarbrú. *Draumkvæde* é conhecido a partir de numerosos registros orais feitos na região de Telemark na década de 1840, mas a visão que o conto descreve provavelmente deriva da Alta Idade Média. Desse modo, a Gjallarbrú parece ser um dos poucos temas pagãos a florescer em um ambiente cristão, obviamente porque uma ponte cruel para o outro mundo aparece frequentemente também na literatura ligada às visões medievais. No entanto, a audiência medieval de Snorri dificilmente poderia ter concebido a Gjallarbrú à parte da conhecida tradição das visões. Talvez Snorri tenha coberto a ponte de ouro para de algum modo diferenciá-la das pontes da literatura cristã medieval sobre visões.

Ver também Baldr; Gjallarhorn.

Referências e leituras complementares: Para uma tradução em inglês do *Draumkvæde*, com discussão da obra, ver LIESTØL, K. *Draumkvæde*: A Norwegian Visionary Poem from the Middle Ages (Oslo: Aschehoug, 1946) [Studia Norvegia, 3]. Uma discussão mais recente pode ser encontrada em STRÖMBÄCK, D. "Resan till den andra världen: Kring medeltidsvisionerna och Draumkvæde". *Saga och sed*, 1976, p. 15-29. • DINZELBERGER, P. "Zur Entstehung von Draumkvæde". *Skandinavistik* 10, 1980, p. 89-96.

Gjallarhorn (Trombeta-Gritante)

A trombeta de Heimdall, soada no início do Ragnarök.

A fonte relevante é o *Völuspá*, estância 46:

> Os filhos de Mím se divertem e a árvore do mundo treme
> Na velha Gjallarhorn.
> Ruidosamente sopra Heimdall, a trombeta está erguida,
> Odin está falando com a cabeça de Mím.

No *Gylfaginning*, Snorri parafraseia este verso e acrescenta a informação de que Heimdall sopra o Gjallarhorn a fim de despertar todos os deuses para uma reunião para lidar com as forças do caos que se aproximam.

Snorri havia mencionado o Gjallarhorn anteriormente em duas ocasiões no *Gylfaginning*. Sem sua descrição de Heimdall, ele atribuiu-lhe devidamente a trombeta, usando para tanto uma palavra para um longo instrumento de sopro feito de metal que corresponderia hoje a uma corneta militar[12]. O sopro de Heimdall na trombeta pode ser ouvido em todo o mundo. Como é estranho, então, que, em sua primeira referência ao Gjallarhorn, Snorri se refira a ele como um chifre de bebida e o associe a Mímir, que adquire sabedoria bebendo, com o chifre, da fonte que está associada a ele, a Mímisbrunn. A associação, se houver alguma, pode ser recuperável através da estância 27 do *Völuspá*:

> Ela sabe que a audição de Heimdall está escondida
> Sob a árvore sagrada, acostumada ao brilho;
> Ela vê um rio inundado com uma cachoeira lamacenta
> Do penhor de Valfödr – você saberia mais ainda?

Sabemos de várias fontes (incluindo a próxima estância do *Völuspá*), que Odin penhorou seu olho no poço. Se a audição (ouvido?) de Heimdall tiver igualmente sido penhorada ali, como a estância parece sugerir, ele deveria provavelmente possuir uma audição sobrenatural, assim como Odin possui uma visão sobrenatural. Mas qual o papel do chifre? Talvez Snorri tenha sido influenciado pelo *Grímnismál*, estância 13, que afirma que Heimdall (e não Mím) bebe um bom hidromel em seu salão, Himinbjörg. Ou talvez ele simplesmente pôs do avesso a noção da audição e imaginou-a como a presença de um ruído. Ou talvez este Gjallarhorn, como o Gjallarbrú, esteja associado ao Rio Gjöll, que fluía de Hvergelmir, como o poço de Mím, uma nascente localizada perto do centro do cosmos.

Ver também Gjallarbrú; Heimdall; Mímir.

Referências e leituras complementares: Åke Ohlmarks (*Heimdalls Horn und Odins Auge: Studein zur nordischen und vergleichenden Religionsgeschichte* – Vol. 1:

---

12. Lindow escreve "unvalved trumpet", que significa literalmente "trompete não pistonado". O instrumento mais parecido de conhecimento comum no Brasil seria a corneta militar, razão pela qual se optou por essa tradução [N.T.].

Heimdall und das Horn (Lund: C.W.K. Gleerup, 1937) tem um capítulo dedicado à trombeta, mas segue uma metodologia antiquada e é altamente especulativo.

Gjálp

Giganta, filha de Geirröd, assassinada por Thor.

De acordo com Snorri Sturluson escrevendo no *Skáldskaparmál*, Gjálp era a giganta acocorada sobre o Rio Vimur e que fazia com que este incrementasse seu volume com sua urina ou fluidos menstruais quando Thor tentava atravessá-lo a caminho de Geirröd. Thor jogou uma pedra nela, dizendo: "Um rio deve ser represado em sua fonte", e ele acertou o alvo. Mais tarde, ele matou Gjálp e sua irmã Greip, quebrando as costas de ambas sob seu assento enquanto estas tentavam empurrá-lo contra o teto para esmagá-lo.

Gjálp também é encontrada na estância 37 do *Hyndluljód*, no "*Völuspá reduzido*", onde ela é listada como uma das nove mães gigantes de um personagem sem nome, presumivelmente Heimdall. Gjálp também aparece nos thulur e nos kenningar da poesia escáldica. O significado do nome pode ser algo como "gritador".

Ver também Geirröd; Greip; Heimdall.

Referências e leituras complementares: MOTZ, L. "Giantesses and Their Names". *Frühmittelalterliche Studien*, 15, 1981, p. 495-511.

Glad (Contente)

Nome de cavalo encontrado no *Grímnismál*, estância 30, que lista os cavalos que os æsir cavalgam todos os dias quando eles partem para fazer julgamentos em Yggdrasil.

Snorri Sturluson inclui Glad em sua lista dos cavalos dos æsir em *Gylfaginning*, mas não atribui o cavalo a nenhum deus específico. Glad também é listado entre os thulur para cavalos.

Gladsheim

Um dos domicílios dos æsir, descrito no *Grímnismál*, estância 8, na lista de tais residências.

> Gladsheim é a quinta, onde o de ouro brilhante
> Valhöll está amplamente situado;
> E lá Hropt [Odin] escolhe a cada dia
> Homens mortos-em-armas.

Esse parece ser um lugar mais amplo no qual o Valhöll está situado; isto é, parece que o Valhöll é um salão, talvez um de muitos, em Gladsheim. Snorri conhecia o *Grímnismál*, e por isso é interessante notar que ele afirma que Gladsheim era um templo erguido em Idavöll por Alfödr, com 12 altos tronos: "Aquele é o melhor e maior edifício construído sobre terra; por fora e por dentro é como um único pedaço de ouro". Embora Gladsheim possa parecer que deveria significar "morada feliz", Snorri pode ter entendido, portanto, que significava "casa reluzente".

Ver também Idavöll; Valhöll.

Glær (Vítreo)

Nome de cavalo encontrado no *Grímnismál*, estância 30, que lista os cavalos que os æsir cavalgam todos os dias quando eles partem para fazer julgamentos em Yggdrasil.

Snorri Sturluson inclui Glær em sua lista dos cavalos dos æsir em *Gylfaginning*, mas não atribui o cavalo a nenhum deus específico. Glær também é listado entre os thulur para cavalos.

Gleipnir

Os grilhões com os quais o lobo Fenrir foi finalmente aprisionado.

De acordo com Snorri Sturluson no *Gylfaginning*, depois que Fenrir escapou de dois grilhões anteriores, Lœding e Drómi, os æsir temiam que eles nunca seriam capazes de aprisionar o lobo.

> Então Alfödr [Odin] enviou Skírnir, o servo de Frey, para o mundo dos elfos-escuros, para alguns anões e mandou fazer aquele grilhão, o qual era chamado Gleipnir. Ele era feito de seis elementos: barulho de gato, barba de mulher, raízes de montanha, tendões de urso, respiração de peixe e cuspe de pássaro.... Os grilhões eram suaves e macios como uma fita de seda.

O lobo considerou que pouco renome poderia ser ganho ao escapar de tais amarras, e ele temia um truque, mas ele se permitiu ser aprisionado com Gleipnir quando Týr colocou a mão na boca do lobo. Assim ele foi aprisionado, e assim Týr perdeu sua mão.

Ver também Fenrir; Týr.

Glen

Marido de Sól (o Sol), de acordo com Snorri Sturluson.

Escrevendo no *Gylfaginning*, Snorri alude ao *Vafthrúdnismál*, estância 23, que personifica o sol e a lua. Mas Snorri tem uma estória um pouco diferente e bastante mais elaborada: Mundilfœri é um homem que teve duas crianças tão bonitas que as chamou de Máni e Sól (i. é, Lua e Sol), e ele casou Sól com um homem chamado Glen. Posteriormente, os deuses puniram esse ato de orgulho, colocando as crianças no céu para servir os verdadeiros corpos celestes, aos quais os deuses haviam criado. Sól conduz os cavalos que puxam o sol, e Máni controla o movimento da lua e seus crescimentos e decrescimentos.

Eu parafraseei o texto de maneira bastante próxima. A implicação de que o ato de orgulho era casar sua filha com Glen, e não nomear os filhos Sol e Lua, está colocada explicitamente em Snorri, mas como a maioria das pessoas prefiro ignorá-la e pensar que os deuses puniram Mundilfœri pelos nomes e não pelo casamento. Certamente não há evidências de que o casamento de Sól com Glen tenha incomodado os deuses, pois de fato não há outra evidência qualquer sobre esse casamento. Glen é discutido de modo passageiro em várias obras de referência, e a maioria dos escritores se esforça para encontrar uma etimologia apropriada para seu nome, em uma raiz ou outra que tenha a ver com brilhar ou reluzir.

Ver também Máni; Mundilfœri; Sól.

Glitnir

O salão de Forseti, o filho de Baldr.

Glitnir é enumerado entre os domicílios dos æsir no *Grímnismál*, estância 15:

Glitnir é o décimo. Está cravejado de ouro
E recoberto de prata também
E ali Forseti habita a maior parte dos dias
E liquida todos os processos jurídicos.

No *Gylfaginning* em sua *Edda*, Snorri Sturluson repete esta informação.

Ver também Forseti.

Gná

Deusa menor.

Snorri a apresenta em décimo quarto e último lugar em seu catálogo de deusas entre os æsir no *Gylfaginning*, e diz que Frigg a envia para vários mundos com tarefas a realizar. Ela tem um cavalo chamado Hófvarpnir (lançador-de-casco) que corre sobre o ar e o mar. Snorri então cita uma estranha disputa de versos. Vendo-a cavalgando no céu, vanir (por que deveria ser vanir não está claro) pergunta em verso o que está voando lá. Ela responde: "Eu não estou voando, / embora eu viaje / e me mova através do céu / sobre Hófvarpnir / a quem Hamskerpir gerou com Gardrofa". O nome Hamskerpir não é de todo modo claro, e Gardrofa parece que deveria eventualmente significar "Destruidor-de-cercas", mas esses cavalos e qualquer mito relacionado com eles não são conhecidos a partir de nenhuma outra fonte. Snorri termina sua discussão a respeito de Gná dizendo que a partir do nome dela o que é alto é dito que gnæfa ("projeta-se").

Gnipahellir (Caverna-de-Gnipa)

Caverna onde o cachorro de caça Garm se encontra aprisionado, no *Völuspá*, estâncias 44, 49 e 53, e no *Gylfaginning* da *Edda* de Snorri Sturluson.

O significado do nome como um todo é por vezes considerado como sendo do "caverna saliente".

Greip (Punho)

Giganta, filha de Geirröd, assassinada por Thor.

De acordo com Snorri Sturluson escrevendo no *Skáldskaparmál*, Greip era uma das duas filhas de Geirröd a quem Thor matou ao quebrar as suas costas debaixo de seu assento enquanto elas tentavam empurrá-lo contra o teto para esmagá-lo.

Greip também é encontrada na estância 37 do *Hyndluljód*, no "*Völuspá reduzido*", onde ela é listada como uma das nove mães gigantes de um personagem sem nome, presumivelmente Heimdall. Greip não é encontrada nos thulur, mas ela é usada uma vez em um kenning na poesia escáldica.

Ver também Geirröd; Gjálp; Heimdall.

Referências e leituras complementares: MOTZ, L. "Giantesses and Their Names". *Frühmittelalterliche Studien*, 15, 1981, p. 495-511.

Gríd

Giganta que equipa Thor em sua jornada em busca de Geirröd, de acordo com o *Skáldskaparmál* da *Edda* de Snorri Sturluson.

Thor veio para ficar com aquela giganta que é chamada Gríd. Ela é a mãe de Vídar, o silencioso. Ela contou a Thor sobre Geirröd, disse que ele era um gigante extremamente sábio e difícil de lidar. Ela emprestou a Thor seu cinturão de força, a sua luva de ferro e o seu bastão, que é chamado de Grídarvöl (bastão de Gríd).

Na qualidade de mãe de Vídar, o silencioso, Gríd é uma consorte de Odin, e isso pode explicar sua disposição em ajudar Thor. No arranjo dessa narrativa, ela desempenha um papel muito parecido com o de uma velha em um conto de fadas que equipa um herói com informações e coisas de que ele precisa. Os folcloristas chamam tal figura de um doador e notam que é um lugar-comum da narrativa folclórica.

Ver também Geirröd; Vídar.

Grímnismál

Poema éddico.

O *Grímnismál* (As Palavras de Grímnir) é encontrado em ambos os manuscritos principais da poesia éddica e é citado extensamente por Snorri Sturluson no *Gylfaginning*. No *Codex Regius* da *Edda Poética* ele está localizado entre o *Vafthrúdnismál* e o *Skírnismál* e foi, portanto, provavelmente considerado pelo compilador como o último dos poemas de Odin, talvez porque aqui Odin conduza uma disputa com um rei humano. Ele consiste em 54 estâncias, principalmente em *ljóðaháttr*; outras estrofes estão em *galdralag*, e alguns editores definem algumas estrofes como *fornyrðislag*. O poema é precedido por um cabeçalho de prosa sob a rubrica "Sobre os filhos do Rei Hraudung" e é seguido por um colofão em prosa.

O quadro em prosa fala de dois filhos do Rei Hraudung, um nome que aparece como o pai de Hjördís no *Sigrdrífumál*, estância 26, e nos thulur como um rei do mar. Agnar e Geirröd saem para pescar, mas são levados pelos ventos para uma ilha distante onde um casal os acolhe. A velha recolhe Agnar e o velho Geirröd. Na primavera, eles retornam para casa, mas Geirröd, seguindo o conselho sussurrado pelo velho, empurra seu irmão mais velho de volta ao mar. Nós ficamos sabendo que o casal mais velho eram Frigg e Odin, e quando Odin se vangloria de que seu filho adotivo é um rei enquanto Frigg está criando crianças juntamente com uma giganta em uma caverna, Frigg responde que Geirröd é mesquinho com comida – uma acusação falsa – e o casal realiza uma aposta. Frigg envia Fulla para Geirröd para avisá-lo da iminente visita de um homem com poderes mágicos, e quando Odin chega, chamando a si mesmo de Grímnir (Aquele-que-é-mascarado), Geirröd coloca Grímnir no fogo. O filho de Geirröd, Agnar, oferece-lhe uma bebida e, enquanto as chamas se elevam, o Mascarado fala. As três primeiras estrofes se referem à história do quadro: Ele esteve oito noites no fogo e é grato pelo sustento de Agnar, que se tornará um rei. Com a estância 4, ele inicia uma série de visões das habitações dos deuses, Thor em Thrúdheim, Ull em Ýdalir, Frey em Álfheim, e assim por diante. As estâncias 9 e 10 descrevem o Valhöll, com seus mastros de lanças, escudos e cotas de malha por dentro de um lobo e águia do lado de fora. Onze residências são descritas, mas no lugar de uma décima segunda, a estância 17 diz que a terra de Vídar cresce com arbustos e grama alta. As estâncias 18-26 falam sobre a vida no Valhöll, incluindo a comida dos einherjar, as muitas portas, e Heidrún e Eikthyrnir. As estâncias 27-30 catalogam rios e outros corpos de água e 31-35 descrevem Yggdrasil. A estância 36 apresenta as valquírias. As estâncias 37-39 são sobre os corpos celestes. As estâncias 40-41 relatam a respeito da criação do cosmos a partir do corpo de

Ymir. A estância 42 invoca a proteção de Ull e pode, portanto, estar relacionada ao quadro. As estâncias de 43-44 listam as melhores dentre as coisas.

Na estância 45 Grímnir afirma, em *galdralag*, que ele revelou seu rosto para os æsir e os elfos. Na estância 46 ele começa a listar seus nomes, e estes o conduzem a uma epifania.

> Caniço enfraquecido pela espada
> Ygg [Odin] terá agora;
> Eu sei que sua vida correu seu curso;
> os dísir estão com raiva –
> agora você pode ver Odin,
> aproxime-se de mim se puder. (Estância 53)

"Odin eu sou chamado agora", diz ele para começar a última estância, o catálogo final de seus nomes.

De acordo com o colofão em prosa, Geirröd se levanta para libertar Odin do fogo, mas tropeça e cai em sua espada. Odin desaparece nesse ponto, e Agnar desfruta de um longo reinado no lugar de seu pai.

Fora do quadro, o núcleo dos versos representa um catálogo de conhecimentos mitológicos. Este conhecimento é em grande parte cosmológico e é o tipo de coisa que é usado em tais disputas éddicas de sabedoria como no *Vafthrúdnismál* e no *Alvíssmál*. E embora Geirröd não troque versos com Odin, ele efetivamente morre ao final do episódio, compartilhando assim o destino de Vafthrúdnir e de Alvíss. Em suma, há uma disputa de sabedoria implícita aqui, apesar do silêncio de Geirröd. Assim, da mesma forma como Odin triunfou sobre o gigante Vafthrúdnir, ele triunfa sobre um rei humano.

Existem, no entanto, aspectos adicionais que são de interesse. O desempenho de Odin é iniciado não apenas pelo consumo de uma bebida, como é normalmente o caso em disputas de sabedoria, mas também por ele estar pendurado no fogo. Aqui se pensa primeiro em seu autossacrifício, como relatado no *Hávamál*. Dor e privação levam ao desempenho ou aquisição de sabedoria. Sem necessariamente imaginar o *Grímnismál* como representante de um evento xamânico, nós podemos facilmente imaginar que os versos de Odin, especialmente os cosmológicos, relatam uma visão.

Grande parte da recente discussão relativa ao poema centrou-se em torno da relação da prosa com o verso e a respeito do quadro para o catálogo dos conhecimentos mitológicos. Se acaso a prosa é tardia, ou se o quadro e os catálogos cosmológicos eram em algum momento entidades separadas, não é fácil discernir. O poema é impossível de ser datado precisamente, mas não é difícil imaginar algo como ele sendo exibido durante o período pagão.

Referências e leituras complementares: RALPH, B. "The Composition of the Grímnismál". *Arkiv för nordisk filologi*, 87, 1972, p. 97-118.

Grottasöng

Poema éddico, declamado por duas mulheres gigantes que transformam um moinho mágico e predizem o fim do Rei Fródi da Dinamarca.

O poema é encontrado apenas em manuscritos da *Edda* de Snorri Sturluson, na seção chamada *Skáldskaparmál*. Snorri cita o poema depois de explicar o kenning "farinha de Fródi" para ouro. Skjöld, afirma ele, era filho de Odin e fundador da dinastia de Skjöldung na Dinamarca. Seu filho era Fridleif, e o filho de Fridleif era Fródi. Fródi ascendeu ao trono na época em que o Imperador Augusto havia imposto a paz a todo o mundo quando Cristo nasceu, e isso foi chamado de Paz de Fródi na Escandinávia. Fródi visitou o rei sueco Fjölnir e comprou dele duas garotas escravas, Fenja e Menja, que eram grandes e fortes. Naquela época, havia um moinho mágico na Dinamarca, chamado Grotti, o qual ninguém havia sido forte o suficiente para operar. Fródi colocou as escravas para fazê-lo girar e ordenou-lhes que moessem ouro, o que elas fizeram, além de igualmente moer paz e prosperidade para Fródi. Mas ele não permitiu que elas descansassem, e finalmente elas moeram um exército contra Fródi, liderado pelo rei do mar Mýsing. Mýsing assassinou a Fródi e levou consigo um imenso saque, e assim terminou a paz de Fródi. Mýsing tomou o moinho e as escravas e ordenou que elas moessem sal. Ele também lhes negou a permissão para descansar. Um pouco mais tarde, a embarcação afundou, presumivelmente através da moagem das escravas, e é por isso que o mar é salgado.

Embora Fródi seja um descendente de Odin, a história pertence às lendas heroicas. O próprio poema, que Snorri passa a citar, também faz parte da lenda heroica, mas aborda a mitologia mais de perto, devido à associação explícita das escravas com a raça dos gigantes. Na primeira estância, as escravas são chamadas de "prescientes". Elas passam a moer, contentes a princípio, e elas evidentemente moem ouro, prosperidade e até mesmo a Paz de Fródi (estância 6). Mas Fródi não permite que elas descansem, e sua boa vontade evapora. As estâncias 8 e 9 revelam que o problema de Fródi possui um lado mitológico.

> 8. Frodi, você não guardou sabiamente seus interesses,
> Amigo eloquente dos homens, quando você comprou escravas;
> Você escolheu com base na força e na aparência
> Mas sobre a família você não perguntou.
> 9. Duro foi Hrungnir e seu pai,
> No entanto, Thjazi era mais poderoso que eles;
> Idi e Aurnir, gente do nosso sangue,
> Irmãos de gigantes da montanha, para eles nascemos.

Como garotas, elas brincavam embaixo da terra, lançando pedregulhos por aí (estância 11), fazendo a terra tremer (12). Então elas lutaram batalhas, depuseram príncipes, ajudaram um herói, avermelharam as lâminas (13-15). Agora elas são escravas de Fródi e não estão satisfeitas com a sua sorte. Moendo cada vez mais ferozmente, veem o fogo se aproximando da fortaleza (19) e avisam Fródi que ele não manterá o trono de Hleiðra (20). Elas continuam moendo, vendo os destinos dos homens (21). O filho de Yrsa e Hálfdan vai vingar Fródi (22). Sua terrível moagem aumenta e, numa fúria gigantesca, elas destroem o moinho. A última estrofe dá a uma delas a última palavra:

> Ainda a noiva do gigante da montanha falou palavras:
> Nós realizamos a moagem, Fródi, como nos atrevemos;
> As mulheres completaram a moagem.

O poema nos oferece a sensação de que os gigantes ameaçam tanto os humanos quanto os deuses, mas enquanto os deuses conseguem manter os gigantes sob controle na maior parte das circunstâncias, os humanos não são capazes do mesmo. Os gigantes têm grandes poderes, mas a tentativa de aproveitar esses poderes pode ser perigosa e destrutiva. Odin e os deuses podem ser capazes de adquirir objetos preciosos dos gigantes, mas é melhor que os humanos sejam muito cuidadosos com esses assuntos.

Ver também Fródi.

Referências e leituras complementares: Os descendentes de folclore e análogos são apresentados em JOHNSON, A.W. *"Grotta Söngr and the Orkney and Shetland Quern"*. *Saga-Book of the Viking Society*, 6, 1908-1909, p. 296-304. • KRAPPE, A.H. "The Song of Grotte". *Modern Language Review*, 19, 1924. Uma leitura recente e inteligente é HARRIS, J. "Reflections on Genre and Intertextuality in Eddic Poetry (with Special Reference to Grottasöngr)". In: PÀROLI, T. (ed.). *Proceedings of the Seventh International Saga Conference* (Spoleto: Centro Italiano di Studi sull' Alto Medioevo, 1990, p. 231-243).

Guerra Æsir-Vanir

Guerra travada no início dos tempos levando, a partir de sua trégua, à incorporação dos æsir e dos vanir a um único grupo unificado de deuses.

Nós conhecemos a guerra a partir do *Völuspá*, e das descrições, um tanto variantes, de Snorri em sua *Ynglinga saga* de seu *Heimskringla* e em seu *Skáldskaparmál* de sua *Edda*. A sequência de estâncias 21-24 no *Völuspá* se refere à primeira batalha no mundo, e na estância 24 ambos, os æsir e os vanir, são mencionados. A vidente está falando de si mesma na terceira pessoa:

> 21. Ela se lembra da batalha de exércitos, a primeira em todo o mundo,
> Quando a Gullveig eles crivaram de lanças
> E no salão de Hár a queimaram;
> Três vezes queimada, três vezes nascida,
> Amiúde, frequentemente, contudo ela ainda vive.
> 22. Eles a chamavam Heid, onde ela veio às [?] casas,
> uma vidente muito sábia, ela lança feitiços;
> ela realizava o seid onde ela podia, ela realizava o seid, em um transe,
> ela foi sempre a alegria e uma mulher má.
> 23. Então todos os poderes foram aos assentos de julgamento
> os deuses santíssimos, e discutiram isso:
> se acaso os æsir deveriam pagar uma multa,
> ou todos os deuses deveriam ter tributo.
> 24. Essa era ainda a batalha de exércitos, a primeira em todo o mundo.
> Odin deixou voar e atirou ao exército,
> A muralha de escudos da fortaleza dos æsir estava rompida,
> Os vanir sábios-em-batalha sabiam como pisar o campo.

Eu não estou certo a respeito de algumas porções da tradução acima, especialmente a segunda metade da estância 23. Na estância 21 e na estância 24, o termo que eu traduzi como "exército" e "exércitos" é *fólk*, e embora a palavra significa de fato "exército" na poesia mais antiga, na Idade Média ela também tinha comumente o significado de "povo". Assim, é bastante possível que os escribas da *Edda Poética* e uma audiência do décimo terceiro século poderia ter entendido a estância como referência literal a uma batalha entre povos.

Ainda que essas estâncias não sejam de todo modo claras, elas parecem contar a respeito de uma batalha iniciada pela entrada de Gullveig ou Heid entre os æsir. Eles foram incapazes de matá-la com lanças ou fogo, e ela era uma praticante do seid, a antiga forma de divinação e de mágica em geral. Uma vez que Snorri afirma que Freyja trouxe o seid para os æsir, muitos estudiosos consideram que Gullveig/Heid seja na verdade Freyja, uma dos vanir, e que sua decomposição dos æsir deu início à guerra. Gullveig parece significar "Bebida-de-ouro" ou possivelmente "Intoxicação-de-ouro"; Heid talvez signifique "Brilhante". A estância 23 parece ter relação com uma inabilidade de se chegar a uma trégua durante a guerra, e compreendida dessa maneira, ela conduz de maneira satisfatória à batalha da estância 24. O movimento, todavia, de "æsir" para o inclusivo "todos os deuses" poderia indicar o movimento em direção a uma comunidade envolvendo os æsir e os vanir.

Quando Snorri relata a respeito da guerra no *Skáldskaparmál*, ela faz parte de uma estória muito mais longa sobre a origem do hidromel da poesia, a respeito do qual Ægir questionou a Bragi. A origem dessa estória, Bragi responde, ocorreu pelo fato de que os deuses estiveram em conflito com aquele povo (*fólk*), aos quais se chamavam vanir, e eles chegaram a um acordo de trégua no qual cada parte cuspiu em um caldeirão. Do cuspe misturado se originou Kvasir, e dele, por sua vez, teve origem o hidromel da poesia. Mas esta é outra estória.

Snorri dá mais atenção à guerra e às suas consequências na *Ynglinga saga*. Aqui a estória é ambientada no contexto histórico ou pseudo-histórico dos æsir como asiáticos e os vanir como um povo habitando as margens do Rio Tanakvísl, ou, como Snorri coloca que ele pode ser chamado, em uma violação de toda regra linguística moderna, mas em um salto linguístico medieval perfeitamente razoável, Vanakvísl. No capítulo 4, Snorri descreve aquilo que parece uma guerra real. A estória segue da seguinte maneira:

Odin foi à guerra contra os vanir, mas eles se defenderam bem a si mesmos e às suas terras, e nenhum lado conseguiu alcançar alguma vantagem. Eles concordaram em um compromisso e trocaram reféns [compreendidos aqui como homens intercambiados como sinais de boa-fé]. Os vanir enviaram os seus homens mais distintos, Njörd e Frey, e os æsir enviaram, em troca, Hœnir, que disseram ser um grande líder, e Mímir, que era muito sábio. Em resposta, os vanir enviaram Kvasir, que também era muito sábio. Hœnir se provou incapaz de exercer liderança sem a consulta de Mímir, de modo que os vanir, suspeitando terem sido enganados, decapitaram Mímir e enviaram a cabeça a Odin. Odin guardou a cabeça e ela lhe contou muitas coisas ocultas. Os æsir transformaram Njörd e Frey em líderes de culto. Freyja, a filha de Njörd, foi a que primeiro ensinou o seid aos æsir. O incesto entre irmãos, que tinha sido comum entre os vanir, foi abolido entre os æsir.

Mesmo se Freyja não for idêntica a Gullveig/Heid, as diversas versões parecem compartilhar a noção de uma perturbadora entrada de pessoas em um determinado povo (Gullveig/Heid entre os æsir, Hœnir e Mímir entre os vanir) e a obtenção de ferramentas para a aquisição de sabedoria, seid em dois dos relatos e a cabeça de Mímir em um deles. Ambos os relatos de Snorri colocam maior ênfase sobre os acordos que na guerra, e a partir dos *Skáldskaparmál* nós reconhecemos que o símbolo tangível da verdade, o cuspe misturado, finalmente se tornou uma das ferramentas mais poderosas para a sabedoria, a saber, o hidromel da poesia. A *Ynglinga saga* também indica que os mais distintos dos vanir, Njörd e Frey, foram plenamente incorporados aos æsir.

Posto que os vanir são divindades ligadas à fertilidade, a guerra foi compreendida muitas vezes como um reflexo da substituição de cultos locais de fertilidade em algum lugar do território germânico, por um culto mais ligado à guerra, talvez aquele dos invasores indo-europeus. Mas Georges Dumézil argumentou enfaticamente que a estória da guerra precisa ser vista como mais histórica do que qualquer outro mito: Ela é ambientada antes da emigração do Oriente Médio e está muito mais focada na trégua do que nos detalhes de qualquer batalha. O mito da guerra entre os æsir e os vanir (talvez melhor formulada como "a reconciliação entre os æsir e os vanir"?) explica simbolicamente como um sistema religioso contém vários tipos de divindades com funções variantes.

Ver também Hœnir; Hidromel da Poesia; Mímir; Seid.

Referências e leituras complementares: Dumézil publicou suas ideias a respeito da guerra em muitos locais, mas o acesso mais facilitado se encontra no capítulo 1 de seu *Gods of the Ancient Northmen* (Berkeley/Los Angeles: University of California Press, 1973) [Ed. de Einar Haugen]. Uma leitura social apoiada sobre paralelos indo-europeus é apresentada em OOSTEN, J.G. *The War of the Gods*: The Social Code in Indo-European Mythology (Londres: Routledge, 1985). Aqueles que desejarem observar como os argumentos foram construídos para a noção de cultos em conflito podem consultar WEINHOLD, K. "Über den Mythus vom Wanenkrieg". *Sitzungsberichte der köninglichen preussischen Akademie der Wissensahaften zu Berlin*, phil.-hist. Kl. 1890: 611-625. • STUBBS, H.W. "Troy, Ásgard, and Armageddon". *Folklore*, 70, 1959, p. 440-459. Torbjörg Östvold ("The War of the Æsir and the Vanir: A Myth of the Fall in Nordic Religion". *Temenos*, 5, 1969, p. 169-202) não obteve ressonâncias positivas.

Gullinborsti (Pelagem-dourada)

Javali de Frey; o javali Slídrugtanni.

Em seu relato a respeito do funeral de Baldr no *Húsdrápa*, composto por volta de 985 no oeste da Islândia, Úlf Uggason afirmou que Frey chegou ao funeral montado sobre um javali com pelagem dourada, e este se tratava provavelmente de Gullinborsti (de fato, é possível que o nome fosse derivado exatamente desse verso). Quando Snorri Sturluson apresentou seu famoso relato do mesmo funeral, ele afirmou que Gullinborsti puxava a carruagem na qual Frey estava viajando. No *Hyndluljód*, estância 7, Freyja aparentemente se refere a seu amigo (amante? protegido?) Óttar como um javali, e a palavra *gullinbusti* se segue, que a maioria dos editores leu como o adjetivo "de pelagem dourada" ao invés do nome do javali de Frey, posto que, na linha seguinte, este javali é chamado *Hildisvíni* (Porco-de-Batalha). Portanto, é possível que tanto Frey quanto Freyja tivessem um javali com cerdas douradas.

De acordo com o *Skáldskaparmál* de Snorri, Gullinborsti foi criado pelos anões Brokk e Eitri, em uma aposta com Loki, ao mesmo tempo em que também outros objetos preciosos para os deuses foram produzidos. Snorri menciona tanto no *Gylfaginning* como no *Skáldskaparmál* que Gullinborsti tinha outro nome, a saber, Slídrugtanni.

Os estudiosos entendem o javali como associado à fertilidade dos vanir, mas também aos primeiros reis da Suécia.

Ver também Anões; Frey; Freyja; Slídrugtanni.

Gullintanni (Dente-dourado)

Nome de Heimdall.

O nome é apresentado por Snorri quando ele descreve Heimdall no catálogo dos æsir no *Gylfaginning*, onde ele acrescenta que os dentes de Heimdall eram feitos de ouro. Não é atestado em outros lugares, mas na estância 13 de seu *Gráfeldardrápa*, um poema rememorando Harald, Capa-Cinzenta, que morreu por volta de 974, o poeta Glúm Geirason chamou o ouro de "dentes de Hallinskídi", usando um outro nome dentre aqueles de Heimdall.

Ver também Gulltopp; Heimdall.

Gulltopp (Topo-dourado)

Cavalo de Heimdall.

Gulltopp aparece listado como um dos cavalos dos æsir no *Grímnismál*, estância 30, e como um nome de cavalo nos thulur. Somente Snorri atribui o cavalo a Heimdall. Ele faz isso em sua descrição de Heimdall no catálogo dos æsir no *Gylfaginning*. Snorri afirma que Gulltopp é um dos cavalos cavalgados pelos æsir para se dirigirem aos julgamentos diários próximos da Yggdrasil, mas ele não associa o cavalo com Heimdall. Em sua descrição do funeral de Baldr, no entanto, Snorri preenche sua fonte, o *Húsdrápa* de Úlf Uggason (que afirma apenas que Heimdall se dirigiu ao funeral a cavalo), afirmando que Heimdall cavalgou Gulltopp.

O nome Topo-dourado poderia se referir a um cavalo de crina amarelo-avermelhada, mas dado o fato de que o próprio Heimdall é chamado de Gullintanni (Dente-dourado), talvez nos seja permitido pensar aqui também no metal precioso.

Ver também Gullintanni; Heimdall.

Gullveig

Fêmea misteriosa que aparece no *Völuspá*, estâncias 21-22, aparentemente associada à guerra entre os æsir e os vanir.

> 21. Ela se lembra da guerra dos povos em primeiro lugar no mundo,
> Quando Gullveig com lanças eles cravejaram
> E no *hall* de Hár a queimaram;
> Três vezes queimaram, três nascida,
> Frequentemente, insensivelmente, embora ela ainda viva.
> 22. Heid eles a chamavam, onde quer que ela fosse para as casas,
> Uma vidente habilidosa em profecia, ela observava bastões mágicos;
> Ela realizava o seid, onde quer que ela pudesse, ela realizou o seid em transe,
> Ela era sempre a alegria de uma mulher má.

Essas estâncias são obscuras, mas dificilmente seria demasiado avançado dizer que Gullveig se dirigiu ao salão de Odin (Hár), foi atacada lá, mas não pôde ser assassinada, e sob o nome Heid passou a perambular realizando o seid. Uma vez que a *Ynglinga saga* diz que Freyja trouxe o seid pela primeira vez para os æsir, não é impossível pensar que Gullveig seja Freyja, e que ela tenha trazido seid aos æsir em primeiro lugar ou como uma estratégia na guerra, ou que o fato de ela trazer o seid tenha sido o motivo para iniciar a guerra. Além disso, muitas tentativas fantasiosas foram realizadas para tentar interpretar Gullveig, algumas baseadas em uma compreensão literal de seu nome como "bebida-dourada".

Ver também Guerra Æsir-Vanir; Freyja; Seid.

Referências e leituras complementares: Heino Gehrts ("Die Gullveig-Mythe der *Völuspá*". *Zeitschrift für deutsche Philologie*, 88, 1969, p. 312-378) procura um pano de fundo nas práticas de culto, o que parece muito especulativo. Uma análise baseada no mito é DRONKE, U. "A Guerra dos Æsir e Vanir em *Völuspá*". In: WEBER, G.W. (ed.). *Idee Gestalt Geschichte*: Festschrift Klaus von See (Odense: Odense University Press, 1988, p. 223-238). Gullveig poderia, considera Dronke, ter sido algum tipo de ídolo queimado pelos æsir porque Freyja, uma mulher, liderou os vanir em batalha. Em seu *Prolonged Echoes*: *Old Norse Myths in Medieval Icelandic Society* – Vol. 1: The Myths (Odense: Odense University Press, 1994), Margaret Clunies Ross sugere que Gullveig/Freyja tenha sido enviada pelos vanir, talvez como uma possível parceira sexual, e rejeitada pelos æsir porque eles não tomavam esposas de grupos sociais inferiores, e que sua reação veemente, a tentativa de matá-la, pode ter causado o início precipitado da guerra.

Gungnir

A lança de Odin.

Assim como no caso do cabelo dourado de Sif, da embarcação de Frey, Skídbladnir, do anel de Odin, Draupnir, do javali de pelagem dourada de Frey e do martelo de Thor, Gungnir foi produzida pelos anões. Embora ela não seja especificamente chamada de Gungnir, Odin arremessa uma lança sobre um exército adversário, foi "ferido com uma lança e dado a Odin, eu mesmo para mim mesmo", quando ele se pendurou na árvore em seu autossacrifício de acordo com o *Hávamál*, estância 138, e se fez marcar com uma lança quando ele morreu, como fez Njörd, de acordo com o relato historiado dos æsir nos primeiros capítulos da *Ynglinga saga*. Os skald chamam Odin de senhor e deus da lança.

Ver também Odin.

Referências e leituras complementares: Julius Schwietering ("Wodans Speer". *Zeitschrift für deutsches Altertum*, 60, 1923, p. 290-292 [reimpresso em OHLY, F. & WEHRLI, M. (eds.). *Philologische Schriften* (Munique: W. Fink, 1969, p. 234-236)] apresenta a ideia inteligente, mas quase certamente errada, de que desenvolvimentos na tecnologia militar promoveram Odin, deus da lança, à frente de Týr, deus da espada.

Gunnlöd

A giganta seduzida por Odin quando ele obteve o hidromel da poesia.

A história é contada alusivamente no *Hávamál*, estâncias 108-110 e, por fim, por Snorri Sturluson no *Skáldskaparmál* de sua *Edda*. O *Hávamál* 108 afirma:

> Eu duvido que eu ainda tivesse vindo
> Para fora das terras gigantes,
> Se eu não tivesse feito uso de Gunnlöd, a boa mulher,
> Em torno de quem eu pus meu braço.

Snorri vê Odin, na forma de uma cobra, ter acesso a Gunnlöd na moradia da montanha de seu pai Suttung, chamada Hnitbjörg, onde Suttung a colocou para preservar o hidromel. Odin dorme com ela durante três noites, e ela lhe permite tomar três vezes do hidromel. Com isso, ela abandona a estória.

O nome Gunnlöd parece que deveria significar "Convite-para-a-batalha", o que seria um nome melhor para uma valquíria do que um nome gigante.

Ver também Hidromel da poesia; Suttung.

Gyllir

Nome de cavalo encontrado no *Grímnismál*, estância 30, uma estância listando os cavalos que os æsir cavalgam todos os dias quando eles partem a realizar julgamentos na Yggdrasil.

Snorri Sturluson inclui Gyllir em sua lista dos cavalos dos æsir no *Gylfaginning*, mas não atribui o cavalo a nenhum deus específico. Gyllir também é encontrado listado nos thulur para gigantes, talvez porque o nome poderia significar "Gritador", bem como o nome apropriado para cavalos, "Dourado".

Gymir

Pai de Gerd, a giganta que se casou com Frey; possivelmente também idêntico a Ægir.

Gymir é de fato identificado como o pai de Gerd e Aurboda é apresentada como sua esposa e mãe da giganta, no *Skírnismál*. No *Gylfaginning* em sua *Edda*, Snorri Sturluson repete essa informação, acrescentando que Aurboda era da linhagem dos gigantes da montanha. No *Skáldskaparmál*, entretanto, em uma discussão em torno dos kenningar para o mar, Snorri cita um verso do skald Ref Gestsson e então diz que Ægir e Gymir são uma e a mesma pessoa. Ref era um skald do décimo primeiro século, bastante interessado nos kenningar mitológicos, e o verso em questão parece afirmar que a fria vidente de Gymir muitas vezes transporta o urso de linhas retorcidas para a mandíbula de Ægir; isto é, que a onda (as filhas de Ægir são as nove ondas) frequentemente conduz uma embarcação ao fundo, para dentro da água. O cabeçalho em prosa para o *Lokasenna* também diz que Ægir era conhecido como Gymir, e se ele era, a relação de parentesco com Frey poderia explicar seu famoso banquete com os deuses.

Ver também Gerd.

Hábrók (Calças-altas)

O melhor dos falcões, de acordo com o *Grímnismál*, estância 44.

Esta estância compreende uma lista das melhores de várias coisas: Odin dentre os æsir, Sleipnir dentre os cavalos, e assim por diante. Embora Snorri Sturluson cite esta estrofe no *Gylfaginning*, ele não tem nada a acrescentar a respeito de Hábrók, e as outras fontes também silenciam neste aspecto, exceto pelos thulur, que listam o nome sob "falcão" e "galo".

"Calças-altas" pode se referir a pernas longas.

Haddingjar

Família real na literatura heroica; quando em dobro, possível reflexo dos gêmeos divinos.

O colofão em prosa para o *Helgakvida Hundingsbana* II afirma que os antigos acreditavam no renascimento, e que se acreditava que Helgi Hundingsbani teria renascido como Helgi Haddingja skati, isto é, o príncipe dos Haddingjar. A chamada *Kálfsvísa*, uma lista fragmentada de cavalos e cavaleiros, diz que o Haddingja skati cavalgava sobre o Skævad, um nome de cavalo conhecido de outras fontes.

Haddingjar é o plural de Haddingi (relacionado talvez a Hadingus em Saxo), e o nome é atestado de modo ainda mais interessante como uma dupla. O *Hyndluljód*, estância 23, menciona "dois Haddingjar", assim como um verso falado por Hjálmar na *Örvar-Odds saga* precedendo a batalha de Samsey. Outra dentre as *fornaldarsögur*, a *Hervarar saga ok Heidreks konungs*, também apresenta "dois Haddingjar", irmãos do herói Angantýr. Parece, portanto, ter havido uma tradição de um Haddingi duplicado, e alguns observadores os associaram aos gêmeos divinos, especialmente porque, segundo a tradição, cada um deles era impotente quando se encontrava isolado, mas juntos constituíam um guerreiro forte.

Ver também Hadingus.

Referências e leituras complementares: DUMÉZIL, G. *From Myth to Fiction*: The Saga of Hadingus (Chicago: University of Chicago Press, 1973) [trad. de Derek Coltman].

Hadingus

Rei dinamarquês no Livro 1 das *Gesta Danorum* de Saxo; apresenta notáveis semelhanças tanto com Odin quanto com Njörd.

Hadingus (por vezes referido na literatura secundária como Haddingus ou Hadding porque a forma escandinava teria tido um *-dd-*) é o filho de Gram e descendente dos primeiros reis dinamarqueses, mas criado por gigantes. Ele se torna o amante de sua babá, a giganta Harthgrepa, que viaja com ele disfarçada de homem e realiza necromancia com ele. Depois que ela é dilacerada por outros gigantes, um homem velho com apenas um olho coloca Hadingus em contato com o pirata Liserus, e quando Hadingus acaba ferido, ele faz uma viagem a cavalo (Sleipnir?) através de outro mundo. Mais tarde, ele realiza uma segunda viagem através de outro mundo quando uma mulher idosa o transporta para o mundo dos mortos. Antes de uma batalha importante, Hadingus coloca seu navio em terra firme para buscar informações com um velho acenando seu manto, e aprende com ele o segredo da formação de cunha. E quando ele descobre que Hadingus, a quem ele havia alçado ao trono em Uppsala, se afogou em um barril de cerveja, Hadingus se enforcou diante dos olhos de sua população.

A parceria com uma giganta, as suas jornadas através de outro mundo, a necromancia, a formação de batalha em forma de cunha e o enforcamento voluntário deixam claro que Hadingus apresentava óbvias associações odínicas, e efetivamente a história de Odin e Mithothyn é inserida na vida de Hadingus sem que as associações sejam facilmente discerníveis. E ainda assim há associações muito fortes igualmente com a figura de Njörd. A esposa de Hadingus, Regnhild, o escolhe após um exame das partes inferiores das pernas dos homens reunidos em um banquete. Hadingus a salvara de um casamento com um gigante e, embora ignorasse sua identidade, enquanto cuidava dele de modo que recuperasse a sua saúde, ela colocara um anel em uma ferida na perna deste. Reconhecendo este símbolo, ela o escolhe. Mesmo que esse motivo pareça apenas distantemente relacionado à escolha de Njörd por parte de Skadi em virtude de suas pernas, o outro paralelo é mais claramente evidente: Hadingus reclama, em verso, da vida longe do mar, e Regnhild reclama da vida na praia. E suas queixas ecoam aquelas dos versos citados no *Gylfaginning*, de Snorri: Hadingus é perturbado pelos uivos dos lobos e Regnhild pelo canto das gaivotas.

Um outro motivo captura perfeitamente a maneira como Hadingus combina aspectos de Odin e Njörd. Um de seus atos foi sacrificar a Frey. Efetivamente, diz-se que ele estabeleceu um sacrifício anual para Frø (Frey): "Os suecos chamam isso de Frøblot", diz Saxo, usando a palavra nórdica *blót*. Na Pré-história erudita, teria sido Odin quem estabeleceu sacrifícios e ele era especialmente associado com o *blót*, mas Frey continuou a tradição e era, naturalmente, um membro dos vanir e um filho de Njörd.

Ver também Haddingjar; Harthgrepa; Njörd; Skadi.

Referências e leituras complementares: Em relação aos aspectos odínicos, ver HÖFLER, O. *Germanisches Sakralkönigtum* – Vol. 1: Der Runenstein von Rök und die germanische Individualweihe (Tübingen: M. Niemeyer, 1952). Para os aspectos relacionados a Njörd, ver DUMÉZIL, G. *From Myth to Fiction*: The Saga of Hadingus (Chicago: University of Chicago Press, 1973) [trad. de Derek Coltman]. Dumézil argumenta que Hadingus passa por todas as três funções e termina como um herói de Odin, assim como o próprio Njörd passou dos vanir para os æsir.

Hákonarmál

Poema escáldico de louvor atribuído a Eyvind Finnsson skáldaspillir (Aquele-que-estraga- ou Aquele-que-rebaixa-poetas; frequentemente entendido como plagiador), após a morte do rei norueguês Hákon o Bom, na batalha de Stord, na Noruega, em 961.

As 21 estâncias do poema são encontradas nos manuscritos do *Heimskringla* de Snorri, e algumas também são citadas na *Edda* de Snorri e no manuscrito sinóptico da saga dos reis, *Fagrskinna*. De acordo com esse manuscrito, Eyvind compôs o poema em imitação direta do *Eiríksmál*, o poema anônimo descrevendo a entrada do irmão de Hákon, Eirík, O Machado de Sangue, em Valhöll.

O *Hákonarmál* consiste em duas cenas seguidas por quatro estâncias de louvor ao rei caído. A primeira cena descreve a batalha, que sabemos desde a primeira estrofe que está sendo observada pelas valquírias. Exortando seus homens, Hákon arranca sua armadura antes da batalha. Sua espada corta através das armaduras como se estivesse cortando simplesmente água, e espadas brilham em feridas. Mas agora a valquíria Göndul fala: É hora de partir para o Valhöll. As forças dos deuses cresceram, agora que Hákon e seu exército se juntam a eles. Hákon pergunta por que a batalha acabou da maneira como acabou, e a valquíria Skögul responde que as valquírias deram a vitória a Hákon e agora o transportarão para o verde mundo dos deuses. Nesse momento a cena muda para o Valhöll. Odin pede a Hermód e Bragi que cumprimentem o rei. Hákon, coberto de sangue, expressa preocupação com a má vontade de Odin, mas recebe a confirmação de que ele possui o santuário de todos os einherjar. "Assim se soube quão bem aquele rei havia poupado os lugares santos, quando todos os deuses lhe tinham por bem-vindo" (estância 18). As últimas duas estrofes são muito bonitas:

> 20. Libertado pelas casas dos homens
> O lobo vai correr
> Antes no caminho abandonado
> Um rei igualmente bom virá.
> 21. Gado morre, parentes morrem,
> Campos e terra são devastados
> Desde que Hákon foi para o meio dos deuses pagãos,
> As pessoas são muito oprimidas.

Como a linha final indica, o poema deve ter tido um propósito político direto, presumivelmente para comentar desfavoravelmente sobre o governo de Harald gráfeld (Capa-cinzenta), que sucedeu a Hákon. Tal comentário seria especialmente adequado aos interesses dos jarlar de Hladir (os governantes da região em torno de Trondheim), com quem o poeta Eyvind estava associado. O começo da estância derradeira ecoa linhas muito famosas da seção gnômica do *Hávamál*, e embora a relação entre os dois poemas permaneça desconhecida, o efeito é certamente poderoso aqui.

Como o *Eiríksmál*, também o *Hákonarmál* é um documento que pode ser especificamente atribuído ao paganismo tardio. Embora Odin seja a divindade central em ambos os poemas, as atitudes em relação a ele são notavelmente diferentes. No *Eiríksmál* ele decide que o rei deveria morrer para ampliar o exército dos deuses, mas no *Hákonarmál* as valquírias parecem fazer esta escolha (na estância 13, Skögul diz que elas deveriam partir para informar Odin do que aconteceu), e Hákon suspeita de Odin. Exceto por Odin, apenas antigos heróis humanos aparecem no Valhöll dentro do *Eiríksmál*, mas Hermód, presumivelmente um deus, e não um herói humano, aparece no caso do *Hákonarmál*. Finalmente, o *Hákonarmál* usa várias palavras coletivas para deuses (p. ex., *bönd*, *regin*). Como Eirík tinha conexões dinamarquesas e morreu na Inglaterra, enquanto o *Hákonarmál* parece ter sido destinado ao consumo nos círculos dos jarlar de Hladir, o que estamos vendo pode ser uma variação nas crenças de caráter regional, mas pode também ser nada além do que variação que é esperada do trabalho de dois poetas diferentes trabalhando em diferentes circunstâncias políticas.

Ver também *Eiríksmál*; Deuses, palavras para; *Hávamál*.

Referências e leituras complementares: A respeito de Eyvind e a situação política, ver STRÖM, F. "Poetry as an Instrument of Propaganda: Jarl Hákon and his Poets". In: DRONKE, U. (ed.). *Speculum Norroenum*: Norse Studies in Memory of Gabriel Turville-Petre, Guðrún P. Helgadóttir, Gerd Wolfgang Weber e Hans Bekker-Nielsen ([Odense:] Odense University Press, 1981, p. 310-327). A relação literária entre o *Eiríksmál* e o *Hákonarmál* é discutida por Klaus von See, "Zwei eddische Preislieder". In: SIMON, W.; BACHOFER, W. & DITTMANN, W. (eds.). *Festgabe Ulrich Pretzel m 65. Geburtstag dargebracht von seinen Freunden und Schülern* (Berlim: Schmidt, 1963, p. 107-117). Edith Marold ("Das Walhallbild in den Eiríksmál und Hákonarmál". *Mediaeval Scandinavia*, 5, 1972, p. 19-33) reconhece que o retrato de Valhöll no *Hákonarmál* é mais obscuro e concebivelmente mais arcaico do que o do *Eiríksmál* e analisa especialmente a dualidade das concepções no *Hákonarmál*.

Háleygjatal

Poema genealógico fragmentário, atribuído a Eyvind Finnsson skáldaspillir (Aquele-que-estraga- ou Aquele-que-rebaixa-poetas; frequentemente entendido como plagiador).

O poema encontrado nas edições modernas consiste em 16 estâncias e meias-estâncias reunidas por editores de manuscritos da *Edda* de Snorri, do *Heimskringla* e de dois outros manuscritos das sagas dos reis. Está composto em *kviðuháttr*, a métrica usada por Thjódólf de Hvin para seu *Ynglinga tal*, e ainda que o texto seja bastante difícil em algumas passagens, parece, como naquele poema, enumerar as mortes de uma linhagem de reis, neste caso dos reis de Hálologaland, a área da Noruega ao norte de Trondheim. Costuma-se supor que o poema tinha como objetivo prover os jarlar de Hladir, isto é, os governantes da região de Trondheim, o mesmo tipo de ligação genealógica com os deuses pagãos que o *Ynglinga tal* fornecia para os reis da região dos fiordes de Oslo. Eyvind fora poeta da corte de um desses reis, Hákon o Bom, mas no final do décimo século ele estava trabalhando para os jarlar de Hladir, e ele compôs *Háleygjatal* para Hákon jarl após a vitória deste jarl sobre os Jómsvikings em 985.

As estâncias existentes parecem fazer Odin e Skadi, enquanto eles estavam vivendo em Manheim, os progenitores dos governantes, embora uma estrofe utilize o kenning para a terra, "noiva do abatedor-Týr" (Odin é o abatedor-Týr ou deus da matança, e sua "noiva" era Jörd, ou a terra). De acordo com o *Ynglinga tal*, Njörd e Skadi moravam em Manheim, e alguém seria tentado a supor que o poeta está se referindo a Njörd e não a Odin aqui no *Háleygjatal*, não fosse a declaração explícita de que Skadi tinha muitos filhos com Odin.

Referências e leituras complementares: STRÖM, F. "Poetry as an Instrument of Propaganda: Jarl Hákon and his Poets". In: DRONKE, U. (ed.). *Speculum Norroenum*: Norse Studies in Memory of Gabriel Turville-Petre, Guðrún P. Helgadóttir, Gerd Wolfgang Weber e Hans Bekker-Nielsen ([Odense:] Odense University Press, 1981, p. 310-327).

Hallinskídi

Nome de Heimdall associando-o ao carneiro.

Snorri apresenta Hallinskídi como um nome para Heimdall, e os thulur o listam como um nome para o carneiro. Em uma estância escáldica do final do décimo século, o ouro é chamado de "dentes de Hallinskídi", que está de acordo com a associação geral entre Heimdall e as palavras ligadas a ouro. Diferentes tentativas foram realizadas para explicar o nome Hallinskídi, associando-o com chifres dobrados para trás, um pico pedregoso ou um crânio, dentes tortos e até mesmo patins e esquis, mas todos trazem um quê de desespero.

Ver também Gullintanni; Heimdall.

Hárbardsljód

Poema éddico.

O *Hárbardsljód* (Canção de Hárbard) está contido no *Codex Regius* da *Edda Poética* e, próximo ao final da estância 19, no manuscrito AM 748. No *Codex Regius* ele é encontrado entre o *Skírnismál* e o *Hymiskvida*, o que provavelmente significa que o organizador do *Codex Regius* considerava este como um poema a respeito de Thor, embora o título, que é encontrado em uma rubrica, se refira ao nome de Odin, Hárbard (Barba Grisalha), e no decorrer do poema Odin consegue se destacar além de Thor. De acordo com seu formato editado, o poema é composto por 60 estâncias; a métrica dominante é o *ljóðaháttr*, mas numerosas estrofes parecem estar em *fornyrðislag* ou mesmo em prosa métrica aliterativa. O poema é um diálogo, uma troca de vanglórias e insultos entre Thor e um Odin disfarçado.

O quadro narrativo é centrado na tentativa de Thor de ser transportado através de um estreito de mar enquanto retorna de uma de suas viagens para o leste. Thor insultantemente chama o barqueiro para o transporte sobre a água, mas o barqueiro censura o viajante e inclusive afirma a ele que sua mãe está morta (estância 4); tomado literalmente, isso é uma alusão ao Ragnarök, pois a mãe de Thor é Jörd (Terra). Thor fica perplexo, mas logo pergunta quem é dono da balsa (estância 7). "Hildólf" (lobo de batalha), responde o barqueiro (estância 8). O nome é encontrado entre os thulur como um filho de Odin, mas Thor não reage a ele. Quando perguntado por seu próprio nome (estância 8), Thor anuncia três gerações de sua linhagem: filho de Odin, pai de Meili. "Aqui você pode ver Thor." A expressão "Aqui você pode ver" é precisamente o que Odin diz a Geirröd na epifania no final do *Grímnismál*, quando Odin revela sua identidade de maneira aterrorizante para o rei humano Geirröd, mas no barqueiro a expressão não tem efeito. Thor pergunta todo sem jeito ao barqueiro qual é o nome dele. A resposta de Odin é profundamente irônica. "Eu sou chamado Hárbard, / raramente eu escondo meu nome" (estância 10).

Tendo se apresentado um ao outro, os dois retornam à pergunta original: Ganhará Thor uma carona através do estreito de mar? Quando Odin deixa claro que Thor não conseguirá essa carona, os dois resolvem suas diferenças através de uma série de perguntas e respostas. Estas devem ser consideradas como um *mannjafnaðr*, "comparação entre homens", uma forma de duelo verbal em que alguém se orgulha de si mesmo e, muitas vezes, tenta superar a vanglória previamente proferida pelo oponente. Thor se vangloria de suas batalhas com gigantes e menciona mitos bastante famosos como o assassinato de Hrungnir (estância 15) e Thjazi (estância 19), bem como alguns incidentes sobre os quais não estamos bem-informados, como, por exemplo, uma batalha com os "filhos de Svárangr" (estância 29). As vanglórias de Odin são muito mais variadas, mas bastante frequentemente se referem a suas seduções. Thor parece estar um tanto perplexo com as alegações de Odin sobre tal assunto, e ele muitas vezes responde de maneira um tanto sem jeito. Por duas vezes ele acusa Hárbard de *ergi* (perversão sexual), mas de uma maneira mais a contragosto do que com ares de convencimento. Odin recusa a ordem direta de Thor na estância 53 para remar até a costa e transportar Thor, e ele tem a última palavra quando termina o poema dizendo a Thor: "Vá agora onde todas as coisas más podem ter você".

No *Hárbardsljód*, então, os dois principais deuses têm um duelo verbal. Cada um joga com seus pontos fortes durante as trocas de vanglórias, mas Odin é um mestre do duelo verbal, e ele surge claramente como o vencedor, apesar da aparente desvantagem que as suas vanglórias a respeito de conquistas sexuais devem ter em comparação com o orgulho demonstrado em relação aos atos de guerra de importância cósmica. O poema serve para ordenar os dois principais deuses com base nas suas habilidades verbais. Em outros poemas éddicos, Odin estabelece sua superioridade sobre o mais sábio dos gigantes (*Vafthrúdnismál*) e um rei humano (*Grímnismál*). Aqui ele faz a mesma coisa com o mais forte dos deuses.

Referências e leituras complementares: BAX, M. & PADMOS, T. "Two Types of Verbal Dueling in Old Icelandic: The Interactional Structure of the *senna* and the *mannjafnaðr* in *Hárbardsljód*". *Scandinavian Studies*, 55, 1983, p. 149-174. • CLOVER, C.J. "Hárbarðsljóð as Generic Farce". *Scandinavian Studies*, 51, 1979, p. 124-145.

Harthgrepa (Punho-firme)

Babá giganta, amante e companheira de Hadingus no Livro 1 das *Gesta Danorum* de Saxo.

Harthgrepa é uma das duas gigantas que criaram Hadingus, um rei dinamarquês com numerosos traços odínicos (e não poucos que o associam a Njörd). Certamente, permanecer com uma giganta é um ato odínico, mas Hadingus só foi capaz de fazê-lo depois que Harthgrepa explicou que, como uma giganta, ela poderia mudar sua forma à sua própria vontade. Depois disso, eles viajam juntos, ela usando um disfarce de homem; e, quando eles encontram um cadáver, ela faz com que Hadingus coloque um bastão entalhado com feitiços (em runas?) embaixo da língua deste, assim iniciando Hadingus em outro dos domínios de Odin, a necromancia. Seu nome é explicado quando, enquanto ela e Hadingus estão abrigados em uma caverna, uma enorme mão tenta entrar. Inchando-se de volta ao tamanho grande, ela agarrou a mão para Hadingus cortá-la. Ela pagou por essa ofensa contra sua própria raça, posteriormente, quando foi dilacerada por eles.

O equivalente nórdico de Harthgrepa, Hardgreip, está listado nos thulur para gigantas, mas é desconhecido em qualquer outra forma.

Ver também Hadingus.

Hati Hródvitnisson

Lobo, antecede o sol nos céus e irá engoli-lo, ou à lua.

Grímnismál, estância 39, fala dos lobos que ameaçam o sol:

> Sköll é o nome de um lobo que acompanha o deus brilhante
> Como defesa da floresta;
> E o outro Hati, ele é o filho de Hródvitnir,
> Aquele deve estar diante da noiva brilhante do céu.

Essas linhas são bastante enigmáticas. Snorri parafraseou-as da seguinte forma no *Gylfaginning*:

> Gangleri disse: "A[13] sol se move rapidamente e quase como se ela estivesse com medo; ela não apressaria mais sua jornada, se ela temesse sua morte". Então Hár responde: "Não é de surpreender que ela vá depressa. Aquele que a procura está bem perto, e ela não tem outra saída senão fugir". Então Gangleri afirma: "Quem é que causa esse problema?" Hár responde: "São dois lobos, e aquele que a persegue é Sköll; ela tem muito medo dele, e ele a tomará, e aquele que corre na frente dela é chamado Hati Hródvitnisson, e ele tomará a lua".

Eu traduzi a última palavra desta passagem como "lua", embora possa significar tanto sol quanto lua. Claramente, Snorri adaptou esses lobos à sua noção de Ragnarök, quando Garm irá perambular uivando e Fenrir se soltará para matar Odin.

Muitos estudiosos aceitam que o pai de Hati, Hródvitnir, é o Hródrsvitnir mencionado no *Lokasenna*, estância 39. Qualquer um dos nomes (ou ambas as formas do nome) significariam algo como "lobo famoso". No *Lokasenna* esse lobo famoso é claramente o lobo Fenrir. Nós não temos, contudo, nenhuma outra indicação de que Fenrir tivesse filhos, e desde que ele foi aprisionado desde muito cedo até Ragnarök, podemos nos questionar isso.

O nome Hati também aparece no *Helgakvida Hjörvardssonar*. Em uma seção em prosa entre as estâncias 11 e 12, nós aprendemos que Helgi assassinou "Hati, o gigante", e na estância 17, o filho de Hati se identifica:

> Eu sou chamado Hrímgerd, Hati era o nome do meu pai,
> Eu sei que ele foi o gigante mais poderoso;
> Muitas mulheres que ele havia raptado de fazendas
> Até que Helgi o assassinou.

Provavelmente as duas criaturas que traziam consigo o nome de Hati não eram idênticas, mas cada uma delas era odiosa. Isso é totalmente apropriado: Hati provavelmente significava algo como "aquele que odeia".

Ver também Fenrir; Hródvitnir; Sköll.

---

13. O sol é um substantivo feminino no nórdico antigo, razão pela qual no trecho ele está referido como "ela" [N.T.].

Hávamál

Poema éddico (As palavras do altíssimo).

O *Hávamál* é o segundo poema no *Codex Regius* da *Edda Poética*, localizado no manuscrito entre o *Völuspá* e o *Vafthrúdnismál*. O "Altíssimo" do título do poema é Odin. O poema se divide claramente em várias partes. As primeiras 80 estâncias consistem em um conjunto de sentenças. Estas variam desde as mais mundanas (tenha cuidado quando viaja; não beba demais) até às belíssimas estâncias que muitas vezes se considerou apresentarem algum tipo de ideal heroico:

> 76. Gado bovino morre,
> parentes morrem,
> cada um morre ele mesmo da mesma maneira,
> mas uma reputação
> nunca morre
> para aquele que adquire uma boa.
> 77. Gado bovino morre,
> parentes morrem,
> cada um morre ele mesmo da mesma maneira.
> Eu sei de uma coisa
> que nunca morre
> o julgamento de cada pessoa morta.

As estâncias 96-110 muitas vezes são chamadas de "exemplos de Odin". Dois "exemplos" são oferecidos: a estória da garota de Billing e a estória da sedução de Gunnlöd por parte de Odin em conexão com a aquisição deste do hidromel da poesia. As estâncias 111-137 compreendem o *Loddfáfnismál*. As estâncias 138-145 relatam a respeito do autossacrifício de Odin; esta seção é por vezes chamada de *Rúnatal* (Enumeração de runas) porque nela Odin adquire o conhecimento das runas. As estâncias 146 até o final do poema são algumas vezes chamadas de *Ljódatal* (Enumeração de encantamentos).

Embora o poema obviamente tenha material que se relaciona diretamente com o paganismo assim como com a mitologia, e o conhecimento acadêmico mais antigo frequentemente procurou reconstruir formas que poderiam ter existido durante a Era Viking ou até antes desse período, hoje há um consenso tolerável de que o *Hávamál* na forma como nós o temos atualmente é um artefato medieval e sua organização, sua forma atual e até mesmo a sua linguagem, em alguns casos, é obra de um redator de fins do décimo segundo século ou do décimo terceiro século. Por essa razão, optei por tratar as peças separadamente neste livro. Existem entradas separadas para a garota de Billing, *Loddfáfnismál* e o *Ljódatal*. O segundo dos "exemplos de Odin", sua sedução ou estupro de Gunnlöd, é tratado na entrada Hidromel da poesia, e o autossacrifício é tratado na entrada Odin.

Ver também Garota de Billing; *Ljódatal*; *Loddfáfnismál*; Hidromel da poesia; Odin.

Referências e leituras complementares: SEE, K. *Zur Gestalt der Hávamál:* Eine Studie zur eddischen Spruchdichtung (Frankfurt/Main: Athenäum, 1972).

Heid

Nome tomado por Gullveig, de acordo com o *Völuspá*, estâncias 21-22, quando ela começa a praticar o seid:

> 21. Ela se lembra da guerra dos povos em primeiro lugar no mundo,
> Quando Gullveig com lanças eles cravejaram
> E no *hall* de Hár a queimaram;
> Três vezes queimaram, três nascida,
> Frequentemente, insensivelmente, embora ela ainda viva.
> 22. Heid eles a chamavam, onde quer que ela fosse para as casas,
> Uma vidente habilidosa em profecia, ela observava bastões mágicos;
> Ela realizava o seid, onde quer que ela pudesse, ela realizou o seid em
> transe,
> Ela era sempre a alegria de uma mulher má.

Nas sagas, Heid é um nome comum para as videntes, e também é encontrado em uma genealogia no *Hyndluljód*, estância 33, a respeito dos parentes de Hrímnir, presumivelmente gigantes. O adjetivo *heid*, "reluzente", e o substantivo *heid*, "honra", também serviriam bem neste caso.

Ver também Gullveig; Seid.

Heidrún

Cabra que morde a folhagem de Lærad, a árvore no Valhöll.

O *Grímnismál*, estância 25, é a fonte mais importante:

25. Heidrún é o nome da cabra, que se encontra no salão de Herjafödr
[Odin]
E mordidas dos membros de Lærad.
Ela encherá um barril com o hidromel brilhante;
Essa bebida nunca pode acabar.

No *Gylfaginning*, Snorri Sturluson parafraseou estas linhas.

> Aquela cabra, que é chamada Heidrún, se ergue no Valhöll e morde a fo-
> lhagem dos membros daquela árvore, que é famosa e que se chama Lærad.
> De suas tetas corre aquele hidromel, com o qual ela enche um barril a cada
> dia; é tanto que todos os einherjar se embebedam completamente com ele.

Assim, Snorri traz Heidrún para perto da noção do banquete sem fim dos einherjar, fazendo dela um paralelo relativo a Sæhrímnir, o javali que é cozido todos os dias e volta a ficar inteiro a cada noite.

Heidrún também é encontrada em outro lugar na poesia éddica, a saber, as estrofes de encerramento do *Hyndluljód*. O quadro narrativo do poema consiste em um diálogo entre Freyja e Hyndla, que parece ser uma giganta e, no final, as trocas são cada vez mais acirradas. Depois que o "*Völuspá* abreviado" havia termi-nado, Freyja pediu que algum tipo de "cerveja de memória" fosse trazido para seu javali (que talvez seja Óttar, seu protegido). Hyndla responde com duas estâncias:

> 46. Vá-se embora daqui! Desejo dormir;
> Você receberá poucas oportunidades justas de mim;
> Você corre por aí, nobre amiga, à noite,
> Como se juntamente com bodes Heidrún estivesse viajando.
> 47. Você correu até Ód sempre uivando,
> Você pulou rapidamente nos lençóis,
> Você corre por aí, nobre amiga, à noite,
> Como se juntamente com bodes Heidrún estivesse viajando.

Acusações de elevada atividade sexual não são novidade para Freyja, mas acrescentar lascívia ao pequeno dossiê a respeito de Heidrún muda-o con-sideravelmente e enfatiza a natureza intoxicante da cerveja que flui dela. Assim, ela pareceria menos uma nutridora e mais associada ao lado odínico das atividades no Valhöll. Isto me parece negar a ideia apresentada por alguns dos estudos mais antigos de que Heidrún deveria ter uma conexão com o ritual da fertilidade ou mesmo, penso eu, que a primeira sílaba em seu nome deveria se referir ao hidromel consumido em eventos de culto, como alguns dos manuais e enciclopédias relatam. A etimologia do nome é desconhecida, embora essa primeira sílaba provavelmente tenha sido entendida na Escandinávia da Era Viking e Medieval como "brilhante". Embora a segunda sílaba seja idêntica ao substantivo "runa", ninguém a teria entendido como tal, uma vez que muitos nomes comuns a utilizam (p. ex., Gudrún).

Ver também Eikthyrnir; Freyja; *Hyndluljód.*

Referências e leituras complementares: Não há estudo limitado a Heidrún. A noção de que *Heid-* significa "hidromel sacrificial" foi, até onde eu sei, apresentada por Jan de Vries em seu *Altgermanische Religionsgeschichte* (Berlim: W. de Gruyter, 1956-1957), ainda o manual padrão da religião germânica, apesar de sua relativa idade. Leitores que têm sede de mais informações sobre o hidromel de Heidrún podem consultar Stefán Einarsson ("Some Parallels in Norse and Indian Mythology". In: BAYERSCHMIDT, C.F. & FRIIS, E.J. (eds.). *Scandinavian Studies: Studies Presented to Dr. Henry Goddard Leach on the Occasion of His Eighty-Fifth Birthday* (Seattle: University of Washington Press for the American-Scandinavian Foundation, 1965, p. 21-26)), mas o que eles encontrarão ali será bastante abreviado e especulativo.

Heimdall

Deus importante, mas enigmático, o "guardião dos deuses" e talvez uma figura limítrofe.

Snorri tem isto a dizer a respeito de Heimdall em seu catálogo dos æsir no *Gylfaginning*:

> Um é chamado Heimdall. Ele é chamado de Deus-branco. Ele é grande e santo. Nove donzelas, todas irmãs, deram à luz a ele. Ele também é chamado Hallinskídi e Gullintanni (Dentes-dourados); seus dentes eram feitos de ouro. Seu cavalo é chamado Gulltopp (Topo-dourado). Ele mora em Himinbjörg perto de Bilröst. Ele é o guardião dos deuses e se assenta lá no final do céu para guardar a ponte contra investidas dos gigantes da montanha. Ele precisa dormir menos que um pássaro. Noite e dia ele enxerga cem léguas de distância; ele também ouve quando a grama cresce na terra ou a lã em ovelhas ou qualquer outra coisa que possa ser ouvida. Ele tem uma trombeta chamada Gjallarhorn, cujo sopro pode ser ouvido em todos os mundos.

No *Skáldskaparmál*, Snorri acrescenta informações mais desconcertantes quando conta como os kenningar podem ser feitos para Heimdall:

> Ao chamá-lo de filho de nove mães ou guardião dos deuses, como foi escrito acima, ou Deus-branco, inimigo de Loki, buscador do colar de Freyja. Uma espada é chamada de a cabeça de Heimdall; diz-se que ele foi atingido contra a cabeça de um homem. Isso é tratado no poema *Heimdalargaldr*, e a partir daí a cabeça é chamada de destino de Heimdall; a espada é chamada de destino do homem. Heimdall é o dono de Gulltopp. Ele também é o visitante de *Vágasker* (Onda-de-rochedo) e Singastein, quando lutou com Loki pelo Brísinga men. Ele também é chamado Vindhlér (Abrigo-de-vento). Úlf Uggason compôs versos há muito tempo sobre esta história no *Húsdrápa*, e é dito que estes apresentavam a forma de selos. Ele também é o filho de Odin.

Esta figura com sua trombeta imponente, de uma cruz de pedra na Ilha de Man, lembra Heimdall e o Gjallarhorn. (Werner Forman/Art Resource)

Temos um fragmento do poema *Heimdalargaldr*, citado por Snorri no *Gylfaginning* logo após a passagem traduzida acima. Nele o próprio deus fala, dizendo que é filho de nove mães e filho de nove irmãs. Este deve ter sido um poema em que Heimdall falou de sua vida e de suas façanhas, e teria sido bom ter mais partes dele preservadas, pois entendemos muito imperfeitamente a razão por que uma cabeça deveria ser chamada de espada de Heimdall. O golpe com a cabeça foi fatal? Teria Heimdall nove vidas, uma para cada mãe? Se ele morreu do golpe de cabeça, como ele ainda pode estar perambulando por aí no presente mitológico? Várias fontes afirmam que ele vai soar o Gjallarhorn no início do Ragnarök, e Snorri acrescenta no *Gylfaginning* que Heimdall e Loki vão se enfrentar diretamente na batalha final e que eles vão matar um ao outro.

A declaração de Snorri no sentido de que Úlf Uggason versificou extensivamente sobre a batalha anterior entre Heimdall e Loki aponta outra triste perda, pois apenas uma estância sobreviveu. Assim, o mito de uma possível perda ou roubo do Brísinga men e sua recuperação por Heimdall está para sempre perdido para nós.

Nós temos algumas informações em potencial sobre as mães de Heimdall, mas trata-se de um conjunto de dados conflitantes. No *Skáldskaparmál*, Snorri fala das nove filhas de Ægir e Rán. Estas cumprem a condição de serem irmãs e, como muitos deles têm nomes que significam ou estão associados às ondas do mar, Heimdall poderia de alguma forma ser a filha de nove ondas. Alternativamente, ele pode ser aquele que é aludido nas estâncias 35-38 do *Hyndluljód*, no "*Völuspá* abreviado".

> 35. Um certo ser nasceu nos dias de outrora,
> Com um grandemente incrementado poder, da raça dos deuses;
> Nove lhe deram à luz, um homem cheio de graça [?]
> Donzelas gigantes na borda da terra.
>
> ....
>
> 37. Gjálp deu-lhe à luz, Greip deu-lhe à luz
> Eistla deu-lhe à luz e Eyrgjafa,
> Úlfrún lhe deu à luz e Angeyja,
> Imdr e Atla e Járnsaxa.
> 38. Aquele um foi incrementado pelo poder da terra,
> Do mar de ondas geladas e do sangue de um javali sacrificial.

Muitos desses nomes pertencem a conhecidas gigantas. Thor matou Gjálp e Greip e concebeu Magni em Járnsaxa. Dada a propensão de Odin de flertar com gigantas, esse conjunto se encaixaria na noção de Odin como pai de Heimdall, mesmo que não seja possível ser demonstrado que elas são irmãs. Seria bom se o local de nascimento "nos confins da terra" e o "mar de ondas geladas" pudesse ser associado às filhas de Ægir, mas ninguém ainda descobriu como fazê-lo com sucesso. Talvez houvesse duas tradições sobre as mães de Heimdall.

Filho de nove mães, Heimdall é também, segundo a introdução em prosa ao poema éddico *Rígsthula*, o progenitor das classes sociais dos humanos. Este cabeçalho em prosa afirma que Heimdall estava viajando e chegou a um assentamento próximo à costa, onde ele se apresentou como Ríg. O poema continua contando como Ríg é entretido em três casas, onde passa o tempo nas camas de seus anfitriões. Os resultados são escravos, agricultores e nobres. Possivelmente relacionado a esse dado deve ser entendido o pedido por uma audiência feito pela vidente do *Völuspá*, na primeira estrofe do poema.

> Eu peço uma audiência de todas as raças sagradas
> Maiores e menores, parentes de Heimdall.

A noção de Heimdall como guardião dos deuses não se limita a Snorri. O *Grímnismál*, estância 13, ao qual Snorri citou no *Gylfaginning* em conexão com sua descrição de Heimdall apresentada acima, usa a expressão, e o insulto um tanto estranho de Loki, no *Lokasenna*, parece se referir a ela:

> Cale a boca, Heimdall! Para você nos dias de outrora
> Uma vida feia foi atribuída:
> Com as costas molhadas e sujas, você sempre estará
> E vigilante, guardião dos deuses.

Se as "costas molhadas e sujas" têm a ver com estar do lado de fora em todos as condições climáticas, então talvez o nome Vindhlér tenha relação com a mesma ideia.

A audição sobrenatural de Heimdall pode ser o tema de um verso obscuro no *Völuspá*, estância 26.

> Ela sabe que a audição de Heimdall está escondida
> Sob a árvore sagrada, acostumada ao brilho;
> Ela vê um rio inundado com uma cachoeira lamacenta
> Do penhor de Valfödr – você saberia mais ainda?

O "penhor de Valfödr" é seu olho, sacrificado em favor de uma visão sobrenatural. Aparentemente Heimdall colocou uma porção de sua audição, ou talvez uma orelha, no poço localizado na base da Yggdrasil, a fim de obter seus poderes especiais de audição. Embora ele exiba poucas outras semelhanças com Odin, Heimdall ocasionalmente demonstra sabedoria, como quando, no *Thrymskvida*, ele sugere que Thor deve se vestir como Freyja para recuperar seu martelo. Mas essa passagem é preocupante, pois diz que Heimdall, "o mais branco dos deuses, / podia enxergar bem no futuro, / como os outros vanir". Não há outras indicações sobre a participação de Heimdall no grupo dos vanir. Tampouco sua brancura foi jamais explicada.

Heimdall parece ter uma certa conexão com localizações periféricas: nascido (se nós considerarmos que ele é de fato o assunto das estrofes do *Hyndluljód*, como eu acredito) nos "confins da terra", encontrando humanos em uma região costeira, estacionado no final do céu para montar guarda contra os gigantes. Esses lugares são todos, até certo ponto, regiões limítrofes: entre a terra e o mar, entre o mundo dos deuses e o dos gigantes. Tendo nascido "nos dias de outrora" também situa Heimdall em uma periferia temporal. A outra ação principal de Heimdall na mitologia envolve não um limite espacial, mas um temporal, a saber, seu soar da Gjallarhorn no início do Ragnarök. A principal fonte é o *Völuspá*, estância 46:

> Os filhos de Mím se divertem e a árvore do mundo treme
> Na velha Gjallarhorn.
> Ruidosamente sopra Heimdall, a trombeta está erguida,
> Odin está falando com a cabeça de Mím.

No *Gylfaginning*, Snorri parafraseia este verso e acrescenta a informação de que Heimdall sopra o Gjallarhorn a fim de despertar todos os deuses para uma reunião para lidar com as forças do caos que se aproximam.

Dentre todos os deuses, Heimdall possui a conexão mais próxima com um animal, a saber, o carneiro. De acordo com o *Skáldskaparmál*, uma forma de seu nome, Heimdali, é uma palavra para carneiro, e Heimdali e Hallinskídi aparecem nos thulur para carneiro.

Ver também Filhas de Ægir; Gjallarhorn; *Hyndluljód*; *Rígsthula*.

Referências e leituras complementares: Minha definição de abertura de Heimdall, acima, incorpora o título de um artigo de Jan de Vries ("Heimdallr, dieu énigmatique". *Études germaniques*, 10, 1955, p. 257-268) que tenta resolver o enigma através da etimologia: *Dall* significa algo como "energia espontânea" e foi o nome original do deus, *Heim*, "mundo", tendo sido adicionado mais tarde. Tanto quanto eu posso ver, esta etimologia não ganhou adeptos e não nos aproxima mais da solução do que a etimologia padrão, "Brilho-do-mundo", que contribuiu para todos os tipos de interpretações mitológicas da natureza. Igualmente a leitura de Hugo Pipping do nome como "árvore do mundo" em seu *Eddastudier* (Vol. 2: Studier i nordisk filologi, 17:3 (Helsinki: Mercator, 1926, p. 120-130)) não trouxe avanços. Duas dissertações de Lund examinaram Heimdall. A primeira foi aquela de Åke Ohlmarks (*Heimdalls Horn und Odins Auge: Studien zur nordischen und vergleichenden Religionsgeschichte* – Vol. 1: Heimdall und das Horn (Lund: C.W.K. Gleerup, 1937)), que usa metodologia suspeita para chegar a conclusões suspeitas. A segunda, apenas quatro anos depois, foi a de Birger Pering (*Heimdall*: Religionsgeschichtliche Untersuchungen zum Verständnis der altnordischen Götterwelt (Lund: C.W.K. Gleerup, 1941)), que argumentou que "guardião dos deuses" originalmente significava algo mais como um espírito familiar ou elfo doméstico. Georges Dumézil ("Comparative Remarks on the Scandinavian God Heimdallr". In: HAUGEN, E. (ed.). *Gods of the Ancient Northmen* (Berkeley/Los Angeles: University of California Press, 1973, p. 126-140)) argumenta por meio de um paralelo celta para as filhas de Ægir como a mãe de Heimdall. Kurt Schier ("Húsdrápa 2: Heimdall, Loki und die Meerniere". In: BIRKHAN, H. (ed.). *Festgabe für Otto Höfler zum 75. Geburtstag* (Viena: W. Braumuller, 1967, p. 577-588 [Philologica Germanica, 3])) encontra algum sentido a partir da estrofe no poema de Úlf sobre a luta entre Heimdall e Loki. M. Meyer ("Beiträge zur germanischen Mythologie". *Arkiv för nordisk filologi*, 23, 1907, p. 245-256 (esp. p. 250-256)) abordou a ideia de Heimdall como uma figura-limite. Rudolf Much ("Der nordische Widdergott". In: VOGT, W.H. (ed.). *Deutsche Islandforschung 1930* – Vol. 1: Kultur Veröffentlichungen der Schleswig-Holsteinischen Universitätsgesellschaft, 1928: 1 (Breslau: F. Hirt, 1930, p. 63-67)) apresentou o caso mais fundamentado ainda para Heimdall como carneiro. O artigo mais recente dedicado inteiramente a Heimdall é agora especialmente dedicado à questão dos dentes: SCHRÖDER, F.R. "Heimdall". *Beiträge zur Geschichte der deutschen Sprache und Literatur* (Tübingen), 89, 1967, p. 1-41. Ele fornece o contexto indo-europeu e mediterrâneo, mas não nos deixa mais perto de uma compreensão satisfatória dessa figura enigmática.

Hel

Regente do mundo dos mortos; filha de Loki e Angrboda, um dos três monstros que resultaram dessa união.

O *Grímnismál*, estância 31, relata a respeito das três raízes da árvore do mundo Yggdrasil. Hel vive sob uma das raízes, os gigantes de gelo vivem sob outra e os humanos vivem sob a terceira. A morada de Hel é frequentemente descrita como tendo um ou mais salões, todos rodeados por uma parede com um portão imponente chamado de formas variadas como Helgrind (Portão de Hel), Nágrind (Portão de Cadáveres) e Valgrind (Portão de Carniça). O caminho para lá é chamado de Helveg (Estrada para Hel), e muitos textos falam de morrer como dirigir-se a ou ser mantido por Hel.

O *Gylfaginning* de Snorri Sturluson relata como Odin previu os problemas que os três filhos monstruosos de Loki – a serpente de Midgard, Hel, e Fenrir, o lobo – viriam a causar. Ele fez com que os três fossem trazidos em sua presença, e cada um foi colocado em algum lugar relativamente seguro (embora o aprisionamento do lobo Fenrir não tenha sido realizado sem a perda da mão de Týr).

> Hel ele lançou em Niflheim [Mundo-nebuloso] e deu a ela o poder sobre nove mundos, que ela deveria hospedar todos aqueles que foram enviados para ela, e eles são aqueles que morrem de doença ou velhice. Ela possui uma grande residência ali, e as muralhas são extremamente altas e o portão é enorme. Éljudnir [Úmido-de-chuva] é o nome de seu salão, Fome é seu prato, Carestia sua faca, Ganglati seu garçom de serviço, Ganglöt sua dama de serviço, Pedra de tropeço é o limiar que conduz para dentro, Kör [Leito--de-convalescência] sua cama, Blíkjanda-böl [Infortúnio-pálido] suas cortinas de alcova. Ela é metade azul-escuro e metade cor de carne. Por esta razão ela é facilmente reconhecida e um tanto corcunda, mas sem dúvida feroz.

A maioria desses detalhes não é encontrada exceto nos trabalhos de Snorri, mas a noção de nove mundos não é incomum.

Quando a poesia mais antiga diz que as pessoas estão "em" em vez de "com" Hel, estamos claramente lidando com um lugar e não com uma pessoa, e essa é tomada como a concepção mais antiga. O lugar Hel (ou o substantivo *hel*) originalmente provavelmente significava apenas "túmulo". A personificação provavelmente veio mais tarde.

Ver também Angrboda; Loki.

Referências e leituras complementares: DAVIDSON, H.R.E. *The Road to Hel*: A Study of the Conception of the Dead in Old Norse Literature (Cambridge: Cambridge University Press, 1943).

Hermód

Filho (ou servo) de Odin, viajou para Hel para tentar restaurar a vida de Baldr.

A questão do *status* de Hermód (filho ou servo) é colocada pelo uso da expressão ambígua *sveinn Óðins*, "rapaz de Odin", no manuscrito principal da *Edda* de Snorri (os outros manuscritos apresentam "filho" explicitamente). Há também um corpo considerável de evidências sugerindo que Hermód pode ter sido primeiramente um herói humano em vez de um deus. Por exemplo, ele está ligado ao herói Sigmund no *Hyndluljód*, estância 2; ambos são recipientes de presentes de Odin. O *Hákonarmál*, estância 14, coloca-o no Valhöll, aguardando a chegada do recentemente derrotado Hákon o Bom. Ele é mencionado junto com Bragi, que pode ser o poeta humano Bragi e não um deus. De fato, Snorri nunca menciona Hermód em suas listas de æsir, embora muitas vezes ele pareça estar presente. Finalmente, há o herói cognato Heremod na tradição do inglês antigo, cujos pés estão firmemente na terra.

Se Hermód é servo de Odin, ele cumpre um papel semelhante ao de Skírnir, o criado de Frey, que foi encaminhado para o mundo dos gigantes para conseguir Gerd como esposa para Frey, e para o mundo dos anões a fim de conseguir destes o grilhão Gleipnir para aprisionar Fenrir. Se ele é filho de Odin, ele mantém o drama de Baldr dentro de um conjunto de irmãos: Baldr, a vítima; Höd, o assassino; Hermód, o retificador.

Em qualquer um dos casos, a jornada de Hermód para Hel é um dos contos mais pitorescos da mitologia escandinava, com muitos análogos na literatura de visão cristã medieval e nas lendas heroicas de todo o mundo. Ele cavalga nas costas do cavalo de Odin, Sleipnir; passa sobre o Rio Gjöll através da Gjallarbrú após ser desafiado por Módgud; salta sobre Helgrind, o portão para o complexo de Hel; e senta-se ao lado de seu irmão morto no salão de Hel. No dia seguinte, ele faz com que Hel concorde em libertar Baldr se toda a criação chorar (isso não acontece), e do mundo dos mortos ele traz consigo de volta aos deuses o anel de Odin, Draupnir, o qual havia sido queimado na pira de Baldr, assim como presentes de Nanna para Frigg.

Hermód é uma figura interessante, mas o mito não é sobre ele. É sobre Baldr e Höd, e são eles que retornam depois do Ragnarök.

Ver também Baldr; Gjallarbrú; Hel; Módgud.

Referências e leituras complementares: LINDOW, J. *Murder and Vengeance among the Gods*: Baldr in Scandinavian Mythology (Helsinki: Suomalainen Tiedeakatemia, 1997), cap. 4 [FF Communications, 262].

Hidromel da Poesia

Bebida inebriante que faz qualquer um que dela bebe um poeta ou estudioso.

O hidromel da poesia era, como muitas das coisas preciosas, originalmente produzido pelos anões, e como muitas outras coisas preciosas, os æsir o obtiveram dos gigantes. A estória é contada de forma mais completa na seção do *Skáldskaparmál* da *Edda* de Snorri Sturluson.

Como prova do fim das hostilidades entre eles, os æsir e os vanir misturaram sua saliva em uma tigela e, a partir dessa mistura, eles criam Kvasir, o mais sábio dentre todos os seres. Ele perambula por todo o mundo compartilhando de sua sabedoria, mas é morto por dois anões, Fjalar e Galar, que misturam seu sangue com mel e, no caldeirão Ódrerir, fermentam essa mistura para criar o hidromel da poesia. Então, os anões convidam o gigante Gilling e sua esposa para visitá-los. Eles matam Gilling virando o barco deste e matam sua esposa ao despejar uma pedra de moinho sobre a sua cabeça. O filho de Gilling, Suttung, procura uma compensação pela morte de seus pais e, quando ele abandona os anões em uma pedra em um assento que será coberto na maré alta, os anões dão a ele o hidromel da poesia. Suttung o coloca na montanha Hnitbjörg, armazenando-o em Ódrerir e em outros dois recipientes, Bodn e Són, sob os cuidados de sua filha Gunnlöd.

Odin parte para a terra dos gigantes chamando-se de Bölverk (Malfeitoria). Ele se aproxima dos nove escravos do gigante Baugi, irmão de Suttung, e arremessa uma pedra de amolar no ar. Enquanto os escravos correm para pegar a pedra de amolar, as foices que estão carregando se agitam por todos os lados e todos são mortos. Odin, em seguida, assume um posto sob o serviço de Baugi e concorda em fazer o trabalho dos nove escravos em troca de um gole do hidromel da poesia. Quando o salário deve ser pago, eles recorrem a Suttung, mas este se recusa a pagar. Odin produz uma broca chamada Rati

("Viajante" ou "Louco") e faz com que Baugi perfure um buraco no Hnitb-jörg. Eu agora deixarei Snorri continuar a estória:

> Então Baugi disse que ele havia cavado um buraco na montanha, mas Böl-verk assoprou no buraco cavado, e lascas de pedra voaram de volta para cima dele. E então ele descobriu que Baugi queria enganá-lo, e ele fez com que Baugi perfurasse a montanha. Baugi perfurou um pouco mais, e quan-do Bölverk soprou no buraco uma segunda vez, as lascas voaram para den-tro do buraco. Então Bölverk se transformou em uma cobra e se arrastou para dentro do buraco, e Baugi atacou-o com a broca, mas errou. Bölverk foi até onde Gunnlöd estava e dormiu com ela por três noites, e ela lhe deu três doses do hidromel. No primeiro gole ele bebeu tudo o que havia em Ódrerir, no segundo tudo o que havia em Bodn, no terceiro tudo o que havia em Són, e assim ele consumiu todo o hidromel. Então ele se transfor-mou em uma águia e voou o mais rápido que pôde, mas quando Suttung viu a águia voando, ele se transformou em uma águia e voou atrás dele. Mas quando os æsir viram aonde Odin estava voando, eles posicionaram o seu barril na parte dianteira, e quando Odin se aproximou de Ásgard, ele cus-piu o hidromel no barril. Mas Suttung estava tão perto de pegá-lo que ele mandou um pouco de hidromel pelas partes traseiras, e essa porção não foi salva. Todos que desejaram, receberam um pouco desse hidromel, e esse é chamado de "a parte dos maus poetas". Mas Odin deu o hidromel aos æsir e àqueles humanos que poderiam compor em verso.

O *Hávamál*, estâncias 13-14, parece se referir a esse mito:

> 13. A garça do esquecimento ela é chamada, que paira sobre cervejas,
> Rouba a mente das pessoas;
> Nas penas deste pássaro eu fui acorrentado
> Na casa de Gunnlöd.
> 14. Eu estava bêbado, eu estava muito saturado de bebida
> Visitando o sábio Fjalar;
> Aquela cerveja é a melhor que restaura
> Para cada homem sua mente.

Embora essas estâncias estejam entre outras que alertam sobre o consumo excessivo de bebida alcoólica, elas parecem aludir a alguma versão da estória em que Odin visitou Fjalar. Se houve tal versão, não deixou nenhum outro traço.

O *Hávamál* se refere explicitamente à aquisição do hidromel da poesia por Odin nas estâncias 104-110. Odin afirma que visitou Suttung (104) e que tomou um gole do hidromel de Gunnlöd (105).

106. A cabeça da broca que eu tinha cria um espaço para mim
E atravessou a rocha;
Acima e abaixo de mim estavam os caminhos dos gigantes;
Assim eu arrisquei minha cabeça.

Ódrerir "apareceu" no mundo dos homens (107), mas Odin não teria tido sucesso se não tivesse usado Gunnlöd (108). A próxima estância tem um incidente ausente na versão do mito em Snorri:

109. No dia seguinte os gigantes de gelo foram,
Para pedir conselho de Hár, no salão de Hár,
A respeito de Bölverk eles perguntaram, se ele havia chegado entre os deuses,
Ou se Suttung o teria matado.

A estrofe 110 termina essa seção relatando que "Odin deixou Suttung enganado e fez Gunnlöd chorar".

Além da busca dos gigantes por Bölverk no salão de Odin, essa versão também difere da de Snorri, pois Ódrerir parece aqui ser o próprio hidromel, em vez de um recipiente em que o hidromel era mantido. Também não há nessa versão menção a Baugi, que é encontrado apenas na narrativa de Snorri. É possível que ambas as diferenças tenham a ver com as (erradas) interpretações de Snorri relativas às estâncias do *Hávamál*. As estâncias do Hávamál não apresentam a mudança de forma de maneira explícita, e elas deixam de fora a perseguição de Odin por Suttung, assim como a porção do hidromel urinada para os maus poetas.

O hidromel da poesia é um dos bens mais valiosos dos deuses, pois a sabedoria tendia a ser codificada em verso; de fato, Snorri diz na *Ynglinga saga* que Odin falava apenas em verso. As canções mágicas que ele obtém no *Hávamál* também são claramente relevantes para o hidromel que faz de alguém um mestre da poesia.

Ver também Baugi; Gunnlöd; Suttung.

Referências e leituras complementares: Georges Dumézil estava interessado no hidromel da poesia em seu contexto indo-europeu desde a época de uma de suas primeiras publicações na década de 1920. No capítulo 1 de seu *Gods of the Ancient Northmen* (Berkeley/Los Angeles: University of California Press, 1973) [Ed. de Einar Haugen] Dumézil integra essa estória na questão maior da incorporação dos æsir e vanir em um único grupo. A versão da estória de Snorri é explorada por Roberta Frank ("Snorri and the Mead of Poetry". In: DRONKE, U.; HELGADÓTTIR, G.P.; WEBER, G.W. & NIELSEN, H.-B. (eds.). *Speculum Norroenum*: Norse Studies in Memory of Gabriel Turville-Petre. ([Odense:] Odense University Press, 1981, p. 155-170)). Dois outros artigos interessantes, ainda que especulativos, são: HAMEL, A.G. "The Mastering of the Mead". *Studia Germanica tillägnade Ernst Albin Kock den 6 december 1934* (Lund: C. Blom, 1934, p. 76-85). • STEPHENS, J. "The Mead of Poetry: Myth and Metaphor". *Neophilologus*, 56, 1972, p. 259-268. Um livro sobre o papel mítico de bebidas intoxicantes em geral é DOHT, R. *Der Rauschtrank im germanischen Mythos* (Vienna: K.M. Halosar, 1974).

Hildisvíni (Porco-de-batalha)

O javali de Freyja (ou seu amante, ou seu protegido).

Hildisvíni é conhecido apenas a partir da estância 7 do *Hyndluljód*. Freyja está conversando com a giganta Hyndla, e a giganta acusa Freyja de ter seu marido junto com ela em uma viagem a Valhöll. Freyja responde:

> Você está enganada, Hyndla, eu acho que você está sonhando,
> Quando você diz que meu marido está comigo em uma viagem ao Valhöll,
> Onde um javali dourado brilha, com pelagem dourada,
> Hildisvíni, que eles fizeram para mim, habilidosamente,
> Dois anões, Dain e Nabbi.

O "marido" em questão não é de modo algum o marido de Freyja, mas sim Óttar, um humano que ela trouxe consigo para aprender sua genealogia. Alguns tradutores usam "amante" para o substantivo em questão, que significa literalmente "homem". O relacionamento de Freyja e Óttar é misterioso, embora o poema deixe claro que Freyja o favorece porque ele a adorou. Se ele aparece nesta estância na forma de um javali, talvez seja porque Freyja o tenha transformado. Hildisvíni não é mencionado em nenhum outro lugar.

Ver também Freyja; Gullinborsti; *Hyndluljód.*

Himinbjörg (Montanha-celeste)

Moradia de Heimdall.

O *Grímnismál*, estância 13, que faz parte da lista de moradas divinas vistas por Odin enquanto ele está pendurado no fogo de Geirröd, é a principal fonte:

> Himinbjörg é o oitavo, lá eles ainda dizem que Heimdall
> Governa os lugares de culto;
> Lá o guardião dos deuses bebe no salão pacífico,
> Feliz, o bom hidromel.

Snorri cita este verso ao descrever Heimdall em seu *Gylfaginning*. Parafraseando este trecho, Snorri escreve que Heimdall "mora em Himinbjörg próximo de Bilröst. Ele é o guardião dos deuses e fica sentado lá no final do céu para guardar a ponte contra investidas dos gigantes das montanhas". Embora a ponte dos æsir leve à fonte, que presumivelmente está no centro da morada dos deuses, a noção de Snorri de Bilröst como o arco-íris pode tê-lo levado a colocar Himinbjörg no fim do céu. Tal concepção é, no entanto, consistente com a noção de Heimdall como uma figura limítrofe.

Ver também Bilröst; Heimdall.

Hjadningavíg (Batalha-dos-seguidores-de-Hedin)

Combate eterno de guerreiros, incitado por Freyja e finalizado apenas através da santidade de Olaf Tryggvason.

A versão mais completa da estória está presente no *Sörla tháttr*. Freyja obteve um lindo colar (o Brísinga men?) ao ter dormido com quatro anões vizinhos, mas sob as ordens de Odin Loki roubou o objeto. Quando Freyja desperta e sente falta do colar, ela confronta Odin, que diz a ela que só poderá recuperá-lo cumprindo uma condição bastante estranha: ela produzir dois reis, cada um deles sendo servido por 20 reis, criarem uma discórdia entre si e se envolver em uma batalha que em virtude de encantos e magia continuará sem fim, a menos que seja interrompida por um cristão que serve a um grande rei.

Embora nós nunca mais vejamos Freyja ou Odin no texto, essa condição é satisfeita quando dois grandes reis, Hedin e Högni, geram entre si uma discórdia no momento em que Hedin sequestra a filha de Högni, Hild. Ele realiza tal feito em virtude das maquinações de Göndul, uma mulher que senta em um trono em uma clareira em meio a uma floresta escura e dá ao rei uma poção mágica para beber, o que perturba seu julgamento. Em outros lugares, Göndul é um nome de valquíria, e uma audiência medieval poderia muito bem ter reconhecido uma associação entre este nome e a palavra *gandr*, "mágica". Os dois exércitos se encontram em uma ilha, e a cada dia e cada noite eles lutam, por 143 anos. Se a cabeça de alguém é arrancada de seus ombros, imediatamente ele fica curado e a batalha continua. Somente a chegada e intervenção de Ívarr ljómi (Clarão), um lugar-tenente de Olaf Tryggvason, encerra a batalha, um fim que é bem recebido pelos guerreiros cansados, que sabem que foram vítimas de feitiços mágicos.

Embora seja de interesse por si só, na minha opinião, o *Hjadningavíg* é mais valioso no contexto da mitologia escandinava por lançar uma sombra sobre a vida do einherjar no Valhöll. Aquela vida é apresentada como totalmente positiva, mas a interminável batalha dos Hjadningar é totalmente negativa. Isso tem a ver em parte com a visão no *Sörla tháttr* em relação aos deuses pagãos: Odin é um soberano imperioso que cobiça as posses de seus súditos, Loki é um bajulador e um ladrão, e Freyja vende seu corpo em troca de uma peça de joalheria. Isso é mais facilmente explicado como uma visão pós-pagã, mas a situação é mais complicada do que isso. Em primeiro lugar, a estória também foi contada por Bragi Boddason o Velho, reconhecidamente o primeiro skald, em seu *Ragnarsdrápa* (estâncias 7-12), e em sua versão uma mulher continua a batalha perambulando e curando as feridas dos homens. Essa mulher é decididamente má. Quando Snorri descreve o Hjadningavíg no *Skáldskaparmál*, ele afirma que Hild desperta os guerreiros mortos a cada noite para que eles possam guerrear no dia seguinte, e esse é um paralelo direto à sua apresentação da vida no Valhöll. Snorri afirma que o Hjadningavíg continuará até a vinda do Ragnarök. Eu acredito que a semelhança entre o Hjadningavíg e a vida no Valhöll aponta para o vazio de uma vida entregue a batalhas e banquetes, um vazio, eu acrescentaria, que é confirmado quando os einherjar provam ser úteis durante o Ragnarök, quando o mundo todo é destruído.

Ver também Brísinga men; Einherjar; Freyja; Loki; Valhöll.

Referências e leituras complementares: No padrão aflitivamente familiar de encontrar fontes estrangeiras, Niels Lukman propôs um anuário irlandês para o *Sörla tháttr* e outros textos que tratam do Hjadningavíg em "An Irish Source and Some Icelandic *fornaldarsögur*". *Mediaeval Scandinavia*, 10, 1977, p. 41-57. Pelo menos Magnus Olsen observou uma fonte nativa, o poema memorial de Hallfred vandrædaskáld para Olaf Tryggvason: "Hjadningekampen og Hallfreds arvedraapa over Olaf Tryggvason". *Heidersskrift til Marius Hægstad fra venner og æresveinar 15 de juli 1925* (Oslo: O. Norli, 1925, p. 23-33). Otto Höfler (*Germanisches Sakralkönigtum* – Vol. 1: Der Runenstein von Rök und die germanische Individualweihe (Tübingen: M. Niemeyer, 1952)) associou as tradições de Hjadningavíg e einherjar com um culto guerreiro extático a Odin e à Caça Selvagem.

Hlidskjálf

O alto trono de Odin, com vista para todos os mundos.

Apesar de alguns skald chamarem Odin de "Senhor de Hlidskjálf", Hlidskjálf não aparece de outra maneira na poesia. Ele é, no entanto, crucial para dois poemas éddicos, o *Grímnismál* e o *Skírnismál*, cada um dos quais menciona o Hlidskjálf no respectivo cabeçalho em prosa. No cabeçalho em prosa para o *Grímnismál*, Odin e Frigg estão sentados no Hlidskjálf e observam seus filhos adotivos, Agnar e Geirröd, um dos quais vive em uma caverna, o outro, é um rei. Frigg e Odin fazem uma aposta sobre se Geirröd é mesquinho com comida, e Odin parte para testar a premissa. No *Skírnismál* é Frey quem se assenta no Hlidskjálf e avista algo que põe em movimento toda uma narrativa, a saber, os belos braços de Gerd, que o deixam apaixonado. Frey envia Skírnir para seduzir a giganta em seu nome.

No *Gylfaginning*, Snorri Sturluson diz que há um lugar ou propriedade chamada Hlidskjálf, e quando Alfödr sentou no alto trono nesse local, "ele viu todos os mundos e o comportamento de cada pessoa e compreendeu todas as coisas que viu". Embora essa afirmação faça parecer que o Hlidskjálf seja de fato o Valhöll em vez de um assento, mais tarde no *Gylfaginning* Snorri refere-se explicitamente ao Hlidskjálf como o trono elevado. O uso fatídico de Frey do assento é mencionado em conexão com a corte de Gerd, mas a única vez que Odin realmente o usa é para localizar Loki depois que ele fugiu da cena do assassinato de Baldr.

O nome Hlidskjálf parece significar algo como "banco-do-batente-de-porta" ou talvez "torre-de-vigia".

Ver também Baldr; *Grímnismál*; Loki.

Referências e leituras complementares: Em um argumento interessante, Vilhelm Kiil ("Hliðskjálf og seiðhjallr". *Arkiv för nordisk filologi*, 75, 1960, p. 84-112) justapôs Hlidskjálf com o estrado elevado sobre o qual *performances* de seid – tentativas de ver através de outros mundos – eram aparentemente realizadas.

Hlín

Deusa menor; possível nome de Frigg.

Snorri apresenta Hlín em décimo segundo lugar em seu catálogo de deusas entre os æsir no *Gylfaginning* e diz: "Ela é colocada para vigiar aquelas pessoas que Frigg deseja proteger de algum perigo. Por essa razão, há um provérbio de que aquele que foge *hleinir* ('protege'?)". O nome é comum como uma palavra-base para mulher nos kenningar na poesia escáldica. O *Völuspá*, estrofe 53, diz que a segunda tristeza de Hlín ocorrerá quando Odin for lutar contra o lobo em Ragnarök, e o brilhante matador de Beli (ou seja, Frey) partir contra Surt; "então a alegria de Frigg perecerá". Se Hlín é Frigg, sua primeira tristeza teria sido a morte de Baldr.

Hlóra

Mãe adotiva de Thor, segundo Snorri Sturluson no *Skáldskaparmál*.

Nenhuma outra fonte menciona o nome, embora pareça ser semelhante ao nome de Thor, Hlór(r)idi.

Hlórridi

Nome alternativo de Thor, encontrado na poesia éddica.

Hlórridi é o nome alternativo mais comum assumido pelo deus Thor. Ele é encontrado no *Hymiskvida*, no *Lokasenna* e no *Thrymskvida*, e também no verso de um skald mais antigo. O nome parece querer significar algo como "cavaleiro-barulhento", mas o significado e a etimologia são controversos.

Hnoss (Tesouro)

Filha de Freyja e Ód, de acordo com a *Edda* de Snorri Sturluson e de acordo com um dos thulur.

No *Gylfaginning*, Snorri diz que Hnoss é tão linda que, por causa do nome dela, coisas que são bonitas e preciosas são conhecidas como *hnossir* (pl.). Hnoss é de fato um substantivo comum, mas a relação entre este substantivo e a filha de Freyja é o oposto daquilo que Snorri afirmou: Hnoss não aparece em nenhum mito, mas Snorri repete no *Skáldskaparmál* que "mãe de Hnoss" é um kenning válido para Freyja.

Höd

O assassino de Baldr, o filho cego de Odin.

O papel de Höd na morte de Baldr é encontrado na estância 32 na versão do *Codex Regius* do *Völuspá* em três palavras: "Höd realizou o tiro". No *Baldrs draumar*, estância 11, Odin pergunta à vidente quem matará Baldr. Ela responde:

> Höd levará a alta árvore de louvor [Baldr] para lá.
> Ele será a morte de Baldr
> E o filho de Odin ele privará de sua vida.

Nenhuma dessas estâncias afirma coisa alguma a respeito de Höd ser cego, ou de Loki desempenhar qualquer papel na morte de Baldr. Essa, no entanto, é a maneira como Snorri Sturluson apresenta o caso no *Gylfaginning*, na versão mais conhecida da estória. Em resposta a seus pesadelos, Baldr foi transformado em um ser invencível, e todos os deuses o estão honrando na medida em que arremessam armas nele. Loki descobre então que o visco não fez o juramento de não causar danos a Baldr, e ele produz uma lança a partir do visco.

> E Höd ficou do lado de fora do círculo, porque era cego. Então Loki disse a ele: "Por que você não está atirando em Baldr?" Ele responde: "Porque eu não posso ver onde está Baldr, e também porque eu não tenho nenhuma arma". Então Loki disse a ele: "Faça como os outros e honre Baldr como também os demais fazem. Eu vou te mostrar onde Baldr se encontra; atire esse pedaço de pau nele". Höd pegou o visco e atirou em Baldr seguindo o direcionamento dado por Loki. O tiro voou através de Baldr, e ele caiu morto na terra.

Nas *Gesta Danorum* de Saxo Grammaticus, a figura cognata a Höd, Høtherus, é um rei humano que, do mesmo modo como o semideus Balderus, se apaixonou por Nanna. Høtherus e um aliado confrontam Balderus e os deuses em uma batalha no mar e alcançam a vitória quando Høtherus corta a empunhadura do martelo de Thor, a principal arma dos deuses, com sua espada mágica. Høtherus então se casa com Nanna. Em uma batalha subsequente, Balderus derrota o rei humano. Balderus é atormentado por sonhos de sua desejada Nanna. Høtherus é agora escolhido como o rei dos dinamarqueses, mas na sua ausência os dinamarqueses votam novamente, e desta vez escolhem Balderus. Em uma batalha subsequente, Høtherus é posto em fuga. Em sua batalha final, ele golpeia Balderus de uma ferida fatal. Aqui, novamente, não há cegueira nem assassinato acidental.

O nome Höd parece claramente significar "batalha", que se encaixaria melhor na versão da história de Saxo do que a de Snorri. Em qualquer caso, acidental ou não, a morte de Baldr precisa ser vingada, e tanto o *Völuspá* quanto o *Baldrs draumar* também concordam que a vingança foi realizada em Höd. Logo depois de dizer que Höd atirou, a vidente que fala no *Völuspá* acrescenta estas linhas:

> O irmão de Baldr nasceu rapidamente;
> Aquele filho de Odin morreu quando ele tinha uma noite de idade.
> 33. Ele não lavou as suas mãos nem penteou a sua cabeça,
> Até que ele carregou para a pira o adversário de Baldr.
> Frigg ainda chora em Fensalir a desgraça de Valhöll.

Da mesma forma, no *Baldrs draumar*, Odin pergunta à vidente quem vingará Baldr, e ela responde com outra versão das linhas citadas acima. E Saxo tem uma história elaborada de como Odin gesta o vingador Bous em Rinda (Rind). No *Gylfaginning*, Snorri conta como os deuses se vingam de Loki, mas ficam em silêncio em relação a Höd. No entanto, no *Skáldskaparmál* ele apresenta os seguintes kenningar para Váli: "filho de Odin e Rind", "deus vingador de Baldr", "inimigo de Höd e seu assassino". Claramente, a reticência de Snorri no *Gylfaginning* tem a ver com apresentar Höd como cego e vítima das enganações de Loki.

Höd, no entanto, como o vingador Váli, é um dos æsir que sobreviverá ao Ragnarök e repovoará o cosmos purgado. Dentre os æsir, três pares de irmãos sobrevivem a Ragnarök: os filhos de Thor, Magni e Módi, os filhos vingadores de Odin, Vídar e Váli, e Baldr e Höd.

Ver também Baldr; Magni; Módi; Ragnarök; Váli, Filho de Odin; Vídar.

Referências e leituras complementares: John Lindow (*Murder and Vengeance among the Gods*: Baldr in Scandinavian Mythology (Helsinki: Suomalainen Tiedeakatemia, 1997, cap. 2) [FF Communications, 262] discute a academia referente a Höd. Veja também as leituras sugeridas na entrada de Baldr.

Hœnir

Deus enigmático, envolvido com momentos importantes da mitologia como a Guerra Æsir-Vanir, a criação de seres humanos e o Ragnarök.

As estâncias 17-18 do *Völuspá* falam da criação dos primeiros humanos, Ask e Embla, que foram encontrados sendo capazes de fazer poucas coisas e sem destino. Odin, Hœnir e Lódur os dotam com as várias qualidades que precisam para viver. O presente de Hœnir é *óð*, que normalmente significa "poesia" e é de fato idêntico à primeira sílaba do nome de Odin e com a do deus sombrio Ód. Em sua versão da criação de humanos no *Gylfaginning*, entretanto, Snorri refere-se a inteligência e movimento ou possivelmente a emoção neste ponto, e, portanto, alguns observadores consideram que *óð* possa ter esse significado quando Hœnir o oferece aos proto-humanos. No entanto, Snorri afirma que os criadores dos humanos eram os filhos de Bor, e não há razão para pensar que esse grupo incluía Hœnir. O que ele deu ao primeiro homem e à primeira mulher deve, assim, permanecer um mistério, mas sendo poesia, devemos imaginar uma conexão muito próxima entre Odin e Hœnir.

Há também uma conexão próxima com o Loki. O poema *Haustlöng* de Thjódólf de Hvin, um dos mais antigos poemas escáldicos, refere-se a Loki duas vezes como "amigo de Hœnir" e uma vez como "o testador da coragem de Hœnir". O mito que Thjódólf está contando é aquele do encontro de Odin, Loki e Hœnir com Thjazi, e os três também viajam juntos no episódio em lenda heroica a respeito do wergild (compensação) pelo assassinato de Otr. Lá, como no mito a respeito de Thjazi, Loki é o ator principal, mas a presença de Hœnir como um dos três membros das tríades de deuses viajantes parece bastante constante.

De acordo com a estória de Snorri a respeito dos acordos firmados entre as partes após a guerra entre os Æsir e os Vanir na *Ynglinga saga*, capítulo 4, Hœnir foi enviado pelos æsir para os vanir juntamente com Mímir como parte da troca de reféns (homens trocados como penhor de boa-fé). Hœnir parecia ter as qualidades de um chefe guerreiro e os vanir imediatamente o empregaram nessa capacidade. Mas Hœnir baseava-se exclusivamente nos conselhos de Mímir e, quando Mímir não estava presente, Hœnir respondia às perguntas dizendo: "Deixem que os outros decidam". Os vanir deduziram, portanto, que haviam sido enganados, decapitaram Mímir e mandaram a sua cabeça para Odin, que a preservou e passou a ouvir as coisas ocultas que a cabeça tinha para lhe dizer. Assim, Hœnir acabou se tornando, indiretamente, pelo menos, um contribuinte para o arsenal de técnicas de Odin para adquirir e dominar a sabedoria.

Em sua maior parte, os sobreviventes do Ragnarök são pares de deuses da segunda geração: Baldr e Höd, Magni e Módi, Vídar e Váli. Mas o *Völuspá*, estância 63, acrescenta Hœnir à lista. A linha em questão diz que depois de campos sem cultivo darem frutos e Baldr e Höd retornarem, Hœnir foi capaz de escolher *hlautvið*, o que parece significar algo como "sortes de madeira" ("sorte" como em "lançar a sorte"). Se assim for, a linha deve significar que Hœnir sobreviveu ao Ragnarök e levou consigo algum tipo de adivinhação; alguns observadores entendem a linha como se referindo a funções sacerdotais de algum tipo. Snorri omite Hœnir de seu relato a respeito do Ragnarök e de seu catálogo dos æsir no *Gylfaginning*, mas ele diz que Njörd foi trocado por Hœnir no acordo firmado entre "os deuses e os vanir". Snorri apresenta Hœnir no banquete de Ægir no início do *Skáldskaparmál*, no entanto, de modo que ele não pode ter pensado que Hœnir havia permanecido entre os vanir. Mais tarde, no *Skáldskaparmál*, Snorri menciona possíveis kenningar para Hœnir, e estes são realmente estranhos: "deus veloz", "perna longa", "rei da lama". Dentre esses kenningar surgiu alguma especulação associando Hœnir com tais pássaros como o grou ou a cegonha, mas tal suposição dificilmente pode ser alinhada com seu papel real na mitologia. Lá, sua característica saliente parece ser uma conexão próxima com Odin.

Ver também Guerra Æsir-Vanir; Ragnarök.

Referências e leituras complementares: Bror Schnittger ("Storken som livsbringare i våra fäders tro". *Fornvännen*, 11, 1916, p. 104-118) considerou Hœnir como sendo uma cegonha, Eric Elgqvist ("Guden Höner". *Arkiv för nordisk filologi*, 72, 1957, p. 155-172) considerou-o como um grou e Folke Ström ("Guden Hoenir och odensvalan". *Arv* 12, 1956, p. 41-68 (resumo em inglês)) considerou Hœnir uma cegonha-preta. A conexão com Odin é discutida com maior habilidade em SCHRÖDER, F.R. "Hoenir, eine mythologische Untersuchung". *Beiträge zur Geschichte der deutschen Sprache und Literatur*, 1918, p. 219-252.

Hörn

Nome de Freyja.

Snorri afirma no *Gylfaginning* que Freyja tem muitos nomes porque ela assumiu nomes diferentes entre os vários povos que encontrou quando foi procurar por seu marido desaparecido, Ód. Hörn aparece frequentemente como uma palavra-base para kenningar referente às mulheres na poesia escáldica, e um kenning realmente equipara o nome com Freyja: "Louvado filho de Hörn" para um machado valioso, um objeto precioso, isto é, um *hnoss*, que é o nome da filha de Freyja. Geralmente, o significado do nome é considerado como relacionado à palavra para linho.

O que torna o nome Hörn ainda mais interessante é sua aparição em nomes de lugares como o sueco Härnevi, que representaria um local de culto para Hörn.

Ver também Freyja.

Referências e leituras complementares: A respeito dos nomes de lugares, ver OLSEN, M. "Hærnevi: En gammel svensk og norsk gudinde". *Norske videnskaps--akademi i Oslo, forhandlinger i videnskabs-selskabet i Christiania*, 6, 1908, p. 1-18. • LUNDBERG, O. & SPERBER, H. *Härnevi*. Uppsala universitets årsskrift, 1911, p. 1. • *Meddelanden från nordiska seminariet*, 4 (Uppsala: Akademiska boktryckeriet, 1912). Gunnar Knudsen criou a frase "nomes de lugares pseudoteofóricos" a fim de se referir aos espaços erroneamente associados a atividades de culto e incluiu Härnevi como seu exemplo principal: "Pseudotheofore stednavne". *Namn och bygd* 27, 1939, p. 105-115.

Hræsvelg

Gigante, originador do vento.

Hræsvelg é o tema de uma pergunta que Odin coloca ao sábio gigante Vafthrúdnir em sua competição de sabedoria: "De onde vem o vento, / para que ele viaje sobre a onda; / até os homens raramente o veem" (*Vafthrúdnismál*, estância 36). O gigante responde na seguinte estância:

> Ele é chamado Hræsvelg,
> que se senta no final do céu
> um gigante em forma de águia;
> das suas asas
> eles dizem que o vento vem
> sobre todas as pessoas.

Snorri conhecia esta estância. Ele parafraseou e citou ela no *Gylfaginning* quando ele apresenta Hár a responder à pergunta de Gangleri: "De onde vem o vento?" Snorri acrescentou o detalhe de que o gigante estava assentado no extremo norte do céu e que os ventos se originavam debaixo das asas da gigante águia, quando ele as expandia a fim de voar.

Hræsvelg é geralmente entendido como "engolidor de cadáveres", que seria um nome apropriado tanto para uma águia quanto para um gigante, mesmo que não tenha nada a ver com o vento. Jón Hnefill Aðalsteinsson compreende o nome como "Corrente-de-naufrágios", que estaria em concordância mais diretamente com o vento se movendo sobre o mar.

Referências e leituras complementares: AÐALSTEINSSON, J.H. "Gods and Giants in Old Norse Mythology". *Temenos*, 26, 1990 [reimpresso como "Hræsvelgr, the Wind-Giant, Reinterpreted"]. In: AÐALSTEINSSON, J.H. *A Piece of Horse Liver*: Myth, Ritual, and Folklore in Old Icelandic Sources (Reykjavík: Háskólaútgáfan, 1998, p. 13-32).

Hraudung

Rei humano, pai de Agnar e Geirröd de acordo com o cabeçalho em prosa para o *Grímnismál*.

O nome, se não a pessoa, aparece em vários outros contextos associados antes à lenda heroica do que ao contexto do mito. Curiosamente, também é atestado como um nome de gigante, provavelmente porque significa algo como "destruidor".

Hrímfaxi

Cavalo que puxa Nótt (Noite), de acordo com *Vafthrúdnismál*, estância 14, e Snorri Sturluson, que parafraseia a estrofe em *Gylfaginning*.

A estância 14 responde a uma pergunta feita por Odin a Vafthrúdnir na estância 13: "Que cavalo puxa Nótt [através do céu]?"

> Hrímfaxi ele é nomeado, que puxa cada
> Noite para os poderes úteis;
> Gotas-de-freio [de espuma] ele deixa cair todas as manhãs
> Daí vem o orvalho nos vales.

Ver também Nótt; Skínfaxi; *Vafthrúdnismál*.

Hrímgrímnir (Mascarado-de-geada)

Gigante invocado na ameaça que Skírnir faz a Gerd para convencê-la a se casar com Frey. A passagem inteira é emocionante, então eu cito na íntegra:

> 33. Odin está enfurecido com você, o príncipe dos æsir [Thor] está
> enfurecido com você,
> Frey vai te odiar,
> Você garota escandalosamente perversa, você ainda tem
> A raiva poderosa dos deuses.
> 34. Que os gigantes escutem, que os gigantes de gelo ouçam,
> Os filhos de Suttung, membros dos æsir,
> Como eu proíbo, como eu proscrevo
> Alegria dos homens para a donzela virgem,
> Uso de homens para a donzela virgem.
> 35. Hrímgrímnir é o nome do gigante que te possuirá,
> Bem abaixo de Nágrind [o portão para o reino de Hel].
> Ali permitir desgraças nas raízes da árvore
> Te dar urina de cabra.
> Uma bebida melhor você nunca conseguirá,
> Donzela, da sua boca
> Donzela, para a sua boca.
> 36. Thurs [Gigante] eu esculpi para você e três bastões
> *Ergi* [perversão sexual] e loucura e impaciência;
> Então eu posso apagar, como eu esculpi,
> Se necessário.

Neste ponto, Gerd capitula e o casamento é arranjado.

É claro que Hrímgrímnir (cujo nome está incluído nos thulur para gigantes, mas não é encontrado em nenhum outro lugar) é parte de algo maior. Se ela não se casar com Frey, Gerd deve negar todo o intercurso sexual comum, e isso é claro (estância 34). Mas as consequências dessa negação são sociais. Apesar de ter sido casada (ou talvez eu deva dizer acasalada), ela viverá em exílio social, seu vinho não virou água, mas para algo muito pior (estância 35). E tudo isso tem um componente mental também (estância 36). Não admira que ela tenha mudado de ideia.

Ver também Frey; Gerd.

Referências e leituras complementares: A respeito da maldição de Skírnir de modo geral, ver HARRIS, J. "Cursing with the Thistle: *Skírnismál* 31, 6-8, and OE Metrical Charm 9, 16-17". *Neuphilologische Mitteilungen*, 76, 1975, p. 26-33.

Hringhorni (Chifre-de-anel)

A embarcação fúnebre de Baldr, de acordo com Snorri Sturluson no *Gylfaginning*.

Os deuses foram incapazes de lançar a embarcação e pediram a ajuda da giganta Hyrrokkin. Ela lançou a embarcação por cima dos rolos com tanta força que chamas surgiram e a terra tremeu. Presumivelmente, com o lançamento da embarcação, Snorri pretendia se referir a uma cremação flutuante, como ela é descrita em algumas obras de literatura heroica.

O nome do navio poderia se referir a um anel ou círculo na proa, como o que foi encontrado na embarcação de Oseberg, uma embarcação fúnebre enterrada perto do fiorde de Oslo durante o nono século.

Ver também Baldr; Hyrrokkin.

Referências e leituras complementares: Em meu *Murder and Vengeance among the Gods*: Baldr in Scandinavian Mythology (Helsinki: Suomalainen Tiedeakatemia, 1997, cap. 3 [FF Communications, 262]) eu discuto as evidências relacionadas a funerais flutuantes.

Hródvitnir

Lobo, pai de Hati, provavelmente Fenrir.

Parafraseando o *Grímnismál*, Snorri Sturluson escreve no *Gylfaginning* de sua *Edda* que Hati Hródvitnisson (filho de Hródvitnir) irá engolir a lua. A identificação com Fenrir vem do *Lokasenna*, estância 39. Loki acaba de lembrar Týr que Fenrir arrancou sua mão. Týr responde:

> Eu careço da minha mão e você não carece de Hródvitnir;
> Uma perda perniciosa para cada um.
> Nem o lobo se encontra em boa situação, quem em grilhões
> Aguarda o julgamento dos deuses.

O nome Hródvitnir (ou Hródrsvitnir, outra forma do nome) significa algo como "lobo famoso".

Ver também Fenrir; Hati Hródvitnisson; Máni; Sól; Týr.

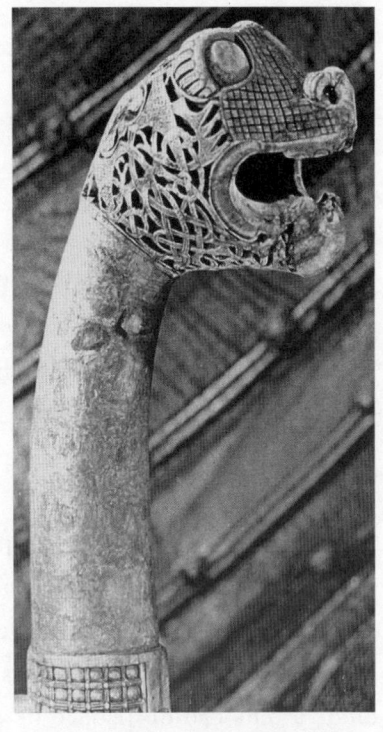

Poste de cabeça de dragão da inumação em embarcação de Oseberg. (Werner Forman/Art Resource)

Hropt

Nome alternativo para Odin, talvez o mais comumente encontrado na poesia escáldica e éddica.

O significado deste nome é bastante disputado, mas alguns observadores acham que há uma conexão com a atividade erótica de Odin, especialmente sua sedução de Rind, de modo a gerar um vingador para Baldr. A melhor evidência para essa suposição é o fato de que no Livro 3 das *Gesta Danorum* de Saxo, que descreve essa sedução, Odin toma o nome de Rofterus (no Livro 9 ele usa o nome similar Roftarus quando cura Siwardus [Sigurd], de tal maneira que isso lhe resultará no apelido de "cobra-no-olho").

Ver também Odin; Rind.

Referências e leituras complementares: Magnus Olsen ("En iagttagelse ved-kommende Balder-diktningen". *Studier tillägnade Axel Kock, tidskriftens redaktör, 1888-1925* (Lund: C.W.K. Gleerup, p. 169-177 [Arkiv för nordisk filologi, 40, suplemento])) argumentou em favor da conexão com a sedução de Rind.

Hrungnir

O mais forte dos gigantes, derrotado por Thor em um duelo formal.

O mito é preservado no *Haustlöng*, estâncias 14-20, do skald Thjódólf de Hvin, e no *Skáldskaparmál*, da *Edda* de Snorri. Como relata Snorri, há quatro cenas: o primeiro encontro de Odin com Hrungnir, a jornada de Thor para o duelo, o duelo em si e as consequências. Thjódólf retrata apenas as duas cenas do meio, apesar de sugerir a última. As estâncias 14 a 16 do *Haustlöng* descrevem a jornada de Thor até o duelo na medida que todo o cosmos reage – as montanhas tremem e a terra está em chamas. As estâncias de 17 a 19 falam da do gigante de pé sobre seu escudo e de armas voando umas em direção às outras, o martelo de Thor e a pedra de amolar do gigante. Na estrofe 20, Thjódólf alude à remoção do pedaço de pedra de amolar da cabeça de Thor, mas não somos informados de nada mais.

De acordo com Snorri, o início da estória acontece quando Odin está cavalgando Sleipnir e encontra o gigante Hrungnir montado sobre Gullfaxi (Crina-dourada). Eles trocam palavras, e logo Hrungnir está perseguindo Odin com uma raiva gigantesca. Ele cavalga até Ásgard, onde os deuses são obrigados a dar hospitalidade. Bêbado, o gigante se gaba de que ele irá mover o Valhöll para a terra dos gigantes e matar todos os gigantes, exceto Freyja e Sif, que ele manterá para si mesmo. Os deuses chamam Thor, mas como Hrungnir é um convidado, nenhum golpe pode ser trocado. Os dois, portanto, concordam com um duelo, a ser realizado em Grjótúnargard (Cercado-de-fazenda-de-pedra). Os gigantes, especialmente, percebem que o duelo é importante, pois Hrungnir é o mais forte dentre eles.

A cena da viagem é altamente atenuada no *Skáldskaparmál*. Thor chega ao duelo com Thjálfi, o qual não aparece na versão de Thjódólf. Do mesmo modo, não aparece o monstro de barro Mökkurkálfi (Bezerro-de-neblina), que os gigantes construíram para ser o segundo de Hrungnir e que está equipado com o coração de uma égua. Mökkurkálfi não é muito útil, no entanto; ele se molha à vista de Thor e é facilmente morto por Thjálfi. A grande contribuição de Thjálfi é dizer a Hrungnir que Thor atacará de baixo. O gigante está de pé sobre seu escudo e, portanto, não pode usá-lo para se proteger contra o martelo Mjöllnir. Thor arremessa seu martelo e o gigante arremessa sua pedra de amolar em seu contragolpe. As armas se encontram em meio ao voo. O martelo quebra a pedra de amolar e encontra seu alvo, matando Hrungnir, mas um pedaço da pedra de amolar se aloja na cabeça de Thor. Ele fica preso sob o corpo de Hrungnir até que seu filho de três anos Magni (três noites de idade, de acordo com alguns manuscritos da *Edda* de Snorri!) o levanta, dizendo que ele poderia ter matado o gigante facilmente.

Thor é visitado pela vidente Gróa, que deve encantar a pedra de amolar para fora de sua cabeça. Quando Thor acredita que a cura é iminente, ele deseja recompensá-la, e ele diz a ela que levou seu marido Aurvandil de volta da terra dos gigantes em uma cesta. Um dedo do pé estava exposto fora da cesta e ele congelou, então Thor quebrou o dedo e jogou para o céu para fazer a estrela Aurvandilstá (dedo do pé de Aurvandil). Ele diz a ela que Aurvandil logo estará em casa. Com esta notícia, Gróa perde a concentração e o pedaço de pedra de amolar nunca sai da cabeça de Thor.

O aspecto mais importante deste mito é claro que Thor é capaz de derrotar o mais forte dos gigantes em um duelo formal. Os duelos tinham um certo *status* legal, e os deuses, portanto, mais uma vez ratificaram sua superioridade hierárquica sobre os gigantes. No entanto, na minha opinião, também é importante o fato de que Thor seja capaz de resolver uma situação desastrosa causada primeiramente por Odin, e ao fazê-lo nós inclusive ficamos a par do fato de que ele colocou uma estrela em seu lugar, assumindo assim um pouco do papel cosmogônico geralmente desempenhado por Odin. O mito demonstra não somente quão intensa é a rivalidade entre os deuses e os gigantes, mas também quão próxima é a rivalidade entre Odin e Thor.

Ver também Magni; Módi; Thjálfi; Thor.

Referências e leituras complementares: Kemp Malone ("Hrungnir". *Arkiv för nordisk filologi*, 61, 1946, p. 284-285) propõe uma etimologia para Hrungnir significando "pessoa grande, homem forte". Em seu *Gods of the Ancient Northmen* (Berkeley/

Los Angeles: University of California Press, 1973, p. 68-71 [Ed. de Einar Haugen]), Georges Dumézil apresenta um argumento no sentido da história envolver a iniciação de Thjálfi por parte de Thor, na medida em que ele mata o monstro criado pelos gigantes, e muitos estudiosos renomados aceitaram essa hipótese. Minha análise dessa estória pode ser encontrada em "Thor's Duel with Hrungnir". *Alvíssmál*: Forschungen zur mittelalterlichen Kultur Scandinaviens, 6, 1996, p. 3-18.

Hugin (Pensamento) e Munin (Mente)

Os dois corvos de Odin.

Na poesia éddica, Hugin e Munin são mencionados no *Grímnismál*, estância 20:

> Hugin e Munin voam todos os dias
> Sobre a terra.
> Estou preocupado com Hugin, que ele não retornou,
> E ainda mais preocupado com Munin.

Placa do capacete de Vendel, mostrando o que pode ser Odin acompanhado por Hugin e Munin e confrontado por uma serpente.
(Statens Historiska Museum, Stockholm)

A razão pela qual eles voam é indicada por Snorri Sturluson, que diz no *Gylfaginning*, pouco antes de citar a estância acima:

> Dois corvos sentam-se nos seus ombros [de Odin] e dizem em seu ouvido tudo o que veem ou ouvem. Seus nomes são Hugin e Munin. Ele despacha-os ao amanhecer para sobrevoar o mundo todo e eles retornam na hora do café da manhã. A partir disso, ele se torna sábio sobre muitos eventos e, portanto, ele é chamado de deus-corvo.

No capítulo 8 de sua *Ynglinga saga*, Snorri dá uma versão evemerizada: Odin tem dois corvos aos quais ele ensinou a fala. Eles voam por toda parte e relatam o que veem para ele.

A conexão dos corvos com Odin pode ser bastante antiga, pois os bracteates do Período da Migração frequentemente retratam uma figura com pássaros perto de sua cabeça, e muitos observadores acreditam que esse motivo é Odin e seus corvos. Hugin e Munin são atestados como nomes de corvos na poesia escáldica mais antiga. A capacidade de alguém enviar o "pensamento" e a "mente" pode estar relacionada às jornadas do estado de transe dos xamãs. A preocupação com seu retorno, expressa na estância do *Grímnismál*, seria coerente com o perigo que o xamã enfrenta na viagem do estado de transe.

Ver também Bracteates; Odin.

Referências e leituras complementares: Hugin e Munin são trabalhados em meio a "Comments on Mythological Name Giving in Old Norse". *Germanic Review*, 29, 1954, p. 68-71, de Albert Morey Sturtevant.

Hvedrung

Nome alternativo para Loki.

O *Völuspá*, estância 55, descrevendo a vingança que Vídar realiza contra Fenrir, chama a besta de "o filho de Hvedrung", e o poema escáldico *Ynglinga tal*, de Thjódólf de Hvin, apresenta o kenning "donzela de Hvedrung" para Hel. Como Fenrir e Hel compõem dois dos três filhos monstruosos de Loki, Hvedrung deve ser Loki.

Os thulur listam Hvedrung como um nome de Odin, mas este não é encontrado em parte alguma.

Ver também Fenrir; Hel; Loki.

Hvergelmir (Caldeira-de-fontes-térmicas)

Nascente localizada perto do centro do cosmos.

A principal fonte é o *Grímnismál*, estância 26:

> Eikthyrnir é o nome de um cervo que se encontra no salão de Herjafödr [Odin]
> E mordisca dos membros de Lærad.
> No entanto, de seus chifres goteja em Hvergelmir,
> Daí todas as águas têm as suas formas.

No *Gylfaginning*, Snorri Sturluson atribui a Hvergelmir ao passado mítico:

> Foram muitas eras até que a Terra tenha sido criada, que Niflheim tenha sido feito, e no meio dela está a nascente Hvergelmir, e daí fluem aqueles rios que são assim chamados: Svöl (Frio), Gunnthrá (Dor-de-batalha), Fjörm (Apressado), Fimbulthul (Grandioso-vento ou Grandioso-falante), Slíd (Perigoso) e Hríd (Tempestade), Sylg (Sorver) e Ylg (Ela-lobo), Vídea (Largo), Leipt (Lampejo).

Embora ele não o afirme explicitamente, esses rios parecem ser os Élivágar, que Snorri começa a descrever no parágrafo seguinte. Mas eles não são todos os rios que fluem da Hvergelmir de acordo com Snorri. Mais adiante, no *Gylfaginning*, Snorri diz que as gotas do chifre Eikthyrnir fluem para baixo na Hvergelmir, e dela fluem esses rios:

> Síd, Víd, Soekin, Eikin, Svöl, Gunnthrá, Fjörm, Fimbulthul, Gípul, Göpul, Gömul, Geivimul – estes fluem para os assentamentos dos æsir. Estes são nomeados também: Thyn, Vín, Thöll, Höll, Grá, Gunnthráin, Nyt, Nöt, Nönn, Hrönn, Vína, Vegsvínn, Thjódnuma.

Em outra passagem no *Gylfaginning*, Snorri diz que há incontáveis serpentes na Hvergelmir juntamente com o dragão Nídhögg.

Ver também Eikthyrnir; Nídhögg.

Hymir

Gigante de cabeça dura; anfitrião e companheiro de pesca de Thor quando este fisga a serpente de Midgard; dono da chaleira que Thor empresta para preparar a cerveja dos deuses; pai de Týr.

As interações de Thor com Hymir são encontradas no poema éddico (provavelmente tardio) *Hymiskvida* e no *Gylfaginning* de Snorri. De acordo com o *Hymiskvida*, Hymir possui a chaleira que os deuses precisam para fabricar cerveja, mas ele dá a chaleira para Thor depois que Thor é capaz de passar no teste de quebrar uma xícara. Isso ele faz, seguindo o conselho da mãe de Týr, jogando a xícara na cabeça do gigante, que é mais dura do que qualquer xícara. O gigante afirma que os deuses podem pegar a chaleira se conseguirem levantá-la, mas somente Thor pode passar neste segundo teste. No caminho de volta para casa, Hymir lidera uma força de gigantes contra Thor, e Thor mata todos eles.

Snorri faz de Hymir uma figura menos imponente. Ele hospeda Thor quando este último aparece na forma de um homem jovem, mas ele claramente tem dúvidas sobre as habilidades do rapaz. Thor é capaz de dissipar essas dúvidas, e quando os dois vão pescar é Thor quem ultrapassa os li-

Escultura de arenito descoberta na Igreja de Gosforth em Cumberland, representando Thor e Hymir pescando a serpente de Midgard.
(Society of Antiquaries)

mites. Eles se aventuram em águas desconhecidas, e quando Thor fisga a serpente de Midgard, o gigante – aparentemente por medo, e não qualquer solidariedade com seus parentes jötun – corta a linha, de modo que a serpente provavelmente sobreviveu ao encontro, de acordo com Snorri. Já Hymir aparentemente não sobrevive, posto que Thor o golpeia, lançando-o sobre a amurada ao mar.

De acordo com o *Hymiskvida*, Hymir é o pai de Týr, um dos æsir, e isso faz com que Hymir seja singular (Loki possui um pai gigante, Fárbauti, mas Loki é apenas referenciado em meio aos æsir, não sendo um membro real do grupo). Se Hymir realmente sucedeu em realizar um casamento com uma das mulheres dos æsir, como o poema sugere, ele constitui a única estória de sucesso desse tipo dos jötnar. Além de Týr, seu filho, ele aparentemente teve filhas que permaneceram gigantes: No *Lokasenna*, estância 34, quando Njörd desafia Loki, este responde com esta estrofe pouco lisonjeira:

> Cale a boca, Njörd. Você foi enviado daqui para o leste
> Um refém para os deuses;
> As donzelas de Hymir usaram você como mictório
> E urinaram na sua boca.

Não é impossível que "as donzelas de Hymir" sejam simplesmente um kenning para giganta, já que Hymir é frequentemente o modificador em kenningar para gigantes. No entanto, há um paralelo com Geirröd, a quem Thor também visita e cujas duas filhas ameaçadoras ele mata. Talvez aqui vejamos uma comparação entre o velho Njörd e Thor, o deus do poder.

A etimologia do nome de Hymir não foi satisfatoriamente explicada.

Ver também Geirröd; *Hymiskvida*; Thor.

Referências e leituras complementares: O artigo de Preben Meulengracht Sørensen a respeito da expedição de pescaria de Thor é "Thor's Fishing Expedition". In: STEINSLAND, G. (ed.). *Words and Objects*: Towards a Dialogue between Archaeology and the History of Religion (Oslo: Norwegian University Press, 1986, p. 257-278). A tentativa de Franz Rolf Schröder de recuperar estágios mais antigos do mito da aquisição da chaleira é encontrada em "Das Hymirlied: Zur Frage verblasster Mythen in den Götterliedern der *Edda*". *Arkiv för nordisk filologi*, 70, 1955, p. 1-40. Um tratamento básico é encontrado em Konstantin Reichardt ("Hymiskvida: Interpretation; Wortschatz; Alter". *Beiträge zur Geschichte der deutschen Sprache und Literatur*, 57, 1933, p. 130-156), o qual provocou uma resposta de Jan de Vries ("Das Wort Godmálugr in der Hymiskvida". *Germanisch-Romanisch Monatsschrift*, 35, 1954, p. 336-337). "Jätten Hymies bägare" (*Folkminnen och folktankar*, 1, 1914, p. 113-150), de C.W. von Sydow, é um estudo folcloristicamente orientado sobre o tema de quebrar uma xícara no crânio de Hymir. Uma comparação detalhada e útil da apresentação do Snorri e do poeta do *Hymiskvida* a respeito da expedição de pesca de Thor pode ser encontrada em WOLF, A. "Sehweisen und Darstellungsfragen in der Gylfaginning: Thors Fischfang". *Skandinavistik*, 7, 1977, p. 1-27.

Hymiskvida

Poema éddico, detalhando a visita de Thor a um gigante, sua pesca da serpente Midgard e a aquisição de uma enorme chaleira para preparar cerveja.

O poema é encontrado em ambos os principais manuscritos da poesia éddica, o título apenas no menos importante dos dois, AM 748 4to. No *Codex Regius* está situado entre o *Hárbardsljód* e o *Lokasenna*, e foi provavelmente considerado pelo compilador como um poema de Thor no manuscrito.

Quando o poema começa, uma festa está próxima (estâncias 1-2), e um gigante, presumivelmente Ægir, pensando em vingança, pede a Thor que pegue uma chaleira para preparar cerveja (estância 3). Os deuses estão perdidos, até que Týr diz a Thor (estância 4) que a leste mora um gigante, o sapientíssimo Hymir, pai de Týr, que possui uma enorme chaleira, com uma légua de profundidade (estância 5), que pode ser obtida através da astúcia (estância 6). Týr e Thor partem e viajam até chegarem a Egil, que está pastoreando as cabras de Hymir (estância 7). A estância 8 é intrigante:

> O filho conheceu a mãe, muito repugnante para ele,
> Ela tinha novecentas cabeças.
> Outro ainda saiu, todo em ouro,
> Branco sobre as sobrancelhas, para levar cerveja ao filho.

Esta segunda mulher pede que os dois deuses se escondam debaixo de uma chaleira (estância 9). Hymir retorna para casa (estância 10), e a mãe de Týr diz a Hymir que seu filho e Thor estão lá. Pilares se arrebentam e caem quando ele olha para eles, tão feroz é sua raiva (estâncias 12-13), mas ele deve cumprir seus deveres como anfitrião. No jantar, Thor sozinho come dois dos bois de Hymir (estância 15). Eles concordam em ir pescar na manhã seguinte (estância 16). Thor diz que ele irá remar se o gigante buscar a isca, mas o gigante envia Thor para realizar aquela tarefa (estâncias 17-18). Thor arranca a cabeça de um dos bois de Hymir (estância 19). A cena muda abruptamente para a expedição de pesca. Thor pede para Hymir remar mais para longe, mas o gigante se mostra contrário a isso (estância 20). Hymir pesca duas baleias, mas depois Thor lança sua linha (estância 21). Com a cabeça de boi como isca, ele fisga a serpente de Midgard (estância 22), puxa-a para bordo e a esmaga com seu martelo (estância 23). Na medida em que todo o cosmo reage, a serpente afunda no mar (estância 24). Hymir está abatido enquanto eles voltam para a praia (estância 25), e ele pede a Thor para ajudá-lo a atracar o barco (estância 26). Thor o arrasta para cima até a casa do gigante (estância 27). Hymir pede que Thor quebre uma xícara (estância 28), mas ele não é capaz de fazê-lo (estância 29). A mulher aconselha-o a jogá-la na cabeça do gigante (estância 30). Thor faz isso e quebra a xícara (estância 31). O gigante nesse momento oferece a Thor e Týr a chaleira, se eles puderem levantá-la (estância 32). Týr é incapaz de fazer isso (estância 33), mas Thor levanta a chaleira e eles saem (estância 34). Um bando de gigantes liderados por Hymir os persegue (estância 35), e Thor mata todos eles com seu martelo (estância 36). Eles acabam sendo ainda mais atrasados porque um dos bodes de Thor ficou coxo, um ato que Loki causou (estância 37). Os gigantes foram pagos com golpes (estância 38), e Thor pegou a chaleira para fazer cerveja (estância 39).

No *Gylfaginning*, Snorri relata a história da expedição de pescaria, e embora o *Hymiskvida* deva ter sido sua principal fonte, há uma enorme diferença: Snorri diz que em seu medo o gigante cortou a linha, permitindo que a serpente afundasse na água. Não está claro se o martelo que foi lançado em direção à serpente atingiu o alvo com algum efeito. O poema, por outro lado, parece sugerir que Thor matou a serpente ou pelo menos deu um poderoso golpe nela. Preben Meulengracht Sørensen explicou as diferenças entre as versões como envolvendo não apenas uma diferença de tempo, mas também diferentes concepções da relação entre os deuses e seus adversários à medida que o cristianismo se aproximava e era adotado. Snorri também tem alguns outros detalhes interessantes, dos quais talvez o mais interessante é que Thor atinge o gigante com seu punho e o joga sobre a amurada ao mar.

Os estudiosos concordam que o poema em si é bastante tardio, datando do décimo primeiro ou até mesmo, de acordo com a visão mais radical (e, na minha opinião, bastante improvável), da época em que Snorri estava escrevendo. Mas o mito central, a pesca da serpente Midgard, era amplamente conhecido e popular durante a Era Viking, como atestam tanto a poesia escáldica quanto as gravuras em estelas. O mais antigo skald, Bragi Boddason, o Velho, tem uma seção a respeito do encontro de Thor com a serpente de Midgard em seu *Ragnarsdrápa*, e Úlf Uggason, trabalhando na Islândia por volta de 985, também apresenta o mito. Bragi está descrevendo um escudo, e Úlf está descrevendo as esculturas em um salão, então sabemos que a história era popular em forma de imagem. Mas também há gravuras em estelas da Era Viking que sem dúvida retratam a cena: em Altuna, na Suécia, e Hørdum Ty, na Dinamarca, e no fragmento da igreja em Gosforth, na Inglaterra.

O mito da aquisição da chaleira, por outro lado, não é muito difundido. Parece haver uma alusão a ele no *Primeiro Tratado de Gramática*, uma obra islandesa do décimo segundo século, mas o mito é de qualquer outra forma desconhecido fora da *Edda Poética*, mesmo que o banquete de Ægir pareça pressupor o conhecimento do mito. No entanto, a aquisição de objetos preciosos pelos deuses, tomados do mundo dos gigantes, é uma constante da mitologia. E há uma boa dose de lógica na noção de que Odin obteve o hidromel da poesia – isto é, a parte mental da inspiração – e Thor obteve o objeto físico no qual a cerveja, o reflexo do hidromel no mundo humano, é feita. Além disso, Franz Rolf Schröder defendeu comparações em mitos índicos que tornariam possível a reconstrução de um original indo-europeu. Esta seção do poema também é interessante na medida em que atribui ao deus Týr um pai gigante e uma mãe que fica ao lado dos æsir contra seu marido. Týr seria o único dos æsir (além de Loki), cujo *status* de membro do æsir que a mitologia espetacularmente desvenda, a ter tal tipo de pai.

Loki aleijando o bode de Thor na estância 37 não é um fato conhecido de outras fontes. Na narrativa de Snorri a respeito da jornada de Thor até Útgarda-Loki, o menino humano Thjálfi acidentalmente aleija uma das cabras de Thor, e é como compensação por essa lesão que Thjálfi e sua irmã Röskva se tornam os servos humanos de Thor. Uma conexão entre Loki e Thjálfi no fato de aleijarem os bodes de Thor pode ser falseada por conta do motivo possivelmente maligno de Loki no *Hymiskvida*, mas Loki e Thjálfi (e Týr!) compartilham do papel de companheiros de Thor em suas viagens para o mundo dos gigantes. Assim, o *Hymiskvida* é desconcertante em muitos detalhes, mesmo que o mito central deste relato, a pesca da serpente de Midgard, fosse central para a mitologia.

Ver também Egil; Hymir; Loki; Hidromel da Poesia; Serpente de Midgard; Röskva; Thjálfi; Útgarda-Loki.

Referências e leituras complementares: O artigo de Preben Meulengracht Sørensen's a respeito da expedição de pescaria de Thor é "Thor's Fishing Expedition". In: STEINSLAND, G. (ed.). *Words and Objects*: Towards a Dialogue between Archaeology and the History of Religion (Oslo: Norwegian University Press, 1986, p. 257-278). A tentativa de Franz Rolf Schröder de recuperar estágios mais antigos do mito da aquisição da chaleira é "Das Hymirlied: Zur Frage verblasster Mythen in den Götterliedern der *Edda*". *Arkiv för nordisk filologi*, 70, 1955, p. 1-40. Um tratamento básico é encontrado em Konstantin Reichardt ("Hymiskvida: Interpretation. Wortschatz. Alter". *Beiträge zur Geschichte der deutschen Sprache und Literatur*, 57, 1933, p. 130-156), o qual provocou uma resposta de Jan de Vries ("Das Wort Godmálugr in der Hymiskvida". *Germanisch-Romanisch Monatsschrift*, 35, 1954, p. 336-337). "Jätten Hymies bägare" (*Folkminnen och folktankar*, 1, 1914, p. 113-150), de C.W. von Sydow, é um estudo folcloristicamente orientado sobre o tema de quebrar uma xícara no crânio de Hymir. Uma comparação detalhada e útil da apresentação do Snorri e do poeta do *Hymiskvida* a respeito da expedição de pesca de Thor pode ser encontrada em WOLF, A. "Sehweisen und Darstellungsfragen in der Gylfaginning: Thors Fischfang". *Skandinavistik*, 7, 1977, p. 1-27.

Hyndluljód

Poema éddico, consistindo de uma visita de Freyja à giganta Hyndla para recuperar informações genealógicas e incluso nele encontra-se o "*Völuspá* abreviado".

O poema é encontrado apenas no *Flateyjarbók*, um manuscrito islandês do final do décimo quarto século, com seu foco posto sobre materiais a respeito dos reis da Noruega. Um cabeçalho em prosa para o poema afirma que este foi recitado em relação a Óttar heimski (O Parvo), e, de fato, o poema traça evidentemente a genealogia de tal Óttar, embora sua identidade permaneça desconhecida. O material genealógico é inserido em uma estória da visita de Freyja a Hyndla, a quem ela chama de amiga e irmã, mas que mora em uma caverna e aparentemente cavalga um lobo. No final do poema, Hyndla diz a Freyja que ela deseja dormir, que é uma reminiscência das videntes chamadas por Odin para se realizar a *performance* de presciência no *Völuspá* e no *Baldrs draumar*. Na última estrofe, Freyja explicitamente chama Hyndla de noiva de gigante.

As primeiras estâncias dão informações sobre o principal dentre os æsir. Nas estâncias 2 e 3 Freyja afirma que Herjafödr (Odin) dá ouro aos homens. Ele deu a Hermód um capacete e uma cota de malha, e a Sigmund uma espada. "A seus filhos ele dá a vitória e para seus filhos riquezas" ("para seus filhos" é frequentemente mudado pelos editores para "para alguns"). "Ele concede fala e dá cérebro aos homens, ele concede o vento para velejar aos homens e a poesia aos poetas, coragem a muitos guerreiros". Na estância 4 Freyja se volta para Thor, a quem ela sacrificará, diz ela, para torná-lo sempre bem-disposto para com a sua companheira, "embora ele não se importe com as noivas de gigantes". As duas então aparentemente viajam. Hyndla acusa Freyja de ter seu marido ou amante (aparentemente Óttar) em seu trajeto a caminho de Hel, mas Freyja nega a acusação. A estância 9 refere-se a uma aposta entre Óttar e o herói Angantýr, que alguns consideram ser a motivação para o poema. A estância 10 demonstra por que Freyja é parcial em relação a Óttar.

> Ele fez um altar para mim, cheio de pedras,
> Agora aquele cascalho se transformou em [queimado em forma de] vidro;
> Ele avermelhou com o sangue de nove bovinos;
> Óttar sempre acreditou nas deusas.

Na estância 11, o orador, evidentemente ainda Freyja, solicita um registro de informações genealógicas, e essa informação preenche as estâncias 12-28. Então a oradora, agora presumivelmente Hyndla, dirige-se a Óttar diretamente, e suas estâncias frequentemente terminam com o refrão "Aquela é toda a sua família, Óttar seu parvo". Essa família de Óttar, o parvo, envolveu linhas dinásticas, como a dos Skjöldungar, dos Skilfingar, dos Ödlingar e dos Ynglingar; alguns heróis famosos, como Sigurd, Gunnar e Högni; e alguns nomes que despertam interesse do ponto de vista da mitologia. Há um Fródi, aparentemente o avô materno de Óttar, e uma Nanna, filha de Nökkvi; nenhum destes, no entanto, parece ser imaginado como qualquer coisa que não seja um ancestral humano de Óttar.

Perto do final do poema, na estância 45, Freyja pede que "cerveja de memória" seja trazida para ou por meio de seu javali, de modo que ele (o javali? Óttar? Eles são um e o mesmo?) possa se lembrar de tudo quando ele e Angantýr rememorarem suas genealogias. Aqui, a relação entre as duas figuras femininas se torna cada vez mais antagônica, e à medida que o poema chega ao fim, Hyndla aparentemente trouxe a cerveja, misturada com veneno. Freyja tem a última palavra:

> Seu desejo pronunciado não terá efeito,
> Mesmo que, noiva gigante, prometa o mal;
> Ele vai beber a bebida preciosa,
> Eu peço a todos os deuses para ajudar Óttar.

Descrito dessa maneira, o poema coloca Freyja no papel comumente desempenhado por Odin, o membro dos æsir que convoca um membro da raça gigante a fim de obter informações em forma falada, como no *Völuspá* e no *Baldrs draumar*, e triunfa verbalmente sobre o gigante ao final do encontro, como no *Baldrs draumar* e no *Vafthrúdnismál*. Embora uma conexão aberta com um humano protegido não faça parte dessa forma odínica, Odin certamente tem uma conexão próxima com heróis humanos, provavelmente a mais próxima de qualquer divindade.

A conexão formal com o *Völuspá* está de acordo com o entendimento acadêmico comum de que alguma parte do *Hyndluljód* consiste no "*Völuspá* abreviado". Nós temos o título a partir de Snorri, que cita a estância 33 no *Gylfaginning*. Esta estrofe diz que todas as videntes descendem de Vidólf, todas as bruxas de Vilmeid, todas portadoras de seid de Svarthöfdi e todos os gigantes de Ymir. Posto que o último uso do refrão "Aquela é toda a sua família, Óttar seu parvo" ocorre na estância 29, onde o orador se volta para os æsir, especificamente para Baldr, parece que o "*Völuspá* abreviado" começa ali, e parece percorrer o poema até a estância 44, que ecoa as estrofes finais do *Völuspá*:

> Então virá outro, ainda mais poderoso,
> Embora eu não ouse nomear essa pessoa;
> Poucos agora parecem mais no futuro,
> E, no entanto, Odin vai conhecer o lobo.

Assim como no *Völuspá*, o *"Völuspá* abreviado" é pontuado por um refrão, não "Você saberia mais?", mas sim "Você quer ir ainda mais longe?" ou "Você deseja ainda mais?" Mas apesar da referência ao Ragnarök na última estância, o *"Völuspá* abreviado" não oferece uma perspectiva da estória mítica, mas sim um conjunto desarticulado de alusões míticas e informações mitológicas. A estância 29, de fato, faz uma breve descrição da história de Baldr (ele morreu e foi vingado por Váli); a maior parte do resto do poema relata a respeito de quem foi descendente de quem ou casado com quem; a estância 35 (e possivelmente as estâncias 36-38) narram a respeito do nascimento de um com nove mães, presumivelmente Heimdall; e as estâncias 40-41 são sobre Loki. A estância 41 tem informações não encontradas em nenhum outro lugar: Loki engravidou de uma mulher (aparentemente comendo o coração de uma mulher, mas as linhas são obscuras) e cada monstro feminino na terra surgiu como o resultado disso.

Uma outra maneira de ver o poema é focalizar a visita de Óttar ao outro mundo, e tal postura conduzirá o observador aos análogos medievais e cristãos. Certamente a maioria dos estudiosos datou o poema para o período posterior à conversão, na maioria das vezes o décimo segundo século.

Ver também Freyja, *Völuspá*.

Referências e leituras complementares: Jere Fleck ("Konr – Óttar – Geirrøðr: A Knowledge Criterion for Succession to the Germanic Sacred Kingship". *Scandinavian Studies*, 42, 1970, p. 39-49) considerou que o *Hyndluljód* era parte de um padrão no qual um príncipe obtinha informações sagradas com a ajuda de um patrono divino. Aron Gurevich argumentou a favor de algo parecido em seu "Edda and Law: Commentary upon Hyndluljód" (*Arkiv för nordisk filologi*, 88, 1973, p. 72-84), mas ele achava que o poema tinha mais a ver com os meios de herdar propriedades na Noruega do que com um distante reinado sagrado de caráter germânico. Assim como Gurevich, Gro Steinsland (*Det hellige bryllup og norrøn kongeideologi*: En analyse av hierogami-myten i Skírnismál, Ynglingatal, Háleygjatal, og Hyndluljód (N.p.: Solum, 1991)), opera com a ideia do poema recebido como uma entidade única e não como uma grande confusão de interpolações. Ela define o poema como sendo "um meio no qual o conhecimento da origem da família real em um casamento sagrado entre um deus e uma mulher gigante terá estado entre os elementos importantes da ideologia real" (p. 259).

Hyrrokkin (Defumada-de-fogo)

Giganta, segundo Snorri Sturluson, que lançou a embarcação fúnebre de Baldr.

Hyrrokkin não é mencionada pelo seu nome na poesia existente, com uma exceção notável: Thorbjörn dísarskáld a inclui no catálogo de gigantes cujo assassinato ele atribui a Thor em um dos dois pequenos fragmentos do final do décimo século, endereçados diretamente a Thor. No entanto, o *Húsdrápa* de Úlf Uggason, que foi composto na Islândia por volta de 985, refere-se a uma figura que deve ser Hyrrokkin, a julgar pela narrativa de Snorri a respeito do funeral de Baldr no *Gylfaginning*. Aqui está a parte relevante daquilo que Snorri afirmou relativamente ao funeral de Baldr:

> E os æsir tomaram o corpo de Baldr e o transportaram para o mar. Hringhorni era o nome da embarcação de Baldr. Foi a mais maravilhosa dentre as embarcações. Os deuses queriam lançá-la e fazer nela a pira funerária de Baldr, mas a embarcação não queria se mover. Então Hyrrokkin, uma ogra, foi enviada de Jötunheimar. Ela chegou cavalgando o lombo de um lobo com cobras venenosas servindo como rédeas, e quando ela desmontou, Odin chamou quatro berserks para cuidar do cavalo, e eles não puderam segurá-lo a menos que o matassem. Então Hyrrokkin foi para a proa da embarcação e atirou-a para a frente na primeira tentativa, de modo que faíscas saltaram dos rolamentos e todas as terras tremeram.

A estância de Úlf, de número 12 na numeração convencional, é a seguinte:

> A extremamente poderosa Hild das montanhas [giganta] fez o Sleipnir-do-mar partir em marcha para a frente; mas os manejadores das chamas do capacete [guerreiros] de Hropt [Odin] derrubaram sua montaria.

A estância de Úlf era certamente conhecida por Snorri (o *Húsdrápa* é retido somente no *Skáldskaparmál* de Snorri), e não parece que ele precisava ter conhecido qualquer outra estância para ter escrito o que ele compôs no *Gylfaginning*. No entanto, é importante lembrar que o *Húsdrápa* de Úlf foi composto para colocar em palavras as esculturas em um salão presente no oeste da Islândia e, mesmo que o salão não tenha sobrevivido aos dois séculos que o separaram de Snorri, as descrições a respeito do salão poderiam facilmente tê-lo feito, inclusive no caso de narrativas mais completas sobre as esculturas contidas nele.

Hyrrokkin era claramente uma figura relativamente importante nas últimas décadas do paganismo na Islândia. Seu nome permanece sem explicação. Talvez ela estivesse enrugada e escura, dando-lhe uma aparência monstruosa como algumas das outras vítimas de Thor, como Hengankjöpa (Mandíbula-frouxa).

Ver também Baldr.

Referências e leituras complementares: Otto Höfler ("Balders Bestattung und die nordischen Felszeichnungen". *Anzeiger der Österreichischen Akademie der Wissenschaften*, phil.-hist. Kl., 88, 1951, p. 343-372) discutiu a respeito da continuidade pictórica entre as esculturas em estelas da Idade do Bronze e as esculturas no salão islandês descritas no *Húsdrápa* de Úlf, e depois passou a explicar Hyrrokkin e os outros detalhes do funeral de Baldr como interpretações errôneas de uma antiga cena pictórica de culto; não será necessário aqui dizer que isto é um pouco especulativo. No terceiro capítulo do meu *Murder and Vengeance among the Gods*: Baldr in Scandinavian Mythology (Helsinki: Societas Scientiarum Fennica, 1997) [FF Communications, 262] apresentei a estória acerca de Hyrrokkin como um encontro entre Odin e uma giganta em que Odin triunfa e sua vontade, neste caso um funeral apropriado para Baldr, é realizada.

Idavöll

Campo, local de assembleia dos æsir no *Völuspá* e no *Gylfaginning* de Snorri; associado aos começos das temporalidades.

O Idavöll é mencionado duas vezes no *Völuspá*. A primeira aparição do campo se encontra na estância 7, logo depois que eles estabeleceram a contagem de tempo nomeando dia e noite e as outras partes do ciclo temporal na estância 6.

> Os æsir ajuntados em assembleia em Idavöll
> Aqueles que altar e templo de madeira alta.
> Eles criaram riqueza, geraram riquezas,
> Forjaram línguas e criaram ferramentas.

Quando Idavöll aparece novamente no poema (na estância 60), é um reaparecimento, após a destruição e a ressurreição do cosmos, logo após a vidente ter visto a terra surgir pela segunda vez.

> Os æsir se reunirão em Idavöll
> E julgarão a poderosa serpente de Midgard,
> E ali pode-se lembrar
> E as antigas runas de Fimbultýr [Odin].

Snorri parafraseia esses versos. Para o primeiro, ele coloca Idavöll no meio da fortaleza dos deuses, mas não diz nada sobre a assembleia. Ele parece colocar Gladsheim e Vingólf em Idavöll. Ele parafraseia a segunda estrofe da seguinte forma:

> Vídar e Váli viverão, porque o mar e o fogo de Surt não os prejudicaram, e eles habitarão em Idavöll, onde Ásgard costumava estar.

Como tantas vezes acontece, grande parte da discussão centrou-se na etimologia da palavra, ou, neste caso, na primeira sílaba. Idavöll significa ou "campo eterno" ou talvez "campo cintilante" ou até mesmo "campo de perseguições [dos deuses]". O primeiro faz mais sentido, dado que Idavöll é o equivalente terrestre dos deuses emparelhados de segunda geração e suas peças de jogos e memórias que sobrevivem ao presente mitológico e ao Ragnarök.

Ver também Jogo dos deuses; Ragnarök; Váli, Filho de Odin; Vídar.

Idun

Guardiã das maçãs dos deuses; cedida e recuperada do poder do gigante Thjazi.

A estória é encontrada no poema escáldico *Haustlöng*, composto por Thjódólf de Hvin, e na seção do *Skáldskaparmál* da *Edda* de Snorri Sturluson. A estória começa com Odin, Hoenir e Loki viajando e sendo incapazes de cozinhar um boi. Uma águia na árvore acima reivindica a responsabilidade pelo feito e diz que o boi irá cozinhar se ela puder ter um pouco. No entanto, quando ela tenta levar uma grande quantidade, Lok a ataca com um cajado. O cajado fica preso na águia e na mão de Loki, e a águia parte em voo com Loki a reboque. Enquanto ele bate contra vários obstáculos, Loki concorda com a exigência da águia: que ele traga Idun e suas maçãs. Isso ele faz na medida em que ele atrai Idun para a floresta, onde a águia, que na verdade é o gigante Thjazi, chega e a leva embora. Sem suas maçãs os deuses envelhecem e ficam grisalhos, e eles forçam Loki a concordar em trazer Idun de volta. No casaco de falcão de Freyja ele voa para Jötunheimar, transforma Idun em uma noz e voa com ela. Thjazi persegue na forma de uma águia. Os deuses acendem um fogo assim que Loki voa para Ásgard, e as penas de Thjazi são chamuscadas, de modo que ele cai na terra e é morto pelos deuses.

Este é um dos momentos mais perigosos para os deuses no presente mitológico, pois os gigantes não deveriam ser capazes de se acasalar com as deusas. O fato de que os deuses envelhecem e se tornam grisalhos – isto é, exibem mortalidade – indica o que aconteceria se o fluxo de fêmeas, normalmente dos gigantes para os deuses, fosse revertido. O que se segue imediatamente em Snorri é a busca de Skadi pela vingança, que termina com ela se casando com Njörd.

Embora o *Haustlöng* chame Idun de a "donzela que compreendeu a vida eterna dos æsir", mas não menciona as maçãs, na versão de Snorri da história as maçãs de Idun funcionam claramente como um símbolo da imortalidade dos deuses. De fato, quando ele apresenta Idun no *Gylfaginning*, Snorri diz que ela é a esposa de Bragi:

> Ela guarda em sua bolsa as maçãs que os deuses devem mastigar quando envelhecerem, e então todos se tornam jovens novamente, e assim será até o Ragnarök.

No *Skírnismál*, estâncias 19-20, Skírnir oferece e Gerd rejeita 11 maçãs de ouro. Essas são as únicas outras maçãs proeminentes na mitologia, e alguns observadores as associam às maçãs de Idun. O balde que continha maçãs na embarcação funerária norueguesa de Oseberg, do nono século, também merece menção. Entretanto, o suposto significado etimológico de Idun – "sempre jovem" – permitiria que ela cumprisse sua função mítica sem maçãs.

No *Lokasenna*, estância 16, Idun pede a Bragi que ele não brigue com Loki, mas na estrofe seguinte Loki acusa Idun de ter dormido com o assassino de seu irmão. As identidades de seu irmão e do assassino permanecem desconhecidas.

Ver também Skadi; Thjazi.

Referências e leituras complementares: *Em seu Prolonged Echoes: Old Norse Myths in Medieval Icelandic Society* – Vol. 1: The Myths (Odense: Odense University Press, 1994), Margaret Clunies Ross deixa claro a importância da direção do trânsito de mulheres a serem casadas e, nas p. 115-119, ela analisa o mito de Idun-Thjazi com algum detalhe. Ver também o seu "Why Skadi Laughed: Comic Seriousness in an Old Norse Mythic Narrative". *Maal og minne*, 1989, p. 1-14. Da literatura acadêmica mais antiga podem ser citados os trabalhos de Sophus Bugge ("Iduns æbler: Et bidrag til de nordiske mythers historie". *Arkiv för nordisk filologi*, 5, 1889, p. 1-45 [caracteristicamente, ele achava que as maçãs eram empréstimos no escandinavo antigo]) e de Anne Holtsmark ("Myten om *Idun og Tjatse* i Tjodolvs Haustlǫng". *Arkiv för nordisk filologi*, 64, 1949, p. 1-73), que argumentou em favor de um fundo no drama ritual.

Ifing

Rio separando os mundos dos deuses e dos gigantes.

O Ifing é conhecido apenas através do *Vafthrúdnismál*, estância 16:

> Ifing é o nome do rio que divide para os filhos dos gigantes
> E para os filhos dos deuses a terra;
> Ele vai correr livremente através de todas as idades
> Nunca haverá gelo no rio.

Um rio sobre o qual o gelo nunca se formará é aquele que corre muito rapidamente e, portanto, é extremamente difícil de ultrapassar.

Ing

Personagem encontrada no *Poema em runas* em inglês antigo, implícita no *Germania* de Tácito, e associada aos nomes de Frey, Yngvi e Ingunar-Frey.

Ing é o nome da runa que representa o som -ng-. No *Poema em runas* em inglês antigo (oitavo ou nono século?), o verso em questão é o seguinte:

> Ing foi o primeiro entre os dinamarqueses do leste
> Visto pelas pessoas, até que ele depois para o leste
> Passou pela onda; uma carroça correu atrás dele.
> Assim, os Heardingas nomearam esse herói.

A carroça estava associada aos vanir desde o tempo de Nerthus e perdurava até no relato jocoso da adoração de Frey na *Ögmundar tháttr dytts*. Os eruditos associaram os Heardingas, que devem ser um povo ou uma dinastia, com os Haddingjar, gêmeos ou múltiplos guerreiros associados, por sua vez, ao rei dinamarquês Hadingus no Livro 1 das *Gesta Danorum* de Saxo; diz-se que Hadingus estabeleceu um sacrifício anual para Frey, ao qual os suecos chamam de Frøblot.

No capítulo 2 de seu *Germania*, composto por volta do final do primeiro século E.C., Tácito escreve sobre os povos germânicos:

> Eles celebram em canções antigas... um deus Tuisto, nascido da terra, e seu filho Mannus como a origem e os fundadores de seu povo. Para Mannus, eles atribuem três filhos, de cujos nomes são chamados os Ingvaeones próximos ao oceano, aqueles no centro como Herminones e o restante de Istaevones.

Ing deve ser o filho de Mannus, segundo o qual os Ingaevones (mais conhecidos como Ingvaeones) são nomeados. A conexão com o mar é interessante, e pode-se especular que o *Poema em runas* em inglês antigo atesta a respeito de um movimento do culto de Ing para longe da costa em direção ao território que outrora fora o dos centrais Herminones. Se o Báltico estiver envolvido, pode-se até colocar a Suécia no itinerário de Ing.

Ver também Frey; Haddingjar; Hadingus, Ingunar-Frey; Yngvi.

Referências e leituras complementares: Ver Wolfgang Krause ("Ing". *Nachrichten der Akademie der Wissenschaften in Göttingen*, phil.-hist.-Kl., 10, 1944, p. 229-254) para um argumento de que o nome originalmente significava "homem" e estava associado à fertilidade através do sol. Ver também Henrik Schück ("Ingunar Frey". *Fornvännen*, 10, 1940, p. 289-296), que argumentou que Ingun era a terra; Franz Rolf Schröder (*Untersuchungen zur germanischen und vergleichenden Religionsgeschichte* – Vol. 1: Ingunar-Frey (Tübingen: J.C.B. Mohr [P. Siebeck], 1941)), que defendeu Ingun como uma deusa da fertilidade associada a uma árvore sagrada, e Walter Baetke ("Yngvi und die Ynglingar: Eine quellenkritische Untersuchung über das nordische 'Sakralkönigtum'". *Sitzungsberichte der sächsischen Akademie der Wissenschaften zu Leipzig*, Phil.-hist.-Kl., 109: 3 (Berlim: Akademie-Verlag, 1964)), que argumentou que os materiais referentes a Frey e ao Ynglingar não podem ser usados para promover uma noção de realeza sacra.

Ingunar-Frey

Nome de Frey.

Esta forma do nome de Frey é encontrada em *Lokasenna*, estância 43, onde Byggvir a usa em relação a seu mestre, e na chamada *Grande Saga de St. Olaf*, onde se diz que a *Ynglinga tal* de Thjódólf de Hvin traça os ancestrais do Rei Rögnvald de Vestfold "ao passado até Ingunar-Frey, como os pagãos chamavam seu deus". O poema de Thjódólf está presente na *Ynglinga saga* de Snorri Sturluson, onde Snorri se refere a Yngvi-Frey. Claramente, as duas formas do nome estão relacionadas, e numa base puramente linguística dir-se-ia que "Yngvi-Frey" apresenta uma forma escandinava e "Ingunar-Frey", uma forma germânica ocidental; *Beowulf* 1319 refere-se ao rei dos dinamarqueses como *frea Ingwina* (senhor dos amigos de Ing), e uma figura chamada Ing também é encontrada no *Poema em runas* em inglês antigo. No entanto, o nórdico antigo Ingunar não pode ser diretamente comparado ao inglês antigo Ingwina, e o que a forma nórdica significa permanece aberto ao debate. Formalmente, parece um genitivo singular (Frey de Ingun), e estudiosos especularam que Ingun poderia ter sido a terra ou alguma outra divindade feminina. Também pode haver uma associação com os povos germânicos ocidentais chamados Ingvaeones.

Ver também Frey; Ing.

Referências e leituras complementares: Henrik Schück ("Ingunar Frey". *Fornvännen*, 10, 1940, p. 289-296), que argumentou que Ingun era a terra. Franz Rolf Schröder (*Untersuchungen zur germanischen und vergleichenden Religionsgeschichte* – Vol. 1: Ingunar-Frey (Tübingen: J.C.B. Mohr [P. Siebeck], 1941)), que defendeu Ingun como uma deusa da fertilidade associada a uma árvore sagrada.

Interpretatio Germanica

"Interpretação Germânica", isto é, a tradução dos dias da semana romanos pelos povos germânicos em algum momento durante o Período das Migrações.

Embora os dias de semana romanos fossem nomeados em homenagem aos planetas, os povos germânicos que se encarregaram da tradução parecem ter confiado nos deuses romanos cujos nomes os planetas traziam e tentaram equiparar esses deuses aos seus. Nos casos do sol e da lua, a tradução era óbvia: *"dia do sol"* e *"dia da lua"*[14]. Os outros casos, no entanto, foram mais difíceis.

Dies Martis, o dia seguinte ao "Dia da Lua", trazia o nome de Marte, deus da guerra e da batalha. Os povos germânicos o igualaram a *Tiwaz, que se tornaria Týr na Escandinávia e Tiw na Inglaterra, de onde deriva *"Tuesday"*. Assim, embora quase tudo o que Týr realiza na mitologia a que se tem acesso é perder a sua mão para o lobo Fenrir (e fazer rir os deuses quando esse fato acontece), podemos supor que ele deriva de um deus guerreiro de considerável importância.

Dies Mercurii trazia consigo o nome de Mercúrio, que estava associado a viagens e comércio (daí as nossas palavras "mercantil" e "mercadoria"). Mercúrio levou adiante vários traços do grego Hermes, conhecido por sua astúcia, gosto pelo roubo, invenção da lira e acompanhamento dos mortos ao Hades. Esse conjunto de características se encaixa muito bem em Odin: ele confia na astúcia e na traição; ele é o ladrão do hidromel da poesia e está profundamente associado à atividade poética (cf. a lira de Hermes); ele está associado aos mortos (os einherjar) e visita a morada dos mortos (em *Baldrs draumar*). Mercúrio estava associado com o comércio, sem sombra de dúvida, mas ele também era mutável (daí a palavra inglesa "mercurial" no sentido de inconstante), como Odin certamente era. Odin, portanto, recebeu o dia de Mercúrio, o inglês antigo Wodnesdæg, o atual Wednesday.

Dies Jovis carregava nele o nome de Júpiter, o chefe do panteão romano, herdeiro de Zeus no panteão grego. Um de seus apetrechos foi um raio que ele arremessava através dos céus, e isso pode ter contribuído para a escolha da tradução de seu dia para aquele que trazia as tempestades, Thor, nos dando Thursday.

Dies Veneris tinha o nome de Vênus, deusa do amor. A divindade que os povos germânicos escolheram para traduzir seu nome era naquele momento

---

14. Uma tradução literal de Sunday e Monday. Os dias da semana na língua portuguesa não possuem qualquer relação com essa realidade, logo não faria sentido traduzir Sunday por domingo e Monday por segunda-feira. O mesmo procedimento foi seguido em relação aos demais dias da semana [N.T.].

*Frija, e isso nos dá Friday. *Frija foi a antecessora de Frigg, no entanto, não de Freyja.

Dies Saturni carregava em si o nome de Saturno, o antigo deus da colheita romana. Curiosamente, os povos germânicos não parecem tê-lo igualado a nenhum de seus deuses. O nome inglês "Saturday" reflete um simples empréstimo de seu nome, assim como o holandês *zaterdag*. O escandinavo *lördag/lørdag* significa "dia de lavagem".

Essas traduções nos oferecem algum sentido tanto da estabilidade quanto da inovação da tradição oral que levou a mitologia adiante do Período da Migração para a Alta Idade Média, de algum lugar perto da fronteira norte do Império Romano para os confins escandinavos na Islândia. Vemos que Týr perdeu a maior parte da glória implícita na etimologia de seu nome, que deriva da mesma raiz indo-europeia que os nomes de Zeus e Júpiter e da nossa palavra "divindade" (compare o latim *deus*); seu antecessor pode ter sido um guerreiro muito maior do que Týr aparenta em sua participação na mitologia sobrevivente. Supomos que o Odin original é visto em seus aspectos volúveis e espertos, não em seu papel como senhor dos exércitos e governante do panteão. Da mesma forma, supomos que o antecessor de Thor poderia possivelmente ter sido a cabeça do panteão, e que a antecessora de Frigg pode ter sido inspirada no amor, assim como Freyja o é a partir dos textos que chegaram até nós.

Algumas das variações dos nomes nas várias línguas germânicas também são de interesse. *Dienstag* alemão e *dinsdag* holandês, "Tuesday", são baseados em um adjetivo *thingsus*, "protetor das coisas ou de sua constituição", usado para descrever o deus da guerra, e isso sugere que o antecessor de Týr tinha uma conexão com as assembleias legalmente constituídas que dificilmente pode ser reconhecida no deus como o conhecemos. O alemão *Mittwoch*, "Wednesday", pode sugerir uma aversão a Odin, mas o *woensdag* holandês e o *onsdag* escandinavo ainda mantêm o nome de Odin. Ironicamente o bastante, na Islândia, que nos legou a mitologia, os nomes dos dias da semana não se baseiam na interpretação germânica, mas são meramente numerados (primeiro dia, segundo dia etc.). Se havia uma aversão especial aos nomes das antigas divindades no momento da conversão, esta deveria ter sido de curta duração.

Ver também Interpretatio Romana.

Referências e leituras complementares: STRUTYNSKI, U. "Germanic Divinities in Weekday Names". *Journal of Indo-European Studies*, 3, 1975, p. 368-384.

Interpretatio Romana

"Interpretação Romana", isto é, traduções dos deuses germânicos para os equivalentes romanos.

Embora César tenha algo a dizer sobre os deuses germânicos, essa noção refere-se especialmente à *Germania* de Tácito em seu capítulo 9, no qual Tácito procura realizar uma discussão sobre os deuses, o culto e a adivinhação. Mercúrio, ele diz, recebe a maior adoração, e até mesmo sacrifícios humanos. Os animais são sacrificados a Hércules e Marte, e uma parte dos Suebi sacrificam a Ísis (uma deusa egípcia que era conhecida pelos romanos), no que Tácito considera um ritual de origem estrangeira por causa do uso de um navio.

Na Interpretatio Germanica conhecemos os nomes dos dias da semana latinos que estavam sendo traduzidos, mas nesse caso estamos em terreno menos certo. Na verdade, não podemos saber até que ponto a Interpretatio Romana representa os povos germânicos tentando equacionar suas próprias divindades com aquelas dos romanos ou em vez disso romanos tentando reconhecer as divindades germânicas. Podemos fazer suposições sobre a reação dos povos germânicos à iconografia dos deuses romanos, e podemos fazer suposições sobre as formas dos mitos que poderiam ter sido relacionadas aos deuses germânicos, mas o empreendimento é difícil. Ainda assim, quando trazemos para o quadro a Interpretatio Germanica, que presumivelmente ocorreu alguns séculos depois que Tácito escreveu sua obra, as supostas correspondências se tornam bastante claras. Na Interpretatio Germanica, Odin é o equivalente de Mercúrio, e Týr é o equivalente de Marte. Hércules não é usado na interpretação, mas devemos acreditar que Thor era uma das principais divindades dos povos germânicos e, como Thor, Hércules era um renomado matador de monstros. Assim, Tácito nos conta sobre apenas três deuses, os mesmos três que foram postos em serviço quando os dias da semana foram traduzidos. Tácito também nos fala sobre uma deusa, a quem ele chama de Ísis, e na Interpretatio Germanica apenas uma deusa foi usada, a saber, Frigg, para Vênus. Mesmo que Ísis não seja uma representação do antecessor de Frigg, o paralelo de três machos e uma fêmea é digno de nota.

Ver também Interpretatio Germanica.

Referências e leituras complementares: WISSOWA, G. "Interpretatio Romana: Römische Götter im Barbarenlande". *Archiv für Religionswissenschaft*, 20, 1916-1919, p. 1-49.

Járnsaxa (Armada-com-uma-espada-de-ferro)

Giganta.

O *Hyndluljód*, estâncias 35-38, fala de alguém "com poder deveras incrementado, da raça dos deuses", nascido de nove donzelas gigantes e, portanto, provavelmente Heimdall. A lista de gigantas começa com Gjálp e Greip e termina com Járnsaxa. Snorri também apresenta uma Járnsaxa, que é identificada brevemente no seu *Skáldskaparmál* como a mãe de Magni, o prodígio de três anos de idade que é o único dentre os æsir capaz de levantar a perna do gigante Hrungnir já sem vida de cima de Thor, quando Thor está preso sob ela depois de seu duelo. Odin deprecia a relação quando afirma no final da estória que Thor errou em oferecer o esplêndido cavalo Gullfaxi ao menino, o filho de uma giganta, em vez de para ele próprio, o pai de Thor. O *Skáldskaparmál* diz que um kenning válido para Sif é "aquela que compartilha um homem com Járnsaxa".

Ver também Thor.

Járnvid (Floresta-de-ferro)

Floresta onde moram gigantas.

O poema *Völuspá*, estância 40, menciona certa giganta, quase certamente Angrboda:

> Para o leste sentou a velha senhora em Járnvid
> E lá tomou conta dos parentes de Fenrir.

Na seção do *Gylfaginning* de sua *Edda*, Snorri Sturluson parafraseia essa estância:

Uma ogra vive a leste de Midgard na floresta chamada Járnvid. Naquela floresta habitam aquelas mulheres troll, que são chamadas Járnvidjur (Mulheres-da-floresta-de-ferro). A antiga ogra cria como seus próprios filhos muitos gigantes e todos na forma de um lobo, e deles vêm lobos.

A estância 3 do *Háleygjatal*, composto pelo skald Eyvind Finnsson no final do décimo século, refere-se a uma Járnvidja (Mulher-da-floresta-de-ferro) que é aparentemente Skadi.

Ver também Angrboda; Mánagarm.

Jogo dos deuses

Motif associado com a idade de ouro dos deuses e com a sobrevivência da raça dos deuses depois do Ragnarök.

As principais passagens são encontradas no *Völuspá*, que oferece uma sinopse de toda a mitologia. Na estância 8 os deuses acabaram de completar sua criação e ordenação do cosmos e sua construção de locais de culto e ferramentas:

> 8. Eles jogaram um jogo no campo de casa, estavam felizes
> Para eles não havia falta de ouro.

Neste ponto, sua "idade de ouro" é interrompida pela chegada de três poderosas donzelas gigantes de Jötunheimar. O restante do poema detalha as disputas e conflitos do mundo dos deuses, até que finalmente eles e o cosmos são destruídos durante o Ragnarök. Todavia, depois do Ragnarök a terra surge por uma segunda vez, e os æsir irão encontrar-se e habitar nela. Eles possuem memórias da antiga mitologia (estância 60), mas eles também têm objetos concretos dos tempos antigos.

> 61. Lá eles encontrarão maravilhosas
> Peças de jogos douradas na grama,
> Aquelas que nos tempos antigos eles haviam possuído anteriormente.

Campos não cultivados crescerão, e Baldr retornará – certamente esse é um novo tipo de era de ouro, ou talvez um retorno àquele momento em que o mundo não era definido somente como um local de conflito.

As peças de jogo, portanto, são claramente simbólicas, e que tipo de jogo poderia ter sido jogado com elas é algo que ninguém imagina. Havia um elaborado "jogo de caça" (assim chamado porque um jogador, com um maior número de peças, ataca o outro, que começa com um número menor de peças) chamado *hnefatafl*, mas não podemos ter certeza de que é isso que o poeta do *Völuspá* tinha em mente. Certamente as peças de jogo eram itens de alto *status*, como o conjunto de xadrez de Lewis e outros achados indicam. Também pode ser notado que a bastante tardia *Sturlaugs saga starfsama* apresenta um jogo dourado em um suposto templo de Thor.

A.G. van Hamel apresentou uma hipótese bastante elaborada, mas não muito convincente, no sentido de que o jogo governava o mundo independentemente da vontade dos deuses, e que seu fim causou o Ragnarök. Talvez mais intrigante seja a resposta a um dos enigmas na sequência de enigmas na *Hervarar saga*. Os enigmas são apresentados por Gestumblindi, que na verdade é Odin disfarçado, e são todos resolvidos pelo Rei Heidrek, exceto pelo último, o qual repete a pergunta presente na epifania no *Vafthrúdnismál*: O que Odin disse no ouvido de Baldr antes de ser colocado na pira funerária? Três dos enigmas envolvem o *hnefatafl*, e o primeiro deles é o seguinte:

> Quem são aqueles Lordes-Tenentes que cavalgam até a assembleia?
> Todos reconciliados juntos; seus povos
> Eles enviam através das terras para construir assentamentos.
> Rei Heidrek, pondere o enigma.

A resposta varia de acordo com os manuscritos: o jogo de tabuleiro de Ítrek; ou o Ítrek e Andad, sentados em seu jogo de tabuleiro. Se, como alguns sugeriram, Ítrek é um nome de Odin, a primeira leitura pode sugerir o jogo dos deuses. Mas como Andud, uma variante possível de Andad, é um nome de gigantes, de acordo com os *thulur*, a segunda leitura situaria o jogo na luta contínua entre deuses e gigantes.

Referências e leituras complementares: HAMEL'S, A.G. "The Game of the Gods" apareceu no *Arkiv för nordisk filologi*, 50, 1934, p. 218-242. A respeito do *hnefatafl*, ver o Appendix D do livro *The Saga of King Heidrek the Wise*, translated and with introduction, notes, and appendices by Christopher Tolkien (Londres: T. Nelson, 1960).

Jörd (Terra)

A terra personificada; consorte de Odin e mãe de Thor.

O kenning para Thor "filho de Jörd" é atestado por duas vezes (com diferentes palavras para "filho") em poesia escáldica do período pagão e também é encontrado nos poemas éddicos *Lokasenna* e *Thrymskvida* e nos thulur. No *Skáldskaparmál*, discutindo a dicção poética, Snorri diz que Thor pode ser chamado de "filho de Jörd" e que Jörd pode ser chamada de "alguém que compartilha um homem com Frigg". No *Gylfaginning*, depois de enumerar o *ásynjur* e descrever as valquírias, Snorri diz que "Jörd, a mãe de Thor, e Rind, a mãe de Váli, estão entre os *ásynjur*". Rind é certamente uma giganta, e o fato de ser "contado entre os æsir" implica ser originalmente de algum outro grupo. Jörd deve ter sido uma giganta no começo. Em caso afirmativo, o casamento de Odin (ou, mais provavelmente, a relação sexual fora do casamento, talvez nem mesmo um desejo da parte da giganta) com Jörd deveria ser considerado como paralelo a seus outros relacionamentos estratégicos com gigantas. Rind é um bom exemplo; ele a seduziu por meio de magia (seid) para produzir Váli, o vingador de Baldr. É instrutivo pensar em Thor nesse contexto. Ele é o vingador final?

Anteriormente no *Gylfaginning*, Snorri tem uma discussão confusa de Jörd, em conexão com Alfödr (Odin):

> A terra era sua filha e sua esposa. Com ela ele fez [sic] o primeiro filho, e esse é Ása-Thor.

O uso de Snorri do artigo definido nesta passagem sugere um desejo de manter separada a terra e a deusa Jörd (Terra). Algumas linhas depois, Snorri oferece uma genealogia de Jörd: Ela é filha de Annarr (Segundo) e Nótt (Noite), filha do gigante Nörfi ou Narfi. No entanto, Jörd, sem o artigo definido, é normalmente considerada a mãe de Thor. O *Völuspá*, estância 50, chama Thor de "filho de Hlódyn", um nome etimologicamente pouco claro que deve ser o mesmo que Jörd.

Jötunheimar (Mundos-dos-gigantes)

Aquela parte do cosmos habitada por gigantes.

O fato de esse termo ser plural pode indicar que havia múltiplas áreas habitadas por gigantes, em oposição ao único recinto dos deuses (Ásgard). No mundo dos humanos havia vários lugares onde os trolls poderiam viver: montanhas, florestas e assim por diante – qualquer uma das áreas inabitadas que cercam a fazenda-moradia.

Kvasir

Deus cujo sangue é usado para fazer o hidromel da poesia.

Em torno do final do século X, o skald Einar Helgason skálaglamm, em seu poema *Vellekla*, se referia à poesia como "o sangue de Kvasir". Isso está de acordo com a estória da origem do hidromel da poesia, como apresentada por Snorri Sturluson na seção *Skáldskaparmál* de sua *Edda*. A paz entre os æsir e os vanir foi selada quando ambos os grupos cuspiram em uma chaleira. Os deuses desejaram tornar o símbolo de sua paz mais permanente, então eles formaram um homem a partir dessa saliva. Ele era Kvasir, e "ele é tão sábio, que ninguém pode lhe fazer uma pergunta que ele não possa responder". Ele perambulou através de todo o mundo jorrando sabedoria e foi assassinado pelos anões Fjalar e Galar, que misturaram seu sangue com mel e dessa mistura fizeram o hidromel de poesia. Eles disseram aos æsir, em uma das poucas linhas realmente engraçadas desta mitologia, que ele havia se engasgado com sua própria sabedoria. Aparentemente, essa mentira ultrajante não incomodou os æsir.

Na seção *Gylfaginning* de sua *Edda*, Snorri descreveu as tentativas de Loki de escapar da vingança dos æsir após a morte de Baldr. Ele transformou-se em um salmão e pulou no rio, mas quando os æsir chegaram ao seu esconderijo longínquo, o primeiro dos æsir a se aproximar foi Kvasir, "o mais sábio de todos os æsir". Ele reconheceu nas cinzas de um fogo a forma de uma rede de pesca – uma tecnologia ainda a ser inventada, de acordo com o mito – e os æsir fizeram uma dessas redes para ajudar a capturar Loki. Aqui temos uma daquelas discrepâncias na cronologia que caracterizam o mito em geral e essa mitologia em particular: Kvasir teve que morrer no que eu chamo, no capítulo 2, de o "passado próximo", isto é, no início da mitologia, uma vez que a incorporação dos vanir entre os æsir e o uso da poesia por Odin fazem parte do presente mítico. Ao mesmo tempo, a punição de Loki é bastante tardia no presente mítico, então Kvasir já deveria estar morto há muito tempo. No entanto, aqui está ele. Este Kvasir é consistente com aquele que Snorri apresenta no capítulo 4 de sua *Ynglinga saga*, na qual a Guerra Æsir-Vanir é apresentada historicamente. Naquela ocasião Kvasir, o mais sábio dos vanir, é enviado aos æsir como um penhor de paz no final das hostilidades.

Ver também Guerra Æsir-Vanir; Hidromel da poesia.

Lærad

Árvore, quase certamente a árvore do mundo.

A principal fonte é o *Grímnismál*, estâncias 25-26:

> 25. Heidrún é o nome da cabra, que se encontra no salão de Herjafödr [Odin]
> E mordidas dos membros de Lærad.
> Ela encherá um barril com o hidromel brilhante;
> Essa bebida nunca pode acabar.
> 26. Eikthyrnir é o nome de um veado, que se encontra no salão de Herjafödr [Odin]
> E morde os membros de Lærad.
> No entanto, de seus chifres goteja no Hvergelmir,
> De onde todas as águas têm seus caminhos.

No *Gylfaginning*, Snorri Sturluson parafraseou estas linhas. Ele diz que a cabra Heidrún "morde a folhagem dos membros da árvore, que é famosa e que é chamada Lærad". Ela fornece um hidromel sem fim, e o veado Eikthyrnir é a fonte de inúmeros rios, de acordo com Snorri.

As razões para equiparar Lærad com Yggdrasil têm seu ponto de partida na localização de Lærad no salão de Odin, que estaria no centro do cosmos. Yggdrasil também apresenta animais em seu entorno, embora eles sejam talvez mais diretamente ameaçadores do que Heidrún e Eikthyrnir. Hvergelmir também está associado a ambos.

A forma do nome varia e muitas etimologias foram propostas para o mesmo. Se, no entanto, o primeiro componente for Læ-, "traição", os nórdicos teriam entendido o nome como "arranjador de traição", e tal nome poderia referir-se precisamente a Yggdrasil, o corcel de Odin, isto é, o "cavalo" no qual ele foi enforcado e foi oferecido em um autossacrifício.

Ver também Eikthyrnir; Heidrún; Yggdrasil.

Referências e leituras complementares: STURTEVANT, A.M. "Etymological Comments upon Certain Old Norse Proper Names in the Eddas". *Publications of the Modern Language Association*, 67, 1952, p. 1.145-1.162.

Laufey

A mãe de Loki, usada na fórmula matronímica "Loki, filho de Laufey".

O nome não é encontrado na poesia escáldica. Na poesia éddica, "filho de Laufey" é um kenning frequente para Loki (*Lokasenna*, estância 52 – em que Loki a usa a respeito de si mesmo – e *Thrymskvida*, estâncias 18, 20). No *Gylfaginning*, Snorri nos relata, quando ele apresenta Loki, que ele era "o filho de Fárbauti, o gigante, e de Laufey ou Nál", e no *Skáldskaparmál* ele afirma que "filho de Laufey" é um kenning válido para Loki (juntamente com "filho de Fárbauti" e " filho de Nál"). Snorri se refere a Loki sombriamente como "filho de Laufey" em algumas ocasiões, como quando ele chama Loki de "aquele que faz o mal", ou quando ele diz que Thökk, a feiticeira que não choraria por Baldr a fim de libertá-lo de Hel, era considerada como sendo em realidade Loki, o filho de Laufey.

A própria Laufey não é encontrada em nenhum mito. O nome dela parece que deveria significar algo como "ilha das folhas", mas esse seria um nome estranho. O *Sörla tháttr* diz que ela era esbelta e fraca, e por essa razão ela era também chamada de Nál (Agulha), mas a data tardia do texto faz com que essa informação seja suspeita. O que mais chama a atenção em Laufey é que sempre lemos sobre Loki Laufeyjarson e nunca sobre Loki Fárbautason (para usar as formas gramaticalmente corretas). Não havia sobrenomes na velha Escandinávia (na verdade, não há, em princípio, sobrenomes na Islândia mesmo hoje em dia). As pessoas tinham um nome e um patronímico, exceto naqueles raros casos em que o pai era desconhecido ou socialmente desagradável, caso em que o sujeito recebia um matronímico. O fato de seu pai Fárbauti ser um gigante era presumivelmente algo a respeito de que Loki – e Odin – preferiria não ser lembrado, especialmente porque, nessa mitologia, o parentesco é idealmente considerado exclusivamente por linhas masculinas. (Considere o fato de que Odin tem uma mãe gigante e que sexo com gigantas é uma de suas armas.) Então, seria Laufey uma deusa? Ela é listada com deusas em um dos thulur, e ter uma deusa como mãe poderia ter sido o fator que permitiu que Loki fosse "enumerado entre os æsir", como Snorri apresentou em seu *Gylfaginning*. Se Laufey era uma deusa, então a genealogia de Loki como filho de um pai gigante e uma mãe de deusa seria a mesma de seus filhos com Angrboda, a saber, a serpente de Midgard, Fenrir, o lobo, e Hel, todos grandes inimigos dos deuses, e isso pode ajudar a explicar sua lealdade final.

Ver também Loki.

Léttfeti (Pé-leve)

Nome do cavalo encontrado no *Grímnismál*, estância 30, que lista os cavalos em que os æsir cavalgam todos os dias quando eles partem a fazer julgamentos em Yggdrasil.

Snorri Sturluson inclui Léttfeti em sua lista dos cavalos dos æsir em seu *Gylfaginning*, mas não atribui o cavalo a nenhum deus específico. Léttfeti também é listado nos thulur para cavalos.

Líf e Lífthrasir

Os humanos que sobreviverão ao Ragnarök e repovoarão o mundo.

No *Vafthrúdnismál*, estância 44, Odin pergunta quais humanos viverão depois que o Fimbulvetr tiver passado. Vafthrúdnir responde na estância 45.

> Líf e Lífthrasir, ainda eles vão esconder a si mesmos
> Na floresta de Hoddmímir;
> O orvalho da manhã eles terão como alimento para si mesmos,
> Deles as pessoas serão nutridas.

Na seção do *Gylfaginning* de sua *Edda*, Snorri Sturluson parafraseia e cita esta estância, acrescentando a informação de que a linhagem de Líf e Lífthrasir será tão grandiosa que o mundo inteiro será povoado.

Ver também Floresta de Hoddmímir; Ragnarök.

Lit (Cor, semblante)

Anão assassinado por Thor durante o funeral de Baldr, de acordo com Snorri.

O assassinato de Lit, que aparece apenas no *Gylfaginning*, parece quase um caso acidental. Os deuses tiveram que mandar chamar Hyrrokkin para lançar o navio fúnebre imóvel de Baldr, e o corpo de Baldr está a bordo, assim como o corpo da esposa dele, Nanna, que segundo Snorri morreu de pesar:

> Então Thor colocou-se ao lado e consagrou a pira com o Mjöllnir, e diante de seus pés correu um certo anão; ele é chamado Lit. E Thor o chutou com o seu pé e derrubou-o no fogo, e ele foi completamente queimado.

Lit realmente é listado entre os anões no catálogo de anões (na estância 12) e entre os anões nos thulur. Seu nome parece ser o nome comum para "cor, semblante", que é uma das características conferidas (no plural) a ambos, Ask e Embla, pelos deuses no *Völuspá*, estância 18, mas não tem uma associação particularmente lógica com os anões. Há, no entanto, aparentemente um segundo Lit, aquele que é mencionado por Bragi Boddason o Velho, que é considerado o primeiro skald: "aquele que oferece aperto dos homens da antiga Lit", isto é, aquele que oferece oportunidades para agarrar. Este é um kenning para Thor, e a raça com quem Thor lutaria seria aquela dos gigantes, não dos anões, e se os homens de Lit são gigantes, o mesmo seria o caso do próprio Lit. Além disso, em um dos manuscritos da estância de Thorbjörn dísarskáld dirigida a Thor, o deus é elogiado por matar Lit; nos outros manuscritos, é Lút. Então, Lit era um gigante que se tornou um anão ou havia dois seres com esse nome? As evidências dificilmente nos permitem tirar uma conclusão, mas não seria inapropriado que Thor tenha matado um gigante em alguma versão anterior do funeral de Baldr.

Ver também Baldr; Anões; Thor.

Referências e leituras complementares: Otto Höfler ("Balders Bestattung und die nordischen Felszeichnungen". *Anzeiger der Österreichischen Akademie der Wissenschaften*, phil.-hist. Kl., 88, 1951, p. 343-372) discutiu a continuidade pictórica entre as esculturas rupestres da Idade do Bronze e as esculturas no salão islandês descritas no *Húsdrápa* de Úlf e depois passou a explicar Lit como um dançarino de culto que pinoteava em alguma antiga cena pictórica de culto e teria sido subsequentemente mal-interpretado; não parece necessário reafirmar que isto é um pouco especulativo.

Ljódatal

Seção do poema *Hávamál*, geralmente considerada como compreendendo as estâncias 146-164, embora pudesse ser possível interpretar 138-164 como uma única seção.

O *Ljódatal* (Enumeração dos encantamentos), falado em primeira pessoa por Odin, lista os efeitos de 18 canções ou encantamentos que operam ações mágicas, embora os próprios encantos não sejam apresentados. Odin supostamente obteve nove canções poderosas de seu tio materno gigante no curso de seu autossacrifício, e parece haver uma espécie de diferença qualitativa entre o primeiro dos nove encantamentos e aqueles que se seguem. Os dois primeiros encantos parecem ter a ver com curas, os próximos vários com batalha (p. ex., encantos para tornar cegas as lâminas dos inimigos, desviar flechas, redirecionar inimizades para aqueles de quem elas se originaram, reprimir o fogo em um salão, o que teria relação com as batalhas se pensarmos nos incêndios provocados nas sagas e no registro histórico islandês da Era dos Sturlungar). O oitavo é bastante estranho, até mesmo irônico, na boca de Odin: "Onde quer que o ódio cresça, entre os filhos de um príncipe, que eu possa reparar rapidamente". No nono Odin anuncia que ele pode acalmar tempestades e mares altos. Com o décimo há algo como uma pausa, uma vez que ele diz que pode fazer com que as bruxas não consigam encontrar o caminho de volta para suas formas e pensamentos. O décimo e o décimo segundo são encantos de batalha, mas o décimo, pelo menos, difere dos encantos anteriores, pois não opera sobre objetos (espadas, grilhões, chamas), mas, em vez disso, oferece proteção geral para seus seguidores. O décimo segundo anuncia uma conexão dínica com homens enforcados. Do décimo quarto em diante, parece haver uma espécie de progressão, do conhecimento mitológico, a aquisição de qualidades importantes (riqueza para os æsir, sucesso para os elfos, cognição para Odin), para questões sexuais e poderes de sedução. O último ele nunca ensinará a donzela ou a esposa do homem, "somente àquele que põe um braço ao redor dele mesmo ou é irmã deste". A conjunção "ou" nesta linguagem pode algumas vezes significar "e", o que significaria que apenas um ato impensável de incesto faria com que esse encanto fosse revelado. Poderes de sedução têm sido um assunto persistente no poema, como evidenciado pelos chamados exemplos de Odin, dos quais aquele com resultado positivo acabou por beneficiar a aquisição do hidromel da poesia. No *Hárbardsljód* Odin se orgulha de ter seu charme para com garotas gigantes. Talvez o uso mais importante dos poderes de sedução (ou estupro) esteja aparente na estória de Baldr, na qual a solução de Odin para o assassinato de seu filho e herdeiro por outro filho é criar um vingador, Váli, em uma giganta.

Loddfáfnismál

Seção do poema *Hávamál*, geralmente considerado como abrangendo as estrofes 111-137.

Esta seção recebe o seu nome de um refrão repetido 20 vezes: "Eu te aconselho agora, Loddfáfnir, / que você aprenda os conselhos, / você encontrará uso para eles, se você os aprender, / eles serão bons para você, se você os obtiver". Loddfáfnir é desconhecido em qualquer outra forma e o nome não é útil. O primeiro componente, *Lodd-*, pode significar algo como "desgrenhado", e o segundo é idêntico ao nome do gigante Fáfnir na tradição heroica, que se transformou em um dragão para salvaguardar o ouro que ele obteve ao matar seu irmão e que, por sua vez, foi morto por Sigurd. O que um "Fáfnir-desgrenhado" pode ser (ou um dragão desgrenhado ou metamorfo desgrenhado) permanece sem o devido esclarecimento.

Esta cruz desgastada da região de Lancashire, como muitas outras esculturas da Era Viking do norte da Inglaterra, contém cenas de lendas nórdicas. (Axel Poignant Archive)

A seção começa com um verso usando uma linguagem que pode se relacionar com a troca de sabedoria em contextos sagrados e que está claramente ancorada na mitologia.

> É hora de recitar
> na sede do sábio próximo ao poço de Urd:
> Eu vi e fiquei em silêncio
> Eu vi e eu considerei
> Eu escutei os discursos dos homens;
> Eu ouvi runas sendo julgadas,
> nem eram elas silenciosas sobre conselhos, no salão de Hár,
> no salão de Hár;
> Eu os ouvi dizer isso.

Eu traduzi o verbo *þylja* como "recitar", embora "encantamento" possa ser outra tradução aceitável. O substantivo que eu traduzi com "sábio", *thulr*, está relacionado ao primeiro; seu cognato em inglês antigo, *þyle*, significa "orador". A identidade do falante não é clara. Se, no entanto, aceitarmos que o título *Hávamál* realmente significa "Palavras de Hár [do Altíssimo]", então Odin pode estar falando. Alternativamente, podemos estar ouvindo a voz de um narrador ou, talvez, a de Loddfáfnir. De qualquer modo, o restante da seção consiste em conselhos (*ráð*) introduzidos pelo refrão. Muitos desses conselhos são semelhantes aos da seção gnômica do poema (que inclui aforismos tais como "Mantenha e faça amigos", "Seja cauteloso quando beber cerveja"; "Limite a conversa com as pessoas tolas"), mas alguns deles, especialmente na parte final da lista, relaciona-se facilmente com mitos sobre Odin. Assim, por exemplo, Loddfáfnir é aconselhado a tratar os convidados generosamente e a prestar atenção às palavras dos homens de cabelos grisalhos, conselho que teria sido útil para Geirröd quando Odin visitou aquele rei humano e foi maltratado (*Grímnismál*).

Lódur

Deus enigmático que ajuda a conceder vida a Ask e Embla.

Lódur é encontrado apenas na versão da cosmogonia preservada no *Völuspá*. Três æsir encontraram Ask e Embla na terra, sem destino e capazes de pouco. Na estrofe 19, Odin, Hœnir e Lódur conferem-lhes três características. O presente de Lódur é sangue, rubor, ou calor vital e também boa coloração. Na seção *Gylfaginning* de sua *Edda*, Snorri Sturluson acrescenta alguns detalhes e altera outros. Os deuses criadores em sua versão são os filhos de Bor (ou seja, Odin, Vili e Vé). O terceiro, que é estruturalmente equivalente ao Lódur, fornece aparência, fala, audição e visão.

Exceto no kenning para Odin "amigo de Lódur", Lódur é desconhecido, e a etimologia do nome não é clara. Muitas tentativas foram feitas para entender Lódur como um nome alternativo para algum outro deus, na maioria das vezes Loki. O principal argumento a favor de Loki é que ele é conhecido por viajar com Odin e Hœnir, como quando eles encontram Thjazi ou Andvari. Odin também é conhecido como "amigo de Lopt", e Lopt é definitivamente um nome de Loki. Houve também tentativas de associar Loki a Lódur através do nome rúnico Logathore, mas isso se mostrou problemático.

Além de Loki, Frey foi proposto como a identidade subjacente de Lódur. De acordo com esse cenário, Lódur teria sido uma figura de fertilidade.

Ver também Ask e Embla; Hœnir.

Referências e leituras complementares: Edgar C. Polomé contribuiu com um estudo focado exclusivamente em Lódur: "Quelques notes à propos du dieu énigmatique scandinave Lóðurr"(*Revue Belge*, 33, 1955), e seu "Some Comments on Völuspá, Stanzas 17-18" (In: POLOMÉ, E.C. *Old Norse Literature and Mythology*: A Symposium (Austin: University of Texas Press, 1969, p. 265-290)) também é relevante; ele associa Lódur com os vanir.

Lofn

Deusa menor.

Snorri apresenta ela em oitavo lugar no seu catálogo de deusas entre os æsir no *Gylfaginning*, e ele afirma: "Ela é tão graciosa e boa para ser invocada que recebe permissão de Alfödr [Odin] ou Frigg para o intercurso de pessoas, homens e mulheres, embora de outra forma isto seria proibido ou banido; por causa disso *lof* [o louvor] é derivado do nome dela, e aquele que é muito *lofat* [louvado] pelas pessoas". Os eruditos seguem Snorri aceitando uma conexão entre o nome Lofn e a raiz *lof-*, "louvor". Embora a própria Lofn não seja atestada em outros lugares, seu nome aparece com frequência como a palavra-base em kenningar de mulheres na poesia escáldica. Tal como acontece com muitas dentre as outras deusas menores, alguns estudiosos acreditam que ela pode ser apenas Frigg com outro nome.

Ver também Alfödr; Frigg.

Logi (Fogo)

Adversário dos æsir no mito da visita de Thor a Útgarda-Loki.

Quando os æsir chegam ao salão de Útgarda-Loki, o gigante informa que ninguém pode ficar que não se sobressaia em algum tipo de habilidade ou conhecimento. Loki responde primeiro: "Eu tenho aquele talento, que estou totalmente pronto para testar, que não há ninguém aqui dentro que possa comer sua comida mais rápido do que eu posso". Útgarda-Loki concorda que isso realmente seria um talento, e ele convida Logi para um concurso de comida contra Loki.

Em seguida, um prato de madeira é tomado e levado para o centro do salão, carregado de carne. Loki se senta em uma extremidade e Logi na outra, e cada um come o mais rápido que pode, e eles se encontram no meio do prato. Loki comeu toda a carne até os ossos, mas Logi comeu toda a carne até os ossos e também o prato, e parece a todos que Loki perdeu a competição.

Somente mais tarde Útgarda-Loki revela aos æsir: "Aquele chamado Logi era de fato fogo selvagem, e ele queimou a bandeja não mais devagar do que a carne". Os æsir também perdem as outras competições, deixando de reconhecer não somente a palavra para "fogo", mas também palavras para "pensamento" e "velhice".

Logi é apresentado como um dos três filhos elementares de Fornjót em *Fundinn Noregr* (Fundação da Noruega), como às vezes é chamado o começo da *Orkneyinga saga* (A saga dos insulares das Ilhas Órcades), e em uma seção do *Flateyjarbók* chamada *Hversu Noregr byggdisk* (Como a Noruega foi colonizada). Parece não haver conexão entre esta tradição e a estória da visita dos deuses a Útgarda-Loki.

Ver também Loki; Útgarda-Loki.

Lokasenna

Poema éddico.

Lokasenna (O Duelo Verbal de Loki) é encontrado apenas no *Codex Regius* da *Edda Poética*, entre o *Hymiskvida* e o *Thrymskvida*. O compilador do manuscrito, portanto, o entendia como um poema de Thor. O *Lokasenna* consiste em 65 estâncias compostas principalmente em *ljóðaháttr*; algumas estâncias se apresentam em *galdralag* e têm um efeito bastante aguçado. O poema é precedido por um cabeçalho em prosa, interrompido em alguns lugares por frases em prosa unindo as estâncias, e é seguido por um colofão em prosa.

O cabeçalho da prosa segue a rubrica "Sobre Ægir e os deuses". Nele se afirma que Ægir, tendo obtido a chaleira, "como já foi apresentado" (i. é, no *Hymiskvida*), para preparar cerveja, convidou os deuses para uma festa. Todos, exceto por Thor, estavam lá, muitos æsir e elfos, e o salão era iluminado por ouro em vez de uma fogueira. A cerveja servia a si mesma e o lugar era de grande santuário. Os servos de Ægir receberam muitos elogios, e Loki não suportou ouvir isso e acabou por matar um deles, Fimafeng. Os deuses o expulsaram do salão, mas ele retornou.

O próprio poema consiste em uma série de diálogos entre Loki e vários personagens, trocas verbais nas quais Loki, em sua maior parte, diz ao deus com quem ele está falando para calar a boca e depois revela algum fato desagradável sobre esse deus. A primeira troca, no entanto, não é com um deus, mas com Eldir, um servo sobrevivente de Ægir. Loki descobre que os deuses estão discutindo suas proezas, afirma sua intenção de entrar no salão e repudia a Eldir como um oponente verbal. No restante do poema, Loki compete verbalmente com 14 dos deuses e deusas. Aqui está um catálogo das divindades e os principais insultos dirigidos a eles: Bragi, covardia; Odin, jurou irmandade de sangue com Loki, muitas vezes deu a vitória para os mais fracos; Idun dormiu com o assassino de seu irmão; Gefjon vendeu-se em troca de algo sem nenhuma importância; Frigg dormiu com Vili e Vé (e Loki assume a responsabilidade pela morte de Baldr); Freyja dormiu com seu irmão; Njörd, abusado pelas filhas de Hymir, gerou Frey em sua irmã; Týr, perdeu a mão para Fenrir, traído por Loki; Frey abandonou sua espada para obter Gerd; Byggvir, covardia; Heimdall, traseiro sujo e molhado; Skadi, Loki participou do assassinato de seu pai e dormiu com ela; Sif, traiu a Thor com Loki; Beyla, leiteira imunda; Thor se acovardou na luva de algum gigante, provavelmente Skrýmir, e não conseguia abrir a bolsa de suprimentos amarrada por Skrýmir. Há também acusações dirigidas a Loki, a maioria acusando-o de *ergi* (perversão sexual), algumas lembrando-o do aprisionamento de seu filho, o lobo. O poema é finalmente resolvido quando Loki se retira do salão sob a ameaça de tomar um golpe do martelo de Thor: "Eu falei diante dos æsir, falei diante dos elfos, aquilo para que minha mente me incitava; / mas só para você / eu sairei, / pois sei que você irá golpear" (estrofe 65). Na estrofe final, Loki conta a Ægir que esta é sua última festa e que ele perderá suas posses para o fogo.

O colofão em prosa segue uma rubrica "A respeito de Loki" e conta uma versão abreviada da estória que Snorri apresenta como a vingança levada a cabo pelos æsir em relação a Loki pela morte de Baldr. Loki foge e se esconde na forma de um salmão, mas é capturado e aprisionado sob uma cobra venenosa. Sigyn, a esposa de Loki, pega o veneno em uma tigela, mas quando ela vai esvaziá-la Loki se contorce, e isso causa terremotos.

Muitas das acusações de Loki são conhecidas de outras fontes, como o incesto dos vanir, a possessão sexual de Frigg por Vili e Vé, Týr e a perda de sua mão, e a jornada de Thor para Útgarda-Loki. Muitos outros são encontrados unicamente neste poema, incluindo muitas das acusações de mau comportamento sexual dirigidas aos membros femininos dos æsir. Byggvir e Beyla são conhecidos apenas a partir deste poema. Embora alguns observadores tenham achado difícil imaginar que os crentes contassem e escutassem esse material indecente sobre seus deuses, existem efetivamente análogos de outras religiões. Além disso, um argumento para uma origem tardia do poema seria mais facilmente construído em sua linguagem e possíveis análogos da literatura clássica, que não seriam conhecidos na Islândia antes do século XII. Por outro lado, a primazia de Thor sobre Loki concordaria com a proeminência de Thor nas décadas finais do paganismo, e se o ponto crucial do poema não é apenas que somente Thor pode fazer Loki parar, mas sim que Thor *pode* fazê-lo – ou seja, se o poema definitivamente coloca a boca de Loki contra o martelo de Thor – isso seria consistente com muitos dos outros poemas mitológicos da *Edda Poética*, que envolvem conflito e finalmente nos falam sobre hierarquia: Odin é melhor que gigantes, homens e até mesmo Thor com palavras (*Vafthrúdnismál*, *Grímnismál* e *Hárbardsljód*), e Thor é melhor que Alvíss com palavras (*Alvíssmál*). Nesta ocasião, pelo menos, Loki é melhor que todos os deuses com palavras, mas Thor pode silenciá-lo. É instrutivo comparar este mito com aquele a respeito do duelo de Thor com Hrungnir, pois em ambos Odin é incapaz de impedir a extensão da hospitalidade a alguém que não deveria recebê-la, ambos os destinatários dizem coisas que não devem ser ditas (no caso de Hrungnir ele possuirá Ásgard e Freyja) e, em ambos os casos, o martelo de Thor acaba por livrar Odin desta situação complicada.

Essa face esculpida em uma pedra de fornalha e encontrada em uma praia na Jutlândia pode ser uma face de Loki. As linhas cortadas por sobre a boca fechada lembram a punição de Loki de ter seus lábios costurados por terem perdido uma aposta.
(Werner Forman Archive/Art Resource)

Ver também Loki.

Referências e leituras complementares: ANDERSON, P.N. "Form and Content in the Lokasenna: A Re-evaluation". *Edda*, 1981, p. 215-225. • HAMEL, A.G. "The Prose-Frame of Lokasenna". *Neophilologus*, 14, 1929, p. 204-214. • HARRIS, J. "The Senna: From Description to Literary Theory". *Michigan Germanic Studies*, 5, 1979, p. 65-74. • McKINNELL, J. "Motivation in Lokasenna". *Saga-Book of the Viking Society*, 22, 1987-1988, p. 234-262.

Loki

Figura trapaceira, vive entre os deuses, mas vai lutar ao lado dos gigantes durante o Ragnarök.

A meu ver, a linha singular mais significativa a respeito de Loki nas fontes aparece no final do catálogo dos æsir na seção *Gylfaginning* da *Edda* de Snorri Sturluson: Loki é "também considerado entre os æsir", isto é, ele é contado como um deles, embora na verdade ele possa não ser efetivamente um. De fato, dado o princípio de considerar o parentesco apenas segundo as linhas paternas, Loki não é um deus, mas um gigante, já que ele tem um pai gigante, Fárbauti. Sua mãe, Laufey ou Nál, pode muito bem ter sido uma dos æsir, mas isso não deve ser considerado. E Loki é ele mesmo o pai de três monstros, a serpente de Midgard, o lobo Fenrir e Hel, através da ogra Angrboda. Com sua esposa Sigyn ele possui o(s) filho(s) Nari e/ou Narfi.

Esta pedra encontrada na Cumbria retrata uma figura aprisionada, talvez Loki. (Axel Poignant Archive)

Parece que a fidelidade de Loki é em grande parte direcionada aos æsir durante o presente mítico; todavia, no passado mítico, quando ele se acasalou com Angrboda, e no futuro mítico, durante o Ragnarök, ele é descaradamente contra eles. No presente mítico ele viaja com Odin e Hœnir nas estórias de ambos, Thjazi e Andvari, e ele viaja com Thor na estória de Útgarda-Loki, e em uma versão da estória da visita de Thor a Geirröd. Muitas vezes é pela ação de Loki que se acabam por criar as complicações de uma estória: por exemplo, ele fica preso em Thjazi e concorda em entregar Idun e suas maçãs; ele é posto a passar fome por Geirröd e concorda em entregar Thor sem suas armas. Às vezes, quando as coisas dão errado, os æsir partem do pressuposto de que é culpa de Loki, mesmo quando nenhuma culpa relativa a esse personagem se encontra na estória, como na estória do mestre construtor do muro ao redor de Ásgard. Mas nessa estória, assim como em outras, Loki está disposto a consertar as coisas; por exemplo, ele faz com que os seis objetos preciosos dos deuses sejam produzidos em conexão com a substituição para o cabelo de Sif, que ele misteriosamente havia cortado. (Esses seis objetos, feitos por anões, são o ornamento dourado para a cabeça de Sif, a lança de Odin Gungnir e seu anel Draupnir, o martelo de Thor, e o javali de Frey Gullinborsti e seu navio Skídbladnir.)

Não é raro que Loki sacrifique sua honra (ou pior) a fim de ajudar aos æsir, como quando ele se transforma em uma égua para seduzir o cavalo do mestre construtor e gerar um potro dele, não algo que possa melhorar a reputação de um homem na sociedade hipermasculinizada, como era o caso da Islândia medieval. Da mesma forma, vestir-se como a dama de companhia de Freyja (i. é, de Thor, muito relutantemente travestido como mulher) o deixaria aberto a acusações de efeminação. Depois, há o método que ele usou para fazer Skadi rir quando os deuses estavam compensando-a pela perda de seu pai, Thjazi: ele amarrou uma corda em torno de seus testículos e a barba de uma cabra e ambos balaram quando Loki caiu no colo de Skadi. Loki compartilha essa ambiguidade sexual com Odin, que praticava a magia efeminada chamada seid, e de fato os dois eram irmãos de sangue. Parece-me provável que Odin entrou em uma irmandade de sangue com Loki em uma tentativa de evitar futuros conflitos mortais com ele. Se assim for, Odin falhou.

As ações inequivocamente negativas de Loki devem provavelmente começar com sua luta misteriosa com Heimdall, aparentemente por causa do Brísinga men, que Loki pode ter roubado. Este incidente é obscuro, mas seus insultos maldosos direcionados aos deuses e deusas no *Lokasenna* é cristalino. Pior ainda é a sua organização da morte de Baldr, a primeira morte dentre os æsir e quase certamente o evento que leva inevitavelmente ao Ragnarök. Eu atribuiria ambos, a morte de Baldr e o *Lokasenna*, aos últimos estágios do presente mitológico, quando Loki está começando a revelar suas verdadeiras intenções. O *Lokasenna* e a *Edda* de Snorri concordam que

Painel da Cruz de Thorwald de Andreas na Ilha de Man, mostrando Odin sendo devorado por seu antigo inimigo, o lobo. (Werner Forman/Art Resource)

Loki foi aprisionado como forma de vingança, seja pela injúria dos deuses ou pelo seu papel na morte de Baldr. Mas nos estágios iniciais do futuro mítico ele se libertará. E de acordo com o *Völuspá*, estância 51, ele pilotará uma embarcação vinda do Leste, cheia dos povos de Muspell, os inimigos e derradeiros destruidores dos deuses e do cosmos.

Nesse sentido, podemos dizer que Loki tem um componente cronológico: Ele é o inimigo dos deuses no passado mítico distante, e ele retorna a esse *status* à medida que o futuro mítico se aproxima e se instala. No presente mítico, ele é ambíguo, "numerado entre os æsir".

Ver também Andvari; Baldr; Monstro Aprisionado; Brísinga men; Heimdall; Idun; *Lokasenna*; Muspell; Ragnarök, Skadi; Thjazi; Útgarda-Loki.

Referências e leituras complementares: A literatura a respeito de Loki é vasta e a maior parte é escrita em alemão e línguas escandinavas. Todos os estudiosos concordam que nunca houve qualquer culto a Loki, e todos concordam que ele era um personagem importante, mas além disso é difícil generalizar. Críticos mais antigos (e até alguns modernos) pensavam que ele poderia estar associado a fenômenos naturais, como o fogo (Wagner fez dele Loge no Ciclo do Anel) ou o ar, este último baseado em seu nome Lopt. A posição mais consistentemente útil entre os acadêmicos interpreta Loki como uma das figuras trapaceiras análoga àquelas das tradições nativas americanas e africanas: O trapaceiro pensa apenas no presente e nunca no futuro, é criativo, mas destrutivo ao mesmo tempo, e muitas vezes tem uma conexão com a sexualidade. Tal visão caracteriza o livro de Jan de Vries: *The Problem of Loki* (Helsinki: Suomalainen tiedeakatemia, 1933) [FF Communications, 110], que apresenta os aspectos duais da cultura do herói e do trapaceiro. Um livro posterior em inglês é o de Anna Birgitta Rooth: *Loki in Scandinavian Mythology* (Lund: C.W.K. Gleerup, 1969) [Skrifter utgivna av Kungliga humanistiska vetenskapssamfundet i Lund, 61]. Usando um método histórico-geográfico extremamente rígido e considerando qualquer coisa encontrada em outros lugares como tendo sido emprestada para a Escandinávia, Rooth fica com uma aranha como sendo o hipotético Loki. Ulf Drobin ("Myth and Epical Motifs in the Loki-Research". *Temenos*, 3, 1968, p. 19-39) vai além de um simples panorama da pesquisa para ler Loki como o personagem de um papel essencialmente épico (i. é, narrativo). Ainda a contribuição mais útil recente é a de Jens Peter Schjødt ("Om Loke endnu engang". *Arkiv för nordisk filologi*, 96, 1981, p. 49-86), que observa Loki como mediador. Schjødt contribuiu com uma breve, mas concisa, história da pesquisa em torno de Loki no artigo enciclopédico "Loki" (In: PULSIANO, P. et al. (eds.). *Medieval Scandinavia*: An Encyclopedia (Nova York/ Londres: Garland Publishing, 1993, p. 394-395) [Garland Encyclopedias of the Middle Ages, 1; Garland Reference Library of the Humanities, 934].

Lopt

Nome alternativo para Loki.

O nome é comum na poesia éddica e também é usado pelos primeiros skald. Quando Snorri Sturluson descreve Loki em seu catálogo na seção *Gylfaginning* de sua *Edda*, ele começa chamando-o de "Loki ou Lopt".

Esse nome alternativo de Loki parece ser uma forma masculina de um substantivo feminino que significa "céu", e parece-me certo que os escandinavos medievais o teriam entendido como relacionado ao céu. Talvez devêssemos pensar em Loki voando pelo mundo no casaco de falcão de Freyja.

Ver também Loki.

Magni (Aquele que é Forte)

Filho de Thor.

O poema escáldico *Thórsdrápa* do décimo século, de autoria de Eilíf Godrúnarson, utiliza "pai de Magni" como um kenning para Thor (estância 21), assim como o poema éddico *Hárbardsljód* (estâncias 9 e 53). Magni é mencionado em apenas uma outra ocasião na poesia, no *Vafthrúdnismál*, estância 51, mas é uma ocasião importante. Odin acaba de perguntar ao gigante Vafthrúdnir quem controlará as posses dos deuses:

> Vídar e Váli habitarão os lugares sagrados dos deuses,
> Quando o fogo de Surt diminui e morre;
> Módi e Magni terão o Mjöllnir
> E farão com que não ocorram mais assassinatos.

Snorri conhecia esse mito e o empregou em seu relato a respeito do Ragnarök e de suas consequências. Magni e seu irmão Modi são, então, deuses da segunda geração – assim como Vídar e Váli e Höd e Baldr – que sobreviverão ao Ragnarök e participarão da nova ordem mundial. Eles possuirão o Mjöllnir, o martelo de Thor, com o qual Thor matou incontáveis gigantes. Se minha tradução da última linha acima estiver correta, o Mjöllnir os ajudará a encerrar o incessante ciclo de assassinatos que caracterizaram o presente mitológico. O texto é difícil neste ponto, no entanto, e muitos editores e tradutores escolhem alterá-lo para que se leia "na finalização da batalha de

Vingnir (Thor)". Em ambos os casos, a posse do Mjöllnir é aqui parte de um padrão mais amplo de continuidade da antiga ordem mitológica para a nova.

Vídar e Váli são ambos deuses de vingança, e Magni também empreende um ato no presente mitológico que, mesmo que não seja uma vingança, é, pelo menos, voltado para o oponente de seu pai no rescaldo de uma batalha. No final do duelo de Thor com Hrungnir, que se nos apresenta no *Skáldskaparmál* na *Edda* de Snorri, Thor encontra-se preso sob a parte inferior da perna do gigante morto:

> Todos os æsir se aproximaram, quando ouviram que Thor havia caído, e iam tirar a perna de sobre ele, mas eles não conseguiram movê-la nem um pouco. Então Magni chegou, o filho de Thor e Járnsaxa. Ele tinha três noites de idade [três anos de idade, de acordo com alguns manuscritos da *Edda* de Snorri]. Ele jogou a perna de cima de Thor e disse: "Que pena, pai, que cheguei tão tarde; eu acho que eu poderia ter esmurrado o gigante até Hel com o meu punho, se eu o tivesse encontrado". Thor se levantou e cumprimentou seu filho bem e disse que ele se tornaria um grande homem. "Eu gostaria", disse ele, "de lhe dar o cavalo Gullfaxi, que Hrungnir possuía". Mas Odin se pronunciou e afirmou que Thor agiu mal quando deu o cavalo ao filho de uma giganta e não a seu pai.

Járnsaxa (Armada-com-uma-espada-de-ferro) como a mãe giganta de Magni é conhecida apenas a partir de Snorri, que em outro lugar no *Skáldskaparmál* afirma que um kenning para Sif, a esposa legítima de Thor, é "aquela que compartilha um homem com Járnsaxa". Caso contrário, Járnsaxa é conhecida como uma das nove mães gigantes de Heimdall (*Hyndluljód*, estância 37). Ter uma mãe giganta aumenta as semelhanças de Magni com Vídar e Váli, os filhos de Odin com as gigantas Gríd e Rind, respectivamente. Além disso, os atos precoces de Magni quando ainda era um infante encontram um paralelo na vingança levada a cabo pelo irmão de Baldr, presumivelmente Váli, quando tinha apenas uma noite de idade (*Völuspá*, estância 32).

Ver também Hrungnir; Módi; Thor; Váli, Filho de Odin; Vídar.

Mánagarm (Cachorro-da-Lua)

Cachorro monstruoso, destruidor da lua ou do sol de acordo com Snorri Sturluson.

Garm aparece frequentemente como a palavra-base em kenningar, onde significa "destruidor", e Mánagarm apresenta, portanto, a forma de um kenning, pois a primeira parte do nome é apenas o caso genitivo da palavra "lua". Somente Snorri apresenta alguma informação sobre Mánagarm, mas sua descrição da fera, no início do *Gylfaginning*, é memorável. Ele acaba de mencionar uma antiga giganta, uma das Járnvidjur (Mulheres-da-floresta-de-ferro) que dá à luz muitos filhos, todos na forma de lobos.

> E é dito que o mais poderoso dessa família será aquele que é chamado de Mánagarm. Ele está repleto da vida de todas as pessoas que morrem, e ele engolirá os corpos celestes e salpicará com sangue o firmamento e todo o céu. Daí o sol perderá o seu brilho e os ventos não serão gentis e rugirão para cá e para lá.

Snorri está obviamente seguindo o *Völuspá*, estâncias 40 e 41, e ele as cita diretamente após essa passagem. A estância 40 concorda que uma Járnvidja dá à luz às famílias de Fenrir, e que um deles engolirá o *tungl*, "na forma de um troll". Como Snorri partiu desta estrofe para chegar a Mánagarm é desconhecido.

Eu deixei o termo *tungl* sem tradução porque ele é verdadeiramente ambíguo neste contexto. Ele significa algo como "corpo celestial", e a partir da porção final da passagem em prosa de Snorri nós pensaríamos que o termo aqui significa "sol". Mánagarm como "Destruidor-da-lua", por outro lado, sugere o oposto.

Ver também Garm.

Máni (Lua)

A Lua, personificada.

No *Vafthrúdnismál*, estância 22, Odin pergunta ao sábio gigante Vafthrúdnir de que origem a lua e o sol passaram a viajar sobre as pessoas. O gigante responde na estância 23:

> Mundilfœri ele é chamado, o pai de Máni
> E também de Sól o mesmo;
> Em direção ao firmamento eles deverão conduzir suas rondas a cada dia,
> Para que as pessoas possam contar os anos.

O *Reginsmál*, estância 23, usa "irmã de Máni" como um kenning para o sol. Todavia, também parece haver kenningar no corpo escáldico para gigantas sugerindo um casamento ou união sexual entre Máni e uma giganta, por exemplo, "mulher desejada de Máni" usada por Guthorm sindri. Se Máni teve tal relacionamento com uma giganta, este não deixou nenhum outro traço na mitologia sobrevivente.

Snorri inventa uma estória um pouco diferente: Mundilfœri é um homem que teve dois filhos que eram tão bonitos que ele os chamou de Máni e Sól (ou seja, Lua e Sol), e os deuses puniram esse ato de soberba colocando as crianças no firmamento para servirem os corpos celestes reais, que os deuses haviam criado. Máni controla o movimento da lua e seus incrementos e declínios. Ele levou consigo duas crianças humanas da Terra, Bil e Hjúki, e elas o acompanham e podem ser vistas a partir da Terra.

Como parte da criação dos æsir, isto é, do cosmos, Máni deve ser destruído durante o Ragnarök, mas isso não é explicitamente declarado, exceto talvez por Snorri, que relata a respeito de Mánagarm, que engolirá um corpo celestial que pode ser a lua.

Ver também Bil e Hjúki; Mánagarm; Mundilfœri; Sól.

Referências e leituras complementares: Embora Máni obviamente figurasse de forma proeminente nas leituras mitológicas solares da mitologia durante o décimo nono século, tais leituras pouco a pouco desapareceram. Uma exceção seria FRANZ, L. "Die Geschichte vom Monde in der Snorra-Edda" (*Mitteilungen der Islandfreunde*, 10, 1922-1923, p. 45-48), que defendia um tipo de mitologia lunar. Ernst Alfred Philippson (*Germanisches Heidentum bei den Angelsachsen* (Leipzig: B. Tauchnitz, 1929)) [Kölner anglistische Arbeiten, 4] pesquisou bem as evidências da adoração da lua e do sol entre as tribos germânicas que migraram para a Inglaterra. Rudolf Much, no entanto, teve a última palavra. Seu "Mondmythologie und Wissenschaft" (*Archiv für Religionswissenschaft*, 37, 1941-1942, p. 231-261) mostra bastante convincentemente que a mitologia lunar não pode ter sido de muita importância.

Mannus (Homem)

Figura envolvida na origem dos povos germânicos de acordo com a *Germania* de Tácito, provavelmente o primeiro ser humano.

No capítulo 2 de seu *Germania*, Tácito escreve a seguinte declaração:

> Eles celebram em canções antigas... um deus Tuisto, nascido da terra, e seu filho Mannus como a origem e fundadores de seu povo. A Mannus, eles atribuem três filhos, de cujos nomes são nomeados de Ingaevones, aqueles próximos do oceano, aqueles no centro como Herminones e o restante de Istaevones.

O nome Tuisto parece ter nele a raiz da palavra "dois", e isso acabou por lembrar muitos observadores de Ymir, cujo nome significava algo como "duplicado". Ymir gerou as raças dos gigantes de gelo através da monstruosa concepção hermafrodita, e Tuisto pode muito bem ter feito algo semelhante. Mannus (Homem) seria o primeiro ser humano, cuja procriação teria sido realizada da maneira humana usual. Do primeiro humano vêm as tribos germânicas.

Ver também Ymir.

Referências e leituras complementares: Um bom tratamento geral de Tuisto e da estória da criação sociogônica na *Germania* é SCOVAZZI, M. "Tuisto e Mannus nel II capitolo della Germania di Tacitus". *Istituto Lombardo*: Accademia di scienze e lettere, rendiconti, classe di letteri, 104, 1970, p. 323-336.

Mardöll

Nome de Freyja.

Snorri afirma no *Gylfaginning* que Freyja tem muitos nomes porque ela assumiu nomes diferentes entre os vários povos que encontrou quando partiu a procurar por seu marido desaparecido, Ód. Não há outra evidência direta de que Mardöll seja um nome para Freyja, exceto pelo kenning "lágrima de Mardöll", que significa ouro, que parte por princípio da estória de Freyja derramando lágrimas de ouro por seu marido ausente, Ód. O significado do nome Mardöll é controverso.

Ver também Freyja.

Matres e Matrones

Grupos de fêmeas adoradas na área germânica que entrou em contato com Roma durante os primeiros cinco séculos E.C. aproximadamente.

Matres é o latim para "mães" e *matrones* é o latim para "matronas". Estas eram celebradas através de estátuas e inscrições, das quais mais de 1.000 são conhecidas. Muitos dos nomes são germânicos, mas outros não, e a maioria dos estudiosos aceita que o culto era tanto germânico quanto celta. Como grupos de mulheres, as *matres* e *matrones* têm uma semelhança com as nornas, as valquírias e as dísir da mitologia que foi registrada muito posteriormente.

Ver também Dísir; Nornas.

Referências e leituras complementares: Tudo sobre este assunto está escrito em alemão. Na minha opinião, o trabalho mais útil é HEMPEL, H. "Matronenkult und germanische Mütterglaube". In: HEINRICHS, H.M. (ed.). *Kleine Schriften zur Vollendung seines 80. Lebensjahres am 27. August 1965* (Heidelberg: C. Winter, 1966, p. 13-37).

Uma das muitas esculturas germânicas em pedra representando uma das Matres/Matrones. (Rijksmuseum van Oudheden)

Meili

Irmão de Thor e, portanto, presumivelmente filho de Odin.

O nome é encontrado no kenning para Thor, atestado duas vezes, "o irmão de Meili". Como Thor é filho de Odin, Meili também deve ser o filho de Odin.

Midgard (Recinto-central)

A morada dos humanos.

O *Völuspá*, estância 4, refere-se aos filhos de Bur como "aqueles que criaram Midgard". O *Grímnismál*, estância 41, é mais explícito, pois liga a criação de Midgard à parturição a partir do corpo de Ymir e deixa claro o benefício para os humanos:

41. E de suas sobrancelhas os deuses alegres fizeram
Midgard para os filhos dos homens;
E de seu cérebro as nuvens cabeças-duras
Todos foram formados.

No *Hárbardsljód*, estância 23, Thor torna explícito seu papel de manter Midgard segura para os humanos:

Eu estava a leste e eu matei gigantes
Donzelas malvadas que se dirigiam para a montanha;
Grande seria a raça dos gigantes, se todos vivessem;
Poucos humanos viveriam sob Midgard.

"Sob Midgard", uma expressão que é encontrada em outros lugares na poesia éddica, sugere que Midgard era algo protetor, ou melhor, que não era tanto o espaço fechado para os humanos quanto o cercado ou a própria parede. Isso concorda com a descrição de Snorri Sturluson, na seção do *Gylfaginning* de sua *Edda*, da maneira como os æsir fizeram a terra:

Ela [a terra] tem o formato de um disco, e ao redor do lado de fora é o mar profundo, e ao longo da beira do mar eles deram terras para os gigantes se estabelecerem, e dentro da terra eles fizeram uma fortaleza ao redor da terra por causa da inimizade dos gigantes, e para esta muralha usaram as sobrancelhas de Ymir, e chamaram a fortaleza de Midgard.

Embora Midgard tenha sido feita "para os filhos dos homens", a maioria dos manuscritos da *Edda* de Snorri concorda que, quando Thor partiu para visitar Hymir, ele partiu de Midgard, não de Ásgard. Talvez isso mostre a conexão especial entre Thor e os humanos.

Ao contrário de quase todos os lugares mitológicos, Midgard possui cognatos em outras línguas germânicas e deve ter sido uma concepção comum.

Ver também Ásgard; Ymir.

Referências e leituras complementares: No segundo capítulo de *Den dubbla scenen*, "Muntlig diktning från Eddan till Abba" (Estocolmo: Prisma, 1978), Lars Lönnroth tem uma leitura interessante da hipotética situação de *performance* das estâncias de abertura do *Völuspá*, em que a construção de Midgard pode ser paralela à construção da casa de um chefe local na Islândia.

Mímir (Mím, Mími)

Deus enigmático associado à sabedoria, a Odin e ao poço no centro do cosmos.

Na poesia éddica, Mímir aparece apenas nas expressões "cabeça de Mímir" e "poço de Mímir". Há um mito por trás da primeira expressão, contada nos primeiros capítulos da *Ynglinga saga* de Snorri Sturluson e, portanto, deveria ser entendida como história. No final da Guerra Æsir-Vanir, de acordo com o capítulo 4, os æsir enviaram Mímir, juntamente com Hœnir, para os vanir como parte da troca de reféns (homens trocados como penhor de boa-fé). Hœnir parecia ter as qualidades de um chefe e os vanir imediatamente o empregaram com essa responsabilidade. Mas Hœnir confiava exclusivamente nos conselhos de Mímir e, quando Mímir não estava presente, Hœnir respondeu a perguntas dizendo: "Deixem que outros decidam". Os vanir, portanto, deduziram que eles haviam sido enganados. Eles decapitaram Mímir e mandaram a cabeça para Odin, que a preservou e ouviu a respeito das coisas ocultas que a cabeça tinha a lhe dizer. Assim, no *Völuspá*, estância 46, no momento em que a vidente descreve o início do Ragnarök, ela tem essas coisas a dizer:

> Os filhos de Mím se divertem e a árvore do mundo treme
> No velho Gjallarhorn.
> Ruidosamente sopra Heimdall, a trombeta está no alto,
> Odin está falando com a cabeça de Mím.

Note primeiro que a forma do nome aqui é Mím, não Mímir. Isto sugere que mais de uma figura pode ter sido unida em uma para criar o Mímir que temos na mitologia. Os filhos de Mím seriam presumivelmente os æsir (de quem Mím foi enviado no passado mítico recente para os vanir, como acabei de dizer).

A cabeça de Mím, para usar a forma a que os poetas éddicos recorriam, também é encontrada em *Sigrdrífumál*, estância 14.

> Então a cabeça de Mím falou
> Sabiamente a primeira palavra,
> E disse verdadeiras estrofes.

Isto é seguido por uma lista de runas que podem ser esculpidas, e tal lista também precede a estância. É claro que Odin está conectado com a origem das runas, da mesma maneira que ele é também mais geralmente conectado com a sabedoria que pode ser derivada da cabeça de Mím.

A forma Mímir está associada ao poço. Aqui está aquilo que Snorri Sturluson afirma na seção do *Gylfaginning* de sua *Edda*. Ele está falando sobre a árvore do mundo, Yggdrasil.

> Sob essa raiz, que vira em direção aos gigantes do gelo, está Mímisbrunn [o poço de Mímir], no qual a sabedoria e o conhecimento humano estão ocultos, e aquele é chamado Mímir, que é o dono do poço. Ele está cheio de sabedoria, porque ele bebe do poço usando o chifre Gjallarhorn.

A vidente do *Völuspá* mencionou esse poço em conexão com a sabedoria de Odin:

> Eu sei perfeitamente, Odin, onde você escondeu seu olho:
> No famoso poço de Mímir.
> Mímir bebe hidromel todos os dias
> Do penhor de Valfödr [Odin].

A passagem é geralmente entendida como significando que Odin deu um de seus olhos para ganhar visão mística, e que ele fez isso colocando o olho no poço de Mímir. O poeta do *Völuspá* aparentemente imaginou que o olho poderia ser usado como uma espécie de recipiente para beber, a menos que a estrofe signifique que o poço inteiro poderia ser chamado de "penhor de Odin". Que hidromel possa ser consumido dele não é surpreendente, já que o hidromel confere sabedoria.

A localização do poço de Mímir embaixo da raiz que corre em direção aos gigantes do gelo sugere uma conexão, talvez primitiva, entre Mímir e os gigantes, embora nós saibamos que Mímir era um membro do æsir no passado mítico recente. Aqui, novamente, podemos estar lidando com uma fusão de figuras e concepções distintas. Mas a localização perto de Yggdrasil também pode ajudar a iluminar a árvore chamada Mímameid (árvore de Mími), que é encontrada duas vezes no poema que os editores costumam chamar *Fjölsvinnsmál*. Mímameid poderia ser um nome para Yggdrasil; se assim for, a floresta de Hoddmímir também pode ter a ver com a árvore.

Etimologicamente, Mímir está associado à nossa palavra "memória", e isso oferece possibilidades atraentes para a sua interpretação. A memória é algo valorizado e especialmente entendido por Odin, mas malcompreendido e desvalorizado pelos vanir. Ela se encontra no absoluto centro do universo odínico.

Ver também Gjallarhorn; Floresta de Hoddmímir.

Referências e leituras complementares: A. LeRoy Andrews ("Old Norse Notes 7: Some Observations on Mímir". *Modern Language Notes*, 43, 1928, p. 166-171) ofereceu uma interpretação satisfatoriamente romântica, fazendo da cabeça de Mímir um crânio para bebida (não há, infelizmente, nenhuma evidência a respeito de beber a partir de crânios). A respeito de Mímir e a memória, ver ROSS, M.C. *Prolonged Echoes: Old Norse Myths in Medieval Icelandic Society* – Vol. 1: The Myths (Odense: Odense University Press, 1994, p. 213-215).

Módgud (Cansada-de-batalha)

Donzela que guarda a Gjallarbrú; encontrada por Hermód em sua jornada para Hel na tentativa de recuperar Baldr.

Módgud é encontrada apenas em Snorri, que afirma explicitamente que ela guarda a ponte. Na narrativa, ela pergunta a Hermód seu nome e qual a sua família e informa-o que cinco tropas de homens mortos cavalgaram sobre a ponte ontem.

> E, no entanto, minha ponte não ressoa menos debaixo de você sozinho, e você não tem o semblante de homens mortos. Por que você cavalga pela estrada para Hel?

Hermód pergunta se Baldr veio por esse caminho. Módgud responde positivamente e acrescenta que o caminho para Hel segue para baixo e para o norte.

Módgud desempenha, em certa medida, o papel épico de quem desafia o herói à sua chegada, muitas vezes perto de um corpo de água, mas ela também funciona aqui como uma figura de doador, oferecendo a Hermód a informação que ele precisa. Desse modo, ela parece ter mais uma função narrativa do que uma função mítica ou religiosa.

Ver também Baldr; Gjallarbrú; Hermód.

Módi (Aquele que é raivoso)

Filho de Thor.

O *Hymiskvida*, estância 34, usa os kenningar "pai de Módi" e "marido de Sif" para Thor, e em *Skáldskaparmál* Snorri concorda que "pai de Módi" é um kenning para Thor.

Ao contrário de Magni, o outro filho de Thor, Módi não tem papel particular no presente mitológico. Juntamente com Magni, no entanto, e com os filhos de Odin, Vídar e Váli, e a vítima Baldr e seu assassino, Höd, Módi sobreviverá ao Ragnarök. No período subsequente, ele herdará Mjöllnir junto com seu irmão, como afirma o *Vafthrúdnismál*, estância 55, e como Snorri relata no *Gylfaginning* quando cita essa estância.

Dos seis deuses da segunda geração que sobreviverão ao Ragnarök, Módi tem o dossiê mais estreito. Mas seu nome aparece com frequência suficiente como a palavra-base em kenningar para homem, de modo que ele deve ter sido bastante conhecido.

Ver também Magni; Ragnarök; Váli, filho de Odin; Vídar.

Monstro aprisionado

Inimigo dos deuses aprisionado ou acorrentado de algum modo durante o presente mitológico, mas destinado a se libertar durante o Ragnarök.

O monstro que mais se aproxima do padrão é o lobo Fenrir, cuja única função na mitologia é estar aprisionado pelos deuses e então se libertar durante o Ragnarök e causar uma grande destruição: engolir o sol de acordo com o Vafthrúdnismál e matar Odin, segundo o relato do *Völuspá*. Fenrir foi aprisionado com grilhões mágicos e um pedaço da mão de Týr, o qual foi colocado em sua boca como um sinal de que o aprisionamento se realizou de modo pacífico. Fenrir pode ser idêntico a Garm, o qual, de acordo com um refrão no *Völuspá*, uiva diante da caverna Gnipahellir: "As amarras irão se romper, / e o lobo irá correr livremente".

Fenrir era o filho de Loki e da giganta Angrboda, um de um bando de três. Diante do aprisionamento de Fenrir podemos estar corretos ao considerarmos os exílios de seus irmãos – a serpente de Midgard às águas exteriores do oceano e Hel ao mundo dos mortos – também como uma forma de aprisionamento. Não são utilizados grilhões, mas a serpente de fato permanece enrolada no entorno da terra, mordendo sua própria cauda, e sua conexão de boca à cauda pode ser interpretada como uma forma de aprisionamento. Assim como Fenrir, a serpente de Midgard será "libertada" do oceano durante o Ragnarök e irá matar Thor. Não existe uma "soltura" paralela no caso de Hel, no entanto.

Loki é o mais importante e mais estudado dos monstros aprisionados na mitologia escandinava. Seu aprisionamento ocorre, de acordo com Snorri, como forma de vingança por conta do assassinato de Baldr. De acordo com o colofão presente no *Lokasenna*, todavia, Loki foi aprisionado como forma de vingança em razão das injúrias proferidas contra os deuses por ele na festa de Ægir. O aprisionamento de Loki é mais desconfortável do que aquele de suas criaturas monstruosas, todavia, pois uma cobra está pendurada sobre a sua cabeça a gotejar veneno. Sua esposa Sigyn recolhe o veneno em uma bacia, mas quando ela vai para esvaziar a bacia, Loki se contorce em angústia e chacoalha a terra, "e isto é chamado hoje em dia como terremoto", como a passagem seguindo o *Lokasenna*, coloca. Loki certamente se liberta durante o Ragnarök, e, de acordo com o *Völuspá*, irá conduzir uma embarcação repleta de forças do mal contra os deuses. Snorri ainda o concede um combate individual, mutuamente fatal, contra Heimdall.

Desde o início do vigésimo século, e especialmente através do estudo fundamental a respeito do Ragnarök feito por Axel Olrik, Loki enquanto monstro acorrentado tem sido associado com figuras similares de tradições provenientes de povos vivendo na região do Cáucaso. Todavia, ao menos Fenrir e Garm são também monstros claramente aprisionados, e a noção de forças do mal aprisionadas que irão se libertar durante o Ragnarök poderia ser estendida a quase todas as forças que irão assaltar os deuses naquele momento. Se nós devemos considerar seriamente a noção de um empréstimo do Cáucaso, isso iria afetar praticamente toda a mitologia. E, é claro, havia o análogo dentro da lenda cristã do anticristo aprisionado, aguardando o julgamento final.

Ver também Fenrir; Garm; Hel; Loki; Serpente de Midgard; Ragnarök.

Referências e leituras complementares: Os primeiros estudos a respeito do monstro aprisionado e os análogos do Cáucaso incluem: ANHOLM, M. "Den bundne jætte i Kavkasus". *Danske studier*, 1, 1904, p. 141-151. • KAHLE, B. "Der gefesselte Riese". *Archiv für Religionswissenschaft*, 8, 1905, p. 314-316. • LEYEN, F. "Der gefesselte Unhold: Eine mythologische Studie". *Untersuchungen und Quellen zur germanischen und romanischen Philologie*: Johan von Kelle dargebracht von seinen Kollegen und Schülern. Vol. 1 (Praga: C. Bellman, 1908), p. 7-35 [Prager deutsche Studien, 8]. O estudo de Axel Olrik surgiu originalmente em dinamarquês em 1914, mas encontrou sua forma canônica na tradução de 1922 de Wilhelm Ranisch: *Ragnarök*: Die Sagen vom Weltundergang (Berlim/Leipzig: W. de Gruyter); um capítulo bastante extenso (p. 133-290) trata do gigante aprisionado no Cáucaso e é seguido por reflexões a respeito do lobo aprisionado (p. 291-326). Um estudo mais recente foi apresentado por Alexander Haggerty Krappe ("The Snake Tower". *Scandinavian Studies*, 16, 1940, p. 22-33), que associou Loki com o herói Gunnar no fosso de cobras e identificou a Inglaterra como um canalizador.

Mundilføri

Pai do sol e da lua.

A principal evidência para essa personagem é o *Vafthrúdnismál*, estância 23. Na estância 22, Odin pergunta ao sábio gigante Vafthrúdnir de que origem a lua e o sol passaram a viajar sobre as pessoas. O gigante responde na estância 23:

> Mundilføri ele é chamado, o pai de Máni
> E também de Sól o mesmo;
> Em direção ao firmamento eles deverão conduzir suas rondas a cada dia,
> Para que as pessoas possam contar os anos.

Snorri inventa uma estória um pouco diferente: Mundilføri é um homem que teve dois filhos que eram tão bonitos que ele os chamou de Máni e Sól (ou seja, Lua e Sol), e os deuses puniram esse ato de soberba colocando as crianças no firmamento para servirem os corpos celestes reais, que os deuses haviam criado. Sól dirige os cavalos que puxam o sol, e Máni controla o movimento da lua e seus incrementos e declínios.

Várias explicações foram oferecidas para o nome (que varia de maneiras significativas nas fontes). Se o primeiro componente, *mundil-*, estiver associado a *mund*, "período de tempo", então o nome pode ser uma espécie de kenning para a lua, algo como "aquele que faz com que períodos de tempo se movam".

Ver também Máni; Sól.

Muspell

Provavelmente um gigante; sendo associado com o Ragnarök e a origem do cosmos.

Na poesia éddica, Muspell está associado a grupos, povos de Muspell (*Völuspá*, estância 51), e filhos de Muspell (*Lokasenna*, estância 42). Ambos se referem às hordas de seres malignos que irão invadir o mundo durante o Ragnarök para lutar com os deuses. Snorri Sturluson, na seção do *Gylfaginning* de sua *Edda*, fez copiosa referência aos filhos de Muspell durante o Ragnarök, mas também se referiu a Muspell em conexão com a origem do cosmos.

> Essa parte do Ginnunga gap, que ficava voltada para o norte, estava cheia de uma carga e peso de gelo, e de lá chuviscava e sopravam rajadas de vento; e a parte sul do Ginnunga gap se voltava para aquelas faíscas e brasas que voavam de Muspellsheim. ...Assim como frio e todas as coisas ruins vieram de Niflheim, tudo o que veio de Muspell era quente e brilhante, mas o Ginnunga gap estava tão calmo quanto um céu sem vento, e quando a brisa morna encontrou a geada, ela derreteu e gotejou. E daquelas gotas venenosas surgiu a vida, com o poder que o calor enviou, e se transformou em uma forma humana, e aquela forma é chamada Ymir, mas os gigantes de gelo o chamam de Aurgelmir, e todas as famílias de gigantes de gelo descendem dele.

Embora tenha sido argumentado que esta passagem sugere que Muspell é um lugar, a noção parece dificilmente credível. Pelo contrário, parece que Muspell preside sobre uma região ígnea fora do reino dos deuses, e a partir desse local alguns seres do caos virão quando o Ragnarök estiver próximo; afinal de contas, o mundo deve ser consumido pelas chamas.

Existem cognatos fascinantes em outras línguas germânicas. O antigo alto-alemão tem um poema que os editores modernos chamam de *Muspilli*, porque essa palavra pode ser encontrada nele como uma palavra para o assunto do poema, o Juízo Final cristão. No *Heliand* em saxão antigo, um épico sobre Cristo, a forma *mudspell* é encontrada com o mesmo significado. Levando em conta também os materiais islandeses medievais, os estudiosos estão inclinados a entender a palavra como se referindo ao extremo ígneo da Terra. A figura na mitologia escandinava seria uma personificação dessa noção.

Ver também Ginnunga gap.

Referências e leituras complementares: A maior parte do trabalho em Muspell-Muspilli-Mudspell é em alemão. O livro mais recente, o de Heinz Finger (*Untersuchungen zum "Muspilli"* (Göttingen: Kummerle, 1977) [Göppinger Arbeiten zur Germanistik, 244]), duvida do estreito paralelo entre as concepções alemã e escandinava.

Naglfar

Embarcação que irá transportar as forças do caos durante o Ragnarök.

O *Völuspá*, estância 50, apresenta uma lista de coisas ruins que acontecerão durante o Ragnarök, terminando com "Naglfar parte".

Na seção do *Gylfaginning* de sua *Edda*, Snorri Sturluson tem mais informações. Durante o Ragnarök:

> Também acontecerá que aquele navio Naglfar irá se soltar. Ele é feito de unhas de homens mortos e, por essa razão, vale a pena avisar que, se os homens morrerem com unhas sem que estas estejam aparadas, eles aumentam muito os materiais para Naglfar, que os deuses e homens menos desejariam que eles fizessem.

Mais cedo Snorri havia afirmado que "Naglfar é a maior embarcação; Muspell é dono dela".

A informação sobre unhas não aparadas não é encontrada fora do Snorri. Naglfar parece que deveria significar "Viajante-das-unhas", mas outras etimologias foram propostas. Destas eu acho mais atraente a ideia de que "unha" é uma metonímia para uma embarcação, cujas tábuas eram presas com pregos [unhas][15].

Ver também Muspell.

Referências e leituras complementares: As unhas para segurar as tábuas juntas são a peça central da interpretação de LIE, H. "Naglfar og Naglfari". *Maal og minne*, 1954, p. 152-161.

Naglfari

Primeiro marido de Nótt (Noite).

Nós temos essa informação apenas de Snorri Sturluson, que descreve os casamentos de Nótt na seção do *Gylfaginning* de sua *Edda*. Neste primeiro, e

---

15. Jogo de palavras em inglês. No original, *nail*, unha, e *nail*, prego. Irreprodutível em português [N.T.].

de outro modo desconhecido casamento, uma criança chamada Aud (Riqueza) foi produzida. Nenhuma outra menção será encontrada.

Nál (Agulha)

Mãe de Loki, aparentemente um nome secundário de Laufey.

Somente no tardio *Sörla tháttr* afirma-se explicitamente que Nál e Laufey são a mesma pessoa:

> Havia um homem chamado Fárbauti. Ele era um homem velho e era casado com aquela mulher que se chamava Laufey. Ela era esbelta e fraca, e por essa razão ela era chamada Nál [Agulha].

Nál é desconhecida na poesia escáldica e éddica.

Ver também Fárbauti; Laufey; Loki; *Sörla tháttr.*

Nanna

Esposa de Baldr, queimada na pira funerária juntamente com ele.

Nenhuma fonte vernácula tem muito a dizer sobre Nanna. Snorri é o mais informativo. Na seção do *Gylfaginning* de sua *Edda* ele não menciona Nanna quando apresenta Baldr. Quando passa a narrar sobre Forseti, ele afirma que Forseti é o filho de Baldr e Nanna Nepsdóttir (Nep é de outro modo totalmente desconhecido). Na descrição do funeral de Baldr, Snorri se refere a ela novamente como Nanna Nepsdóttir e diz que, quando ela, a esposa de Baldr, viu o corpo de Baldr na pira, ela "explodiu de pesar" e foi colocada ao lado dele. Ela o acompanhou até Hel e mandou de volta com Hermód um pano de linho para Frigg e um anel de dedo para Fulla, assim como Baldr devolveu o anel Draupnir para Odin.

Nas *Gesta Danorum* de Saxo Grammaticus, Nanna é uma mulher humana, o pivô de um triângulo amoroso envolvendo o semideus Balderus e o rei humano Høtherus. Høtherus acaba ficando com a garota, e Balderus morre, ainda presumivelmente a amando, assassinado por Høtherus.

O *Völuspá*, estância 30, refere-se às valquírias como "Nannas de Odin". Eu usei uma letra maiúscula, como se fosse um nome, mas também é possível que houvesse um substantivo comum, *nanna*, que teria significado algo como "mulher". Há um relato de um funeral Rus (provavelmente sueco) da Era Viking nos escritos de um viajante árabe, Ibn Fadlan, no qual uma garota escrava é sacrificada no funeral de seu mestre, assim como Nanna morre no funeral de Baldr e é queimada ao lado dele. Seria Nanna uma *nanna*? Parece improvável, mas considerando a possibilidade dará uma ideia das dificuldades interpretativas oferecidas pela mitologia escandinava.

Ver também Baldr; Forseti; Höd.

Referências e leituras complementares: Eu considero com detalhes excruciantes todos os detalhes relevantes de Nanna e apresento uma hipótese muito especulativa sobre Nanna e nanna no capítulo 3 do meu *Murder and Vengeance among the Gods*: Baldr in Scandinavian Mythology (Helsinki: Societas Scientiarum Fennica, 1997) [FF Communications, 262].

Nari e/ou Narfi

Filho(s) de Loki.

Na seção do *Gylfaginning* de sua *Edda*, Snorri apresenta Loki como alguém "também numerado entre os æsir". No final desta introdução, Snorri relata a respeito da vingança levada a cabo relativamente a Loki por seu papel na morte de Baldr. Primeiro os deuses capturam Loki:

> Em seguida, três lajes de pedra foram tomadas e colocadas de pé, e buracos foram cortados em cada uma. Então os filhos de Loki, Váli e Nari ou Narfi, foram tomados. Os æsir transformaram Váli na forma de um lobo, e ele despedaçou Narfi, seu irmão. Então os æsir pegaram suas entranhas e aprisionaram Loki com elas sobre as três pedras afiadas; uma está sob seus ombros, a segunda sob seu lombo e a terceira sob as cavidades atrás de seus joelhos, e essas amarras se transformam em ferro.

A mesma vingança é descrita no colofão em prosa do *Lokasenna*, sendo que nesse caso isso é claramente motivado pelos insultos de Loki a todos os deuses. Novamente Loki tenta se esconder, mas é levado. "Ele foi aprisionado com as entranhas de seu filho Nari. Mas Narfi, seu filho, se transformou em lobo." A metamorfose de Narfi não é explicada.

Há, portanto, considerável confusão aqui. Nari também pode ser Váli (em outros casos, o nome de um filho de Odin), e Nari pode ou não ser o mesmo que Narfi. Para piorar a situação, há outro Narfi ou Nörfi, o pai de Nótt (Noite), cujo nome aparece como Nör nos poemas éddicos.

Ver também Nótt; Váli, filho de Loki.

Nerthus

Deusa dos povos germânicos, descrita pelo historiador romano Tácito em torno da porção final do primeiro século E.C.

Tácito mencionou todo um conjunto de tribos:

> Não há nada digno de nota sobre eles individualmente, exceto que em comum eles adoram Nerthus, isto é, a Mãe Terra, e eles acreditam que ela intervenha nos assuntos humanos e que ela cavalgue entre as pessoas. Existe em uma ilha do oceano um bosque sagrado, e nele uma carroça consagrada, coberta de pano. Um único padre pode tocá-la. Ele percebe a entrada da deusa no santuário e prossegue com veneração quando ela é levada para longe por vacas. Então, um período de regozijo, lugares de festa, tantos quantos são honrados em recebê-la e entretê-la. Eles não entram em guerra; não pegam em armas. Toda arma está escondida. Somente a paz e a quietude são então conhecidas, e então somente amadas, até que o mesmo sacerdote devolva a deusa, quando ela teve o suficiente de conversa humana, ao seu templo. Depois disso, a carroça, o pano e, se você quiser acreditar, a própria divindade, são lavados em um lago secreto. Escravos a servem, a quem o mesmo lago engole. Portanto, há um terror secreto e uma santa ignorância sobre o que isso pode ser, que eles só veem para morrer.

Tanto Frey como Freyja estão associados a carroças, e Njörd está especialmente associado à água. De fato, "Nerthus" é a forma feminina de como o nome "Njörd" teria se parecido durante o tempo em que Tácito escreveu. A identificação com a Mãe Terra provavelmente tem muito menos a ver com Jörd na mitologia escandinava do que com deusas da fertilidade em muitas culturas. Em resumo, Nerthus se parece muito com uma dos vanir, embora seu culto seja atestado mais de um milênio antes de as fontes escandinavas serem redigidas, e a descrição de Tácito de seu culto pode nos dizer algo sobre o posterior culto dos vanir.

Ver também Frey; Freyja; Vanir.

Referências e leituras complementares: A relação etimológica entre Njörd e Nerthus, bem como a relação similar entre Frey e Freyja, é melhor apresentada por Axel Kock ("Die Göttin Nerthus und der Gott Niorpr". *Zeitschrift für deutsche Philologie*, 28, 1896, p. 289-294). Em "The Votaries of Nerthus" (*Namn och bygd*, 22, 1934, p. 26-51), Kemp Malone examinou as evidências sobre as tribos que adoravam Nerthus e localizou o culto em algum lugar perto do Limfjord, na Jutlândia, na Dinamarca. Eric Elgquist (*Studier rörande Njordkultens spriding bland de nordiska folken* (Lund: Olin, 1952)) usou evidências de *place-names* para discutir a disseminação do culto de Njörd entre os povos nórdicos, o qual ele acredita que se originou no sul da Jutlândia. Edgar Polomé ("À propos de la déesse Nerthus". *Latomus*, 13, 1954, p. 167-200) vê o culto a Nerthus como associado à fertilidade do solo, e ele acha que a agricultura era principalmente uma atividade feminina na época em que Tácito estava escrevendo.

Nidafjöll

Montanhas no mundo inferior.

A estância 66, a última estância do *Völuspá*, diz que o dragão Nídhögg, carregando cadáveres, virá voando a partir de Nidafjöll. Esta concepção do lugar é claramente negativa, mas no *Gylfaginning* Snorri diz que durante o Ragnarök o salão Sindri – um bom salão, feito de ouro, no qual habitam pessoas boas e justas – estará colocado sobre o Nidafjöll. A fonte de Snorri aqui foi o *Völuspá*, estância 37, que localiza o salão da família de Sindri em Nidavellir, isto é, em planícies, não em montanhas. Por que ele faria essa mudança não está claro.

O segundo componente de Nidafjöll, *fjöll*, significa apenas "montanhas" (compare o inglês "*fell*"[16]). A primeira parte, no entanto, poderia ser uma de pelo menos duas coisas: a escuridão da lua minguante ou um nome anão (Nidi).

Ver também Nidavellir; Nídhögg; Sindri.

Nidavellir

Planícies, talvez no mundo inferior, local com um salão esplêndido.

Encontramos o Nidavellir apenas no *Völuspá*, estância 37:

> Ali ficava ao norte, no Nidavellir,
> Um salão de ouro, da família de Sindri.

---

16. Altiplano, no dialeto britânico. Em desuso [N.T.].

Snorri confundiu essas planícies com as montanhas chamadas Nidafjöll e afirmou que era neste segundo local que o salão de Sindri estava localizado. Presumivelmente planícies e montanhas estão relacionadas. A primeira parte de cada nome poderia ser a escuridão da lua minguante ou um nome anão (Nidi).

Ver também Nidafjöll; Sindri.

Nídhögg (Sopro-do-mal)

Dragão associado com Yggdrasil, a árvore do mundo.

O *Grímnismál* menciona Nídhögg em duas estâncias:

> 32. Ratatosk é o nome de um esquilo que deve correr
> no freixo de Yggdrasil;
> palavras de uma águia ele deve levar para baixo
> e relatar para Nídhögg abaixo.

e

> 35. O freixo de Yggdrasil sofre dificuldade,
> mais do que os homens podem saber;
> um cervo morde por baixo, mas no lado apodrece;
> Nídhögg o prejudica a partir de baixo.

Snorri acrescenta que as palavras transportadas pelo esquilo são hostis e que ele as carrega em ambas as direções, e que Nídhögg é uma cobra ou dragão, um dos muitos que vivem abaixo de uma das raízes de Yggdrasil.

O *Völuspá* oferece a Nídhögg um papel durante o Ragnarök. Enquanto o mundo se dissolve no caos, na medida em que a vidente enxerga assassinos, quebradores de juramento e adúlteros vadeando através de correntes pesadas, "Ali Nídhögg sugou / os cadáveres dos que partiram, / o lobo despedaçou os homens". Todavia, mais importante é a aparição de Nídhögg na estância 66, a última do poema:

> Lá vem voando o dragão escuro
> A serpente brilhante, para baixo desde o Nidafjöll;
> Em suas plumas ele carrega – ele voa sobre o campo –
> Isso faz Nídhögg, cadáveres – agora ela deve afundar.

Esta estância segue a discussão da vidente sobre o ressurgimento da terra e dos æsir, e não é difícil imaginar uma *performance* do *Völuspá* em que esta última estrofe, com o dragão zunindo acima das cabeças, sugeriria o advento do Ragnarök e assim seria uma forma particularmente eficaz para terminar a *performance*, um verdadeiro final surpreendente. Mas se alguém se interessa ou não por essa suposição sobre a *performance* oral, fica claro que Nídhögg era um símbolo importante do caos e do fim do mundo iminente.

Ver também Ratatosk, Yggdrasil.

Niflheim (Mundo-de-neblina) e Niflhel (Hel-de-neblina)

O mundo dos mortos.

Se quisermos distinguir entre os dois, diríamos que Niflheim é o antigo submundo, onde Hel tem seu domínio, e Niflhel é o nono submundo dos mortos.

O Niflheim é desconhecido na poesia, mas é mencionado várias vezes por Snorri Sturluson na seção do *Gylfaginning* de sua *Edda*. Ele é antigo, pois de alguma forma existia já antes que o mundo fosse criado.

> Foram muitas eras até que a Terra viesse a ser criada, que Niflheim fosse feito, e no meio disso tudo está a nascente Hvergelmir, e dessa nascente fluem aqueles rios que são assim chamados: Svöl (frio), Gunnthrá (Dor de batalha), Fjörm (Apressado), Fimbulthul (Vento-poderoso ou Falante-poderoso), Slíd (Perigoso) e Hríd (Tempestade), Sylg (Sorver) e Ylg (Ela-lobo), Vídea (Largo), Leipt (Lampejo).

Ao discutir o Ginnunga gap, Snorri contrasta todas as coisas frias e ruins em Niflheim com o calor de Muspell, mas ele não elabora mais detalhes. No entanto, ele coloca Niflheim centralmente em sua discussão sobre a árvore do mundo:

> O freixo é a maior e melhor de todas as árvores. Seus membros se estendem por todo o mundo e se elevam acima do céu. Três raízes da árvore seguram-na e espalham-se amplamente. Uma está entre os æsir, a segunda entre os gigantes do gelo, onde costumava ficar o Ginnunga gap, a terceira fica sobre Niflheim. Sob essa raiz está Hvergelmir, e Nídhögg rói as raízes de baixo.

Assim, Snorri dá a Niflheim ao mesmo tempo uma função cosmogônica e cosmológica. Ele também tem um papel no presente mítico como a morada dos mortos. Snorri explica isso quando ele discute os três filhos monstruosos de Loki, cada um dos quais é banido pelos æsir: Odin arremessa a serpente de Midgard no mar, e os æsir aprisionam o lobo Fenrir. Quanto a Hel,

> ele [Odin] jogou em Niflheim e deu-lhe poder sobre nove mundos, que ela deveria hospedar todos aqueles que foram enviados para ela, e eles são aqueles que morrem de doença ou velhice. Ela possui uma grande residência ali, e as paredes são extremamente altas e o portão é enorme. Éljudnir [umidade-de-chuva] é o nome de seu salão, fome seu prato, morrendo de fome sua faca, Ganglati seu rapaz de serviço, Ganglöt sua garota de serviço, bloco de tropeço o limiar que conduz para dentro, Kör [Cama de convalescência] sua cama, Blíkjanda-böl [Desgraça pálida] suas cortinas de alcova. Ela é meio azul-escuro e metade cor de carne. Por esta razão, ela é facilmente reconhecida e um tanto torta, mas feroz.

Ao contrário de Niflheim, Niflhel é encontrado na poesia éddica. No *Vafthrúdnismál*, estância 43, Odin conta ao gigante Vafthrúdnir como ele se tornou tão sábio:

> Sobre as runas dos gigantes e de todos os deuses
> Eu posso dizer a verdade
> Porque eu vim através de cada mundo.
> De nove mundos abaixo de Niflhel eu vim;
> Lá de onde os homens morrem, de Hel.

Esta estância parece dizer que Niflhel é uma versão inferior de Hel, para a qual algumas pessoas vão quando morrem. Essa complexidade parece estar faltando na outra referência a Niflhel na poesia éddica, a saber, a estância 2 de *Baldrs draumar*, que diz que Odin viajou "para dentro de Niflhel" quando foi explorar as implicações dos pesadelos de Baldr.

Na seção do *Gylfaginning* de sua *Edda*, Snorri menciona Niflhel, e ele parece estar parafraseando e expandindo a estância do *Vafthrúdnismál*. Pessoas bem-comportadas, ele afirma, estarão com Alfödr, "mas homens maus irão para Hel e a partir daí para Niflhel, que está no nono mundo".

A confusão entre Niflheim e Niflhel é nitidamente resumida pela variação dos manuscritos da Edda de Snorri. Ao descrever o destino do gigante construtor da muralha ao redor de Ásgard, dois dos quatro manuscritos principais dizem que Thor bateu na cabeça do gigante e o enviou para Niflheim, e os outros dois dizem que Thor o enviou para Niflhel.

Ver também Ginnunga gap; Hel.

Njörd

Deus, membro do grupo dos vanir.

De acordo com o *Gylfaginning* de Snorri, Njörd vive no céu em Nóatún (Casa-dos-barcos); ele rege o movimento do vento e acalma o mar e o fogo; ele deveria ser invocado no contexto da navegação e da pesca. Ele é tão rico que pode dotar as pessoas com terras e dinheiro e deve ser invocado para esse propósito. Ele veio aos æsir em troca de Hœnir como um acordo estabelecido entre os æsir e os vanir. Ele é casado com Skadi, mas o casamento falhou, já que ele prefere viver junto ao mar e ela nas montanhas. Embora Snorri cite duas estrofes sobre este casamento, o poema do qual eles são tomados está perdido, e Njörd faz muito pouco na narrativa mítica. Seu papel em tomar Skadi como esposa não foi nada ativo, e exceto pelo fato de ser o pai de Frey e Freyja, ele é conhecido em outro contexto apenas como refém, dos vanir aos æsir e também aparentemente aos gigantes (*Lokasenna*, estância 34).

A estória do arranjo do casamento de Njörd com Skadi é contada no *Haustlöng* e no *Skáldskaparmál*, e Njörd desempenha um papel muito passivo. Todo o complexo mítico envolve viagens de Odin, Loki e Hœnir, o rompimento de seu suprimento de comida por Thjazi, a captura de Loki quando o bastão que ele usa para atacar Thjazi em forma de águia gruda no gigante e a subsequente condução de Idun e suas maçãs douradas até Thjazi. Loki é forçado a empreender o resgate de Idun e o faz em forma de pássaro. De acordo com o *Skáldskaparmál*, ele transforma Idun em uma noz e voa com ela em suas garras, e Thjazi, novamente na forma de uma águia, voa em perseguição a eles. Após a chegada de Loki com Idun, os deuses acendem um fogo que chamusca as penas de Thjazi e o levam a se espatifar dentro do portão do Valhöll, onde os deuses o matam. Aqui termina a narrativa bastante resumida presente no *Haustlöng*.

O *Skáldskaparmál* continua com os eventos subsequentes. A filha de Thjazi, Skadi, veste uma armadura e parte a fim de demandar uma compensação. Em Ásgard ela concorda em aceitar um marido dentre os deuses como compensação, e os deuses oferecem a ela uma escolha baseada apenas na parte inferior das pernas (em islandês antigo *fótr*, o termo usado, na verdade denotava o pé ou o pé e a perna). Vendo um par particularmente belo, ela diz: "Eu escolho este; pode haver pouca feiura relativamente a Baldr", mas ela escolheu Njörd. Sua condição final é que os deuses a façam rir, e Loki consegue fazer isso amarrando uma corda sobre seus testículos e a barba de uma cabra e então, enquanto cada um destes zurra, caindo no colo de Skadi.

A maioria dos observadores atribui a história como um todo ao dossiê de Loki, pois ele é a única constante. O jogo com a castração e os papéis sexuais invertidos é óbvio; na verdade, ele é evidente durante toda a história. Skadi coloca o elmo e a armadura e parte para o papel normalmente desempenhado por um aparentado homem para obter indenização ou extrair vingança pela morte de seu pai, Thjazi, presumivelmente como única herdeira sobrevivente. A compensação na forma de um cônjuge normalmente envolve a doação de uma noiva, e parece, então, que Njörd acabou sendo de alguma forma feminizado, assim como Skadi travestiu-se com roupas masculinas e assumiu uma tarefa normalmente atribuída ao universo masculino. Um análogo à escolha do cônjuge pelas canelas pode estar na cena da *Kormáks saga* em que Kormák se encontra pela primeira vez com Steingerd, que será o objeto de seu desejo ao longo de toda a saga. Quando seus tornozelos espreitam por debaixo de suas saias, Kormák declama um verso indicando que se apaixonou por ela, embora ele não a conheça. Ao lermos essa cena tendo por contraponto o mito da escolha de Skadi por Njörd concordaria diretamente com as inversões de gênero ali presentes. Também vale ressaltar que o nome "Skadi" é gramaticalmente masculino.

Nós não sabemos nada sobre Njörd fora desse mito que particularmente aborda sua sexualidade em si; de fato, entre os vanir ele tomou para esposa sua irmã, como era o costume naquela sociedade, e gerou Frey e Freyja, e ele apresenta sua concepção de Frey como um contra-argumento diante da acusação de Loki relativa à sua humilhação nas mãos de gigantas enquanto ele era um refém. Além disso, no entanto, a evidência é talvez equívoca. O nome "Njörd" pode ser derivado etimologicamente do nome de Nerthus, a deusa descrita por Tácito por volta do final do primeiro século E.C. A equivalência etimológica pode sugerir que em algum momento do primeiro milênio ou o sexo da divindade mudou, ou que a divindade era hermafrodita, ou, talvez mais provável, que houvesse um par macho-fêmea, como Frey e Freyja, com nomes idênticos ou quase idênticos.

Como Snorri diz, Njörd se juntou aos æsir como um refém (um homem trocado como uma promessa de boa-fé) no final da guerra entre os æsir e os vanir. Ele também passou um tempo entre os gigantes como refém, segundo o *Lokasenna*, na estância 34. Seu *status* como refém é então dobrado. É importante lembrar que os reféns na Escandinávia Viking e na Idade Média eram pessoas trocadas como garantia de vários tipos de acordos e, normalmente, não deveriam ser maltratadas. No entanto, no *Lokasenna*, estância 34, Loki insulta Njörd, alegando que enquanto ele havia sido um refém entre os gigantes, as filhas de Hymir urinavam na boca de Njörd. Nenhuma explicação satisfatória desse motivo narrativo foi fornecida (poucas foram apresentadas), mas parece mais razoável considerá-lo como refletindo uma completa perda do *status* social. Uma vez que também foi sugerido que pernas ou pés nus em um contexto público medieval europeu seriam vistos como sinais de humildade ou vergonha, parece que esses dois mitos compartilham uma característica comum, que talvez seja em última análise associada ao *status* hierarquicamente baixo dos vanir dentro da comunidade dos deuses. No entanto, nomes de lugares indicam adoração a Njörd (Nerthus?) em muitas partes da Escandinávia, às vezes paralelas com o deus Ull. Aqui é difícil conciliar mito e culto.

Referências e leituras complementares: CLOVER, C.J. "Maiden Warriors and Other Sons". *Journal of English and Germanic Philology*, 85, 1986, p. 35-49. • "Regardless of Sex: Men, Women, and Power in Early Northern Europe". *Speculum*, 68, 1993, p. 363-387. • ROSS, M.C. "Why Skaði Laughed: Comic Seriousness in an Old Norse Mythic Narrative". *Maal og minne*, 1989, p. 1-14. • LINDOW, J. "Loki and Skaði". In: BRAGASON, Ú. (ed.). *Snorrastefna*, 25-27/07/1990 (Reykjavík: Stofnun Sigurðar Nordals, 1992, p. 130-142) [Rit Stofnunar Sigurðar Nordals, 1].

Nornas

Espíritos femininos coletivos.

Poetas, especialmente no verso éddico, falam repetidamente a respeito do julgamento (*dómr*) ou veredicto (*kviðr*) das nornas, e isso significa morte ou uma vida vivida até seu esgotamento, de modo que a morte é iminente. Um dos thulur diz: "Nornas são chamadas aquelas mulheres que moldam o que deve ser", e o substantivo relacionado ao verbo "formar" (*skapa* no islandês medieval), *sköp* no islandês medieval, que significa algo como "destino", também é usado com as nornas.

Snorri descreve as nornas explicitamente no *Gylfaginning*. Ele está discutindo o centro do universo, onde os deuses moram, perto de Yggdrasil. "Um belo salão fica lá embaixo do freixo próximo do poço, e desse salão vêm três donzelas, assim chamadas: Urd, Verdandi, Skuld. Essas donzelas moldam vidas para as pessoas; nós as chamamos de nornas". Aqui Snorri está parafraseando uma estância do *Völuspá*, estância 18 na versão do poema presente no *Codex Regius*:

> Daí vem donzelas,
> muito sabendo,
> três delas, daquele lago,
> que fica sob a árvore.
> Eles chamam de Urd uma,
> a segunda Verdandi
> – elas gravaram em um pedaço de pau –
> Skuld a terceira.
> Elas estabeleceram leis,
> elas escolheram vidas
> para os filhos das pessoas
> destinos dos homens.

Uma cena de uma caixa feita de ossos de baleia, oriunda do oitavo século, conhecida como "Frank's Casket". À direita, há um grupo de três mulheres, identificadas por alguns observadores como nornas. (Werner Forman/Art Resource)

A versão da estrofe de Snorri tem as donzelas emergindo de um salão, não de um lago, e o aparentemente mais plausível salão também é encontrado na outra versão do *Völuspá*, no *Hauksbók*. Essas três nornas, então, tinham uma função cósmica ("estabeleceram leis"), bem como a função de moldar o destino das pessoas. Seus nomes são transparentes. Urd é semelhante ao pretérito do verbo *verða*, "tornar-se", e assim significa algo como "Tornou-se" ou "Aconteceu". É cognato com o inglês antigo *wyrd*, "fortuna, destino" e palavras relacionadas no antigo alto-alemão e antigo saxão. Verdandi é o particípio presente de *verða*, "Tornando-se" ou "Acontecendo". Skuld é derivado do verbo modal *skulu*, que é cognato com o inglês "shall" e "should" [deve/ deveria], e provavelmente então significa "Deve-ser" ou "Acontecerá". Assim, essas três nornas em seus nomes abrangem o passado, o presente e o futuro. Destas três, apenas Urd parece ser conhecida na tradição fora desta passagem, mais significativamente em conexão com um poço, o Urdarbrunn (Poço-Urd), que é encontrado na poesia. Skuld também é encontrado como um nome de valquíria.

Snorri continua na seguinte passagem. "Há nornas adicionais, que vêm a cada criança, quando nascem, para moldar a vida, e estas estão relacionadas aos deuses, mas outras são da família dos elfos, e as terceiras são dos anões". Ele cita o *Fáfnismál*, estância 13, em que o moribundo Fáfnir diz a Sigurd que as nornas são "nascidas de maneira muito diferente" / elas não têm uma família unida; / algumas estão relacionados com os æsir, / algumas com os anões, / algumas são as filhas de Dvalin". Fáfnir está respondendo a uma pergunta de Sigurd que já não é mais fácil de compreender: "Quem são essas nornas, / que se submetem à coação / e escolhem mães a partir de filhos?

A afirmação de Snorri sobre os três tipos de nornas parece sugerir que ele achava que as nornas relacionados ao æsir vinham aos filhos dos humanos; talvez as nornas élficas viessem aos elfos e as nornas nanicas aos anões. Certamente uma norna veio ao anão Andvari, ou a seus antepassados, pois ele diz no *Reginsmál*, estância 2: "[Uma] ímpia norna / nos moldou nos dias antigos, / que eu deveria entrar na água" (a referência é às suas brincadeiras nos rios em forma de salmão). Snorri termina sua discussão sobre as nornas no *Gylfaginning*, fazendo com que Hár responda ao comentário de Gylfi de que as nornas dão destinos muito diferentes a pessoas diferentes. "Boas nornas de boas famílias dão uma boa vida, mas aquelas pessoas cujo destino não é bom, más nornas causam isso."

O skald Hallfred Óttarson vandrædaskáld cunhou a expressão "longamente mantidos destinos das nornas" para se referir ao paganismo que ele abandonou quando se converteu ao cristianismo. No entanto, uma inscrição rúnica na entrada da igreja em Borgund, em Sogn, na Noruega, diz que "Thórir esculpiu estas runas no dia de St. Olavo quando ele veio por aqui. As nornas fizeram o bem e o mal. Elas moldaram muita tristeza para mim". Em um folclore muito mais recente, o mingau de aveia oferecido para os espíritos no parto é chamado de *nornegraut*, "mingau da norna". Se, então, existe um conceito unificado a respeito das nornas, é que elas são responsáveis pelo destino, e que elas agem especialmente durante o parto.

Nótt (Noite)

Personificação da noite.

Nótt é encontrada no *Vafthrúdnismál*, estância 25, a resposta de Vafthrúdnir à pergunta de Odin na estância 24: "De onde vem o dia / que passa sobre as pessoas / ou a noite com as marés?"

> Delling, ele é chamado, ele é o pai de Dag [Dia],
> E Nótt nasceu para Nör.
> Lua nova e marés os poderes úteis criaram
> Para as pessoas contarem o tempo.

No *Gylfaginning*, Snorri apresenta uma interessante expansão da ideia presente nesta estância:

> Nörfi ou Narfi era um gigante que vivia em Jötunheimar. Ele teve uma filha chamada Nótt [Noite]; ela era morena e escura, assim como a linhagem que ela possuía. Ela era casada com Naglfari; seu filho era Aud. Em seguida, ela foi casada com Ánar; sua filha era Jörd [Terra]. Por fim ela se casou com Delling, e ele era da linhagem dos æsir. Seu filho era Dag, de acordo com sua herança paterna.

Por que Nótt teve tantos casamentos não está claro, mas parece óbvio que, na visão de Snorri, o terceiro casamento foi o melhor, já que resultou no dia.

Alfödr (Odin) deu cavalos a Nótt e a Dag para que eles pudessem ser puxados através do céu em vagões. O cavalo de Nótt é Hrímfaxi (Crina de geada), e gotas de seu arreio, de acordo com Snorri, causam orvalho.

Ver também Dag; Hrímfaxi.

Ód

Marido de Freyja.

Ód é pouco mencionado na poesia. O poeta do *Völuspá* referiu-se a Freyja como donzela de Ód, e em uma referência intrigante no final do *Hyndluljód*, a interlocutora giganta de Freyja declara a Freyja: "Você correu para Ód, / sempre desejando". Em outras palavras, a existência de Ód tem a ver com Freyja.

O mesmo acontece na *Edda* de Snorri Sturluson. Na seção do *Gylfaginning*, Ód aparece somente quando Snorri está discutindo Freyja.

> Ela é casada com Ód e sua filha é Hnoss. ...Ód se ausentou em longas viagens, e Freyja chora por ele, e suas lágrimas são de ouro vermelho. Freyja tem muitos nomes, e a razão para isso é que ela se chamava por vários nomes quando perambulava entre povos desconhecidos à procura de Ód.

Embora "amiga-de-cama de Ód" seja um kenning para Freyja na poesia escáldica, as viagens de Ód não são mencionadas na poesia antiga, e as viagens de Freyja em busca dele são completamente indocumentadas.

Claramente o nome de Ód (Óðr) está relacionado ao de Odin (Óðinn); de fato, a relação linguística é idêntica àquela entre Ull e Ullin. Em favor de uma relação próxima entre os deuses representados pelos dois nomes está o fato de que Odin viaja frequentemente (embora ninguém pareça sentir sua falta); contra essa ideia tem-se o fato de que Snorri mantém claramente os dois separados.

Ver também Freyja.

Referências e leituras complementares: O argumento para associar Ód e Odin é apresentado com maior eficiência por Jan de Vries ("Über das Verhältnis von Óðr und Óðinn". *Zeitschrift für deutsche Philologie*, 73, 1954, p. 337-353), uma resposta a dois trabalhos que procuraram separar os dois: HOLLANDER, L.M. "The

Old Norse God Óðr". *Journal of English and Germanic Philology*, 49, 1950, p. 4-8.

• PHILIPSSON, E. *Die Genealogie der Götter in germanischer Religion, Mythologie, und Theologie* (Urbana: University of Illinois Press, 1953) [Illinois Studies in Language and Literature, vol. 37].

Odin (Nórdico Antigo Óðinn)

Deus da poesia, sabedoria, anfitriões e dos mortos; na mitologia que nos foi legada, chefe do panteão.

O pai de Odin era Bur, filho de Búri, a forma lambida dos blocos de sal pela protovaca Audhumla. A mãe de Odin era Bestla, uma giganta, a filha de Bölthorn. Sua genealogia, portanto, reproduz um padrão operacional básico, a saber, que os deuses tomam como esposas (ou fazem filhos com) as fêmeas do grupo dos gigantes.

Com seus irmãos Vili e Vé, Odin criou o cosmos a partir do corpo do protogigante Ymir, a quem eles assassinaram. Aqui também se encontra um padrão operacional básico da mitologia: os deuses matam gigantes, mas não o contrário. Esse assassinato de Ymir, no entanto, foi um assassinato dentro de uma família, se puder ser aceito que o parentesco é reconhecido tanto pelo pai quanto pela mãe, como era na vida real na Escandinávia medieval e provavelmente na sociedade germânica mais antiga. Por essa razão a mitologia parece privilegiar o parentesco considerado apenas pelo lado paterno.

Há muito parentesco a se levar em conta quando se trata de Odin, de quem um dos nomes alternativos é Alfödr (Pai-de-todos). Odin dificilmente é o pai de todos, mas ele é o pai de muitos dentro da mitologia. Thor é o mais importante dos filhos de Odin, mas há também um grupo de filhos mais jovens que sobreviverão ao Ragnarök: Váli e Vídar, jovens deuses da vingança. O mais importante de seus papéis como pai, no entanto, é o papel de pai de Baldr, o primeiro deus a morrer. Quando Baldr morre, todos os deuses ficam estupefatos, mas é Odin quem melhor entende as implicações.

Como o nome Alfödr também pode sugerir, Odin é o cabeça do panteão, pelo menos da maneira como este é apresentado nas fontes registradas no décimo terceiro século. Snorri Sturluson é explícito neste ponto na seção do *Gyl-*

faginning de sua *Edda*, e o compilador do manuscrito principal da *Edda Poética* deve ter tido a mesma ideia, pois ele ordenou os poemas sobre os deuses e colocou os poemas de Odin na parte inicial do manuscrito. Nós também o vemos como líder no capítulo de abertura da *Ynglinga saga*, o primeiro capítulo do *Heimskringla* de Snorri Sturluson, que apresenta Odin como um rei que conduz seu povo de Tyrkland à Escandinávia, onde ele funda uma dinastia.

Forma metálica para carimbar as placas decorativas dos capacetes suecos do sétimo século. (Statens Historika Museum, Stockholm)

A característica mais importante de Odin é a sua sabedoria. Um dos mitos mais intrigantes de Odin fala de sua aquisição de sabedoria através do seu autossacrifício, relatado nas estâncias 138-145 do *Hávamál*, o chamado *Rúnatal*, que conduz ao *Ljódatal*. A estância 138 é absolutamente famosa:

> Eu sei que eu fiquei dependurado
> na árvore varrida pelo vento
> nove noites inteiras
> ferido com uma lança,
> dada a Odin,
> eu mesmo para mim mesmo
> nessa árvore,
> da qual ninguém conhece
> de que raízes ela se origina.

A "árvore varrida pelo vento" deve ser Yggdrasil, a árvore do mundo, e as informações sobre suas raízes pertencem ao tipo de conhecimento cosmológico que é a especialidade de Odin. Nove é, naturalmente, o número mais significativo na mitologia, e a lança é a arma especial de Odin. A estância seguinte aparentemente afirma que Odin foi privado de comida e bebida; gritando: "Eu peguei [ou aprendi] as runas". Na estância 140 Odin afirma que ele aprendeu nove canções poderosas ou encantamentos do famoso filho de Bölthor, o pai de Bestla, e tomou um gole do hidromel precioso, derramado de Ódrerir.

Forma metálica para carimbar as placas decorativas dos capacetes suecos do sétimo século. (Statens Historika Museum, Stockholm)

Como mencionado acima, Bestla era a mãe de Odin, e Bölthor seu pai (em outros lugares a forma do nome é Bölthorn), então aquele que lhe ensinou as nove canções poderosas é seu tio materno que, assim como seu avô materno e mãe, é um membro da raça dos gigantes. Vale lembrar que Odin também adquiriu conhecimento de Vafthrúdnir, o mais sábio dos gigantes, da vidente que fala no *Völuspá* e de Hel (em *Baldrs draumar*). Ódrerir é ou o próprio hidromel da poesia ou, na leitura de Snorri, o nome de um dos potes em que o hidromel foi entregue. Anteriormente no *Hávamál* havia um relato da aquisição, por parte de Odin, do hidromel da poesia do gigante Suttung, através da sedução ou do estupro de sua filha, Gunnlöd. Uma maneira de reconciliar essa versão, que foi repetida por Snorri e parece ter sido onipresente, com esta outra é supor que Odin entrou em transe xamânico ou até morreu na árvore e que seu espírito viajou para a terra dos gigantes e adquiriu o hidromel enquanto o corpo foi deixado para trás. Tal leitura é reforçada pela estância 145 do *Hávamál*, que parece encerrar esse relato do autossacrifício: "Assim Thund [Odin] esculpiu / para os juízos dos povos, / onde ele surgiu / quando ele voltou". Estância 141 leva o incidente à sua conclusão lógica: "Então comecei a me tornar fértil / e a ser sábio / a crescer e a prosperar; / uma palavra para mim de uma palavra / procurou uma palavra, / uma ação para mim / procurou uma ação". Tudo isso, aparentemente, a partir de sua ação de "juntar" as runas.

Forma metálica para carimbar as placas decorativas dos capacetes suecos do sétimo século. (Statens Historika Museum, Stockholm)

Dentro do presente mitológico, Odin usa sua sabedoria para se posicionar no topo da hierarquia de todas as criaturas. No poema éddico *Hárbardsljód* ele engana Thor e até mesmo torna impossível para aquele deus cruzar um corpo de água, que é parte do trabalho cotidiano de Thor. No *Vafthrúdnismál* ele derrota o mais sábio dos gigantes em uma competição de sabedoria. No *Grímnismál* ele executa uma *performance* extática de sabedoria enquanto está pendurado no fogo do rei humano Geirröd, que cai sobre a espada no final do poema e é, portanto, sucedido por seu filho Agnar; assim, Odin determina a sucessão de reis entre os seres humanos.

Forma metálica para carimbar as placas decorativas dos capacetes suecos do sétimo século. (Statens Historika Museum, Stockholm)

Odin continua a buscar sabedoria no presente mitológico. O *Vafthrúdnismál* pode ser considerado um impulso odínico nessa direção, pois o gigante Vafthrúdnir responde a todos os poemas cosmogônicos e mitológicos de Odin, com a exceção de um único. Mas significativos nesse sentido são o *Völuspá*, em que Odin faz com que uma vidente surja e relate o passado, presente e futuro mitológico, e *Baldrs draumar*, em que Odin viaja para o mundo dos mortos para investigar os pesadelos de Baldr.

Odin vive no Valhöll (Salão da carniça), onde os einherjar se exercitam a cada dia e noite. Ele é, portanto, um deus dos mortos e, de fato, na *Ynglinga saga*, Snorri Sturluson diz que Odin poderia despertar os mortos para aprender coisas secretas deles.

Etimologicamente, o nome de Odin significava algo como "líder dos possuídos". Na Escandinávia viking e medieval, poucos poderiam ter ignorado a conexão com a palavra *óðr*, que poderia significar "poesia" e "frenesi". Odin tem muitos nomes alternativos – mais de 150, quando todos são considerados. Ele leva um nome diferente em praticamente cada um dos seus mitos e muitas vezes viaja disfarçado, mas também vale a pena lembrar que ele é o deus da poesia, e que a característica mais importante do estilo desta poesia é que ela tem um vasto número de substantivos, e dentro de categorias semânticas esses substantivos são intercambiáveis.

Parte de uma tapeçaria de Skog, na Suécia, com três figuras que foram frequentemente identificadas como Odin, Thor e Frey, embora pesquisas recentes tenham posto em dúvida essa identificação. (Werner Forman/Art Resource)

Odin preside o banimento da serpente de Midgard e Hel para o oceano exterior e o submundo, respectivamente, bem como o aprisionamento de Fenrir. No Ragnarök, Fenrir irá se libertar e destruirá Odin, apenas para sofrer a vingança levada a cabo por Vídar. O cosmo ressurgirá do fogo e do caos do Ragnarök, mas Odin não estará presente.

Ver também Audhumla; Baldr; *Baldrs draumar*; Bestla; Fenrir; *Grímnismál*; *Hárbardsljód*; Hel; Serpente de Midgard; *Vafthrúdnismál*.

Referências e leituras complementares: Como a figura preeminente na mitologia nórdica, Odin está presente em quase todas as obras sobre o assunto. Entender Odin é entender a mitologia, e vice-versa. Como ao longo deste livro, eu recomendo o livro de Margaret Clunies Ross: *Prolonged Echoes: Old Norse Myths in Medieval Icelandic Society* – Vol. 1: The Myths (Odense: Odense University Press, 1994) como o melhor primeiro passo nessa direção. É claro que tem havido inúmeros estudos que se concentram em Odin, mas muitos deles debateram se ele é um retardatário em sua adesão ao panteão germânico. Eu não acho que ele é, mas, em qualquer caso, a data de sua chegada não ajuda na compreensão da própria mitologia.

Ódrerir

Ou um recipiente no qual o hidromel da poesia foi preservado ou o próprio hidromel.

O *Hávamál* apresenta duas referências ambíguas. A primeira é a estância 107:

> A aparência bem-adquirida eu usei bem,
> Pouco falta aos sábios;
> Porque Ódrerir agora surgiu
> Para os homens do lugar santo da terra.

O segundo é a estância 140:

> Nove músicas mágicas que recebi do famoso filho
> De Bölthor, pai de Bestla,
> E eu tomei um gole do hidromel precioso
> Derramado a partir de [por? para? do? em favor de?] Ódrerir.

Na seção do *Skáldskaparmál* de sua *Edda*, Snorri Sturluson é bastante explícito. Ódrerir é a chaleira na qual os anões Fjalar e Galar fermentaram o sangue de Kvasir para criar o hidromel da poesia. Havia dois outros barris, Bodn e Són. Hoje, a maioria dos estudiosos aceita que foi Snorri quem explicitamente transformou Ódrerir em uma chaleira em vez do próprio hidromel.

Ver também Hidromel da poesia.

Referências e leituras complementares: O papel de Snorri na reinterpretação de suas fontes é explorado por Roberta Frank ("Snorri and the Mead of Poetry". In: DRONKE, U.; HELGADÓTTIR, G.P.; WEBER, G.W. & NIELSEN, H.-B. (eds.). *Speculum Norroenum*: Norse Studies in Memory of Gabriel Turville-Petre ([Odense:] Odense University Press, 1981, p. 155-170)).

Ögmundar tháttr dytts ok Gunnars Helmings (O conto de Ögmund Dint e Gunnar Half)

Conto contendo informações putativas sobre o culto de Frey em Uppsala.

O conto é encontrado em manuscritos da *Saga de Olaf Tryggvason*, nenhum deles anterior ao décimo quarto século. Quando o conto foi composto é desconhecido, mas poucos pensam que o conto possa ser anterior ao décimo quarto século.

O conto se divide em duas partes, uma sobre cada um dos personagens citados no título (uma invenção dos editores modernos). A ligação entre os contos é um manto, que Ögmund toma emprestado de Gunnar e utiliza enquanto ele leva a cabo um assassinato por vingança na corte do Rei Olaf. Confundido com o assassino, Gunnar foge da corte para a Suécia. Lá ele encontra a mulher que foi escolhida pelos pagãos para servir como esposa de Frey, na verdade uma estátua com um demônio nela. Em uma série humorística de diálogos, ela permite que Gunnar fique com ela mais e mais tempo, avisando Gunnar constantemente do desgosto de Frey, o qual Gunnar afirma que terá prazer em suportar se tiver a boa mercê da mulher. Então chega a hora das cerimônias pagãs, e Gunnar precisa puxar a carroça de Frey. Quando ele se cansa disso, ele luta com Frey. As coisas estão indo mal até ele invocar Olaf Tryggvason, momento no qual o demônio abandona a estátua e foge.

Gunnar agora decide se passar por Frey. Os suecos estão impressionados que seu deus pode comer e beber, e eles estão especialmente felizes que sua esposa está grávida, embora eles efetivamente se perguntem um pouco sobre o seu repentino desejo de ser propiciado com ouro e prata, roupas finas ou outras coisas preciosas. Os tempos são bons e a fama de Frey se espalha para a Noruega. Olaf suspeita do que está acontecendo e faz com que Gunnar retorne para a Noruega. Gunnar e sua esposa são batizados e guardam a fé para sempre.

Embora o conto seja certamente divertido, e apesar de sua óbvia perspectiva cristã islandesa medieval, ele concorda com certas características conhecidas a partir de outros lugares a respeito da adoração de Frey e figuras semelhantes, como Fródi e Njörd, a saber, o ato de puxar o deus em uma carroça e a atribuição de tempo bom à divindade. Mas, em vez de ser uma fonte de valor direto, a presença dessas características pode simplesmente nos dizer o que os homens instruídos imaginaram sobre Frey na Islândia medieval.

Ver também Frey; Fródi, Njörd.

Referências e leituras complementares: Alexander Haggerty Krappe ("La légende de Gunnar Half" (Olafs saga Tryggvasonar, Chap. 173). *Acta Philologica Scandinavica*, 3, 1928-1929, p. 226-233) achava que o conto refletia a prática ritual real, na qual um homem interpretava a divindade, mas no "Der Göttertrug im Gunnarsþáttr helmings" (*Zeitschrift für deutsches Altertum*, 71, 1934, p. 155-166), Helga Reuschel argumentou exatamente o oposto, a saber, que o texto não tem valor independente para a história da religião.

Palavras para deuses

Termos usados para designar os deuses coletivamente no islandês medieval, especialmente nos textos escritos da mitologia. Esta entrada trata os termos individuais além de *æsir*, que tem sua própria entrada, e tenta chegar a algumas conclusões com base nas tendências gerais.

Provavelmente o termo mais comumente encontrado além de æsir é goð ou guð (ambas as formas são atestadas), que é obviamente cognato com o inglês "god"[17]. Etimologicamente, a palavra é geralmente entendida como derivando de algo como "alguém a quem se chama". Este é o termo que é usado em traduções de vidas de santos para transformar o *deus* do latim com o sentido de

---

17. A manutenção do termo inglês aqui se faz proposital, a fim de permitir a sequência argumentativa do autor, atrelada à língua inglesa e, portanto, sem tradução possível para o português [N.T.].

ídolo pagão, e o sentido de um ídolo é frequentemente encontrado também na literatura islandesa nativa. Todavia, nos textos mitológicos, a palavra parece ser essencialmente intercambiável com *æsir*; isto é, é um plural e refere-se aos deuses como um grupo, geralmente incluindo os *æsir* e os *vanir*. Ele foi usado no singular apenas para designar o sol (o "deus brilhante", *Grímnismál*, estâncias 38-39, *Sigrdrífumál*, estância 15). Existem *kenningar* para Odin tais como *hanga-goð* (deus-dos-enforcados) e *hjaldr-goð* (deus-de-barulho [ou seja, de batalha]), mas tais *kenningar* também poderiam ser usados em referência a gigantes: *stál-goð* (deus-de-aço, aparentemente Hrungnir), *öndur-goð* (deus- -de-sapatos-de-neve, i. é, Skadi), usado para ela antes de se casar com Njörd e entrar na comunidade dos deuses. De acordo com os princípios da formação de *kenningar*, há considerável liberdade no uso de tais palavras-base. O que é muito mais impressionante é que *goð* também era usado no singular para se referir ao deus cristão, mas com gênero gramatical masculino, não o gênero gramatical neutro original aparente em todos os outros usos da palavra.

Outro termo é *regin*, assim como *goð* um substantivo gramaticalmente plural neutro. É talvez mais familiar no plural genitivo *ragna*, em Ragnarök (literalmente, "destinos dos deuses"), o termo para o fim do reinado dos deuses e a destruição do cosmos. Etimologicamente, *regin* parece ser derivado de uma raiz que significa "dar conselhos". Uma inscrição rúnica de cerca de 600 E.C. apresenta a palavra em um composto que os estudiosos leem como "descendentes dos poderes divinos". Se esta interpretação estiver correta, então esta palavra possui uma pré-história significativa. Compostos como *reginkunnr*, "descendente a partir dos deuses", são relativamente claros na poesia éddica, mas em outros casos o uso da palavra como um prefixo que significa "grandioso" ou "tremendo", que é comum no islandês moderno (p. ex., *reginvitleysa*, "Grande estupidez"), pode estar em operação. Assim, *regindómr* no *Völuspá*, estância 65, significa efetivamente "tribunal dos deuses, governo divino", ou algo similar, ou significa "grande julgamento"? O *regin-þing* no *Helgakvida Hundingsbana I* parece ser simplesmente uma grande assembleia, já que não há sinal dos deuses nesse ponto do poema.

Um outro lado interessante referente à discussão acima, em que uma palavra para "deus" é usada como um intensificador, é que palavras para "gigantes" frequentemente cumprem essa função, como em inglês (p. ex., "giant mistake"[18]) ou sueco (*jättekul*, "muito divertido").

A linguagem da poesia éddica sugere que esses termos são bastante próximos, quase sinônimos:

> Então todos os *regin* foram para os seus assentos de julgamento,
> Os muito sagrados *goð*, e consideraram o seguinte... (*Völuspá*, estâncias 6, 9, 23 e 25)

> Salve æsir,
> salve *ásynjur* [deusas],
> salve todos os santíssimos *goð*. (*Lokasenna*, estância 11)

Finalmente, há duas palavras que são claramente plurais que significam ligações (*bönd*) ou grilhões (*höpt*), ambos novamente substantivos neutros. Ambos estão limitados à poesia, especialmente à poesia escáldica. A mitologia comparativa indo-europeia sugere que os deuses vinculantes eram comuns. Para a área germânica, Tácito afirma no seu *Germania*, capítulo 39, que os Semnones, os "mais antigos e nobres dos Suevos", realizam sacrifícios em um bosque onde ninguém entra, a menos que esteja amarrado por uma corrente. Qualquer um que caia deve, de alguma forma, menear-se para fora do bosque sem ajuda. Alguns estudiosos acham que o misterioso Fjöturlund, "Bosque--dos-grilhões", do *Helgakvida Hundingsbana II*, pode estar relacionado. A prática dos guerreiros mais corajosos de outra tribo, os Chatti, descrita por Tácito no capítulo 31 de seu *Germania*, também pode ser relevante: os guerreiros novatos não podiam se barbear ou se arrumar até que matassem um inimigo pela primeira vez; os mais corajosos usavam um anel de ferro simbolizando correntes, para que fossem removidos através do massacre de um inimigo.

Em geral, a presença dessas várias palavras para o coletivo dos deuses pode servir para nos lembrar que as imagens vívidas de divindades individuais com várias personalidades dadas pelos textos mitológicos podem não contar toda a estória. O coletivo de deuses deve também, em algum momento, ter sido uma força poderosa.

Ver também Æsir; Regnator Omnium Deus.

---

18. Id. [N.T.].

Referências e leituras complementares: Walter Gehl (*Der germanische Schick-salsglaube* (Berlim: Junker & Dünnhaupt, 1939)) associa *regin*, *bönd* e *höpt* com concepções de destino. A respeito de *regin*, ver STURTEVANT, A.M. "A Study of the Old Norse Word regin". *Journal of English and Germanic Philology*, 15, 1916, p. 251-266.

Ragnarök (Julgamento-dos-poderes)

A eliminação dos deuses e do cosmos no final do presente mitológico.

Embora a maioria dos poetas da Era Viking e estudiosos modernos usem a forma acima, Snorri Sturluson estava entre aqueles que usaram a forma "Ragnarøkkr" (Crepúsculo-dos-deuses), que ficou famosa como o título da última ópera, *Götterdämmerung* (Crepúsculo-dos-deuses), no Ciclo do Anel de Richard Wagner. O termo servirá igualmente bem como uma designação do fim dos tempos dos deuses na terra.

A apresentação mais impactante do Ragnarök é a do poeta do *Völuspá*. Dependendo de onde se acredita que ela tem seu início, esta seção do poema pode ocupar até mesmo o total das últimas 30 das 66 estâncias do poema nas edições-padrão. Em minha opinião, certamente ele se inicia em torno da estância 39:

> Ela viu vadear lá através de fortes correntes
> Homens que renunciaram juramentos e assassinos,
> E aquele que seduz a amada de outrem;
> Há Nídhögg sugou
> os cadáveres dos mortos
> O lobo despedaçou os homens – você saberia mais?

As estâncias 40 e 41 referem-se à perda do sol e da lua. Nas estâncias 42-43 misteriosos galos cantam o início do fim, e em 44, que reaparece literalmente como 49 e 58, Garm uiva e o lobo corre livre. Em 45 os laços de parentesco se rompem:

> Irmãos vão lutar e matar uns aos outros
> Primos destruirão o parentesco.
> Está difícil no mundo, muita prostituição
> Uma idade dos machados, uma era das espadas, escudos são destruídos,
> Uma era do vento, uma era do lobo, antes que o mundo caia;
> Nenhum homem poupará outro.

Heimdall soa o Gjallarhorn, e a árvore do mundo Yggdrasil estremece. Gigantes partem do Leste para atacar a terra dos deuses, e a serpente de Midgard se debate no mar profundo. Loki é visto dirigindo um navio da terra dos gigantes no ataque.

52. Surt viaja do Sul com o inimigo de galhos [fogo],
O sol brilha das espadas dos deuses carniceiros,
As montanhas ressoam e as gigantas vagam
Os humanos trilham o caminho para Hel e o céu está despedaçado.
53. Então a segunda tristeza de Hlín [Frigg] ocorre,
Quando Odin parte para lutar com o lobo,
E o assassino de Beli [Frey], o brilhante, contra Surt;
Então a alegria de Frigg perecerá.

Imagem de pedra de Smiss, Gotland, mostrando guerreiros lutando e navio, possivelmente retratando a viagem dos guerreiros caídos para a vida após a morte. (The Art Archive/Historiska Museet Stockholm/Dagli Orti)

Escultura em pedra de Lindisfarne, Inglaterra (nono século, E.C.). A procissão de guerreiros é uma reminiscência de forças se reunindo para a batalha final do Ragnarök. (Axel Poignant Archive).

Vídar vinga Odin, mas Thor, o mais poderoso dos deuses, ainda não tomou o campo. Isso ele faz na estância 56:

> Então vem o grande filho de Hlódyn [Terra],
> O filho de Odin parte para lutar com o lobo;
> Fortemente ataca o guardião de Midgard,
> Todos os homens vão avermelhar a terra;
> Nove passos vai o filho de Fjörgyn [Terra]
> Exausto da serpente, inconquistado pela inimizade.

O desaparecimento dos deuses é seguido pelo desaparecimento do cosmos que eles criaram. O sol escurece, a terra afunda no mar, fumaça e chamas lambem o próprio céu.

Mas o Ragnarök tem duas partes e a segunda envolve um renascimento. A terra surge do mar e uma nova geração de deuses a habita. Eles têm reminiscências de seus antepassados e algumas peças de jogos misteriosas que os ligam ao que aconteceu antes. Höd e Baldr estão lá, reconciliados, e Hœnir também sobreviveu à conflagração, pois ele "escolhe bastões-de-sorte", isto é, ele realiza algum tipo de atividade ritual. De acordo com a redação do poema presente no *Hauksbók*, "o poderoso" então vem, e isso parece uma referência à divindade cristã.

Snorri parafraseia esses versos e acrescenta alguns detalhes, dos quais o mais saliente é a presença dos filhos de Odin, Vídar e Váli, e dos filhos de Thor Magni e Módi, que possuirão o martelo de Thor, Mjöllnir, no novo mundo que ressurge após o Ragnarök. Snorri também, seguindo o *Vafthrúdnismál*, diz que os humanos sobreviverão no novo mundo, através de Líf e Lífthrasir.

Além do *Völuspá* e de Snorri, o Ragnarök figura em numerosas outras fontes.

Ver também Jogo dos deuses; Líf e Lífthrasir; Nídhögg; *Völuspá*.

Referências e leituras complementares: O estudo sobre o Ragnarök citado mais frequentemente é o de Axel Olrik: *Ragnarök*: Die Sagen vom Weltuntergang (Berlim/Leipzig: W. de Gruyter, 1922) [trad. de Wilhelm Ranisch], uma tradução alemã de duas obras anteriores em dinamarquês sobre o assunto. É extremamente erudita e

Esta cruz do século X em Gosforth, na Cumbria, é a maior peça de escultura sobrevivente na Inglaterra do período anterior à conquista normanda. É entrelaçada com cenas da crucificação de Cristo, bem como cenas do Ragnarök. (Axel Poignant Archive)

fascinante em todas as páginas, mas sua conclusão, de que grande parte do material entrou na Escandinávia a partir do Oriente Médio, não parece mais útil para entender a mitologia da maneira como a temos. Um estudo em inglês, argumentando uma associação final com o ritual, é o de John Stanley Martin: *Ragnarǫk: An Investigation into Old Norse Concepts of the Fate of the Gods* (Assen: Van Gorcum, 1972) [Melbourne Monographs in Germanic Studies, 3].

Rán

Deusa do Mar.

Rán não aparece em versos éddicos, mas na poesia escáldica ela é encontrada com bastante frequência, em kenningar que têm a ver com o mar (p. ex., "caminho de Rán" para ondas) e em kenningar para mulheres, onde seu nome é a palavra-base (p. ex., "Rán da cobertura de baixo"). Os thulur listam Rán entre os *ásynjur*, mas ela nunca é vista entre eles ou entre os deuses em geral nos materiais que nos foram deixados. Snorri relata no *Skáldskaparmál* que Rán é a esposa de Ægir e que eles têm nǫve filhas, cujos nomes têm a ver com as ondas do mar. Mais interessantemente, ele também diz que ela possui uma rede com a qual ela caça homens que vão para o mar. Os cabeçalhos em prosa do poema éddico *Reginsmál* e da *Völsunga saga* afirmam que Loki se dirigiu até Rán e pegou emprestado sua rede para capturar o anão Andvari, que havia se transformado em um lúcio e estava se exibindo no rio.

Mas a rede certamente foi usada principalmente para arrastar os afogandos para a sua morte. Essa concepção, ou algo parecido, parece que pode ser percebida em uma linha de um dos mais famosos poemas escáldicos, o *Sonatorrek* (Perda dos Filhos), de Egil Skallagrímsson. De acordo com a *Egils saga* (que muitos críticos acreditam ter sido escrita pelo próprio Snorri), Egil compôs este poema depois que seu filho Bödvar acabou se afogando em um fiorde próximo. A saga diz que o outro filho de Egil havia morrido anteriormente, e que após a perda de Bödvar, Egil desejava morrer, mas que sua filha Thorgerd o iludiu, fazendo-o se alimentar e o coagiu a compor um poema memorial para Bödvar. Na sétima das 25 estâncias existentes, Egil diz algo assim:

> Muito Rán causou-me sofrimento com suas torturas,
> Eu estou completamente desprovido de amigos amados;
> O mar rasgou os laços da minha família,
> Um poderoso fio saindo de mim.

À medida que o poema termina, Egil reclama do tratamento de Odin para consigo, mas admite que o dom da poesia é um consolo.

Se o texto do *Sonatorrek*, tal como o possuímos hoje, for genuíno, dataria de cerca de 960 (a *Egils saga* é da primeira metade do século XIII, mas o texto completo do *Sonatorrek* só é retido em cópias produzidas no décimo sétimo século a partir de um manuscrito do décimo quinto século). Os versos da *Fridthjófs saga*, que é pós-clássica, tocam a ideia de se afogar como prestar uma visita a Rán e se referem a ela como uma mulher mal-educada ou imoral.

Referências e leituras complementares: Carlo Alberto Mastrelli ("Sul nome dela gigantessa Rán". *Studi germanici*, new ser. 4 (3), 1966, p. 253-264) discute a etimologia do nome, que é bastante obscura. Certamente, uma etimologia conectando o nome com o substantivo *rán*, "roubo", concordaria com alguns dos sentimentos citados acima. Franz Rolf Schröder ("Die Göttin des Urmeeres und ihr männlicher Partner". *Beiträge zur Geschichte der deutschen Sprache und Literatur* (Tübingen), 82, 1960, p. 221-264)) centra-se em Nerthus e Njörd, mas também inclui uma discussão a respeito de Rán e Ægir.

Ratatosk (Dente-de-perfuração)

Esquilo que vive em Yggdrasil, a árvore do mundo.

O *Grímnismál*, estância 32, afirma o seguinte:

> Ratatosk é o nome de um esquilo que deve correr
> no freixo de Yggdrasil;
> palavras de uma águia ele deve levar para baixo
> e pronunciar para Nídhögg abaixo.

De acordo com Snorri no *Gylfaginning*, as palavras que o esquilo transporta são hostis, e ele as carrega em ambas as direções, entre a águia no topo da árvore e o dragão Nídhögg na parte de baixo. Assim, a árvore do mundo não é apenas ameaçada pelos veados e pelo dragão que a mastigam e pelo seu costado apodrecido; também suporta, na fauna que leva consigo, a hostilidade verbal. Nas sagas, uma pessoa que ajuda a agitar ou manter vivas as rixas na medida em que transporta palavras de malícia entre os participantes raramente é de alto *status*, o que pode explicar a atribuição desse papel na mitologia a um animal relativamente insignificante.

Ver também Yggdrasil.

Regnator Omnium Deus

Deus que rege a tudo; encontrado em Tácito, *Germania*, capítulo 39.

A expressão se refere ao deus no bosque sagrado em que os Semnones conduzem seu culto, envolvendo, segundo Tácito, um sacrifício humano. O bosque é tão sagrado que os fiéis se prendem a uma corrente quando entram e, se caírem, precisam se mexer para fora do bosque sem ajuda. Toda a superstição, como diz Tácito, repousa na ideia de que "a tribo se originou aqui e o deus que é o governante de tudo está aqui".

A associação com o aprisionamento sugere tais palavras coletivas para os deuses como *bönd* e *höpt*, mas o regnator omnium deus é claramente um deus único, um deus principal do panteão germânico por volta de 100 E.C. (forma como o panteão foi compreendido por um historiador romano). A Interpretatio Germanica associou Thor a Júpiter, mas o aspecto do aprisionamento parece sugerir os "grilhões de guerra" que Odin pode colocar nas tropas inimigas, e, de forma mais generalizada, o aprisionamento que é característico dos chamados deuses indo-europeus de primeira função (os deuses da soberania no esquema concebido por Georges Dumézil).

Ver também Deuses, palavras para; Interpretatio Germanica; Interpretatio Romana.

Referências e leituras complementares: NECKEL, G. "Regnator omnium deus *Neue Jahrbücher für Wissenschaft und Jugendbildung*, 2, 1926, p. 139-150.

Rígsthula

Poema éddico que descreve a origem das classes sociais.

O poema é encontrado apenas no *Codex Wormianus* (fólio AM 242) da *Edda*, de Snorri Sturluson, um manuscrito da primeira metade do décimo quarto século. Um cabeçalho em prosa afirma que Heimdall partiu em viagem e, quando chegou a um assentamento litorâneo, ele se identificou como Ríg. O próprio poema se refere apenas a Ríg.

Ríg visita três residências. Na primeira e na terceira, ele é alimentado e supõe-se que o trecho sobre sua alimentação na segunda residência tenha sido perdido. Depois de jantar em cada residência, ele vai para a cama e lá passa três noites entre o homem e a mulher da residência. Nove meses depois, a mulher dá à luz um filho que, por sua vez, encontra um parceiro e gera descendência.

O primeiro lar é o de Ái e Edda, que se podem traduzir por algo como "bisavô" e "bisavó". Eles comem pão grosseiro e um caldo feito de bezerro cozido. O filho de Edda é Thrall, que possui dedos grossos, uma face desagradável e costas tortas, e ele se ocupa com trabalho pesado. Para sua fazenda vem Thír (mulher-cativa), e eles têm filhos que adubam os campos, cuidam de porcos e cabras, e cavam em busca de turfa. Deles vêm os escravos.

Em seguida Ríg se dirige à residência de Afi e Amma (avô e avó). Há um baú no chão. Os escravos não podiam possuir propriedades, de modo que um baú leva a considerar algo em torno de um ritual de manumissão, no qual um escravo liberto simbolicamente sobe em cima de um baú. A mulher está bem-vestida e teria sido bom saber que comida era servida. De qualquer modo, depois de nove meses Amma tem um filho chamado Karl (homem). Ele doma bois para ocupar no preparo da terra, constrói celeiros, e em resumo faz o que um fazendeiro faria. Ele se casa com Snør (nora), e eles têm filhos, muitos dos quais apontam para um *status* social através de seus nomes; estes são difíceis de traduzir, mas alguns, por exemplo, foram usados por indivíduos nas cortes dos reis durante a Idade Média. As filhas têm nomes parecidos. Nós não aprendemos o que esses descendentes fazem, mas deles descendem os fazendeiros (proprietários de terras).

A terceira residência é a de Fadir e Módir (pai e mãe). A mãe está costurando e usando roupas esteticamente elaboradas, e a comida servida é um pão fino e carnes, regadas com vinho. Módir dá à luz a um filho, Jarl. O substantivo é cognato com o inglês "conde"[19]. "Jarl" era o título do governante da região de Trondheim (os jarlar de Hladir) e na Alta Idade Média teve seu significado parecido a algo como "duque". Ele é treinado em guerras, e Ríg tem um interesse especial por ele. Emissários são enviados para o salão de Hersir (chefe local) para pedir a mão de Erna (Vigorosa?) em casamento. Eles

---

19. Em inglês *earl* [N.T.].

se casam e têm filhos, cujos nomes são substantivos como "filho", "criança", "herdeiro", "parente" e "aparentado". O mais novo é Kon, a quem Ríg treina, especialmente em runas. Kon aprende a fala dos pássaros e é encorajado por um conselheiro aviário a fazer guerra contra Dan e Danp, dois reis que aparecem em outras partes da pré-história lendária. Aqui o poema se interrompe, talvez prematuramente.

Kon, o jovem, é duas vezes chamado "Konr ungr", de modo que muitos observadores acreditam que o poeta quisesse sugerir o substantivo *konungr*, "rei". Dada a falta de inibição do poeta em outras partes de seu poema em suas estratégias de nomeação, pode-se considerar, todavia, que se ele quisesse chamar este sujeito de rei, ele poderia ter feito isso diretamente, especialmente posto que "Konr ungr" é gramaticalmente inusitado no islandês medieval. Ainda assim, não parece implausível que o poeta tenha desejado passar da classe de guerreiros ou nobreza para o monarca.

A discussão do poema é frustrante. Uma ala buscou influências celtas, uma vez que o nome do progenitor no poema se parece um pouco com o irlandês antigo *ri/rig*, "rei". Dumézil vislumbrou um reflexo modificado de sua estrutura indo-europeia tripartida, com as funções sendo deslocadas para baixo (veja o capítulo 1). Outros pensaram que o poema deve ser de origem medieval, pois, argumenta-se, uma sociedade que realmente se dedica à posse de escravos dificilmente obteria escravos e o resto da população de um único progenitor, e, ainda mais importante, a divisão em três grupos é típica do pensamento social medieval, mesmo que os três grupos fossem costumeiramente os trabalhadores, os guerreiros e os sacerdotes. Thomas Hill defendeu uma conexão final com a história do Antigo Testamento dos filhos de Noé.

Embora o *Rígsthula* ofereça um mito de fundação social, ele apresentou pouco efeito sobre a mitologia, da maneira como ela é compreendida para os propósitos deste livro. Snorri nunca relata qualquer aspecto do mesmo, e não há kenningar baseados nele ou referências a ele em outros lugares, com a possível exceção da referência a todas as famílias sagradas como sendo da descendência de Heimdall, no *Völuspá*, estância 1. Até mesmo isso concorda pouco com o poema, pois nenhuma família santa descende de Ríg (que na verdade só é chamado Heimdall no cabeçalho em prosa do poema).

Ver também Heimdall.

Referências e leituras complementares: A hipótese celta é explorada em YOUNG, J. "Does Rígsþula Betray Irish Influence?" *Arkiv för nordisk filologi*, 49, 1933, p. 97-107. • CHADWICK, N.K. "Pictish and Celtic Marriage in Early Literary Tradition". *Scottish Gaelic Studies*, 8, 1958, p. 56-115. Uma tradução inglesa do original francês de 1958 de George Dumézil é: "The Rígsthula and Indo-European Social Structure" (In: HAUGEN, E. (ed.). *Gods of the Ancient Northmen* (Berkeley/Los Angeles: University of California Press, 1973, p. 118-125)) [trad. de John Lindow]. Análises associando o *Rígsthula* com o final da Idade Média são: SEE, K. "Der Alter der Rígsþula". *Acta Philologica Scandinavica*, 24, 1957-1961, p. 1-12 [reimpresso em VON SEE. *Edda, Saga, Skaldendichtung*: Aufsätze zur skandinavischen Literatur des Mittelalters (Heidelberg: C. Winter, 1981, p. 84-95), com um adendo nas p. 514-516. • HILL, T.D. "Rígsþula: Some Medieval Christian Analogues". *Speculum*, 61, 1986, p. 79-89.

Rind

Mãe de Váli, o vingador de Baldr, e, portanto, parceira sexual de Odin.

Rind está listada entre os thulur para os *ásynjur*, mas sem nenhuma indicação de relação com Odin ou Váli. No entanto, no *Gylfaginning*, Snorri diz que Rind, "a mãe de Váli", é enumerada entre os *ásynjur*. O *Baldrs draumar*, estância 11, afirma que Rind deu à luz a Váli e que "aquele filho de Odin" lutará quando tiver uma noite de idade, e em seu catálogo dos æsir no *Gylfaginning*, Snorri afirma que Váli é o filho de Odin e Rind. A relação entre Odin e Rind aparentemente não era um relacionamento normal: em seu *Sigurdurdrápa*, composto por volta de 960 se a estância for genuína, o skald islandês Kormák Ögmundarson afirma que Odin usou magia (seid) em Rind, presumivelmente para gerar Váli. Saxo também apresenta a história de Odin gerando um vingador para Baldr, e esta também é desagradável. Tendo aprendido de um vidente que a princesa ruteniana Rinda deve dar à luz ao vingador de Balderus, Othinus parte a fim de seduzi-la. Atuando como soldado, ele passa a residir com o pai dela, alcança vitórias e a pressiona em favor de seu caso, mas ela o rejeita. Uma segunda visita, desta vez atuando como ferreiro, também falha. Na terceira visita, Othinus age como um cavaleiro, mas quando ele finalmente alcança algum progresso na direção ao seu objetivo, isto se torna possível tocando a garota com um graveto esculpida com uma runa, o que vem a enlouquecê-la; aqui encontra-se o paralelo potencial com a estância de Kormák. Othinus agora assume o disfarce de uma mulher para entrar na câmara da menina, mas ele só consegue seu objetivo quando Rinda fica doente. O Dr. Othinus prescreve uma poção tão ruim que a paciente precisa ser amarrada quando ela o toma. Ela está devidamente aprisionada e Othinus a estupra. O resultado do estupro é Bous.

O uso de seid, especialmente por homens, era considerado vergonhoso, e o estupro de Rinda por Othinus, não menos porque envolveu o disfarce travestido de mulher, dificilmente seria considerado o ato de um homem de honra. Saxo relata que os deuses ficaram tão enojados com o travestir-se de Othinus que o baniram e o substituíram por Ollerus (o qual seria Ull no islandês medieval), que tomou para si o título e o nome de Othinus. Depois de dez anos, Bous matou Høtherus, e Othinus retornou a Bizâncio, onde Saxo localizava os deuses evemerizados, e expulsou Ollerus.

Ver também Baldr; Bous; Seid; Ull; Váli, de Odin.

Röskva (Madura?)

Serva de Thor, irmã de Thjálfi.

Snorri relata no *Gylfaginning*, no início do mito da visita de Thor a Útgarda-Loki, como Röskva e Thjálfi foram dados a Thor como parte de um acordo em torno de um litígio, depois que Thjálfi danificou os ossos de uma das cabras de Thor enquanto se alimentava dela, de modo que a cabra não podia mais ser devidamente revivida pelo deus. Röskva não desempenha nenhum papel na mitologia, mas o gênero dos pronomes usados por Snorri na continuação da jornada para Útgarda-Loki demonstram que Röskva estava presente. No *Skáldskaparmál*, Snorri afirma que "o senhor de Thjálfi e de Röskva" é um kenning para Thor. Além de Snorri, há evidências do décimo século a respeito da existência de Röskva, uma vez que o poeta Eilíf Godrúnarson se referiu a Thjálfi como "irmão de Röskva".

Ver também Egil; Thjálfi; Thor; Útgarda-Loki.

Referências e leituras complementares: Minha análise do encontro com a família de Röskva é encontrada em "Thor's Visit to Útgarda-Loki". *Oral Tradition*, 15, 2000, p. 170-186.

Sæhrímnir

Porco cozido no Valhöll, a fonte incessante de comida dos einherjar.

A passagem-chave é a estância 18 do *Grímnismál*.

> Andhrímnir no Eldhrímnir
> Ferveu Sæhrímnir.
> Melhor dentre os porcos, mas poucos sabiam
> Com o que os einherjar são nutridos.

No *Gylfaginning*, Snorri explica a passagem da seguinte maneira: Gylfi/ Gangleri se pergunta como os einherjar são alimentados, dado que existem muitos deles. Hár responde:

> O que você diz é verdade, uma grande quantidade deles está lá, mas muitos mais ainda deverão existir, e ainda assim eles parecerão muito poucos, quando o lobo vier chamando. Mas nunca haverá uma multidão tão grande de homens em Valhöll, que a carne daquele porco, que se chama Sæhrímnir, acabe por conta deles. Ele é cozido a cada dia e volta a estar inteiro à noite.

Os nomes do cozinheiro, do pote e da carne de porco eterna são unidos pelo elemento hrímnir, que é derivado da palavra fuligem em um pote de cozimento. O elemento *And-* poderia referir-se a (ou poderia ter sido entendido por Snorri como se referindo) à fronte do cozinheiro, que estaria de frente para o fogão enquanto ele trabalhava sua magia culinária, e "Cinzento-do-fogo" faria sentido para o pote, mas o nome do porco está longe de ser claro. Certamente parece que significa "Cinzento-do-mar", que alguns observadores modernos interpretam como "besta-marinha-cinzenta". O nome seria, suponho eu, eventualmente adequado para o famoso preparado de peixe escurecido de Nova Orleans, mas parece um pouco fora do lugar para o preparo da melhor carne de porco. Os que se incomodam com este problema do peixe-fera propuseram compreender a primeira sílaba como tendo alguma relação com a fervura, mas isso faz com que os peixes filológicos se transformem em patos[20].

Ver também Eldhrímnir; Sæhrímnir.

---

20. No original inglês o autor se refere a "make fish into fowl", o que é um jogo com a expressão idiomática "neither fish nor fowl", se referindo à dificuldade de se classificar algum dado específico. Neste caso, ao mudar a perspectiva da primeira sílaba, os pesquisadores não resolveriam o problema, transferindo-o somente de uma discussão filológica a outra, igualmente insatisfatoriamente solucionável. A opção pela imagem dos patos ocorre por sua característica indecisa, entre o animal aquático e o animal aéreo [N.T.].

Sæming

Filho de Odin ou Frey e antecessor dos jarlar de Hladir.

Sæming é mencionado no prólogo da *Edda* de Snorri Sturluson, o prólogo de seu *Heimskringla*, e na *Ynglinga saga*, a primeira saga no *Heimskringla*. Em todos os três textos, Snorri está operando segundo o princípio do evemerismo; isto é, na crença de que havia um Odin histórico que conduziu os æsir da Ásia para a Escandinávia. Em cada caso, ele parece estar se baseando em *Háleygjatal*, um poema do final do décimo século, composto pelo skald Eyvind Finnsson skáldaspillir.

No prólogo de sua *Edda*, Snorri diz que, depois que Odin se estabeleceu na Suécia, ele foi para o norte até a costa, onde estabeleceu seu filho Sæming como o governante da Noruega, "e os reis da Noruega, os jarlar e outras pessoas poderosas, traçavam sua linhagem a partir dele, como está dito no *Háleygjatal*". No prólogo do *Heimskringla*, no entanto, Snorri diz que, de acordo com o *Háleygjatal*, Sæming era filho de Yngvi-Frey. E na *Ynglinga saga* ele cita uma estância do *Háleygjatal* (estância 3 nas edições) afirmando que ela seria a respeito de Sæmund, embora ele não seja mencionado pelo seu nome. O verso não é claro, mas parece sugerir que Odin gerou alguém em Skadi (o que é desconhecido em outros lugares). Snorri explica isso da seguinte forma:

> Njörd ficou com aquela esposa, que era chamada de Skadi. Ela não queria ter relações sexuais com ele e foi casada posteriormente com Odin. Eles tiveram muitos filhos. Um deles foi chamado Sæming.

Sága

Deusa menor.

Snorri a enumera em segundo lugar em seu catálogo de deusas entre os æsir no *Gylfaginning*, depois de Frigg, e diz somente que ela mora na grande fazenda Søkkvabekk (banco-afundado?). No *Grímnismál*, na estância 7, Odin inclui Søkkvabekk como a quarta dentre as residências que ele apresenta e diz que ondas frias ressoam sobre ela; "Lá Odin e Sága / bebem por todos os dias, / felizes, de um cálice de ouro". A semelhança de Søkkvabekk com Fensalir, a morada de Frigg; as claras bebedeiras de Odin com Sága; e a etimologia usual do nome, que o relaciona com o verbo *sjá*, "ver" e entendê--la como uma vidente, levou a maioria dos estudiosos a entender Sága como outro nome para Frigg.

Seid

Uma forma de mágica e divinação, associada na mitologia especialmente com Odin.

Snorri Sturluson ofereceu uma descrição do seid como realizado por um Odin evemerizado durante a pré-história escandinava:

> Odin conhecia aquela arte chamada seid, que o maior poder acompanhava, e ele mesmo a executava. Por meio dela ele poderia determinar o destino dos homens e das coisas que ainda não aconteceram, e também conseguir a morte, o azar ou a falta de saúde das pessoas, além de levar a mente ou a força de algumas pessoas e entregá-las a outras pessoas. E esta arte mágica, quando é levada a cabo, é acompanhada por tanto *ergi* [perversão sexual] que não parecia motivo de pouca vergonha para os homens lançarem-se nela, e assim esta arte foi ensinada às sacerdotisas.

A conexão com as mulheres é generalizada. Afirma-se que Freyja foi quem trouxe o seid para os æsir (*Ynglinga saga*, capítulo 4), e no *Völuspá*, Gullveig/Heid (que também pode ser Freyja) o pratica.

As sagas têm muitos relatos de seid ambientados na Islândia pré-cristã, novamente praticado principalmente por mulheres. O mais famoso deles é em *Eiríks saga rauda* (A saga de Erik, o Vermelho), que se passa na Groenlândia pouco antes da conversão ao cristianismo. A fome invadiu uma certa região, e uma mulher-seid é solicitada a profetizar sua duração. Ela sobe em uma plataforma, as canções são cantadas, e ela faz contato, afirma ela, com os espíritos. Ela prevê um final rápido para a fome e um futuro próspero para a mulher, ela mesma cristã, que ajudou com as canções mágicas. Além desta adivinhação, outros exemplos de seid nas sagas são como os descritos por Odin, em que o seid pode ser usado para fazer coisas ruins para as pessoas.

Como o mestre da sabedoria e do verso, Odin naturalmente seria a figura mitológica mais próxima a esse tipo de magia, e de fato um skald diz que Odin teria usado seid em Rind, a quem ele seduziu ou estuprou para gerar um vingador para Baldr. Freyja, por outro lado, nunca o usa.

Na discussão acadêmica a respeito do seid, da qual a maior parte não possui relação com a mitologia, mas com uma tentativa de desvendar o pano de fundo histórico, alguns estudiosos apontam para as práticas xamânicas, especialmente no norte da Eurásia.

Ver também Gullveig; Heid; Rind.

Referências e leituras complementares: A mais recente discussão geral a respeito do seid pode ser encontrada em DuBOIS, T.A. *Viking Ages Religions* (Filadélfia: University of Pennsylvania Press, 1999). Para quem consegue ler sueco, Dag Strömbäck (*Sejd*: Textstudier i nordisk religionshistoria (Estocolmo/Copenhague: H. Geber/Levin & Munksgaard, 1935) [Nordiska texter och undersökningar, 5]) oferece um estudo completo e bem-equilibrado.

Serpente de Midgard

Poderosa fera afundada no mar ao redor da terra, um filho de Loki e o maior oponente de Thor.

Broche encontrado em Öland, Suécia, representando uma besta que lembra a serpente de Midgard. (Werner Forman/Art Resource)

A serpente de Midgard, também conhecida como Jörmungand (Serpente-Poderosa), era uma das três criaturas oriundas da monstruosa ninhada de Loki com Angrboda. Quando Odin viu o perigo que os três representavam, ele os mandou buscar, e despachou a serpente para o mar, Hel para o reino subterrâneo dos mortos, e o lobo Fenrir para uma caverna, depois que ele foi aprisionado (não sem algum inconveniente, especialmente para Týr). Nós temos esta estória a partir da seção do *Gylfaginning* da *Edda* de Snorri Sturluson, onde ele diz isso sobre a serpente:

> E quando eles foram trazidos a ele, ele lançou a serpente no mar profundo que jaz ao redor de todas as terras, e aquela serpente cresceu tanto, que ela se encontra no meio do oceano ao redor de todas as terras e morde sua própria cauda.

Aqui uma palavra sobre cosmologia medieval pode ser necessária. O mundo era um disco plano, com a terra no centro e o mar ao redor. Assim, a serpente está aproximadamente tão longe do centro, onde viviam homens e deuses, como Hel estaria sob a terra no mundo dos mortos, inacessível aos vivos. O fato de ela morder sua própria cauda significa que ela forma um círculo completo em torno de homens e deuses.

A serpente de Midgard era especialmente a inimiga de Thor (assim como Fenrir era de Odin, e Hel, poderíamos dizer, era de Baldr). O *Völuspá* e Snorri concordam que ambos deveriam se encontrar durante o Ragnarök. Mas eles também tiveram um famoso encontro durante o presente mítico, quando Thor pescou a serpente de Midgard do mar e jogou seu martelo na fera.

O mito aparece na poesia de alguns dos primeiros skald. Além disso, era popular como um assunto nas esculturas do final da Era Viking.

Ver também Thor.

Thor está em um barco com um martelo erguido perto da parte inferior de uma pedra rúnica do século XI, de Altuna. De sua mão esquerda balança a isca de cabeça de boi enquanto a serpente se enrola abaixo. (National Museum of Denmark)

Sif (Relacionamento-por-casamento)

Esposa de Thor, mãe de Magni e de Módi.

Embora Sif desempenhe apenas um pequeno papel na mitologia, o uso do kenning "marido de Sif" para Thor é encontrado na poesia escáldica e éddica.

O principal mito de Sif tem a ver com seu ornamento de cabeça feito de ouro, que foi feito para ela por anões depois que Loki cortou seu cabelo. Cinco outros objetos preciosos, todos de extrema importância mitológica (p. ex., o martelo de Thor), também foram feitos ao mesmo tempo. É fácil perder de vista o fato de que os deuses receberam todos esses objetos porque Thor forçou Loki a substituir o cabelo de Sif.

Duas vezes Sif aparece em conexão com acusações de adultério feitas a Thor. No *Hárbardsljód*, estância 48, Odin acusa Sif de ter um amante em casa, mas ele não elabora. No *Lokasenna*, estância 54, Loki efetivamente elabora sobre o assunto. Quando Sif diz a Loki que ela é inocente, Loki responde:

> Você ficaria sozinha se fosse assim,
> Desconfiada e feroz em relação a um homem;
> Eu conheço alguém, tenho certeza,
> Que traiu a Thor,
> E esse foi o astuto Loki.

No entanto, Loki faz essa acusação sobre todas as deusas. A fidelidade de Sif a Thor é difícil de julgar. O significado do nome dela também não esclarece esse tópico.

Ver também Anões; Loki.

Referências e leituras complementares: Margaret Clunies Ross ("Þórr's Honour". In: UECKER, H. (ed.). *Studien zum Altgermanischen*: Festschrift für Heinrich Beck (Berlim/Nova York: W. de Gruyter, 1994, p. 43-76)) coloca a construção do ornamento de cabeça de ouro de Sif no contexto da responsabilidade de Thor de cuidar de suas relações femininas.

Sigyn

Esposa de Loki, mãe de Nari ou Narfi.

Não sabemos nada a respeito do pano de fundo de Sigyn, mas ela é mencionada desde o período pré-cristão pelo skald Thjódólf de Hvin, que em seu *Haustlöng* chamava Loki de "carga dos braços de Sigyn". Na mitologia, o único papel de Sigyn é segurar uma bacia sobre a cabeça de Loki para pegar o veneno escorrendo de uma cobra sob a qual ele se encontra aprisionado, punido por seu papel na morte de Baldr (*Gylfaginning*) ou seu insulto a todos os deuses (o colofão em prosa do *Lokasenna*). O *Völuspá*, estância 35, parece referir-se a esta cena. A vidente está falando:

> Ela viu um prisioneiro deitar em um bosque de vales
> Uma figura malévola idêntica a Loki;
> Ali Sigyn está sentada, sem nenhum pensamento
> Feliz a respeito de seu marido – você saberia mais?

Ver também Loki; Nari e/ou Narfi.

Sindri (Escória)

Uma pessoa conectada a um salão dourado, ou o próprio salão.

O *Völuspá*, estância 37, afirma que a família de Sindri possui um esplêndido salão:

> Ali ficava ao norte, no Nidavellir,
> Um salão de ouro, da família de Sindri.

Quem a família de Sindri pode ser é um enigma. A segunda metade da estância refere-se a um segundo salão, Brimir, isto é, um salão de cerveja de um gigante, mas não está claro se uma pausa ou uma continuação é intentada. A conexão do nome com o ato de forjar e o ouro do salão de Sindri podem sugerir os anões. De fato, Nidavellir pode ser os campos do anão Nidi. Se eles não são os campos de Nidi, eles provavelmente são campos escuros, e este conceito também estaria de acordo com a noção de Sindri como um anão. E alguém através de cujas mãos o manuscrito principal da *Edda* de Snorri passou, evidentemente, achava que Sindri era um anão, pois ele escreveu "Brokk e Sindri" na margem perto de onde é contada a história de Brokk forjando os objetos preciosos dos deuses. Isso ocorreu após a Idade Média, no entanto.

Snorri, por outro lado, escreveu no *Gylfaginning* que Sindri era o nome de um salão que ficará nas montanhas chamadas Nidafjöll. Será um bom salão, feito de ouro, no qual pessoas boas e justas habitarão quando o Ragnarök chegar.

Ver também Brokk; Nidavellir.

Sjöfn

Deusa menor.

Snorri lista Sjöfn em sétimo lugar em seu catálogo de deusas entre os æsir no *Gylfaginning* e afirma o seguinte sobre ela: "Ela faz muito para transformar as mentes das pessoas para o amor, homens e mulheres. De seu nome, o amor é chamado *sjafni*". O substantivo *sjafni* é de fato incluído nos thulur como uma palavra para amor, mas a própria deusa é desconhecida de qualquer outra forma. O nome é usado como a palavra-base em três kenningar para mulheres. Tal como acontece com muitas outras deusas menores, alguns estudiosos acreditam que ela pode ser apenas Frigg com outro nome.

Skadi

Esposa de Njörd, filha de Thjazi, e uma giganta de nascimento, mas ainda assim considerada como um membro dos æsir.

Skadi é mencionada como a filha do gigante Thjazi em diversas fontes, incluindo o *Grímnismál*, estância 11, e o *Hyndluljód*, estância 31 (parte do "*Völuspá* abreviado"). Em cada uma dessas estâncias, Thjazi é especificamente identificado como um gigante. O *Grímnismál* diz que Skadi habita Thrymheim, a antiga propriedade rural de seu pai.

As circunstâncias do casamento de Skadi com Njörd, um dos principais deuses dentre os vanir, são contadas apenas por Snorri. No *Skáldskaparmál* ele narra como o casamento surgiu em primeiro lugar. Após o sequestro de Idun por Thjazi, este é morto pelos æsir durante a recuperação da vítima do sequestro. Aparentemente, ele não tem nenhum parente do sexo masculino para pedir indenização, pois Skadi atua nesse papel.

> E Skadi, a filha de Thjazi, o gigante, tomou um capacete, uma couraça e todas as armas de guerra e foi para Ásgard para vingar seu pai, mas os æsir lhe ofereceram um acordo e uma compensação, e a primeira [parte] era que ela deveria escolher um marido para si e escolher pelas partes inferiores das pernas e não ver mais do que isso. Então ela viu algumas partes inferiores de pernas extremamente atraentes de um homem e disse: "Eu escolho esta; pode haver pouco de feiura sobre Baldr". Mas era Njörd de Nóatún. Ela também tinha em seu acordo aquilo que ela achava que os æsir não seriam capazes de realizar, e isso é fazê-la rir. Então Loki amarrou uma corda ao

redor da barba de uma cabra e a outra ponta ao redor de seus testículos, e ambos os puxaram e cada um gritou alto, e então Loki caiu no colo de Skadi; e então ela riu. E assim as condições do acordo com ela foram atendidas pelos æsir.

Frey também é casado com uma giganta, Gerd, e embora os outros deuses gerem filhos por meio de gigantas, esses são os únicos dois casamentos de deuses com gigantas. Pareceria, portanto, como Margaret Clunies Ross demonstrou, que, devido ao seu *status* hierárquico inferior, os vanir não poderiam escolher as esposas dentre os æsir e precisariam tomá-las dentre os gigantes. Mas a situação é ainda mais estranha com Njörd, já que ele não é o agente da escolha, mas aquele que é o escolhido. Parece que os deuses teriam enganado Skadi de alguma maneira, mas nossa compreensão da competição de beleza da parte inferior das pernas é imperfeita. Baldr é um deus jovem e bonito; Njörd é neste ponto do presente mitológico um homem velho. (Uma nota sobre "perna inferior": a palavra usada refere-se tanto ao pé como ao pé, tornozelo e panturrilha, se estendendo até o joelho; já que a palavra em questão, *fótr*, é cognata com a palavra inglesa "pé", essa é a tradução que muitas vezes acaba sendo utilizada.)

A disputa de Loki com a cabra claramente toca em temas de castração, e fazer uma deusa dar gargalhadas pode ter associações com rituais. No entanto, Loki e Skadi possuem um relacionamento especial em qualquer caso. Snorri, no *Gylfaginning* e no colofão em prosa para o *Lokasenna*, concorda que, quando Loki estava preso, era Skadi quem pendurava acima de seu rosto a cobra venenosa cujo veneno Sigyn pega em um recipiente. Quando Sigyn está ausente, esvaziando o recipiente, o veneno goteja sobre ele e causa suas contorções tectônicas. E no *Lokasenna*, estâncias 49-52, Loki e Skadi se envolvem em uma troca de acusações furiosa na qual Loki se vangloria não só de que ele a seduziu (ele diz isso de todas as deusas), mas também que ele assumiu a liderança quando seu pai foi morto.

O casamento entre Skadi e Njörd é um fracasso. No *Gylfaginning*, Snorri diz que Skadi deseja morar na casa de seu pai nas montanhas, enquanto Njörd deseja estar junto ao mar. Eles se comprometem a passar nove noites em cada lugar, mas o acordo falha. Snorri cita dois versos, um falado por cada um, sobre as desvantagens da casa do outro, e estes presumivelmente são de algum poema éddico, de outra forma perdido. Ele termina essa discussão nos contando um pouco mais sobre Skadi:

> Então Skadi subiu para as montanhas e ela vive em Thrymheim, e ela se locomove muito sobre esquis com um arco e flecha e atira na caça. Ela é chamada de deusa-do-sapato-de-neve ou dís-do-sapato-de-neve.

O conceito de Skadi como dís-do-sapato-de-neve é desconhecido nas fontes narrativas, mas ela apresenta esse cognome não raramente na poesia escáldica primeva. No *Lokasenna*, estância 51, ela se refere a seus locais de culto, e há *place-names* que atestam a adoração de Skadi, especialmente na Suécia. Como Ull também é chamado de deus-dos-sapatos-de-neve e parece ter sido popular na Suécia, alguns estudiosos viram uma conexão especial entre os dois. Mas há uma conexão norueguesa de acordo com a *Ynglinga saga*, que afirma que depois de seu casamento com Njörd Skadi teve vários filhos de Odin, ancestrais dos jarlar de Hladir. Se ela é a mãe de Frey e Freyja é algo desconhecido. No cabeçalho da prosa para o *Skírnismál*, quando Frey está doente, Njörd pede a Skadi para falar com ele, e de acordo com essa tradição ela fala então a primeira estância do poema, pedindo a Skírnir para intervir. Snorri, também, na seção logo após a descrição do casamento fracassado de Njörd e Skadi, afirma que Njörd gerou Frey e Freyja "depois disso". Mas a *Ynglinga saga* menciona Frey entre os reféns trocados no final da guerra entre os æsir e os vanir, e ali ele insinua fortemente que Frey e Freyja são os filhos de um casamento entre Njörd e sua irmã.

Ver também Guerra Æsir-Vanir; Loki; Thjazi, Vanir.

Referências e leituras complementares: As circunstâncias que levam ao casamento de Skadi e Njörd são discutidas por Margaret Clunies Ross ("Why Skaði Laughed: Comic Seriousness in an Old Norse Mythic Narrative". *Maal og minne*, 1989, p. 1-14) e John Lindow ("Loki and Skaði". In: BRAGASON, Ú. (ed.). *Snorrastefna*: 25-27/09/1990 (Reykjavík: Stofnun Sigurðar Nordals, 1992, p. 130-142)). Hjalmar Lindroth ("Em nordisk gudagestalt i ny belysning genom ortnamn". *Antikvarisk tidskrift för Sverige*, 20, 1915) e Franz Rolf Schröder (*Untersuchungen zur germanischen und vergleichenden Religionsgeschichte* – Vol. 2: Skadi und die Götter Skandinaviens (Tübingen: C.B. Mohr, 1941)) são os tratamentos mais importantes do pano de fundo possível relativo ao culto.

Skídbladnir

Embarcação mágica de Frey (mas atribuído em uma ocasião a Odin).

O *Grímnismál* menciona o Skídbladnir nas estâncias 43-44. A estância 43 é dedicada à embarcação:

> Os filhos de Ívaldi foram em tempos de outrora
> Para criar Skídbladnir,
> O melhor dos navios, para o brilhante Frey,
> O filho útil de Njörd.

A história referida é a da criação de seis objetos maravilhosos para os deuses pelos anões: o cabelo dourado de Sif, Skídbladnir, Draupnir; Gullinborsti, Gungnir e Mjöllnir, contada por Snorri no *Skáldskaparmál*. A estância 44 do *Grímnismál* lista a melhor de várias coisas, e começa "O freixo Yggdrasil, é a melhor das árvores, / e o Skídbladnir das embarcações". Snorri citou esta estância no *Gylfaginning*, e isso levou Gangleri a perguntar de que maneira Skídbladnir era a melhor das embarcações. Hár respondeu:

> Skídbladnir é a melhor das embarcações e é feita com a maior habilidade, mas Naglfar é a maior embarcação; Muspell é o seu dono. Alguns anões, os filhos de Ívaldi, construíram Skídbladnir e entregaram a embarcação a Frey. É tão grande que todos os æsir podem estar a bordo com suas armas e armaduras, e ele possui um vento forte, tão logo a vela seja içada. Mas quando não é para ser navegado no mar, então ele é feito de tantas peças e com tal habilidade que pode ser dobrado como um lenço e guardado na bolsa de alguém.

Escultura em rocha encontrada em Tegneby, na Suécia, mostrando embarcações, homens com machados gigantes e cabeças de pássaros e adoradores em torno de um possível disco solar. (Statens Historiska Museum, Estocolmo)

Parcialmente baseado nesta explicação (que é repetida no *Skáldskaparmál*, na história da construção da embarcação pelos anões), os estudiosos algumas vezes sugerem que o nome Skídbladnir significa algo como "montar usando pedaços finos de madeira". É claro, essa descrição cabe em certa medida a qualquer embarcação feita com pranchas.

No capítulo 7 da *Ynglinga saga*, Snorri atribui a embarcação a Odin e a associa com as habilidades mágicas deste:

> Ele também podia, apenas com palavras, extinguir o fogo e acalmar o mar e tornar o vento em qualquer direção que desejasse, e possuía aquela embarcação que se chamava Skídbladnir, na qual ele viajava por grandiosos mares, e a qual podia ser dobrada como um pano.

Snorri parece ter imaginado o Skídbladnir aqui como parte dos atributos xamânicos de Odin, pois ele tinha acabado de narrar como Odin poderia mudar de forma e viajar em forma de animal para terras distantes em seus negócios próprios ou em assuntos de outras pessoas. E na *Ynglinga saga* Snorri também minimiza a conexão de Njörd e Frey com o mar, e isso também pode ter contribuído para a atribuição única a Odin.

As embarcações eram uma parte importante da vida na Escandinávia viking e medieval, e tinha claramente um importante valor simbólico e prático. As gravuras rupestres da Idade do Bronze apresentam embarcações, e muitas das estelas pictográficas de Gotland do oitavo século retratam embarcações lotadas de guerreiros armados. Pessoas abastadas eram às vezes enterradas em embarcações, e o de Baldr era apenas um dos muitos funerais da literatura mais antiga em que o cadáver era queimado em uma embarcação. Podemos concluir que, quando Frey o possui, o Skídbladnir é um símbolo de riqueza e abundância a ser considerado como paralelo ao carro associado com o culto dos vanir; quando Odin o possui, o Skídbladnir é um meio de transporte para viajar ao outro mundo.

Ver também Anões; Frey; Odin.

Referências e leituras complementares: Uma discussão completa a respeito do Skídbladnir é encontrada em SIMEK, R. "Skíðbladnir". *Northern Studies*, 9, 1977.

"Carruagem-do-Sol" de Trundholm, na Dinamarca. Encontrada em fragmentos e reconstruída, pode representar um antecessor de Skínfaxi da Era do Bronze. (Werner Forman/Art Resource)

Skínfaxi (Juba-brilhante)

Cavalo que traciona Dag (Dia), de acordo com o *Vafthrúdnismál*, estância 12, e Snorri Sturluson, que parafraseia a estância no *Gylfaginning*.

A estância 12 responde a uma questão colocada por Odin a Vafthrúdnir na estância 11: "Que cavalo puxa [através do céu] Dag (Dia)?"

> Skínfaxi é aquele nomeado, que puxa o brilhante
> Dag para as pessoas;
> Melhor dos cavalos ele parece entre os Hreidgoths [i. é, pessoas],
> Sempre a crina brilha do cavalo.

Ver também Dag; Hrímfaxi; Vafthrúdnismál.

Sköll

Lobo; persegue o sol no céu e irá engoli-lo.

O *Grímnismál*, estância 39, fala dos lobos que ameaçam o sol:

> Sköll é o nome de um lobo que acompanha o deus brilhante
> Como defesa da floresta;
> E o outro Hati, ele é o filho de Hródvitnir,
> Aquele deve estar diante da noiva brilhante do céu.

Essas linhas são enigmáticas. Snorri parafraseou-as da seguinte forma no *Gylfaginning*:

> Gangleri disse: "O sol se move rapidamente e quase como se estivesse com medo; ela não apressaria mais sua jornada, se temesse sua morte". Então Hár responde: "Não é de surpreender que ela vá depressa. Aquele que a procura está bem perto, e ela não tem outra saída senão fugir". Então Gangleri disse: "Quem é aquele que causa esse problema?" Hár diz: "São dois lobos, e aquele que persegue ela é Sköll; ela tem medo dele, e ele a levará, e aquele que corre na frente dela é chamado Hati Hródvitnisson, e ele tomará a lua.

Eu traduzi a última palavra desta passagem como "lua", embora possa significar sol ou lua. Claramente, Snorri adaptou esses lobos à sua noção do Ragnarök, quando Garm irá uivar e Fenrir se libertará para matar Odin. Sköll (ou Skoll; a forma varia) não é conhecido de outras fontes. Sköll é idêntico a um substantivo poético que significa "barulho alto"; Skoll seria associado a uma raiz que significa "enganador".

Ver também Hati Hródvitnisson; Máni; Sól.

Skrýmir (Aquele-que-parece-grande)

O nome tomado pelo gigante Útgarda-Loki quando ele viaja e engana Thor.

A história é contada no *Gylfaginning*, e Snorri é totalmente consistente: O gigante com quem Thor e seus companheiros viajam é Skrýmir, e aquele cujo salão eles visitam é Útgarda-Loki. Apenas no final de toda a história, Útgarda-Loki revela que ele era Skrýmir.

Loki refere-se a Skrýmir e a incapacidade de Thor de abrir o pacote de comida selado por ele no *Lokasenna*, estância 62; na estância 60 ele se referiu a Thor encolhido na luva do gigante, mas não nomeou a Skrýmir. Odin refere-se ao mesmo incidente, mas chama o gigante Fjalar, não Skrýmir, no *Hárbardsljód*, estância 26. Skrýmir é enumerado como um gigante entre os thulur, mas o nome parece ter sido tomado por alguns humanos, de acordo com algumas estâncias escáldicas mais antigas.

Ver também Útgarda-Loki.

Referências e leituras complementares: Um trabalho padrão citado em relação a Skrýmir é o estudo a respeito dos gigantes da mitologia, de C.W. von Sydow ("Jättarna i mytologi och folktro". *Folkminnen och folktankar*, 6, 1919, p. 52-96), que usa Skrýmir como uma espécie de paradigma das qualidades de grande tamanho e controle dos poderes do engano, os quais Von Sydow considerava típico dos gigantes. Veja também LEYEN, F. "Utgarðaloke in Irland". *Beiträge zur Geschichte der deutschen Sprache und Literatur*, 33, 1908, p. 382-391. • SYDOW, C.W. "Tors färd till Utgård". *Danske studier*, 1910, p. 65-105, 145-182. • KRAPPE, A.H. "Die Blendwerke der Æsir". *Zeitschrift für deutsche Philologie*, 62, 1937, p. 113-124. • CHESNUTT, M. "The Beguiling of Þórr". In: McTURK, R.W. & WAWN, A. (ed.). *Úr Dölum til Dala*: Guðbrandur Vigfússon Centenary Essays (Leeds: Leeds Studies in English, 1989, p. 35-63) [Leeds Texts and Monographs, 11]. Nora K. Chadwick olhou para a tradição russa em "The Russian Giant Svyatogor and the Norse Útgartha-Loki". *Folklore*, 75, 1964, p. 243-259. Anatoly Liberman enfoca a etimologia, mas tem muito a dizer sobre os mitos de Loki em seu "Snorri and Saxo on Útgardaloki, with Notes on Loki Laufeyjarson's Character, Career, and Name". *Saxo Grammaticus*: Tra storiografia e letteratura. Bevagna, 27-29 settembre 1990 (Roma: Il Calamo, 1992, p. 91-158). Minha análise pode ser encontrada em "Thor's Visit to Útgarða-Loki". *Oral Tradition*, 15, 2000, p. 1-17.

Sleipnir

Cavalo de Odin.

O *Grímnismál*, na estância 44, tem uma lista de coisas que são as mais importantes em várias categorias (Yggdrasil dentre as árvores, Odin dentre os æsir, e assim por diante), e Sleipnir é incluído como o melhor dos cavalos. Snorri concordou; no *Gylfaginning*, Snorri apresenta uma pequena lista dos cavalos dos æsir, a qual ele começa com Sleipnir. "Sleipnir é o melhor; Odin o possui; ele tem oito pernas". Mais adiante Snorri cita o *Grímnismál*, estância 44, e isso leva Gangleri a perguntar sobre Sleipnir. Hár responde com a história da construção de Ásgard. O mestre construtor gigante concordou em fazer o trabalho apenas com a ajuda de seu cavalo, Svadilfari. Se ele conseguir cumprir o prazo, os deuses devem pagar-lhe através de Freyja, do sol e da lua. Três dias antes do prazo o trabalho está quase completo, e Loki, que os deuses afirmam que os aconselhou a fazer o acordo, precisa agir. Ele se transforma em uma égua e distrai Svadilfari e, sem o cavalo, o trabalho não pode ser concluído. O mestre construtor entra em uma fúria gigantesca, revelando-se assim como um gigante, e os deuses chamam Thor para matá-lo. Não muito depois, Loki dá à luz um potro cinza de oito patas, o melhor dos cavalos entre os deuses. Esta história é aludida no *Hyndluljód*, na estância 40, que faz parte do "*Völuspá* abreviado", embora nesta estância não esteja absolutamente claro que Loki tenha desempenhado o papel feminino:

> Loki gerou o lobo em Angrboda,
> E tomou Sleipnir em Svadilfari...

Estela Lärbro Tängelgårda de Gotland com o cavaleiro em um cavalo de oito pernas, provavelmente Odin em Sleipnir.
(The Art Archive/Historiska Museet Stockholm/Dagli Orti)

O assim chamado *Thórgrímsthula*, um fragmento poético anônimo citado no *Skáldskaparmál* de Snorri, registra Sleipnir entre os excelentes cavalos que se tem conhecimento. A excelência ou mesmo a superioridade de Sleipnir é efetivamente o que desencadeia o duelo entre Thor e Hrungnir, porque, de acordo com o *Skáldskaparmál*, Hrungnir entra primeiramente

351

em uma disputa com os æsir quando ele e Odin reivindicam cada um possuir o melhor cavalo.

Como seria conveniente para o cavalo de Odin, Sleipnir é utilizado para viagens ao mundo dos mortos. A segunda estância do *Baldrs draumar* conta o que acontece depois que Baldr teve sonhos inquietantes:

> Soergueu-se Odin, deus das eras,
> E em Sleipnir ele colocou uma sela.
> Ele cavalgou descendente de lá para Niflhel
> Encontrou-se com um cachorro que saía de Hel.

Imagem de pedra de Alskog Tjängvide, Gotland, mostrando um cavaleiro em um cavalo de oito pernas, talvez Sleipnir, sendo saudado por uma fêmea, talvez uma valquíria em Valhöll. Observe a outra figura logo acima. (The Art Archive/Historiska Museet Stockholm/Dagli Orti)

Na história de Baldr no *Gylfaginning*, de Snorri, quando Hermód chega ao mundo dos mortos para tentar trazer Baldr de volta, ele está nas costas de Sleipnir. Depois de andar nove noites escuras, ele cruza a Gjallarbrú e finalmente chega aos portões de Hel.

Então ele desmontou do cavalo e o cingiu firmemente, montou e atacou com suas esporas, e o cavalo saltou tão poderosamente sobre o portão que ele não chegou nem perto dele.

O livro 1 das *Gesta Danorum*, de Saxo Grammaticus, contém um episódio que muitos estudiosos acham que está relacionado com Odin, Sleipnir e viagens para o outro mundo. O rei herói Hadingus é posto em contato com um andarilho chamado Liserus por um velho de um olho só. Juntos, eles desafiam Lokerus, senhor da Curlândia, mas eles são derrotados. Eles cavalgam em fuga da batalha sobre um cavalo para a casa do velho, e Hadingus recebe uma poção que o revigora. Na cavalgada de retorno, Hadingus olha para baixo para ver que o cavalo está disparando pelo ar.

A conexão com o mundo dos mortos concede uma pungência especial a um dos kenningar nos quais Sleipnir aparece como uma palavra para cavalo. Este é o "Sleipnir-do-mar", que Úlf Uggason usou na seção de seu *Húsdrápa* descrevendo o funeral de Baldr. O kenning toma o lugar da embarcação fúnebre de Baldr. O funeral de Baldr foi uma das cenas esculpidas como decoração no salão de Óláf pái (Pavão), no oeste da Islândia, por volta de 985, que Úlf estava descrevendo no *Húsdrápa*. Seu uso de Sleipnir no kenning pode demonstrar que o papel de Sleipnir na recuperação fracassada de Baldr era conhecido naquele tempo e lugar na Islândia; e isso certamente indica que Sleipnir era um participante ativo na mitologia das últimas décadas do paganismo.

Algumas das estelas pictóricas do século VIII da Ilha de Gotland, incluindo aquelas de Alskog Tjängvide e Ardre VIII, mostram cavalos de oito patas, e a maioria dos estudiosos aceita que eles representam Sleipnir. Um cavaleiro senta em cada um deles, e alguns estudiosos acham que esse seja Odin; de fato, acima do cavalo e do cavaleiro na pedra Alskog Tjängvide há uma figura horizontal com uma lança, talvez uma valquíria. Uma mulher cumprimenta o cavaleiro segurando uma taça e a cena completa foi interpretada como a chegada do cavaleiro ao mundo dos mortos.

As oito pernas de Sleipnir foram interpretadas como uma indicação de grande velocidade ou como sendo conectadas de alguma forma pouco clara com atividades de culto.

Ver também Gjallarbrú; Hadingus; Loki; Odin.

Referências e leituras complementares: Embora não existam estudos que se limitem exclusivamente ao Sleipnir, Guthorm Gjessing dedica um capítulo a ele em seu estudo a respeito do cavalo na arte e no culto: "Hesten i førhistorisk kunst og kultus". *Viking*, 7, 1943, p. 5-143. A estela pictórica de Ardre VIII é o assunto de um livro estimulante: BUISSON, L. *Der Bildstein Ardre VIII auf Gotland*: Göttermythen, Heldensagen und Jenseitsglaube im 8. Jahrhundert n. Chr. (Göttingen: Vandenhoeck & Ruprecht, 1976) [Abhandlungen der Akademie der Wissenschaften in Göttingen, phil.-hist. Kl., 3. Folge, 102].

Slídrugtanni (Dente-perigoso)

Nome alternativo para Gullinborsti, o javali de Frey.

Snorri afirma tanto no *Gylfaginning* como no *Skáldskaparmál* que Slídrugtanni é um nome alternativo para Gullinborsti, mas o nome não é encontrado em nenhum outro lugar. Uma vez que Gullinborsti é usado uma vez como adjetivo ("de-pelagem-dourada") para descrever o javali de Freyja, Hildisvíni, e uma vez que o poeta Úlf Uggason se refere ao javali de Frey em seu *Húsdrápa*, não pelo seu nome, mas como "aquele que tem pelagem de ouro", parece possível que o adjetivo *gullinborsti* possa ter substituído um nome original, como Slídrugtanni.

Ver também Frey; Gullinborsti; Hildisvíni.

Snotra

Deusa menor.

Snorri a apresenta em décimo terceiro lugar em seu catálogo de deusas entre os æsir no *Gylfaginning* e diz o seguinte sobre ela: "Ela é sábia e de conduta gentil. Por conta de sua designação, aquele que é *hóflátr* é chamado uma mulher sábia ou um homem sábio". O nome está claramente ligado ao adjetivo *snotr*, "sábio", e um sábio seria então *hóflátr*, "moderado", um sentimento que as estâncias gnômicas do *Hávamál* apoiariam.

Sól (Sol)

O sol, personificado.

Embora o sol seja mencionado com frequência em poesias antigas, raramente ele é personificado. Mesmo um kenning como o "salão do sol" para o céu pode não sugerir uma personificação, dadas as regras da formação de kenningar. Na poesia, apenas o *Vafthrúdnismál* é certo em sua personificação do sol. Na estância 22 Odin pergunta ao sábio gigante Vafthrúdnir de onde a lua e o sol passaram a viajar sobre as pessoas. O gigante responde na estância 23:

> Mundilfœri ele é chamado, o pai de Máni
> E também de Sól o mesmo;
> Dentro do céu eles revolverão a cada dia,
> Para que as pessoas possam contar anos.

Snorri inventa uma história um pouco diferente no *Gylfaginning*: Mundilfœri é um homem que teve dois filhos que eram tão bonitos que os chamou de Máni e Sól (i. é, Lua e Sol), e ele casou Sól com um homem chamado Glen. Os deuses puniram esse ato de orgulho ao colocar as crianças no céu para servir os verdadeiros corpos celestes, sua criação.

> Sól dirige aqueles cavalos que puxam a carruagem daquele sol que os deuses criaram para iluminar os mundos, a partir daquela faísca que voou de Muspellsheim. Aqueles cavalos são chamados de Árvak e Alsvin; e sob o vão dos cavalos os deuses colocam dois foles de vento para resfriá-los, e nele um aparelho que é chamado Ísarnkól.

O irmão de Sól, Máni, controla o movimento da lua e seus crescimentos e decrescimentos. Que Sól é feminino e Máni masculino provavelmente tem a ver com o gênero gramatical dos substantivos: Sól é feminino e Máni masculino. Máni pode ter tido alguma conexão com a raça dos gigantes, mas tal conexão não é sugerida para Sól. O marido de Sól, Glen, é desconhecido fora desta passagem.

Quando o *Völuspá*, na estância 57, afirma a respeito do Ragnarök que "o sol escurece, a terra afunda no mar", não há indícios de que qualquer um deles seja personificado. No *Gylfaginning*, no entanto, Snorri continua seu relato do sol personificado. Gangleri começa a troca:

> "O sol se move rapidamente e quase como se ela estivesse com medo; ela não apressaria mais sua jornada, se temesse sua morte." Então Hár responde: "Não é de surpreender que ela vá depressa. Aquele que a procura está bem perto, e ela não tem outra saída senão fugir". Então Gangleri disse: "Quem é aquele que causa esse problema?" Hár diz: "São dois lobos, e

aquele que persegue ela é Sköll; ela tem medo dele, e ele a levará, e aquele
que corre na frente dela é chamado Hati Hródvitnisson, e ele tomará a lua".

Traduzi a última palavra desta passagem como "lua", embora possa significar sol ou lua. (Tente ler a passagem para ver o sentido que você faz dela se Hati também tomar o sol.) Eu também traduzi os pronomes "ela" e "ela", mesmo que o uso do artigo definido por Snorri no início da passagem pudesse sugerir que ele abandonou a personificação ou que esteja falando do sol que os deuses criaram; eu usei o pronome desse modo porque tenho dificuldade em imaginar uma faísca sentindo-se amedrontada. Snorri está seguindo o *Grímnismál*, na estância 39 aqui, mas essa passagem não faz menção sobre se Hati atacará qualquer um dos corpos celestiais.

Snorri termina o catálogo dos *ásynjur* que aparece ao final do *Gylfaginning* com uma nota no sentido de que Sól e Bil, "cujas naturezas foram explicadas acima", estão contados entre eles.

O sol era, é claro, o foco de interpretações mitológico-naturais e mitológico-solares das mitologias escandinavas e de outras mitologias, mas, como a extensão relativamente curta deste texto mostra, não seria fácil defender um papel central do sol na mitologia escandinava como nós a temos.

Ver também Bil e Hjúki; Glen; Hati Hródvitnisson; Máni; Sköll.

Referências e leituras complementares: Para uma tentativa de argumentar pela adoração do sol na Escandinávia (diferente das atuais viagens de turismo de inverno da Escandinávia escura para o Mediterrâneo ensolarado), veja KIIL, V. "Er de nordiske Solberg minner om soldyrkelse?" (*Maal og minne*, 1936: 126-175), que questionou se o *place-name* Solberg, que transparentemente significa "Montanha-do-sol", pode não estar envolvido, mesmo que apenas para a Idade do Bronze. O trabalho mais recente que conheço para mostrar a importância do sol (mesmo que através de símbolos) na mitologia existente é BOYER, R. *Yggdrasil*: la religion des anciens scandinaves (Paris: Payott, 1981) [Bibliothèque historique]. Boyer escreveu que três aspectos da natureza ocorrem em toda a religião escandinava desde a Idade do Bronze até a mitologia existente: o sol, o líquido e a terra. Baldr, Týr e Thor, escreve Boyer, estavam alinhados com o sol, assim como eram, durante a Era Viking, a lei e a guerra. Esse livro é raramente citado, mas para aqueles que sabem ler francês, ele oferece uma interpretação idiossincrática.

Sörla tháttr

Texto famoso por sua apresentação da *Hjadningavíg*, a batalha interminável, mas também de interesse por sua apresentação do mundo dos deuses em suas páginas de abertura.

De modo geral o *Sörla tháttr* pode ser considerado uma *fornaldarsaga* (sobre os gêneros da saga, veja o capítulo 1) concisa. Encontra-se apenas no *Flateyjarbók*, um importante manuscrito islandês do final do décimo quarto século, onde é um dos muitos *thættir*, "narrativas concisas", entrelaçadas em meio à *Grande Saga de Olaf Tryggvason*.

As suas linhas de abertura apresentam uma versão da Pré-história erudita, familiar desde o início da *Ynglinga saga* de Snorri: Ao leste de Vanakvísl, na Ásia, viviam os Æsir (aqui abertamente entendidos como "asiáticos") em sua capital Ásgard. Odin era o rei e era um lugar de grande atividade pagã. Ele estabeleceu Njörd e Frey como chefes presidentes dos sacrifícios. Freyja era a filha de Njörd. Até este ponto não há nada novo. Mas então segue-se a afirmação de que Freyja seria uma seguidora de Odin e era sua concubina. Vendo um belo colar (o Brísinga men?) sendo produzido por quatro anões vizinhos, ela o deseja, mas eles só vão se separar do precioso objeto se cada um deles passar uma noite com ela. Ela concorda, e quatro noites mais tarde ela se torna dona do colar. Agora Loki é apresentado, como outro dos tenentes de Odin. Loki descobre sobre o colar e relata a Odin sobre o objeto, e Odin ordena que Loki pegue o colar. Isso Loki realiza transformando-se em uma mosca e entrando na impenetrável alcova de Freyja (um motivo desconhecido de outra maneira). Para fazer Freyja desviar-se a fim de poder pegar o colar, Loki se transforma em uma pulga e a morde; ele então foge com o colar. Quando Freyja desperta e toma por perdido o colar, ela confronta Odin, que diz a ela que ela só pode recuperá-lo quando cumprir uma condição bastante estranha: ela deve fazer com que dois reis, cada um dos quais deve ser servido por 20 reis, criem inimizade entre si e se envolvam em uma batalha, a qual, através de encantos e magia, continuará sem fim, a menos que seja interrompida por um cristão que sirva a um grande rei.

Embora nunca mais vejamos Freyja ou Odin no texto (conquanto uma mulher misteriosa chamando a si mesma pelo nome de valquíria "Göndul" esteja presente), essa condição é satisfeita quando dois grandes reis, Hedin e Högni, criam inimizades a partir do momento em que Hedin sequestra a filha de Högni, chamada Hild. Seus exércitos lutam a cada dia por 143 anos, até a chegada e intervenção de Ívarr ljómi (Cintilante), um tenente de Olaf Tryggvason.

O cenário cortesão, com Freyja e Loki apresentados como tenentes de Odin, é interessante, assim como também o é a apresentação evidente da disposição sexual de Freyja. A introdução de Loki começa com seus pais Fárbauti e Laufey (que é chamada de Nál [Agulha], nos é informado, por causa de seu físico esguio), e o texto continua explicando, sem que eu possa ver o menor traço de ironia, que ele era conhecido por sua astúcia. Por estas razões o texto parece ser pós-clássico.

Ver também Hjadningavíg.

Referências e leituras complementares: Jan de Vries (*The Problem of Loki* (Helsinki: Suomalainen tiedeakatemia, 1933, p. 125-141) [FF Communications, 110]), trata do texto. Niels Lukman ("An Irish Source and Some Fornaldarsögur". *Mediaeval Scandinavia*, 10, 1977, p. 41-57) localiza uma fonte potencial em meio aos anais irlandeses. Helen Damico ("Sörlaþáttr and the Hama Episode in Beowulf". *Scandinavian Studies*, 55, 1983, p. 222-235) argumenta que o episódio de Hama no *Beowulf* deveria ser lido diante de modelos mitológicos, em vez de modelos legendário-históricos.

Starkad

O mais famoso herói divino.

Starkad era o favorito de Odin e era odiado por Thor. Uma cena encontrada na *Gautreks saga* tem Starkad sendo trazido diante de 12 æsir. Odin e Thor concedem aspectos alternativos de sua vida futura: Odin dá três vidas, e Thor contrapõe com um ato covarde para ser cometido em cada uma delas; Odin dá ótimas armas, e Thor afirma que ele nunca possuirá a terra; Odin lhe dá riqueza, e Thor diz que nunca poderá desfrutar dela; Odin concede a vitória em batalhas, e Thor promete muitas feridas em cada uma delas; Odin confere-lhe o dom da poesia, e Thor afirma que ele nunca se lembrará de suas composições; Odin lhe concede uma posição dentre os mais altos da sociedade, e Thor afirma que o homem comum irá despre-zá-lo. Essa troca havia começado com a afirmação de Thor de que Starkad não teria filhos porque sua avó paterna, Álfhild, teria preferido um gigante a Thor. Isso parece aludir a um incidente relatado em uma redação da *Hervarar saga ok Heidreks konungs*. Uma figura chamada Starkad Áludreng (ga-roto-Ála) carregou consigo uma mulher chamada Álfhild. Seu pai invocou a Thor, que matou Starkad Áludreng.

Este Starkad Áludreng tinha oito braços. Saxo Grammaticus apresenta um personagem chamado Starcatherus (Starkad) com seis braços, e ele diz que Thor arrancou quatro deles para torná-lo normal. Além disso, uma estância composta nos últimos dias do paganismo e endereçada diretamente a Thor o elogia por ter matado Starkad. O Starcatherus de Saxo morre voluntariamente nas mãos do filho de um rei que ele havia assassinado.

Deve haver, de fato, tradições conflitantes sobre a figura ou figuras co-nhecidas como Starkad. No Starcatherus de Saxo, no entanto, há uma úni-ca figura, por mais complexa que seja sua personalidade. Ele é uma figura de grande importância nos livros 6 a 8 das *Gesta Danorum*. Ele certamente vive os presentes e contrapresentes concedidos a ele (em Saxo apenas por Odin): Ele vive até uma idade avançadíssima; ele é um grande guerreiro, invencível em batalha e um poeta talentoso, mas comete atos covardes. O primeiro é o assassinato do Rei Víkar, a pedido de Odin, durante um sacrifício supostamente escarnecedor (na tradição islandesa, essa morte é retratada como não intencional). O segundo é provavelmente a fuga de Starkad de um campo de batalha na Jutlândia, e o terceiro é claramente o assassinato do Rei Olo, a quem ele havia servido na grande batalha de Brávellir. Starkad matou Olo por um suborno enquanto o rei estava to-mando banho.

Ver também Dísablót.

Referências e leituras complementares: Georges Dumézil escreveu extensiva-mente sobre Starkad. Veja primeiro o seu *The Destiny of the Warrior* (Chicago/ Londres: University of Chicago Press, 1971) [trad. Alf Hiltebeitel] e *The Stakes of the Warrior* (Berkeley/Los Angeles: University of California Press, 1983) [trad. de David Weeks; ed. de Jaan Puhvel]. Outro tratamento clássico que argumenta um fundo mítico é Jan de Vries ("Die Starkadsage". *Germanisch-Romanisch Monatsschrift*, 36, 1955, p. 281-297 [reimpresso em HEEROMA, K. & KYLSTRA, A. (eds.). *Kleine Schriften* (Berlim: W. de Gruyter, 1965, p. 20-36)). James Milroy ("Starkaðr: An Essay in Interpretation". *Saga-Book of the Viking Society*, 19, 1974-1977, p. 118-138) tenta ler Starkad como um "mito literário". Para uma análise útil de Starkad em Saxo, consulte SKOVGAARD-PETERSEN, I. *Starkad in Saxo's Gesta Danorum*: History and Heroic Tale (Odense: Odense Universitetsforlag, 1985).

Surt

Gigante particularmente associado ao Ragnarök.

O *Völuspá*, estância 52, define a partida de Surt para lutar contra os deuses como parte do caos geral que reinará quando o mundo terminar durante o Ragnarök e deixa claro que ele tem a ver com a conflagração que se seguirá:

> Surt viaja do sul com o inimigo dos galhos [fogo],
> O sol brilha a partir das espadas dos deuses-carniceiros,
> As montanhas ressoam, e as gigantas vagueiam
> Os humanos trilham o caminho para Hel, e o céu está partido.

Anteriormente, na estância 47, o poeta havia chamado o lobo que engole o sol de "o companheiro de Surt".

Perguntando onde a última batalha acontecerá, o gigante Vafthrúdnir coloca desta forma na estância 17 do *Vafthrúdnismál*: Diga-me, ele diz,

> De que aquele campo é chamado, onde se encontrará em batalha
> Surt e os amados deuses.

No *Fáfnismál*, Sigurd pergunta ao dragão moribundo Fáfnir uma questão muito semelhante. Diga-me, ele diz,

> 14. De que essa ilha é chamada, onde eles vão se misturar em um jogo de espada,
> Surt e os æsir juntos.

Fáfnir responde:

> 15. Óskópnir ela é chamada, e lá todos
> Os deuses realizam jogos com lanças.

Essas passagens sugerem fortemente que Surt e seu fogo poderiam representar todo o Ragnarök. Outra troca verbal no *Vafthrúdnismál* fortalece essa suposição. Odin pergunta sobre as consequências do Ragnarök e Vafthrúdnir responde:

> 50. Qual æsir governará sobre as possessões dos deuses,
> Quando o fogo de Surt se extinguir?
> 51. Vídar e Váli habitarão os lugares santos dos deuses,
> Quando o fogo de Surt se extinguir.

Surt desempenha um papel ativo durante o Ragnarök, pois segundo o *Völuspá*, na estância 53, ele irá enfrentar Frey e o matará.

Como de costume, Snorri Sturluson tem mais a dizer. Na seção do *Gylfaginning* de sua *Edda*, ele atribui Surt ao mundo ardente de Muspell:

> Aquele é chamado Surt, que fica assentado lá no fim do mundo como um guardião. Ele possui uma espada flamejante e, no fim do mundo, ele viajará, arrasará e derrotará todos os deuses e queimará o mundo inteiro com fogo.

Quando Snorri chega ao Ragnarök no final do *Gylfaginning*, ele escreve que Surt cavalga por primeiro dentre os filhos de Muspell, com fogo diante dele e em sua retaguarda, com uma espada que brilha mais intensamente do que caso o sol fosse refletido a partir dela. Depois que os deuses caíram individualmente, Surt lança fogo sobre a terra e queima o mundo inteiro. O nome Surt é usado na poesia como um nome genérico para um gigante. Significava algo como "preto", como se estivesse carbonizado.

Ver também Muspell; Ragnarök.

Referências e leituras complementares: Bertha S. Phillpotts ("Surt". *Arkiv för nordisk filologi*, 21, 1905, p. 14-30) argumentou que Surt era um "gigante-vulcânico", o que lhe daria uma associação especial com a Islândia, onde a atividade vulcânica continua sendo comum. De fato, quando uma nova ilha vulcânica surgiu das águas da Islândia em 1963, ela foi nomeada Surtsey (Ilha de Surt).

Suttung

Gigante de quem Odin obtém o hidromel da poesia.

Suttung é mencionado em ambas as versões principais da história da aquisição do hidromel da poesia por parte de Odin, no *Hávamál*, nas estâncias 104-110, e no *Skáldskaparmál* da *Edda* de Snorri Sturluson. Em certo sentido, podemos dizer que a história do hidromel da poesia, especialmente na forma como Snorri a expõe, é uma história sobre a família de Suttung. Suttung obtém o hidromel, em compensação pelo assassinato de seus pais, por parte dos anões Fjalar e Galar, que o produziram a partir do sangue de Kvasir. Suttung confia o hidromel a sua filha Gunnlöd, a quem Odin ganha acesso depois que o irmão de Suttung, Baugi, perfura um buraco na montanha em que Gunnlöd está habitando. Somente depois que Odin parte na forma de uma águia, Suttung desempenha um papel ativo: também sob a forma de uma águia, ele persegue Odin. A perseguição é tão próxima que Odin não consegue retornar com todo o hidromel em sua posse para o meio dos æsir e ele acaba por urinar um pouco; essa porção é responsável pelos maus poetas. Assim, temos Suttung como culpado pelas letras da maioria das músicas pop.

Ver também Baugi, Fjalar; Gunnlöd; Hidromel da poesia.

Syn

Deusa menor.

Snorri lista Syn em décimo primeiro lugar no seu catálogo de deusas entre os æsir no *Gylfaginning* e afirma o seguinte sobre ela: "Ela gerencia as portas do salão e fecha as portas diante daqueles que não devem entrar, e é estabelecida em assembleias como uma defesa contra aqueles casos que ela deseja refutar. Assim, há um provérbio que *syn* [negação] é visto quando alguém diz não". A deusa é de outro modo desconhecida, mas o nome dela aparece nos *thulur* e algumas vezes em kenningar para mulher na poesia escáldica.

Sýr (Porca)

Nome de Freyja.

Snorri afirma no *Gylfaginning* que Freyja possui muitos nomes porque ela assumiu nomes diferentes entre os vários povos que encontrou quando foi procurar por seu marido desaparecido, Ód. Freyja não apresenta este nome em nenhuma narrativa existente, mas o kenning escáldico "lágrima de Sýr" o suporta, e ele está listado nos thulur. Freyja como "porca" estaria de acordo com a noção dela como uma divindade da fertilidade.

Ver também Freyja.

Thjálfi

Servo humano de Thor e seu companheiro.

A história de como Thjálfi e sua irmã Röskva vieram a ser servos humanos de Thor é contada como parte da primeira seção do longo mito da visita de Thor a Útgarda-Loki no *Gylfaginning*, de Snorri. Viajando com Loki, Thor chega à casa de um certo fazendeiro e organiza acomodações para a noite. Thor mata suas cabras e as ferve e depois convida o fazendeiro e o restante de sua casa para comer a carne; eles devem lançar os ossos sobre as peles, que ele espalhou nas proximidades. Enquanto eles comem, Thjálfi, o filho do fazendeiro, corta um dos ossos com a sua faca a fim de alcançar o tutano. Na manhã seguinte Thor gesticula com o seu martelo sobre as pilhas de pele e ossos, e as cabras ressurgem inteiras, mas uma está coxa. Thor fica furioso e, em seu terror, os humanos imploram por misericórdia. Vendo seu medo, Thor cede e, em compensação, ele leva Thjálfi e Röskva, e eles têm sido seus servos desde então.

Embora a maior parte da atenção dada a essa história tenha se concentrado no renascimento das cabras, eu acredito que um aspecto muito mais importante é a relação entre humanos e deuses. Por conta de uma falha na realização de um ritual de maneira correta, o deus está com raiva, e os humanos devidamente temem sua ira. Mas quando imploram por misericórdia ele a concede, e o resultado é uma relação mais próxima entre os humanos e os deuses.

Thjálfi acompanha Thor na próxima etapa da jornada, que se direciona até a terra dos gigantes, e ele carrega a bagagem de Thor. Quando Útgarda-Loki pede demonstrações de competência ou habilidade, Thjálfi, "o mais rápido de todos os humanos", propõe uma corrida a pé. Ele perde três baterias para Hugi, o tenente de Útgarda-Loki, e apesar de chegar um pouco mais perto em cada bateria, mesmo na terceira ele está apenas na metade do percurso quando Hugi conclui o mesmo. Mais tarde, aprendemos que Hugi é o mesmo que o substantivo hugi, "pensamento"; isto é, ele é o pensamento de Útgarda-Loki, então a derrota dificilmente pode ser considerada humilhante, como é evidentemente o caso com as outras disputas realizadas na corte de Útgarda-Loki por Loki e Thor.

No *Skáldskaparmál* de sua *Edda*, Snorri conta a história do duelo de Thor com Hrungnir, e também nesse confronto Thjálfi desempenha um papel, ao mesmo tempo como o assistente de Thor e como o matador de um monstro secundário. Thjálfi contribui materialmente para a vitória de Thor sobre Hrungnir, o mais forte dos gigantes, ao advertir falsamente Hrungnir que Thor o atacará de baixo. O gigante está em seu escudo e, portanto, não pode usá-lo quando Thor arremessa o martelo nele. Thjálfi, enquanto isso, enfrenta Mökkurkálfi, uma figura nove léguas de altura e três léguas de largura, feita de barro, mas com o coração de uma égua, o qual se torna instável quando Thor se aproxima. De fato, o gigante de argila estava tão consumido pelo medo quando Thor se aproximou que ele acabou se molhando nas calças. Depois de apresentar os detalhes do encontro bastante equilibrado entre Thor e Hrungnir, Snorri acrescenta de maneira lacônica "e Thjálfi atacou a Mökkurkálfi, que caiu com pouca glória". Hrungnir é derrotado, e Thjálfi tenta levantar a perna sem vida de Hrungnir de Thor, mas não consegue; esse trabalho é deixado para o filho pequeno de Thor, Magni. O sucesso de Magni após o fracasso de Thjálfi pode dar alguma indicação da hierarquia entre deuses e humanos na mitologia.

Seguindo Georges Dumézil, muitos observadores, especialmente aqueles que, como Dumézil, abordam o material a partir da perspectiva indo-europeia, veem aqui um reflexo da iniciação guerreira: Sob a tutela de um guerreiro ancião, o iniciante "elimina" um monstro artificial. Acho a teoria atraente mesmo que não haja nada no texto de Snorri para indicar que o *status* de Thjálfi muda após o encontro com Mökkurkálfi, o que poderíamos esperar em um contexto iniciático. Monstros artificiais aparecem em todos os tipos de culturas, nem sempre em contextos iniciáticos (p. ex., os golems).

De acordo com o *Thórsdrápa* do skald do décimo século, Eilíf Godrúnarson, Thjálfi acompanhou Thor em sua jornada ao gigante Geirröd. A nona e décima estâncias parecem mostrar Thjálfi agarrado a Thor enquanto o Rio Vimur se eleva, mas nenhum deles tem medo. Aparentemente Eilíf pensou que Thjálfi participou das disputas com Geirröd e suas filhas ao lado de Thor. Uma meia-estância que os editores colocam no final do poema parece dar aos dois pesos iguais:

Irritado ficou o irmão de Röskva,
O pai de Magni foi tocado por ganhos.
Nem de Thor nem de Thjálfi
A pedra de força [coração] tremia de medo.

Snorri apresenta Loki acompanhando Thor nesta jornada e, de fato, às vezes parece que havia um espaço estrutural, "companheiro de Thor", que às vezes era preenchido por Loki e algumas vezes por Thjálfi. A etimologia do nome não é clara, mas também foi usada na comunidade humana, como mostram várias inscrições rúnicas suecas.

Ver também Egil; Geirröd; Loki; Röskva; Thor; Útgarda-Loki.

Referências e leituras complementares: Minha análise do encontro com a família de Thjálfi é encontrada em "Thor's Visit to Útgarda-Loki". *Oral Tradition*, 15, 2000, p. 170-186. Georges Dumézil apresenta as evidências para Thjálfi e Mökkurkálfi como uma história de iniciação no capítulo 4, "From Storm to Pleasure". In: HAUGEN, E. (ed.). *Gods of the Ancient Northmen* (Berkeley/Los Angeles: University of California Press 1973, p. 66-79). A noção de Thjálfi e Loki como reflexos do mesmo personagem, o companheiro do deus do trovão, foi argumentada por Axel Olrik ("Tordenguden og hans dreng". *Danske studier*, 2, 1905, p. 129-146).

Thjazi

Gigante, pai de Skadi, sequestrador de Idun e suas maçãs.

A história é encontrada no poema escáldico *Haustlöng*, composto por Thjódólf de Hvin, e na seção do *Skáldskaparmál* da *Edda* de Snorri Sturluson. Odin, Hœnir e Loki estão viajando e se encontram incapazes de cozinhar um boi. Uma águia na árvore acima reivindica a responsabilidade e diz que o boi vai cozinhar se ela puder ter um bocado. No entanto, quando ela procura levar uma grande quantidade, Loki ataca a águia com um bastão. O bastão adere à águia e à mão de Loki, e a águia voa com Loki a reboque. Como ele bate contra as coisas, Loki concorda com a demanda da águia: que ele traga Idun e suas maçãs para ele. Loki cumpre sua promessa, e sem suas maçãs os deuses envelhecem e ficam grisalhos. Eles forçam Loki a concordar em recuperar Idun. No casaco de falcão de Freyja ele voa para Jötunheimar, transforma Idun em uma noz e voa com ela. Thjazi os persegue na forma de uma águia.

Os deuses acendem um fogo assim que Loki voa para Ásgard, e as penas de Thjazi são chamuscadas e ele cai na terra e é morto pelos deuses.

Este é um dos momentos mais perigosos para os deuses no presente mitológico, pois os gigantes não devem ser capazes de acasalar com deusas. O fato de que os deuses envelhecem e ficam grisalhos – isto é, exibem mortalidade – indica o que aconteceria caso o fluxo de fêmeas, normalmente ordenado a partir dos gigantes para os deuses, fosse revertido.

Ver também Idun; Skadi.

Referências e leituras complementares: Em seu *Prolonged Echoes: Old Norse Myths in Medieval Icelandic Society* – Vol. 1: The Myths (Odense: Odense University Press, 1994), Margaret Clunies Ross deixa clara a importância da direção da passagem de mulheres com potencial casamenteiro, e nas p. 115-119 ela analisa o mito de Idun-Thjazi com algum detalhe. Outra abordagem interessante é a de Anne Holtsmark ("Myten om *Idun* og *Tjatse* i Tjodolvs *Haustlǫng*". *Arkiv för nordisk filologi*, 64, 1949, p. 1-73), que argumentou pôr um fundo no drama ritual.

Thor

Deus que se especializa no assassinato de gigantes.

Thor é o filho de Odin e Jörd (Terra), o esposo de Sif, e o pai dos filhos Modi e Magni e uma filha, Thrúd. Praticamente todos os mitos de Thor têm a ver com o assassinato de gigantes. Ele mata o gigante mais forte, Hrungnir, em um duelo. Ele mata Geirröd, e mais notoriamente as filhas de Geirröd, em uma visita a esse gigante. Ele mata Thrym e todos os gigantes de sua família, quando ele parte e se dirige até Thrym sob o disfarce de Freyja, supostamente para ser dado a Thrym em troca do martelo roubado de Thor. Ele mata Hymir e uma horda de gigantes quando se dirige até a casa de Hymir, na terra dos gigantes, para adquirir dele uma enorme chaleira na qual os deuses vão preparar cerveja. Ele mata o gigante que construiu a muralha ao redor de Ásgard. Sua maior disputa aconteceu com a serpente de Midgard, o mais poderoso de todos os gigantes, que ele pescou no fundo do mar. Fontes escáldicas primevas sugerem que Thor matou o monstro, mas Snorri Sturluson contradiz esta versão na seção do *Gylfaginning* de sua *Edda*. Snorri e o *Völuspá* fazem com que ele encontre a serpente novamente durante o Ragnarök. Eles se matam,

Um amuleto em forma de pingente do martelo de Thor. (Ted Spiegel/Corbis)

mas Thor cambaleia nove passos para trás antes de sucumbir ao veneno da serpente, e isso sugere uma pequena vitória tomada das derrotas mais significativas que os deuses estão sofrendo.

Thor também mata anões, embora menos deliberadamente. No *Alvíssmál* ele mantém o anão que está tentando conquistar sua filha até o amanhecer, respondendo a perguntas sobre o vocabulário poético (interesse de Thor desconhecido de outra maneira), e o primeiro raio de sol mata o anão. No funeral de Baldr, ele redireciona sua raiva em relação à giganta Hyrrokkin para o anão Lit, que ele chuta para dentro da fogueira.

Thor poderia ser superado através do uso de magia, uma área na qual ele nunca se aventura. Assim, ao viajar com o gigante Skrýmir, Thor é incapaz de matá-lo porque, como ele descobre mais tarde, o gigante redirecionou magicamente os golpes do martelo de Thor. Depois de Skrýmir e Thor se separarem, Thor e seus companheiros de viagem são derrotados em várias competições no salão de Útgarda-Loki, parcialmente através de magia, como quando Thor pensa que ele está levantando um gato, mas na verdade está levantando a serpente de Midgard e parcialmente através do embotamento linguístico, como quando Thor não consegue perceber que a velha senhora que ele luta chamada "Velhice" é de fato a velhice. Uma similar falta de consciência linguística, ou talvez uma falta de consciência das formas poéticas, faz com que Thor seja o perdedor quando ele se envolve em uma competição de palavras com um barqueiro, Odin disfarçado, no *Hárbardsljód*. Mas Thor é o único deus capaz de calar Loki quando ele está insultando todos os deuses no *Lokasenna*, e Thor é também aquele que contribui mais para a captura de Loki, que leva ao seu aprisionamento.

Thor viaja muito frequentemente na companhia de um assistente, na maioria das vezes Thjálfi, mas também ocasionalmente Loki ou Týr. Thjálfi é um humano, e seu acompanhamento a Thor indica a estreita relação entre Thor e os humanos, um relacionamento também atestado pelos artefatos de metal conhecidos como martelos de Thor. Esses objetos, martelos em miniatura que eram usados ao redor do pescoço, são a única indicação do registro arqueológico de talismãs associados a apetrechos específicos dos deuses. Thor era provavelmente o deus mais importante do paganismo tardio, como é sugerido pela apresentação da conversão, nas fontes escandinavas medievais, como uma luta entre Thor e Cristo.

Dois dos mais elaborados martelos de Thor, feitos de prata. A figura na corrente foi encontrada em Erikstorp, na Suécia, junto com um grande tesouro. O martelo à esquerda é de Kabbara, na Suécia, também encontrado com um grande tesouro. (Statens Historiska Museum, Stockholm)

Um pequeno bronze de 6 a 7cm de altura de Eyrarland, na Islândia, identificado por alguns observadores como Thor. (Werner Forman/Art Resource)

Durante os últimos anos do paganismo na Islândia, os poetas nos deixaram dois fragmentos de poemas dirigidos diretamente a Thor, na segunda pessoa. Estes são primordialmente listas de gigantes que ele matou. Alguns dos gigantes são conhecidos, mas alguns não são, e fica claro que não temos mais toda a mitologia relevante sobre Thor. Seria bom saber, por exemplo, sobre o assassinato de Thrívaldi (Triplamente-poderoso), que pode estar associado a um gigante de nove cabeças mencionado pelo skald Bragi. Um dos aspectos mais interessantes dessas listas de vítimas de Thor é a relativa frequência de nomes femininos. Thor não era apenas um assassino de gigantes, mas também um matador de gigantas. As forças do caos tinham um lado feminino forte.

Thor é persistentemente apresentado como atravessando rios. O mais espetacular destes rios é Vimur, mas há outro conjunto que ele atravessa, de acordo com o *Grímnismál*, estância 29:

> Körmt e Örmt e dois Kerlaugar,
> Aqueles Thor deve atravessar
> Cada dia, quando ele vai julgar
> No freixo de Yggdrasil.

A travessia de rios por Thor pode ter a ver com o fato de ele fazer seus negócios principalmente no reino dos gigantes, que vivem nos outros lados das fronteiras, mas também vale lembrar a associação simbólica entre gigantes e água, como pode ser observado na habitação da serpente de Midgard no mar profundo.

Ver também Ásgard; Baldr; *Bergbúa tháttr*; Geirröd; *Hárbardsljód*; Hrungnir; *Hymiskvida*; Serpente de Midgard; *Thrymskvida*; Útgarda-Loki.

Referências e leituras complementares: O livro mais recente sobre Thor foi publicado há algum tempo e em sueco: LJUNGBERG, H. *Tor: Undersökningar i indoeuropeisk och nordisk religionshistoria* – Vol. 1: Den nordiska åskguden och besläktade indoeuropeiska gudar – *Den nordiska åskguden i bild och myt* (Uppsala: Lundequistska Bokhandeln, 1947; resumo em francês) [Uppsala universitets årsskrift, 1947: 9]. Mas há muitos artigos recentes em inglês. Esses incluem Margaret Clunies Ross ("An Interpretation of the Myth of Þórr's Encounter with Geirrøðr and His Daughters". In: DRONKE, U.; HELGADÓTTIR, G.P.; WEBER, G.W. & NIELSEN, H.-B. (eds.). *Speculum Norroenum*: Norse Studies in Memory of Gabriel Turville-Petre. ([Odense:] Odense University Press, 1981, p. 370-391)). • "Two of Þórr's Great Fights according to Hymiskviða". In: BARNES, G. & LAWTON, D.A. (eds.). *Studies in Honour of H.L. Rogers* (Leeds: University of Leeds, 1989, p. 7-27 [Leeds Studies in English, 20]). • "Þórr's Honour". In: UECKER, H. (ed.). *Studien zum Altgermanischen*: Festschrift für Heinrich Beck (Berlim/Nova York: W. de Gruyter, 1994, p. 48-76). • ROSS, M.C. & MARTIN, B.K. "Narrative Structures and Intertextuality in Snorra Edda: The Example of Þor's Encounter with Geirrøðr". In: LINDOW, J.; LÖNNROTH, L. & WEBER, G.W. (eds.). *Structure and Meaning in Old Norse Literature* (Odense: Odense University Press, 1986, p. 56-72 [Viking Collection, 3]). • LINDOW, J. "Thor's hamarr". *Journal of English and Germanic Philology*, 93, 1994, p. 485-503. • "Thor's Duel with Hrungnir". *Alvíssmál*: Forschungen zur mittelalterlichen Kultur Scandinaviens, 6, 1996, p. 3-18. • "Þrymskviða, Myth, and Mythology". In: BERRYMAN, M.; GOBLIRSCH, K.G. & TAYLOR, M. (eds.). *Germanic Studies in Honor of Anatoly Liberman* (Odense: Odense University Press, 1997, p. 203-212) [Nowele, 31/32]. • "Thor's Visit to Útgardaloki". *Oral Tradition*, 15, 2000, p. 170-186.

Thrúd (Força)

Filha de Thor.

Nós sabemos sobre Thrúd apenas a partir de kenningar. Snorri afirma no *Skáldskaparmál* que o "pai de Thrúd" é um kenning válido para Thor, e há evidências de que os skald realmente usaram tal kenning. Thrúd também aparece como a palavra-base em kenningar femininos. O que é mais interessante, no entanto, é um kenning para o gigante Hrungnir no *Ragnarsdrápa* de Bragi Boddason, o Velho, na estância 1: "ladrão de Thrúd". O kenning sugere um mito agora perdido do sequestro de Thrúd pelo gigante, retratado no escudo que Bragi está descrevendo aproximadamente um século antes da conversão ao cristianismo. Tal mito certamente poderia ter acrescentado uma dimensão extra ao duelo entre Hrungnir e Thor.

Ver também Hrungnir; Thor.

Referências e leituras complementares: Em "Þórr's Honour" (In: UECKER, H. (ed.). *Studien zum Altgermanischen*: Festschrift für Heinrich Beck (Berlim/Nova York: W. de Gruyter, 1994, p. 48-76)) Margaret Clunies Ross discute a necessidade de Thor cuidar de suas mulheres, uma necessidade na qual o mito do sequestro do Thrúd, se existisse, estaria envolvido.

Thrúdgelmir (Gritador-de-força)

Gigante primitivo.

Thrúdgelmir é mencionado apenas na estância 29 do *Vafthrúdnismál*. Odin perguntou a Vafthrúdnir quem era o mais velho dos æsir ou da linhagem de Ymir. A resposta são três gerações de gigantes: Aurgelmir, Thrúdgelmir e Bergelmir. Aurgelmir, de acordo com este poema, era o protogigante cujos atos monstruosos de procriação hermafrodita produziam a raça dos gigantes (ele era Ymir por outro nome, segundo Snorri). E algum evento envolvendo Bergelmir, provavelmente seu funeral, foi o evento mais antigo de que o próprio Vafthrúdnir realmente se lembrava. Thrúdgelmir não tem história. Ele não é mencionado em Snorri ou em qualquer outro lugar. Talvez o poeta se sentisse compelido a dar aos protogigantes uma genealogia de três gerações e inventou Thrúdgelmir. Seu nome é o mais óbvio dos três, e isso poderia sugerir que não veio na tradição oral.

Ver também Aurgelmir; Bergelmir; Ymir.

Thrúdheim (Mundo-da-força)

Residência de Thor.

No *Grímnismál*, quando a Odin disfarçado, pendurado entre as fogueiras, é dada uma bebida pelo jovem Agnar (estância 3), ele começa a pronunciar suas visões. Thrúdheim, a primeira coisa que ele relata ver, é o objeto de toda a estância 4:

> Uma terra é santa, que eu vejo situada
> Perto dos æsir e dos elfos;
> Ainda em Thrúdheim, Thor estará,
> Até que os poderes sejam divididos.

No *Gylfaginning* e na *Ynglinga saga*, Snorri diz consistentemente que Thor vive em Thrúdvangar, não em Thrúdheim, embora um manuscrito da *Edda* se refira a Thrúdheim onde os outros têm Thrymheim, a residência do gigante Thjazi e sua filha Skadi. No entanto, na discussão evemerizada dos æsir em Tyrkland, Snorri afirma que Trór, "a quem chamamos de Thor", conquistou para si o reino da Trácia, "que chamamos de Thrúdheim". Em sua primeira menção no *Gylfaginning*, Thrúdvangar também é chamado um reino.

Ver também Thrúdvangar; Thrymheim.

Thrúdvangar (Campos-de-força)

Residência de Thor.

Este nome não é atestado na poesia, mas é a forma preferida de Snorri. Quando ele introduz Thor no *Gylfaginning*, Snorri o chama de deus mais forte e diz que ele tem um reino "onde é chamado Thrúdvangar, e seu salão é chamado Bilskírnir". Na *Ynglinga saga*, no capítulo 5, Thrúdvangar é o lugar atribuído a Thor quando Odin oferece residências aos seus principais seguidores depois de chegar à Suécia.

Ver também Bilskírnir; Thrúdheim.

Thrymheim (Mundo-do-barulho)

Residência dos gigantes Thjazi e Skadi.

O *Grímnismál*, na estância 11, inclui este lugar na lista de residências de deuses:

> O sexto é chamado Thrymheim, onde Thjazi viveu,
> Aquele gigante poderoso;
> Agora Skadi ainda habita ali, noiva brilhante dos deuses,
> A antiga morada do pai dela.

Assim, o casamento de Skadi com Njörd, após a morte do pai desta, qualifica a residência de Skadi para sua inclusão na lista de residências dos deuses, apesar de sua etnia gigante. No *Gylfaginning*, Snorri nomeia Thrymheim ("aquela residência que seu pai possuíra; ela se situa sobre algumas montanhas, onde ela é chamada Thrymheim") como o lugar onde Njörd e Skadi passaram nove noites alternando com suas nove noites em Nóatún, a residência de Njörd, antes do casamento se romper; no presente mitológico, Thrymheim é a residência de Skadi. Em um manuscrito da *Edda* de Snorri, o escriba escreveu "Thrúdheim", onde os outros manuscritos apresentam "Thrymheim". Thrúdheim é supostamente a residência de Thor. Também podemos talvez esperar que o gigante Thrym habite em um lugar que leva seu nome, mas Thrymheim é o único nome mitológico que começa com Thrym, e não há conexão com o gigante Thrym.

Ver também Njörd; Skadi; Thrúdheim; *Thrymskvida.*

Thrymskvida (O poema de Thrym)

Poema éddico relatando Thor e a recuperação de seu martelo do gigante Thrym.

O poema só é encontrado no *Codex Regius* da *Edda Poética*. Ele começa com Thor despertando em raiva para perceber que seu martelo está desaparecido (estância 1). Ele chama Loki (2), e os dois visitam Freyja e pedem para ela seu casaco de penas emprestado (3). Ela concorda (4) e Loki voa para a terra dos gigantes (5). Ali Thrym está sentado, o senhor do domínio (6), e um diálogo segue no qual Thrym admite estar em posse do martelo e, para devolvê-lo, exige em troca Freyja como sua noiva (7-8). Loki voa de volta para Ásgard (9), onde Thor o cumprimenta (10). Loki divulga a proposta de Thrym (11). Mais uma vez os dois vão visitar Freyja para pedir-lhe que vá para a terra dos gigantes (12), o que ela se recusa veementemente a fazer (13). Os æsir se reúnem (14), e o sábio e velho Heimdall sugere travestir Thor como Freyja (15-16). Thor discorda, citando a possível mácula em sua masculinidade (17), mas Loki lembra-o das apostas: "Os gigantes irão imediatamente / habitar Ásgard, / a menos que você consiga seu martelo / volta para si mesmo" (18). Os deuses vestem Thor como uma noiva (19), e Loki declara sua vontade de acompanhar Thor como uma dama de serviço (20). Montanhas se quebram e a terra queima enquanto eles viajam (21). Na terra dos gigantes,

Thrym faz com que os gigantes se preparem para a chegada de Freyja (22-23). Mas quando a festa começa, a noiva come um boi inteiro, oito salmões e todas as iguarias destinadas às senhoras, e "ela" bebe três barris de hidromel (24). O gigante se maravilha com esse apetite (25), mas Loki responde que Freyja não comeu durante oito noites, tão ansiosa ela estava em relação à sua vinda a Jötunheimar (26). Thrym ergue o véu da noiva e fica horrorizado com os olhos ardentes que ele esconde (27). Loki interpõe que Freyja não dormiu por oito noites, tão ansiosa ela estava em relação à sua vinda a Jötunheimar (28). A irmã de Thrym pede um presente de amor (29), mas Thor pede que o martelo seja trazido para sacramentar o casamento (30). As duas últimas estâncias mostram Thor em um papel familiar:

> 31. O coração de Hlórridi [Thor] riu em seu peito
> quando aquele que tem a mente dura recebeu o martelo.
> Primeiro ele matou Thrym, o senhor dos gigantes,
> E ele esmagou toda a família do jötun.
> 32. Ele matou a idosa irmã dos jötnar,
> Aquela que havia pedido um presente de noiva.
> Ela recebeu uma pancada em vez de uma infinidade de anéis.
> Assim, o filho de Odin recuperou seu martelo.

Esse mito é totalmente desconhecido em outras fontes, e os estudiosos, portanto, especularam que ele deve ter sido composto em uma data muito tardia, isto é, a partir do final do décimo segundo ou até mesmo do décimo terceiro século. No entanto, muitos argumentos foram apresentados sobre possíveis cognatos indo-europeus, mitos sobre o roubo e a recuperação de uma arma do trovão. Além disso, é possível que um mito muito antigo só tenha sido reproduzido na poesia éddica tardiamente, embora ainda exista o problema de que apenas os últimos skald fazem qualquer referência ao mito. Mas qualquer que seja a data do mito e do poema, o *Thrymskvida* é absolutamente consistente com o resto da mitologia. Como no *Hymiskvida*, Thor viaja com um assistente para recuperar um objeto valioso dos gigantes. Como no mito de sua visita a Geirröd, Thor viaja para a terra dos gigantes com um companheiro, mas sem suas armas, e ele mata gigantes masculinos e femininos lá. Seu disfarce de mulher parece estranho, mas Odin também estava aberto a acusações de perversão (como o travestimento era entendido na cultura escandinava medieval), e que o deus do poder deveria passar por essa aparente humilhação mostra quão equilibrada é a batalha contínua entre deuses e gigantes. O poema como nós temos também mostra quão estúpidos são os gigantes, pois Thrym permite que Loki desvie sua atenção das evidências que estão bem à sua frente.

Ver também Loki; Thor.

Referências e leituras complementares: Um fundo indo-europeu foi sugerido por Georges Dumézil em sua primeira publicação (*Le festin d'immortalité, étude de mythologie comparée indo-européenne* (Paris: Geuthne, 1924)) [Annales du Museé Guimet, Bibliothèque des Études, 34], mas o *Thrymskvida* nunca figurou grandemente na obra duméziliana. A discussão mais detalhada de uma possível origem indo-europeia é a de Franz Rolf Schröder: "Thors Hammerholung". *Beiträge zur Geschichte der deutschen Sprache und Literatur* (Tübingen), 87, 1965, p. 1-42. Samuel Singer ("Die Grundlagen der Thrymskvidha". *Neophilologus*, 17, 1931, p. 47-48) propôs paralelos árabes e indo-europeus, e Martin Puhvel ("The Deicidal Otherworld Weapon in Celtic and Germanic Mythic Tradition". *Folklore*, 83, 1972, p. 210-219) vislumbrou um mito de uma luta cósmica entre deuses celestes, provavelmente de origem indo-europeia. Alfred Vestlund ("Åskgudens hammare förlorad: Ett bidrag till nordisk ritforskning". *Edda*, 11, 1919, p. 95-119) e Wolfgang Schultz ("Die Felsritzung von Hvitlycke und das Edda-Lied von Thrym". *Mannus*, 21, 1929, p. 52) argumentaram em favor de um possível plano de fundo ritual, principalmente em Vestlund, com base no texto em si e Schultz através de uma conexão hipotética com gravuras rupestres da Idade do Bronze. Em sua imensa monografia a respeito de Thor (*Tor: Undersökningar i indoeuropeisk och nordisk religionshistoria* – Vol. 1: Den nordiska åskguden och besläktade indoeuropeiska gudar: Den nordiska åskguden i bild och myt (Uppsala: Lundequistska Bokhandeln, 1947; resumo em francês) [Uppsala universitets årsskrift, 1947: 9]) Helge Ljungberg trabalhou com a suposição de que Thor era um deus do trovão e explicou a visão aparentemente jocosa de Thor expressa no *Thrymskvida* como resultado da relativa escassez de trovão durante o verão na Islândia. Outros procuraram a origem do *Thrymskvida* em empréstimos de vários lugares. Edith Smith Krappe ("The *Casina* of Plautus and the Þrymskviða". *Scandinavian Studies*, 6, 1920, p. 198-201) argumentou em favor da Irlanda. Otto Loorits ("Das Märchen vom gestohlenen Donnerinstrument bei den Esten". *Sitzungsberichte der Gelehrten Estnischen Gesellschaft*, 1930, p. 47-121) argumentou em favor da

Rússia. E Uku Masing ("Die Entstehung des Märchens vom gestohlenen Donnerinstrument (Aarne-Thompson 1148B)". *Zeitschrift für deutsches Altertum*, 81, 1944, p. 23-31) argumentou em favor do Oriente Médio. O argumento clássico em favor de uma datação tardia foi apresentado por Jan de Vries ("Over de dateering der Þrymskviða". *Tijdschrift voor nederlandse taal- en letterkunde*, 47, 1928, p. 251-372), que seguiu por apenas alguns anos a tentativa valente de Jöran Sahlgren (*Eddica et scaldica* – Fornvästnordiska studier (Lund: C.W.K. Gleerup, 1927-1928)) [Nordisk filologi, undersökningar och handlingar, 1] de provar que o *Thrymskvida* tinha que ser anterior ao *Eiríksmál* do final do décimo século. O *Thrymskvida*, como uma paródia, é o objeto de Heinrich Matthias Heinrichs ("Satirisch-parodistische Züge in der Þrymskviða". In: BACKES, H. (ed.). *Festschrift für Hans Eggers zum 65. Geburtstag* (Tübingen: M. Niemeyer, 1972) [também lançado como um suplemento ao *Beiträge zur Geschichte der deutschen Sprache und Literatur* [Tübingen], 94]). Otto Höfler ("Götterkomik: Zur Selbstrelativierung des Mythos". *Zeitschrift für deutsches Altertum*, 100, 1971, p. 371-389) questiona como os crentes poderiam rir-se de uma divindade. A. Ya Gurevich ("On the Nature of the Comic in the Elder Edda: A Comment on an Article by Professor Höfler". *Mediaeval Scandinavia*, 9, 1976, p. 127-137) procura oferecer uma resposta. Peter Hallberg ("Om Þrymskviða". *Arkiv för nordisk filologi*, 69, 1954, p. 51-77) propôs Snorri Sturluson como possível autor do *Thrymskvida*, e vários argumentos a favor e em contrário a essa perspectiva foram apresentados até que Gustav Lindblad ("Snorre Sturlasson och eddadiktningen". *Saga och sed*, 1978, p. 17-34) demonstrou convincentemente que Snorri tinha pouquíssima associação com a poesia éddica de qualquer forma. Minha própria análise do poema está presente em "Þrymskviða, Myth, and Mythology" (In: BERRYMAN, M.; GOBLIRSCH, K.G. & TAYLOR, M. (eds.). *Germanic Studies in Honor of Anatoly Liberman* (Odense: Odense University Press, 1997, p. 203-212)) [Nowele, 31/32].

Tuisto

Protoentidade dos povos germânicos, de acordo com o *Germania* de Tácito. No capítulo 2 de seu *Germania*, Tácito escreve a seguinte declaração:

> Eles celebram em canções antigas... um deus Tuisto, nascido da terra, e seu filho Mannus como a origem e os fundadores de seu povo. Para Mannus, eles atribuem três filhos, de cujos nomes são chamados os Ingaevones próximos ao oceano, aqueles no centro como Herminones e o restante de Istaevones.

O nome Tuisto parece ter nele a raiz da palavra "dois", e isso acabou por lembrar muitos observadores de Ymir, cujo nome significava algo como "duplicado". Ymir gerou as raças dos gigantes de gelo através da monstruosa concepção hermafrodita e é apresentado na mitologia como uma figura essencialmente negativa; de fato, seu assassinato torna possível a criação do cosmos. Tuisto, por outro lado, é "celebrado" e não há nada de negativo em relação a si mesmo naquilo que Tácito nos informa. Ele é o pai de Mannus (Humano), que por sua vez produz as tribos dos seres humanos.

Referências e leituras complementares: Um bom tratamento geral de Tuisto e da estória da criação sociogônica na *Germania* é o de Marco Scovazzi ("Tuisto e Mannus nel II capitolo della Germania di Tacitus". *Istituto Lombardo*: Accademia di scienze e lettere, rendiconti, classe di letteri, 104, 1970, p. 323-336). A natureza "duplicada" de Ymir e sua identidade com Tuisto foram discutidas por Richard M. Meyer ("Beiträge zur altgermanischen Mythologie". *Arkiv för nordisk filologi*, 23, 1907, p. 245-256). • "Ymi-Tuisto". *Arkiv för nordisk filologi*, 25, 1909, p. 333.

Týr

Um dos æsir perdeu sua mão no momento em que o lobo Fenrir foi aprisionado.

Este evento é aludido diretamente no *Lokasenna*, na estância 38. Loki está ofendendo a Týr:

> Cale a boca, Týr. Você nunca soube como
> Mediar algo de bom entre duas pessoas
> Sua mão direita, essa eu mencionarei
> A qual Fenrir arrancou de você.

"Mediar algo bom entre duas pessoas" é a tradução padrão, mas uma alternativa atraente, diante daquilo que acontece a seguir, seria "levar algo bem com duas [mãos]".

Snorri conta o mito duas vezes no *Gylfaginning*. Na primeira ocasião, ele está descrevendo Týr e como um símbolo da bravura de Týr:

> quando os æsir provocaram o lobo Fenrir para que este permitisse que o grilhão fosse colocado nele, então ele não acreditou que o liberariam, até que eles colocaram a mão de Týr como uma garantia em sua boca. E quan-

do os æsir não estavam dispostos a soltá-lo, ele arrancou a mão com uma mordida, na posição que hoje é chamada de "articulação do lobo" [pulso], e Týr é maneta e não é chamado de pacificador.

Algumas páginas mais adiante, Snorri conta a história completa. Quando os deuses souberam que os filhos malignos de Loki com Angrboda estavam sendo criados em Jötunheimar, eles descobriram por profecia que essa ninhada seria um problema para eles, e Odin fez com que eles fossem trazidos diante de si. Ele lançou a serpente de Midgard no mar e Hel no mundo dos mortos. Por razões que não são claras (porque Odin tinha uma conexão com os lobos? Porque Loki era irmão de sangue de Odin?), os deuses criaram o lobo com eles, e apenas Týr era corajoso o suficiente para alimentá-lo. Mas quando eles viram a rapidez com que ele crescia e reconsideraram as profecias, decidiram aprisionar o lobo. Primeiro eles tentaram fazê-lo com dois grilhões comuns, mas o lobo facilmente os quebrou. Os deuses agora se voltaram para a magia. Alfödr (Odin) enviou Skírnir aos anões para obter um grilhão, Gleipnir (talvez "Emaranhador"), feito de ruído de gato e barba de mulher e raízes de montanha e tendões de urso, respiração de peixe e saliva de pássaro. Na Ilha Lyngvi (urzal) no Lago Ámsvartnir (vermelho-preto), eles convidaram o lobo a se deixar amarrar novamente. Não é preciso dizer que o lobo estava desconfiado. Que renome poderia haver em arrebentar esse grilhão, que parecia uma faixa de seda? Fenrir estipulou que alguém tinha que colocar a mão na boca.

> E cada um dos æsir olhou para o outro e pensou consigo que agora seus problemas se haviam multiplicado, mas nenhum deles ousava oferecer a sua própria mão, até que Týr estendeu a sua mão direita e a colocou dentro da boca do lobo. E quando o lobo se mexeu, então o grilhão se enrijeceu, e quanto mais ele lutava, mais afiado o grilhão se tornava. Então todos os deuses gargalharam, exceto Týr; este perdeu a sua mão.

No *Lokasenna*, estâncias 37-40, compreendem uma troca verbal entre Týr e Loki. Loki se vangloria de que Fenrir arrancou a mão de Týr; Týr responde que, embora ele possa estar sentindo falta de sua mão, Loki está sentindo falta de Hródrsvitnir, isto é, o famoso lobo Fenrir. *Málsháttakvædi*, um poema do décimo segundo ou décimo terceiro século e geralmente considerado como tendo sido composto nas Ilhas Órcades, é o único poema a referir o aprisionamento de Fenrir. Argumentou-se que Týr e Fenrir aparecem na estela pictórica Alskog Tjängvide de Gotland, do oitavo século.

No *Hymiskvida* Týr acompanha Thor até o gigante Hymir para obter deste uma enorme chaleira para preparar cerveja. Týr é aquele que sabe da existência deste caldeirão, e ele diz a Thor sobre isso no que o poeta chama de "um grande conselho amoroso", que é a estância 5 do poema:

> Lá habita a leste do Élivágar
> Excessivamente sábio Hymir, à beira do céu.
> Meu pai, o poderoso, é dono de uma chaleira
> Um pote enorme, uma légua profunda.

Hymir é efetivamente um gigante, e como Týr tem um gigante como pai é um dos verdadeiros mistérios dessa mitologia. A identidade de sua mãe também representa um problema. Ela é mencionada na estância 8:

> O filho conheceu a mãe, muito repugnante para ele,
> Ela tinha novecentas cabeças.
> Outra ainda ia à frente, toda em ouro,
> Branca sobre as sobrancelhas, para levar cerveja ao filho.

A mãe de Týr é a criatura repugnante com múltiplas cabeças ou a dourada que carrega cerveja? Nenhuma das possibilidades é atraente. Se o monstro é a mãe de Týr, ele pareceria ser totalmente de origem gigante. Se a dourada for sua mãe, ela pode ser um dos æsir, e a união entre o gigante e a deusa viola todos os princípios da mitologia. No entanto, podemos nos consolar com a notícia na seção do *Skáldskaparmál* da *Edda* de Snorri Sturluson de que um kenning para Týr é "filho de Odin". Em qualquer caso, uma dessas mulheres, provavelmente a segunda, já que ela é chamada de "a bela concubina" (estância 30), dá a Thor conselhos úteis quando é requerido deste que ele quebre uma xícara: Ele deve jogá-la na cabeça do gigante. Com a taça quebrada, os deuses podem agora tomar a chaleira, mas Týr não consegue levantá-la. Thor a levanta e eles partem com outro objeto valioso obtido dos gigantes.

De acordo com Snorri Sturluson na seção do *Gylfaginning* de sua *Edda*, Týr lutará com outro monstro aprisionado durante o Ragnarök (Fenrir estará ocupado com Odin). Este é Garm, que estava preso em Gnipahellir, mas que vai se libertar na medida em que o fim do mundo se aproxima. Ele e Týr se matarão um ao outro.

O nome de Týr é encontrado no nome do dia de semana Tuesday[21], que é uma tradução do latim *Dies Martis* (Dia de Marte); como Marte era um deus da guerra, o predecessor germânico de Týr também deve ter sido. Etimologicamente, o nome de Týr está relacionado a uma raiz indo-europeia que significa "divindade" (p. ex., compare o latim *deus*), e de fato o plural formal de Týr seria *tívar*, e isso é atestado como um coletivo para todos os deuses. Isso explicaria também alguns nomes de Odin, tais como Sigtýr (Týr-da-vitória) ou Hangatýr (Týr-dos-dependurados).

Ver também Fenrir; Garm.

Referências e leituras complementares: A tradução alternativa do *Lokasenna*, na estância 38, é discutida por Alfred Jakobsen ("Bera tilt með tveim: Til tolkning av Lokasenna 38". *Maal og minne*, 1979, p. 34-39 [reimpresso em seu *Studier i norrøn filologi* ([Trondheim:] Tapir, 1979), p. 43-48]). A respeito da estela pictórica de Alskog Tjängvide de Gotland, veja HELM, K. "Zu den gotländischen Bildsteinen". *Beiträge zur Geschichte der deutschen Sprache und Literatur*, 62, 1938, p. 357-361.

Ull

Deus enigmático.

Embora o *Grímnismál*, na estância 5, atribua a Ull uma casa em Ýdalir (Vale dos teixos), Ull é apenas uma figura sombria na mitologia preservada. Snorri Sturluson incluiu-o no catálogo dos æsir na seção do *Gylfaginning* de sua *Edda* no final da lista (apenas Forseti aparece depois), onde ele tinha o seguinte a dizer sobre ele:

> Há um chamado Ull, o filho de Sif e enteado de Thor. Ele é um arqueiro tão bom, e é tão bom sobre esquis que ninguém pode competir com ele. Ele também é belo em sua face e tem a habilidade de um guerreiro. É bom invocá-lo em um duelo.

---

21. Terça-feira. No português a origem do nome é diversa [N.T.].

Na seção do *Skáldskaparmál* de sua *Edda*, Snorri diz que Ull pode ser chamado filho de Sif e enteado de Thor, bem como deus dos esquis, dos arcos, da caça e dos escudos, e esses kenningar são atestados na poesia escáldica. Em relação aos escudos, deve-se notar que um escudo pode ser chamado de "navio de Ull", o que sugere que talvez ele tenha se transportado nele, mais ou menos como um *snowboarder* o faria hoje. No Livro 3 das suas *Gesta Danorum*, Saxo Grammaticus apresenta um personagem chamado Ollerus, que é claramente Ull em forma latina. Esta figura substituiu Odin quando aquele deus foi exilado por causa da repugnância relativa a seu estupro de Rinda, a fim de conseguir um vingador para Balderus. Quando Odin retorna, Ollerus é exilado e finalmente morto. Ele era, afirma Saxo, um mago tão astuto que podia viajar sobre o mar em um osso; patins de gelo ósseos da Era Viking são conhecidos a partir de registros arqueológicos.

Detalhe da pedra rúnica Sparlösa de Vastergötland, Suécia, de cerca de 800 E.C., interpretada por Niels Åge Nielson como representando um sacrifício para Ull. (The Art Archive/Dagli Orti)

Duas passagens curiosas na poesia éddica referem-se a Ull, uma à sua graça (no *Grímnismál*, estância 42), a outra a um juramento juramentado em seu anel (no *Atlakvida*, estância 30). Esses detalhes desconcertantes podem estar ligados à história de Saxo vindo a sugerir que Ull era algum tipo de figura soberana. A etimologia de seu nome, que significa algo como "glória", pode sugerir que ele já foi algum tipo de deus do céu, mas, exceto por exibições relativamente raras das Auroras Boreais, não há muito céu glorioso nas profundezas invernais escandinavas, quando esquis e patins de gelo são úteis. Ull aparece frequentemente em nomes de lugares na Noruega e na Suécia, e ele deve ter sido um deus importante em algum momento.

Ver também Rind.

Referências e leituras complementares: A reduzida literatura acadêmica dedicada a Ull depende em grande parte das evidências de *place-names* e se preocupa em reconstruir um culto que é muito mais antigo do que os registros mitológicos, os quais são o assunto deste livro. Niels Åge Nielsen argumenta corajosamente, mas, receio, com base em evidências deveras esparsas, que a inscrição rúnica de Sparlösa (cerca de 800 E.C.) é toda sobre Ull (que ele considera idêntico a Frey), em "Frey, Ull, and the Sparlösa Stone". *Mediaeval Scandinavia*, 2, 1969, p. 102-128.

Urdarbrunn (Fonte de Urd)

Fonte ao centro de Ásgard.

O *Völuspá*, na estância 19, associa a fonte a Yggdrasil, a árvore do mundo:

> Eu conheço um freixo que se chama Yggdrasil
> Uma árvore alta, polvilhada com lama branca;
> Daí vem o orvalho que corre em vales,
> Para sempre, fica verde sobre o Urdarbrunn.

Na seção do *Gylfaginning* de sua *Edda*, Snorri Sturluson menciona as raízes de Yggdrasil.

> A terceira raiz do freixo está no céu, e sob essa raiz está aquela fonte que é muito sagrada e é chamada de Urdarbrunn; ali os deuses possuem seu lugar de julgamento. Todos os dias os æsir cavalgam até lá em Bilröst.

Urd era uma das nornas, e se tomarmos literalmente o nome desta fonte, ela deve ter alguma associação especial com o destino. Sob outra raiz de

Yggdrasil está a Mímisbrunn, a fonte de Mímir, e aqui Odin ofereceu seu olho em juramento, presumivelmente em troca de um dom de visão sobrenatural ou dom de previsão. Essas fontes são, portanto, poderosos símbolos da mitologia.

Ver também Mímir; Nornas; Yggdrasil.

Útgard (Cercado-externo)

Onde moram os gigantes.

Este termo é, na verdade, apenas atestado no relato de Snorri Sturluson sobre a visita de Thor a Útgarda-Loki, no *Gylfaginning* da *Edda* de Snorri, mas se encaixa conceitualmente com os amplamente conhecidos termos Ásgard (Cercado dos æsir) e Midgard (Cercado central), os mundos dos deuses e dos homens, respectivamente. O nome Útgarda-Loki significa "Loki-dos-Útgardar (pl.)", e acho atraente a ideia de que deuses e homens vivem em espaços únicos, enquanto os gigantes se espalham pela periferia do mundo. A visão de mundo medieval presente em nossas fontes concebeu o mundo como um disco redondo, com o oceano a toda a volta, e Snorri, de fato, diz no *Gylfaginning* que os deuses concederam terras ao longo das praias desse cosmo circular para os gigantes se estabelecerem.

Ver também Ásgard; Midgard.

Útgarda-Loki (Loki-dos-Útgardar)

Gigante; anfitrião, oponente e enganador de Thor e companheiros.

O mito da visita de Thor e seus companheiros a Útgarda-Loki é contado de forma consideravelmente longa no *Gylfaginning* de Snorri, do qual ele compreende quase um sexto. Ele pode ser convenientemente dividido em três partes: a visita de Thor à família de Thjálfi e Röskva, a viagem de Thor e seus companheiros na companhia de Skrýmir e os eventos no salão de Útgarda-Loki. Eu trato a primeira parte mais extensamente na entrada de Thjálfi e aqui só repetirei que, acompanhado por Loki, Thor visita uma família humana, e por causa de uma violação a respeito das cabras de Thor, Thor adquire seus servos humanos Thjálfi e Röskva.

Thor, Loki e Thjálfi partem então para Jötunheimar e atravessaram uma grande massa de água. À noite eles se abrigam em um salão vazio. Depois de um terremoto eles se mudam para uma sala interna menor, e durante toda a noite, enquanto Thor fica de vigia, eles ouvem barulhos altos. De manhã, eles descobrem que os barulhos eram o ronco de um sujeito enorme que se chama Skrýmir e que o salão em que eles se escondiam era a sua luva. Eles concordam em viajar juntos, compartilhando suas provisões. No entanto, Skrýmir coloca a comida em seu saco, e mais tarde Thor é incapaz de desfazer o nó do saco enquanto o grande homem dorme. Em um ataque de raiva, Thor atinge Skrýmir com seu martelo, Mjöllnir, mas Skrýmir apenas acorda e pergunta se uma folha caiu de uma árvore sobre ele. Mais duas vezes no meio da noite, Thor acerta Skrýmir com Mjöllnir. A primeira vez Skrýmir pergunta se uma noz de uma árvore caiu sobre ele, a segunda vez se foram excrementos de pássaros que o despertaram. De manhã eles se separam.

Thor e seus companheiros agora chegam ao salão de Útgarda-Loki, um outro homem enorme, e Útgarda-Loki diz aos æsir que ninguém pode ficar no salão que não seja o mestre de alguma competência ou habilidade. Quando Loki afirma ser um enorme comedor, é organizado um concurso de comer entre Loki e Logi, um tenente de Útgarda-Loki. Loki come toda a comida, mas Logi come toda a comida e o prato de madeira em que foi servido. Em seguida, Thjálfi, o "mais rápido dos homens", corre uma corrida a pé com o tenente de Útgarda-Loki, Hugi. Embora Thjálfi perca por menos em cada uma das três baterias, ele ainda perde. Finalmente, as disputas são definidas para Thor. Ele deve drenar um chifre de bebida, mas não consegue, apesar de três enormes goles. Ele deve levantar um gato, mas só consegue levantar uma pata do chão. Finalmente, ele luta com uma velha chamada Elli e é derrubado.

Na manhã seguinte, Útgarda-Loki conduz seus convidados para fora do salão e explica toda a situação. Ele era Skrýmir e usara truques mágicos sobre eles. A bolsa de comida estava amarrada com ferro e ele desviou os três golpes de martelo em direção à paisagem, e o resultado foi o surgimento de três vales. Então, no salão, o oponente de Loki, Logi, era na verdade fogo (o significado do substantivo *logi*) e o oponente de Thjálfi, Hugi, era realmente o pensamento (o significado do substantivo *hugi*). O chifre de bebida de Thor estava ligado ao mar e seus goles criaram a maré baixa; o gato era na verdade a serpente de Midgard; e Elli era a velhice (o significado do substantivo *elli*). Thor levanta o martelo novamente, mas Útgarda-Loki e o salão desaparecem.

Útgarda-Loki é claramente um gigante tanto pela sua etnia como pela sua estatura. Thor e seus companheiros partiram para Jötunheimar, e Útgardar (Cercados externos, encontrados apenas aqui) corresponde muito bem a Ásgard, o cercado dos æsir, e a Midgard, o cercado central onde os humanos vivem. Mas mesmo sem esses *place-names*, Útgarda-Loki e seus companheiros só poderiam ser gigantes, porque apenas gigantes competem com os deuses. E embora eles pareçam vencer suas disputas, eles o fizeram apenas usando magia, e suas vitórias foram vazias na medida em que, apesar delas, Thor realizou atos cosmogônicos, criando as marés e três vales montanhosos. Onde Thor e seus companheiros erraram, foi em não compreender os nomes como substantivos, e as habilidades linguísticas pertencem principalmente a Odin. De fato, em seu controle da magia e em derrotar Thor através da linguagem, Útgarda-Loki é uma figura altamente odínica. Por que ele deveria levar o nome Loki não está claro, mas pode ter a ver com uma demonização de Loki no final da Idade Média.

Loki provoca Thor com o fato deste se esconder em uma luva no *Lokasenna*, na estância 60, e diz que Thor nem sequer acreditava ser ele mesmo Thor. Além disso, ele insulta Thor por não conseguir abrir o saco com os alimentos (estância 62). Thor não nega as acusações; ele simplesmente ameaça arrebentar Loki com o martelo, e essa ameaça finalmente faz com que Loki desista. No *Hárbardsljód*, na estância 26, Odin repete a acusação de que Thor esqueceu quem ele era enquanto se escondia dentro da luva, e acrescenta que ele estava com medo de espirrar ou flatular, a fim de que Fjalar não viesse a ouvir; Fjalar é presumivelmente Skrýmir.

No Livro 8 das *Gesta Danorum*, Saxo relata a respeito da viagem de Thorkillus a Utgarthilocus, um profeta. No caminho há um problema com comida, mas é causado por falta de fogo. Finalmente Thorkillus e seus companheiros chegam a Utgarthilocus, um monstro fedorento aprisionado em uma caverna escura e infestada de cobras. Este Loki parece ter mais a ver com o Loki aprisionado da tradição nórdico-islandesa do que com Útgarda-Loki.

Grande parte da discussão da história de Útgarda-Loki procurou origens para o leste ou para o oeste. Aqueles que comentaram sobre a história em si, em sua maioria, consideraram que ela carece de significado mítico. Eu discordo, pois creio que a história mostra não apenas o lado criativo de Thor e a constante ameaça que ele representa para os gigantes, mas também a superioridade hierárquica de Odin em relação a Thor na arena verbal. Ao mesmo tempo, na história da aquisição de Thjálfi e Röskva, Thor mostra uma relação especial com os seres humanos.

Ver também Fjalar; Röskva; Skrýmir; Thjálfi; Thor.

Referências e leituras complementares: Aqueles que procuraram origens irlandesas incluem: LEYEN, F. "Utgarðaloke in Irland". *Beiträge zur Geschichte der deutschen Sprache und Literatur*, 33, 1908, p. 382-391. • SYDOW, C.W. "Tors färd till Utgård". *Danske studier*, 1910, p. 65-105, 145-182. • KRAPPE, A.H. "Die Blendwerke der Æsir". *Zeitschrift für deutsche Philologie*, 62, 1937, p. 113-124. • Chesnutt, M. "The Beguiling of Þórr". In: McTURK, R.W. & WAWN, A. *Úr Dölum til Dala*: Guðbrandur Vigfússon Centenary Essays (Leeds: Leeds Studies in English, 1989, p. 35-63 [Leeds Texts and Monographs, 11]). Nora K. Chadwick direcionou seu olhar à tradição russa em "The Russian Giant Svyatogor and the Norse Útgartha-Loki". *Folklore*, 75, 1964, p. 243-259. Anatoly Liberman foca finalmente na etimologia, mas tem muito a dizer a respeito de mitos de Loki, incluindo este, em seu "Snorri and Saxo on Útgardaloki, with Notes on Loki Laufeyjarson's Character, Career, and Name". In: *Saxo Grammaticus*: Tra storiografia e letteratura. Bevagna, 27-29/09/1990 (Roma: Il Calamo, 1992, p. 91-158). Minha análise da história está presente em "Thor's Visit to Útgarda-Loki". *Oral Tradition*, 15, 2000, p. 170-186.

Vafthrúdnismál

Poema éddico, "Dizeres de Vafthrúdnir".

O poema é o terceiro no *Codex Regius* da *Edda Poética*, depois do *Hávamál* e antes do *Grímnismál*, e, portanto, foi considerado pelo compilador, com razão, como um poema de Odin. Também é encontrado a partir da estância 20 em diante no outro manuscrito principal de poesia éddica, AM 748, e Snorri Sturluson cita muitas de suas estâncias no *Gylfaginning* em sua *Edda*. A métrica do poema é *ljóðaháttr* em toda a sua extensão, com algumas estâncias expandidas para a métrica *galdralag*, e a estrutura parece ser muito cuidadosamente pensada.

As primeiras quatro estâncias compreendem um diálogo entre Odin e Frigg em que Odin anuncia sua intenção de visitar Vafthrúdnir. Frigg tenta dissuadi-lo, porque Vafthrúdnir é o mais sábio de todos os gigantes, mas quando Odin persiste, ela o envia com desejos de um retorno seguro. A estância 5 descreve sua jornada e é a única estância não falada por um dos atores do poema. As estâncias 6-9 compreendem um diálogo introdutório entre Odin e o gigante, e na estância 10 Odin (ou o narrador?) declama uma estância gnômica reminiscente das estâncias gnômicas do *Hávamál*. Nas estâncias 11-18, Vafthrúdnir coloca quatro questões, e Odin as responde: que cavalo puxa o dia (Skínfaxi), que cavalo puxa a noite (Hrímfaxi), que rio separa deuses e gigantes (Ifing), e que planície é marcada para a batalha entre Surt e os deuses (Vígríd; são 100 léguas quadradas). As respostas de Odin satisfazem o gigante e ele convida Odin para o salão para uma competição da qual dependerão suas vidas (estância 19). O restante do poema, estâncias 20-55, consiste em 18 questões colocadas por Odin, 17 das quais Vafthrúdnir responde.

As primeiras 12 perguntas são numeradas ("Diga primeiro, Vafthrúdnir"), e as nove primeiras são além disso unidas pela repetição de Odin de alguma versão da seguinte expressão: "uma vez que as pessoas dizem que você é sábio e que você sabe" antes de realmente colocar a questão. As primeiras nove questões de Odin dizem respeito à cosmogonia:

> 1. De onde veio a terra? Do corpo de Ymir.
> 2. De onde vieram a lua e o sol? Eles são os filhos de Mundilfœri, que atravessam os céus para o cálculo do tempo humano.
> 3. De onde vêm dia e noite com suas luas em declínio? Seus pais são Delling e Nör; os deuses os criaram para que as pessoas pudessem calcular o tempo.
> 4. De onde vem o verão e o inverno? Seus pais são Vindsval e Svásud.
> 5. Quem é o mais velho dos æsir ou dos gigantes? Bergelmir, cujo pai era Thrúdgelmir e seu avô Aurgelmir.
> 6. De onde veio Aurgelmir? De gotas de veneno do Élivágar.
> 7. Como Aurgelmir gerou crianças? Um menino e uma menina vieram de debaixo do braço, e uma perna gerou um filho de seis cabeças na outra.

8. Qual é a primeira coisa que você lembra? Quando Bergelmir foi colocado em um *lúðr* (de acordo com Snorri, algo que flutuou e salvou-o da inundação criada a partir do sangue de Ymir).
9. De onde vem o vento? Do gigante Hræsvelg, que se senta sob a forma de uma águia no fim do céu e bate as asas.

Esses itens são conhecidos de outros relatos da criação e estrutura do universo. Vale a pena notar que Vafthrúdnir também perguntou sobre o sol e a lua; as perguntas de Odin provocam uma resposta que reconhece o papel dos deuses na organização do tempo. Odin também provoca os monstruosos atos reprodutivos do protogigante, e ele termina essa sequência apontando a localização – o exílio seria a palavra certa? – de um gigante no fim do universo. Deuses e homens ocupam o centro.

As perguntas 10-12 ainda estão enumeradas, mas agora em vez de dizer "já que as pessoas dizem que você é sábio e que você sabe", Odin diz "uma vez que você conhece a respeito do destino dos deuses", ou seja, sobre o Ragnarök, e o foco muda de cosmogonia e cosmologia para o fim do mundo e suas consequências:

10. De onde veio Njörd? Dos vanir, a quem ele retornará quando o fim chegar.
11. Onde as pessoas se envolvem em batalhas diárias? Todos os einherjar lutam nas propriedades de Odin.
12. Como você sabe sobre as runas (aqui talvez segredos) dos gigantes e de todos os deuses? Eu já estive em nove mundos abaixo de Hel.

Esta última questão é colocada na métrica *galdralag*, e o gigante se dispõe ao desafio e responde na mesma métrica.

Agora Odin para de numerar e prefacia cada uma das questões restantes com o refrão "Muito eu viajei, procurei muito, testei muito os poderes":

13. Quem irá sobreviver ao Fimbulvetr? Líf e Lífthrasir.
14. De onde virá o sol novamente, depois que Fenrir o ultrapassar? Sua filha vai cavalgar os caminhos de sua mãe.
15. Quem são aquelas donzelas sábias que viajam pelo mar? A resposta de Vafthrúdnir a esta pergunta não clara não é clara.
16. Qual æsir controlará as posses dos deuses depois do Ragnarök? Vídar e Váli, Magni e Módi.
17. O que acontecerá com Odin? Ele será morto pelo lobo, mas vingado por Vídar.

18. O que o próprio Odin disse no ouvido de seu filho, antes que Baldr fosse colocado na pira funerária?

Só Odin sabe a resposta para esta última questão, e o gigante deve ceder. "Com uma boca condenada", ele diz, "falei meu antigo conhecimento e sobre o Ragnarök. Com Odin, eu estava agora trocando minha sabedoria verbal; você é sempre o mais sábio dos seres".

Assim como Thor derrota Hrungnir, o mais forte dos gigantes, em um duelo formal, Odin derrota Vafthrúdnir, o mais sábio dos gigantes, em um duelo verbal formal. As quatro perguntas de Vafthrúdnir a Odin envolviam cosmogonia, cosmologia (Ifing) e o Ragnarök. As perguntas de Odin para o gigante tratam as mesmas questões, com maior extensão e mais habilmente. As mudanças nas introduções às perguntas são especialmente eficazes, e a revelação da identidade de Odin na última pergunta apenas confirma o que é sugerido pelo refrão sinistro "Muito tenho viajado", que Odin começa a usar logo após Vafthrúdnir ter relatado suas próprias viagens para os mundos abaixo de Hel. Com a última pergunta, Odin interrompe a sequência linear, pois Baldr morreu antes do Ragnarök, e o assunto real da questão é retido até as palavras finais: "no ouvido de seu filho". Levando a uma epifania e a subsequente morte do interlocutor de Odin, o *Vafthrúdnismál* é paralelo ao poema que o segue, o *Grímnismál*.

O que Odin disse no ouvido do Baldr morto é o desconhecido final. Os relatos do funeral de Baldr não incluem o motivo de uma última mensagem de Odin, mas o motivo também é usado para encerrar a sequência na *Hervarar saga*.

Ver também Aurgelmir; Bergelmir; Delling; Élivágar; Gestumblindi; Odin; Ragnarök.

Referências e leituras complementares: Surpreendentemente, poucos estudos foram dedicados a este belo e poderoso poema. Em *The Origins of Drama in Scandinavia* (Cambridge: D.S. Brewer, 1995, p. 275-280), Terry Gunnell o considera ao lado de outros poemas éddicos, que ele acha que poderia ter recebido um desempenho dramático.

Válaskjálf

Um salão ou habitação dos deuses.

O *Grímnismál*, na estância 6, nos relata a seu respeito:

> Há uma terceira residência, onde os poderes felizes
> Cobriram o salão com prata.
> Chama-se Válaskjálf, onde construiu habilmente para si
> O deus nos dias de outrora.

Quem "o deus" é, nós não sabemos. Snorri Sturluson, no entanto, acreditou que fosse Odin. Na seção do *Gylfaginning* de sua *Edda*, Snorri escreveu o seguinte, logo depois de mencionar Himinbjörg no final de Bilröst:

> Ainda existe um ótimo lugar chamado Válaskjálf. Odin é o seu dono. Os deuses o fizeram e cobriram-no com prata brilhante, e lá [dentro dele] está Hlidskjálf.

Hlidskjálf é o alto trono sobre o qual Odin se senta quando observa a todos os mundos.

Válaskjálf poderia significar "Banco de Váli", ou, se a forma fosse "Válaskjálf" (não podemos saber), poderia significar algo como "Banco daqueles que foram assassinados".

Ver também Hlidskjálf.

Valhöll (Salão-de-carniça)

Salão de Odin.

O *Grímnismál*, que lista as várias moradas dos deuses, se ocupa do Valhöll na estância 8:

> Gladsheim é o quinto, onde o dourado e brilhante
> Valhöll está amplamente situado;
> E lá Hropt escolhe cada dia
> Homens mortos em armas.

A partir disso, parece que o Valhöll é um salão, talvez um de muitos, em Gladsheim (Snorri conhecia o *Grímnismál*, por isso é interessante notar que ele diz que Gladsheim era um templo erguido em Idavöll por Alfödr [Odin], com 12 altos tronos). Mais tarde, no *Grímnismál*, Odin (falante do poema) descreve Valhöll em mais detalhes:

> Quinhentas portas e quarenta
> Penso eu que existem em Valhöll;
> Oitocentos einherjar saem de uma porta,
> Quando eles vão lutar com o lobo.

Essa é a estância 23. A estância seguinte confunde um pouco a questão atribuindo o mesmo número de quartos a Bilskírnir (o salão de Thor), mas as estâncias 25 e 26 remontam ao salão de Valfödr:

> 25. Heidrún é o nome do bode, que se encontra no salão de Herjafödr [Odin]
> E dá mordidas nos membros de Lærad.
> Ela encherá um barril com o hidromel brilhante;
> Essa bebida nunca pode acabar.
> 26. Eikthyrnir é o nome de um cervo que está no salão de Herjafödr [Odin]
> E dá mordidas nos membros de Lærad.
> No entanto, de seus chifres goteja em Hvergelmir,
> Daí todas as águas têm seus caminhos.

Assim, parece haver um eterno hidromel em Valhöll, e ele se encontra na fonte de todas as águas.

Na seção do *Gylfaginning* de sua *Edda*, Snorri Sturluson usou essas e outras fontes para criar uma imagem vívida de Valhöll. Bem no início da peça, ele lê uma estrofe escáldica de tal forma a sugerir que o Valhöll foi coberto com escudos de ouro. Mais adiante, ele diz que as valquírias devem prestar serviço ali, que os einherjar festejam todos os dias com a carne do javali Sæhrímnir e bebem o hidromel fornecido indefinidamente pela cabra Heidrún a cada noite após batalharem durante o dia.

Os poemas do décimo século, *Eiríksmál* e *Hákonarmál*, apresentam cenas no Valhöll, onde Odin e os outros aguardam a chegada dos reis humanos Eirík, Machado de sangue, e Hákon o Bom. O Valhöll foi, portanto, uma importante concepção mitológica tão antiga quando alcançam os nossos registros escritos.

Ver também Andhrímnir; *Eiríksmál*; Eldhrímnir; *Hákonarmál*; Heidrún, Sæhrímnir.

Referências e leituras complementares: Para a bolsa mais antiga, toda em alemão e escandinavo, veja o livro de Gustav Neckel *Walhall: Studien über germanischen Jenseitsglauben* (Dortmund: F.W. Ruhfus, 1913). Como o título diz, esse livro é sobre concepções germânicas do além. Assim, Neckel tenta esboçar um desenvolvimento da carnificina no campo de batalha para a concepção mitológica de um salão dos mortos presidido por Odin. Um artigo encantador de Magnus Olsen ("Valhall med de mange dører". *Acta Philologica Scandinavica*, 6, 1931-1932, p. 157-170) imagina que as múltiplas portas de Valhöll foram influenciadas pelos anfiteatros romanos, especialmente o Coliseu. Edith Marold ("Das Walhallbild in den Eiríksmál und Hákonarmál". *Mediaeval Scandinavia*, 5, 1972, p. 19-33) reconhece que o retrato do Valhöll no *Hákonarmál* é mais obscuro e concebivelmente mais arcaico do que o do *Eiríksmál* e analisa especialmente a dualidade das concepções no *Hákonarmál*.

Váli, filho de Loki

Usado pelos deuses em sua vingança contra Loki por seu papel na morte de Baldr.

Snorri conta a história no *Gylfaginning*: Depois que os deuses capturaram Loki, eles transformaram seu filho Váli em um lobo, e o lobo despedaça seu irmão Nari ou Narfi. Os deuses aprisionam Loki com as entranhas de seu filho morto (e o que acontece depois disso com Váli não é declarado). O colofão em prosa do *Lokasenna* no *Codex Regius* da *Edda Poética* apresenta a mesma história, mas lá os irmãos são chamados de Narfi (que se transforma em lobo) e Nari (a fonte das entranhas). Snorri pode ter sido influenciado por algo como o *Völuspá*, estância 34, uma meia-estância que é encontrada apenas na redação do poema do *Hauksbók*:

> Então, para [ou de] Váli, poder-se-ia transformar os laços de matança;
> Bastante duramente foram os grilhões, feitos de vísceras.

Como o *Hauksbók Völuspá* não tem a história de Baldr, esta estrofe parece conectar aquilo que aconteceu com ou para Váli com o resultado da batalha entre os æsir e os vanir.

A história como Snorri apresenta oferece um ato de vingança adequado ao crime original. Loki faz Höd matar seu meio-irmão, Baldr; os deuses fazem

Váli matar seu irmão (meio-irmão ou não, não podemos dizer). Ambos estão sob uma espécie de compulsão, Höd porque ele é enganado, Váli porque ele é transformado em uma fera voraz. De acordo com esse contraste, Höd mata Baldr em um local de refúgio, enquanto Váli mata Narfi em uma caverna miserável, longe de qualquer lugar. E os pais também estão em contraste: Odin está livre à espera do Ragnarök, enquanto Loki está preso.

Ver também Baldr; Loki; Nari e/ou Narfi; Váli, Filho de Odin.

Váli, filho de Odin

Vingador de Baldr; com seu irmão Vídar, um sobrevivente de Ragnarök.

Apenas um poema éddico afirma explicitamente que foi Váli quem vingou a morte de Baldr, a saber, o *Hyndluljód*, na estância 29, a primeira estância do "*Völuspá* abreviado".

> Onze æsir foram enumerados,
> Baldr que caiu ao lado do montículo do matador [a meia-linha é obscura];
> Este Váli declarou-se digno de vingar-se;
> O assassino de seu irmão ele matou.

A palavra para "assassino" na última linha é *handbani*, isto é, aquele cuja mão realmente desfere o golpe, em oposição ao *ráðbani*, "conspirador para matar". Assim, sabemos que a vingança de Váli foi tomada em Höd, não em Loki. O *Baldrs draumar*, na estância 11, e o *Völuspá*, na estância 33, afirmam,

> Rind dará à luz a Váli nos salões ocidentais,
> Aquele filho de Odin vai matar com a idade de uma noite;
> Ele não vai lavar as mãos ou pentear a cabeça,
> Até que ele ponha na pira funerária o adversário de Baldr.

(Deve-se notar que, seguindo virtualmente todos os editores, eu inseri o nome "Váli" na primeira linha; não há nenhuma palavra naquele ponto, mas a linha é defeituosa e requer um nome ou substantivo começando com v- por causa da demanda por aliteração.) Aqui aprendemos que Rind é a mãe de Váli, um motivo que é corroborado por Snorri em seu catálogo dos æsir no *Gylfaginning*: "Áli ou Váli é o nome de um, o filho de Odin e Rind; ele é ousado em batalha e um tiro extremamente afortunado". Isso ocorre no catálogo logo após Vídar, com quem Váli é frequentemente pareado, ter sido mencionado e antes de Ull ser listado. Em seu *Sigurdurdrápa*, composto em torno de 960, se a estrofe for genuína o skald islandês Kormák Ögmundarson diz que Odin usou magia (seid) em Rind, presumivelmente para gerar Váli.

A extrema juventude de Váli e a ausência de cuidados com a sua aparência são descritos em linguagem praticamente idêntica no *Völuspá*, nas estâncias 32-33, embora o vingador apareça ali apenas identificado como "irmão de Baldr". A idade precoce de Váli no momento em que ele se vinga encontra seu paralelo mais próximo na história do duelo de Thor com Hrungnir, no qual o filho de Thor de três anos de idade (de acordo com um manuscrito, de apenas três noites de idade) aparece após o duelo e levanta a vasta perna do gigante morto de cima de Thor, que está preso impotente por baixo dela. Mas a abstenção de se arrumar até que a vingança seja tomada pode ser mais significativa. Váli é regularmente posto em paralelo com Vídar, o "deus silencioso", que vingará seu pai Odin durante o Ragnarök; o silêncio de Vídar parece um ato paralelo de abstenção. Tácito, *Germania*, no capítulo 31, afirma a respeito da tribo germânica Chatti, que os guerreiros novatos não devem se barbear ou se arrumar até terem matado um inimigo.

Com Vídar, e com os outros pares Magni e Módi, filhos de Thor, e Baldr e Höd, vítima e matador, Váli sobreviverá ao Ragnarök. O *Vafthrúdnismál*, na estância 51, é a melhor fonte:

> Vídar e Váli habitarão os lugares sagrados dos deuses,
> Quando o fogo de Surt morre;
> Módi e Magni possuirão o Mjöllnir
> E darão início ao fim da matança.

Snorri é, como sempre, mais explícito. Vídar e Váli sobrevivem porque nem o fogo nem o mar podem prejudicá-los, e com os outros deuses sobreviventes eles habitam Idavöll, onde Ásgard havia estado, e retêm artefatos e memórias de seus antepassados.

O nome Váli é entendido como derivado de uma forma que significa "Pequeno membro dos vanir", mas Váli não tem nada a ver com os vanir, e a alternativa "Pequeno guerreiro" faz mais sentido. O nome alternativo de Snorri, Áli, é inexplicável, exceto como uma suposta derivação de Váli. Na versão de

Saxo da história de Baldr, o vingador de Balderus é Bous, filho de Othinus e Rinda. Os nomes Váli e Bous não estão relacionados.

Ver também Baldr; Bous; Idavöll; Rind; Váli, filho de Loki; Vídar.

Referências e leituras complementares: Heinrich Wagner ("Eine-irisch-altnordische hieros gamos-Episode". *Beiträge zur Geschichte der deutschen Sprache und Literatur*, 77, 1955, p. 348-357) argumenta que a geração de Váli/Bous consiste em um casamento divino, com um paralelo na tradição irlandesa.

Vanir

Subgrupo dos deuses.

Os vanir distinguem-se do æsir, o grupo dominante ao qual Odin e Thor e suas consortes pertencem, mas também são incluídos nele, de modo que a palavra *æsir* geralmente se refere a ambos os grupos. A palavra *vanir* está relacionada etimologicamente à palavra "amigo" nas línguas escandinavas e a palavras em outras línguas que significam "prazer" ou "desejo". Os vanir se juntaram aos æsir como resultado de uma guerra entre os dois grupos. As divindades explicitamente referidas como vanir são Njörd, Frey, Freyja e possivelmente Heimdall. Njörd é o pai de Frey e Freyja, com sua irmã, segundo Snorri na *Ynglinga saga*, porque esse era o costume entre os vanir. Mas entre os æsir, tais ligações incestuosas não eram permitidas e, portanto, elas deixaram de ocorrer com a incorporação dos dois grupos de deuses. Estudiosos geralmente pensam nos vanir como deuses da fertilidade, talvez especialmente porque o maior momento de Frey na mitologia envolve um casamento com a giganta Gerd. Mas uma fórmula poética se refere aos "sábios vanir", e o *Thrymskvida*, na estância 15, afirma que Heimdall pode ver o futuro, "como outros vanir".

Ver também Guerra Æsir-Vanir; Frey; Freyja; Heimdall; Njörd.

Vár

Deusa menor.

Snorri apresenta Vár na nona posição em seu catálogo de deusas entre os æsir no *Gylfaginning* e afirma o seguinte sobre ela: "Ela presta atenção aos juramentos de pessoas e aos acordos pessoais que homens e mulheres concedem um ao outro; assim esses acordos são chamados de *várar* [pl.]. Ela se vinga daqueles que os violam". O substantivo *várar* aparece algumas vezes em referências a promessas, especialmente de natureza conjugal, mas Vár é desconhecida fora da lista de deusas de Snorri.

Vedrfölnir (Pálido-de-tempestade)

Falcão associado com Yggdrasil, a árvore do mundo.

Este personagem é encontrado apenas no *Gylfaginning* de Snorri Sturluson. Descrevendo Yggdrasil, a árvore do mundo, ele afirma:

> Uma certa águia senta-se nos ramos do freixo e ela sabe muito, e entre os olhos dela está sentado aquele falcão que se chama Vedrfölnir.

Por que um falcão deveria sentar-se entre os olhos de uma águia, ou qual o seu papel possa ser, Snorri deixa sem resposta. Presumivelmente, o falcão está associado à sabedoria da águia. Talvez, como os corvos de Odin, ele voe pelo mundo adquirindo conhecimento e trazendo-o para a águia.

Ver também Yggdrasil.

Vídar

Deus; às vezes chamado de "deus silencioso", associado especialmente à vingança.

Snorri inclui Vídar em seu catálogo dos æsir no Gylfaginning, depois de Höd e antes de Áli/Váli. Aqui Snorri diz que Vídar é o deus silencioso, que ele tem um sapato grosso, que ele é o segundo em poder apenas para Thor, e que os deuses têm nele grande apoio e consolo em todas as suas dificuldades. No *Skáldskaparmál*, Snorri coloca Vídar entre os outros æsir no banquete de Ægir e nos diz que podemos usar esses kenningar para Vídar: "o deus silencioso", "o dono do sapato de ferro", "inimigo e assassino do lobo Fenris [Fenrir]", "o deus [*áss*] da vingança dos deuses [*goð*]", o deus [*áss*] das propriedades paternas", "o filho de Odin" e "irmão dos æsir". Em seu relato da jornada de Thor a Geirröd no *Skáldskaparmál*, Snorri afirma que a giganta Gríd, que equipa Thor com vários equipamentos, é a mãe de Vídar, o silencioso.

Em sua visão das moradas dos deuses no *Grímnismál*, Odin descreve os "campos" de Vídar por último, na estância 17, e diz que eles são cultivados com matagais e capim alto:

> Lá o filho desmonta das costas de uma égua,
> O corajoso, para vingar seu pai.

O silêncio de Vídar é inexplicável a partir dos textos que chegaram até nós. Alguns estudiosos acreditam que pode derivar de silêncios rituais ou outras abstenções que acompanham atos de vingança; o irmão de Baldr, presumivelmente Váli, não lava as mãos nem penteia o cabelo até colocar o adversário de Baldr na pira funerária (*Völuspá*, na estância 33, e *Baldrs draumar*, na estância 11). Quanto ao sapato, está definitivamente associado à vingança, pois Vídar usa seu sapato, segundo Snorri, para se vingar do lobo Fenrir por matar Odin (que é seu pai, segundo o *Völuspá*, na estância 56). Logo após Snorri apresentar o lobo engolindo Odin, ele escreve isto:

> Imediatamente depois disso, Vídar adiantar-se-á e porá um pé na mandíbula inferior do lobo. Naquele pé ele terá aquele sapato, que foi construído para todos os tempos; são os restos de couro que as pessoas cortam de seus sapatos próximo aos dedos dos pés e do calcanhar e, portanto, uma pessoa que deseje preocupar-se em prestar ajuda aos æsir deve jogar fora os restos de couro. Com uma mão ele segura a mandíbula superior do lobo e rasga a sua garganta, e essa será a morte do lobo.

Este sapato é desconhecido de outras fontes; identificações tentadoras de Vídar nas cruzes de pedra em Gosforth, na Northumbria, e em Kirk Andreas, na Ilha de Man, não mostram, até onde eu possa perceber, qualquer calçado especial. A questão é ainda mais complicada pela existência de uma versão alternativa do assassinato de Fenrir por Vídar, com uma espada, no *Völuspá*, na estância 56:

> Então vem o grandioso filho de Sigfather [Odin];
> Vídar, para lutar com a fera da batalha;
> Para o filho de Hvedrung, ele fica em posição com a mão
> Uma espada no coração; assim o pai é vingado.

Hvedrung é certamente Loki, desde que o *Ynglinga tal*, na estância 32, se refere a Hel como a filha de Hvedrung. O nome também é encontrado entre os thulur como uma palavra para gigante e, confusamente, como um nome de Odin.

O relato no *Vafthrúdnismál*, na estância 53, talvez seja equívoco no método em que a vingança foi tomada. Odin acaba de perguntar a Vafthrúdnir sobre o destino de Odin:

> O lobo vai engolir Aldafödr [Odin]
> Vídar irá vingar isto;
> As mandíbulas malevolentes ele vai fender
> Na morte do lobo.

O verbo "fender" parece que deveria se referir a algo feito com uma espada, mas é apenas possível que alguém possa imaginar que rasgar um animal ao meio separando suas mandíbulas como um ato de fender. É claro que não é impossível que Snorri tenha introduzido essa interpretação.

O principal ato de Vídar na mitologia, então, é um ato de vingança. Nisso ele se iguala a Váli, o vingador de Baldr, e podemos especular que em algum momento pode ter havido uma história sobre a sedução de Odin em relação a, ou o estupro de Grid, assim como existe um mito sobre ele ter conseguido Váli a partir de Rind (Bous a partir de Rinda segundo Saxo). Vídar e Váli estão ligados não apenas a atos de vingança e pela aliteração, mas também em virtude da sua sobrevivência ao Ragnarök e ao fato de habitarem o novo mundo que deverá existir. O *Vafthrúdnismál*, na estância 51, é a melhor fonte:

> Vídar e Váli habitarão os lugares sagrados dos deuses,
> Quando o fogo de Surt morre;
> Módi e Magni possuirão o Mjöllnir
> E darão início ao fim da matança.

Snorri é, como sempre, mais explícito. Vídar e Váli sobrevivem porque nem o fogo nem o mar podem prejudicá-los, e com os outros deuses sobreviventes eles habitam Idavöll, onde Ásgard havia estado, e retêm artefatos e memórias de seus antepassados.

Segundo Georges Dumézil, Vídar era uma figura cósmica derivada de um arquétipo indo-europeu. Ele estava alinhado tanto com o espaço vertical (do pé na mandíbula inferior do lobo até a mão na mandíbula superior deste) e no espaço horizontal (por meio de suas passadas e seu sapato forte) e, portanto, serviu para definir os limites do espaço, assim como Heimdall definiu os limites do tempo. Ao matar o lobo, Vídar o impede de destruir o cosmos, que pode então ser restaurado no rescaldo do Ragnarök.

Ver também Fenrir; Idavöll; Ragnarök, Váli, filho de Odin.

Referências e leituras complementares: DUMÉZIL, G. "Le dieu scandinave Víðarr". *Revue de l'histoire des religions*, 168, 1965, p. 1-13. • RAMSKOU, T. "Ragnarok". *Kuml*, 1953, p. 182-192. • STURTEVANT, A.M. "Etymological Comments upon Certain Old Norse Proper Names in the Eddas". *Proceedings of the Modern Language Association*, 67, 1952, p. 1.145-1.162.

Vídbláin (Amplo-azulado)

Terceiro céu, de acordo com o *Gylfaginning* de Snorri.

Não há outras menções a este lugar na mitologia. Quando Snorri o menciona, ele acrescenta que os elfos da luz vivem lá agora.

Ver também Andlang.

Vídblindi (Amplo-cego)

Gigante utilizado em kenningar.

O kenning "javali de Vídblindi" em um verso composto pelo poeta Hallar-Steinn é explicado por Snorri no *Skáldskaparmál* da seguinte maneira:

> Aqui as baleias são chamadas de "javalis de Vídblindi". Ele era um gigante e pescava baleias no mar como peixes.

Um verso anônimo do décimo terceiro século parece chamar as baleias de "porcos de Vídblindi", e Vídblindi é mencionado entre os gigantes nos thulur. Ele parece ser uma daquelas figuras preservadas na tradição poética, mas não na mitologia.

Vidfinn (Finlandês da floresta)

Pai das crianças que acompanham a lua, segundo Snorri Sturluson.

Essas crianças são Bil e Hjúki, que de acordo com *Gylfaginning* foram retiradas da terra enquanto caminhavam. Embora Anne Holtsmark o tenha explicado como o Homem na Lua, o que eu acho mais interessante sobre ele é que ele é atribuído à etnia finlandesa (neste contexto quase certamente Sámi).

Presumo que esta tarefa tenha a ver com a distância da Lua a partir da Terra e talvez também com a noção da Lua como uma paisagem desértica e inóspita, algo quase como as montanhas da Noruega.

Alguns leram o nome como "Finlandês-adversário" ou "Encontrador", mas "Finlandês da floresta" é, até onde eu sei, a leitura padrão.

Ver também Bil e Hjúki.

Referências e leituras complementares: HOLTSMARK, A. "Bil og Hjuke". *Maal og minne*, 1945, p. 139-154.

Vili e Vé

Irmãos de Odin.

Como Odin, Vili e Vé são filhos de Bur; de acordo com o *Völuspá*, na estância 4, eles ergueram das profundezas a terra e formaram Midgard, e de acordo com a seção do *Gylfaginning* da *Edda* de Snorri Sturluson, eles deram vida aos primeiros humanos.

De acordo com Snorri na *Ynglinga saga*, certa vez quando Odin estava fora em uma viagem por um tempo particularmente longo, os irmãos de Odin, Vili e Vé, dividiram sua herança e ambos possuíam Frigg, mas depois Odin retornou e a tomou de volta. Saxo Grammaticus conta uma história um pouco semelhante no Livro 1 das *Gesta Danorum*: Para adornar-se com ouro, Frigga despoja uma estátua de Othinus e, em seguida, entrega-se a um criado para angariar a sua ajuda para derrubar a estátua. Envergonhado, Othinus parte em um exílio autoimposto, e durante o seu exílio, um feiticeiro chamado Mithothyn toma seu lugar e institui uma mudança nos procedimentos de culto. Após o retorno de Othinus, Mithothyn foge para Fyn e é morto pelos habitantes de lá.

Loki conhecia uma versão desta história e não estava disposto a deixar de lembrar Frigg sobre isso. No *Lokasenna*, na estância 26, quando Frigg tenta silenciar Loki, ele a repreende:

> Cala a boca, Frigg! Você é filha do Fjörgyn
> e sempre estive em grande desejo por homens
> quando Vé e Vili você permitiu, esposa de Vidrir,
> que te abraçassem.

Ver também Bur, Bor; Frigg.

Vingólf (Salão amigo)

Salão em Ásgard.

Vingólf é conhecido apenas a partir de Snorri Sturluson, que o menciona duas vezes na seção do *Gylfaginning* de sua *Edda*. Primeiro ele afirma que se trata de um templo perto de Gladsheim, um edifício verdadeiramente bonito, cuidado por sacerdotisas. Mais tarde, ele afirma que para todos os que caem em batalha – os einherjar – Odin arranja um lugar em Valhöll ou Vingólf. Não é impossível conciliar essas noções, especialmente se vemos as valquírias servindo cerveja em Valhöll como análogas às sacerdotisas em Vingólf.

Ver também Einherjar; Valhöll.

Völund

Herói, principal tema do poema éddico *Völundarkvida*.

Embora ele seja uma vez chamado de "compatriota dos elfos" no poema, e duas vezes "príncipe dos elfos", nenhuma conexão direta com os elfos pode ser identificada. Völund parece ser o reflexo escandinavo de Wayland Smith, que é bem conhecido na tradição inglesa. Na *Thidriks saga*, que ou reflete a tradição alemã ou é uma tradução direta de um livro alemão, o personagem

Uma cena da caixa de marfim de baleia conhecida como "Frank's Casket". À direita encontra-se uma imagem cristã da adoração dos magos, enquanto o lado esquerdo apresenta cenas da lenda de Völund.

Velent, o filho de um gigante e uma sereia, é aprendiz em meio aos anões e, posteriormente, como Völund, ele é capturado e mutilado, e perpetra uma terrível vingança.

Ver também Elfos.

Referências e leituras complementares: DAVIDSON, E.H.R. "Weland the Smith". *Folklore*, 69, 1958, p. 145-159.

Völuspá

Poema éddico, "Profecia [*spá*] da vidente [*vǫlva*]".

O *Völuspá* é o primeiro poema no *Codex Regius* da *Edda Poética*, seja porque sua sinopse da mitologia, desde a criação até a destruição do cosmos incluindo seu renascimento, compeliu o compilador a colocá-lo lá, ou porque o compilador pensou nele como um dos poemas de Odin, que ele havia escolhido para colocar no início da coleção (ou por ambas as razões). Uma versão separada do poema existe no *Hauksbók*, um manuscrito que compreende o que é de fato a biblioteca particular – uma coleção de textos históricos, religiosos e científicos – de Hauk Erlendsson, um jurista islandês que passou os últimos anos de sua vida na Noruega. A versão do *Völuspá* neste manuscrito é escrita em uma mão islandesa de meados do décimo quarto século e, portanto, pode ter sido acrescentada ao manuscrito após a morte de Hauk, em 1334. Além dessas duas versões completas do poema, Snorri Sturluson cita numerosas estâncias do mesmo no *Gylfaginning* de sua *Edda*, algumas delas diferindo ligeiramente das versões do *Codex Regius* ou do *Hauksbók*. Alguns estudiosos, portanto, operam com o conceito de uma terceira versão, talvez oral, que Snorri usou, e certamente Snorri não pode ter tido nenhuma das outras versões diante dele quando ele escreveu.

O *Völuspá* é falado por uma vidente sob a compulsão de Valfödr (na estância 1) ou Odin. Ela se refere a si mesma às vezes na primeira e às vezes na terceira pessoa. Ela se lembra daqueles gigantes que a criaram (na estância 2), antes do mundo ter sido criado (3). Os filhos de Bur ergueram das profundezas a terra (4), e os deuses criaram o cálculo do tempo (5-6), tinham ferramentas (7) e desfrutaram do ouro até que três donzelas gigantes interromperam sua alegria (8). Baseando-se no conselho dos deuses (9), Mótsognir foi feito o mais poderoso dos anões, e os anões fizeram imagens humanas a partir da terra (10). Um catálogo de anões ocupa muitas das próximas estâncias, com versões um pouco diferentes nas várias redações do poema. Os æsir dotaram Ask e Embla de forças vitais (nas estâncias 17-18). Neste ponto, o poema muda da cosmogonia para a cosmologia e descreve a árvore do mundo e as nornas (19-20, 27-28). A Guerra Æsir-Vanir ocupa as estâncias 21-24, e as estâncias 25-26 podem aludir à construção do muro em Ásgard. No *Codex Regius*, mas não no *Hauksbók*, segue-se a história da morte de Baldr e as consequências desse evento climático (30-35). Segue-se uma descrição da desintegração moral e cósmica que caracterizou o Ragnarök, e em seguida as mortes dos deuses e o desaparecimento do próprio cosmos (57). As últimas estâncias, no entanto, apresentam uma nota de esperança. A vidente vê a terra surgir por uma segunda vez (59). Os æsir – presumivelmente uma nova geração deles – se reunirão e eles encontrarão conexões físicas e narrativas com seu passado (60-61). Campos não cultivados vão frutificar e Baldr e Höd vão morar juntos, presumivelmente reconciliados. A atividade ritual será retomada. Uma estância a ser encontrada apenas no *Hauksbók* relata que "o poderoso virá do alto, aquele que governa a todos". Mas um dragão também virá voando, com cadáveres em suas garras. Agora, a vidente diz: "ela deve afundar", e o poema termina.

A ausência da morte de Baldr na redação do *Hauksbók* é a principal diferença entre ela e a versão do *Codex Regius*, e é uma diferença significativa. No *Codex Regius*, o início do Ragnarök segue imediatamente depois desse episódio e parece ser um resultado direto da morte de Baldr. No texto do *Hauksbók*, por outro lado, o Ragnarök parece um tanto desmotivado. Mas o texto do *Hauksbók* envia à Terra "o poderoso, aquele que governa tudo", que se parece muito com uma intrusão do deus cristão. De fato, mesmo sem essa estrofe, há muito no poema que lembra o cristianismo, e em parte porque parece entrar no pensamento milenarista, os estudiosos se inclinaram a datá-lo por volta das últimas décadas do décimo século. Essa datação é incerta e tentativas de atribuir a origem do poema a um local específico são ainda mais incertas.

O *Völuspá* é um dos mais poderosos e eloquentes monumentos da mitologia escandinava, com uma beleza de expressão raramente igualada e uma visão abrangente da mitologia que também é inigualável. O de outro modo eloquente resumo de Snorri da mitologia no *Gylfaginning* deve muito ao *Völuspá*, mas parece desajeitado quando colocado ao lado deste último.

Referências e leituras complementares: BOYER, R. "On the Composition of Völuspá. In: GLENDINNING, R.J. & BESSASON, H. (eds.). *Edda*: A Collection of Essays (Winnipeg: University of Manitoba Press, 1983, p. 117-133). • NORDAL, S. "Three Essays on Völuspá". *Saga-Book of the Viking Society*, 18, 1970-1971, p. 79-135 [trad. de B.S. Benedikz e J.S. McKinnell]. • "The Author of Völuspá". *Saga-Book of the Viking Society*, 20, 1978-1979, p. 114-130 [trad. de B.S. Benedikz. • SCHACH, P. "Some Thoughts on Völuspa". In: GLENDINNING, R.J. & BESSASON, H. (eds.). *Edda*: A Collection of Essays (Winnipeg: University of Manitoba Press, 1983, p. 86-116).

Vör

Deusa menor.

Snorri lista Vör em décimo lugar em seu catálogo de deusas entre os æsir no *Gylfaginning* e diz o seguinte sobre ela: "Ela também é sábia e tão questionadora que nenhum item pode ser escondido dela. É um provérbio que uma mulher se torna *vör* [consciente] disso quando se torna sábia". O nome Vör nada mais é do que a forma feminina do adjetivo comum *varr*, "consciente". Essa deusa é completamente desconhecida fora do catálogo de Snorri, mas seu nome ocorre duas vezes como a palavra-base em kenningar para mulher na poesia escáldica.

Yggdrasil (O Corcel de Ygg)

A árvore do mundo, localizada no centro do universo e unindo este.

A vidente que é a narradora no *Völuspá* dedica uma estância à árvore, a estância 19 nas edições habituais:

> Eu conheço um freixo que se chama Yggdrasil
> Uma árvore alta, polvilhada com lama branca;
> Daí vem o orvalho que corre em vales,
> Para sempre, fica verde sobre o Urdarbrunn.

O *Grímnismál* tem uma boa dose de informações sobre a Yggdrasil, toda ela, de acordo com o conceito do poema, apresentada por Odin como uma espécie de visão da cosmografia sagrada. A estância 44 a chama de "melhor das árvores". As estâncias 29-30 dizem que os æsir se dirigem até o freixo de Yggdrasil a cada dia "para julgar". Thor vai a pé e os demais æsir em cavalos listados na estância 30; dos dez nomes de cavalos listados, apenas um pode ser encontrado em outro lugar associado a um deus específico (Gulltopp, que Snorri diz ser o cavalo de Heimdall). A estância 29 implica que a Ás-Brú, a ponte dos æsir geralmente chamada Bilröst ou Bifröst, leva à árvore.

As cinco estâncias seguintes são sobre a própria árvore:

> 31. Três raízes estão colocadas sobre três estradas
> De debaixo do freixo de Yggdrasil;
> Hel vive debaixo de uma, debaixo de outra os gigantes de gelo,
> Seres humanos abaixo de uma terceira.
> 32. Ratatosk é o nome de um esquilo que deve correr
> no freixo de Yggdrasil;
> palavras de uma águia ele deve levar para baixo
> e pronunciar para Nídhögg abaixo.
> 33. Há quatro cervos que com os pescoços inclinados para trás
> roem nos gomos:
> Dáin e Dvalin,
> Duneyr e Durathrór.
> 34. Muitas cobras estão colocadas sob o freixo de Yggdrasil,
> e que toda pessoa insensata considere isso;
> Góinn e Móinn, – eles são os filhos de Grafvitnir –,
> Grábak e Grafvöllud;
> Ofnir e Sváfnir, acho que irão sempre
> Comer os galhos da árvore.
> 35. O freixo de Yggdrasil sofre dificuldade,
> mais do que os homens podem imaginar;
> um cervo morde por baixo, mas no lado ela apodrece;
> Nídhögg causa-lhe dano a partir de baixo.

Embora a árvore esteja muito ocupada de acordo com esse relato, ela sacudir-se-á e estremecerá durante o Ragnarök, de acordo com o *Völuspá*, na estância 47, que se refere a ela como "a árvore envelhecida".

Snorri usa e adapta essas estrofes (Yggdrasil não é mencionada em outras fontes) para criar uma descrição unificada da árvore no *Gylfaginning*, uma descrição que inclui informações e concepções que não estão na poesia éddica. A capital ou o lugar sagrado dos deuses está localizado no freixo de Yggdrasil, onde os deuses realizam julgamentos todos os dias:

> O freixo é o maior e melhor de todas as árvores. Seus membros se estendem por todo o mundo e se elevam acima do céu. Três raízes da árvore seguram-na e esticam-se amplamente. Uma está entre os æsir, a segunda entre os gigantes do gelo, onde costumava ficar o Ginnunga gap, a terceira fica sobre Niflheim. Sob essa raiz está Hvergelmir, e Nídhögg rói as raízes de baixo. Sob aquela raiz que está voltada em direção aos gigantes de gelo está a Mímisbrunn... A terceira raiz [i. é, a primeira] do freixo se coloca no céu e debaixo daquela raiz se encontra aquela fonte que é muito sagrada e é chamada de Urdarbrunn; ali os deuses possuem seu lugar de julgamento. Todos os dias os æsir cavalgam até lá na Bilröst.

Mais tarde Gylfi/Gangleri pergunta se há mais a dizer sobre a árvore. Hár responde:

> Há muito a relatar sobre ela. Uma certa águia senta-se nos ramos do freixo e sabe muitas coisas, e entre os olhos dela está assentado aquele falcão que se chama Vedrfölnir. Aquele esquilo que é chamado Ratatosk sobe e desce o freixo e leva consigo palavras maliciosas entre a águia e Nídhögg, e quatro cervos correm nos membros do freixo e mordem as suas agulhas... E há tantas cobras em Hvergelmir com Nídhögg que ninguém pode contá-las.

Finalmente, Snorri cita uma variante do verso do *Völuspá* com o qual eu comecei esta entrada:

> Eu conheço um freixo aspergido chamado Yggdrasil
> Uma árvore alta, sagrada com lama branca.
> Daí vem os orvalhos que correm para o vale;
> Ela permanece sempre verde sobre o Urdarbrunn.

Assim, Snorri estende um pouco o princípio unificador da árvore ao permitir que ela se arqueie sobre a terra e o céu, e a move do mundo dos humanos sugerido pela localização das raízes no *Grímnismál* (humanos, gigantes e mortos) ao plano mitológico (æsir, gigantes, o submundo). Ele esclarece o papel do esquilo e da águia, transformando o drama que é conduzido na árvore por essas criaturas em um duelo de palavras como aqueles nos quais Odin se destaca, e ele identifica explicitamente Nídhögg como uma cobra ou dragão. Infelizmente, ele falha em explicar a lama branca, e isso continua sendo um mistério não resolvido.

De acordo com o *Hávamál*, na estância 138, Odin se enforcou em uma árvore larga e ruidosa com raízes misteriosas, num autossacrifício que levou a uma aquisição de sabedoria. Quase todo mundo acha que essa árvore deve ser a árvore do mundo e, em caso afirmativo, o nome Yggdrasil se referiria a esse mito: Ygg é um nome de Odin e diz-se de quem é enforcado que este "cavalga" a forca. Certamente Odin tem uma conexão íntima com a árvore, e foi até sugerido que ele nasceu da árvore, isto é, que a árvore é idêntica a Bestla, a mãe de Odin.

As funções da árvore tanto no eixo vertical (tronco) como no eixo horizontal (raízes) e nas leituras estruturais da mitologia, como as de Eleazar Meletinskij, sugeriram que estas possuem funções variadas: sabedoria no eixo vertical e história no eixo horizontal. E a árvore não traz apenas a unidade espacial à mitologia; Gro Steinsland mostrou elegantemente através de uma análise do *Völuspá* como ela também gerou unidade cronológica. A estância 2 implica sua presença na condição de semente; ela passa à condição de um símbolo da criação completa (na estância 19), local de reunião dos deuses (27), auxiliar à morte de Baldr (31), símbolo agitado em relação à morte iminente do cosmos (46-47) e, finalmente, nas sortes de madeira escolhidas por Hœnir (estrofe 63) depois do Ragnarök, ela é o símbolo do novo mundo.

Em sua descrição do templo pagão na antiga Uppsala, composta por volta de 1070, Adam de Bremen diz que um grande teixo se encontra na frente do templo e que é dos ramos dessa árvore que as vítimas sacrificiais são dependuradas. A conexão com Yggdrasil é óbvia: uma grande árvore no centro da paisagem religiosa. O conceito de uma "árvore do mundo" é difundido na Eurásia, e onde o xamanismo é usado, a árvore é frequentemente o caminho tomado pelo xamã em direção aos mundos dos espíritos.

Ver também Bestla; Nídhögg, Ratatosk.

Referências e leituras complementares: Uma boa discussão geral da árvore em inglês é a de Hilda Ellis Davidson: "Scandinavian Cosmology". In: BLACKER, C. & LOEWE, M. *Ancient Cosmologies* (Londres: Allen and Unwin, 1975, p. 172-197). A análise estrutural de Meletinskij da mitologia encontra-se em "Scandinavian Mythology as a System" (*Journal of Symbolic Anthropology*, 1, 1973, p. 43-58; 2, 1974, p. 57-78). Veja também ROSS, M.C. *Prolonged Echoes: Old Norse Myths in Medieval Icelandic Society* – Vol. 1: The Myths (Odense: Odense University Press, 1994, p. 50-55). O estudo de Gro Steinsland é "Treet i Völuspá" (*Arkiv för nordisk filologi*, 94, 1976, p. 120-150). O estudo clássico da árvore do mundo é o de Uno Holmberg (Harva): *Der Baum des Lebens* (Helsinki: Suomalainen tiedeakatemia, 1922-1923) [Annales Academiæ Scientiarum Fennicæ, B 16:3).

Ymir

O protogigante assassinado e desmembrado pelos deuses para criar o cosmos.

No *Vafthrúdnismál*, depois que o sábio gigante Vafthrúdnir fez uma série de perguntas a Odin, este começa a questionar o gigante. Sua primeira pergunta é: "De onde primeiramente surgiu a terra / ou o céu acima?" Vafthrúdnir responde na estância 21:

> Da carne de Ymir a terra foi formada,
> E a partir de seus ossos as montanhas,
> O céu a partir do crânio do gigante gelado,
> E do seu "suor" [sangue] o mar.

Esta estância é repetida com variações e expansões no *Grímnismál*, estâncias 40-41:

> 40. Da carne de Ymir a terra foi formada,
> E do seu "suor" [sangue] o mar.
> Montanhas dos ossos, a árvore do cabelo,
> E do crânio dele, o céu.
> 41. E de suas sobrancelhas os deuses alegres fizeram
> Midgard para os filhos dos homens;
> E de seu cérebro as nuvens cabeças-duras
> Todos foram formados.

Na estância 28 do *Vafthrúdnismál*, Odin pergunta a Vafthrúdnir quem o "mais antigo dos æsir / ou dos aparentados de Ymir / poderia ter sido em tempos passados", e embora a resposta cite Bergelmir, Thrúdgelmir e Aurgelmir, a questão implica que Ymir era muito antigo. Essa implicação é apoiada pelo *Völuspá*, na estância 3:

> Isso foi há muito tempo, quando Ymir viveu
> Não havia areia, nem mar nem ondas frias;
> A terra não existia, nem o céu acima,
> Uma lacuna estava aberta, e não havia grama.

A estância seguinte afirma que os filhos de Bur ergueram das profundezas terras; eles eram "os que criaram a famosa Midgard".

Os skald pagãos usavam kenningar como "o crânio de Ymir" para o céu ou "o sangue de Ymir" para o mar, portanto a noção de Ymir como a matéria-prima do cosmos é seguramente antiga. O papel dos deuses, embora talvez implícito pelo *Völuspá*, é explicitado apenas por Snorri Sturluson no *Gylfaginning*. Mas Snorri na verdade tem várias informações importantes a dizer sobre Ymir, e a primeira delas é seu papel de protogigante e progenitor da raça dos gigantes (como afirma o *Hyndluljód*, na estância 33, todos os gigantes vêm de Ymir).

Na versão da cosmogonia de Snorri, as oposições fundamentais de quente e frio se encontraram no Ginnunga gap, e gotas de umidade foram o resultado.

> E daquelas gotas de veneno surgiu a vida, com o poder que o calor enviou, e ela se transformou em uma forma humana, e essa forma é chamada Ymir, mas os gigantes de gelo o chamam de Aurgelmir, e todas as famílias de gigantes de gelo descendem dele.

Gangleri pergunta se este Ymir é algum tipo de deus, e Hár responde:

De maneira alguma reconhecemos que ele é um deus; ele era mal assim como todos os seus descendentes. Nós os chamamos de gigantes do gelo. E é dito que, quando ele dormia, ele começou a suar, e então cresceu sob seu braço esquerdo um homem e uma mulher, e uma perna gerou um filho na outra perna, e deles veneram os descendentes, isto é, os gigantes de gelo. E o velho gigante do gelo, nós o chamamos de Ymir.

Snorri parece estar fazendo um esforço aqui para harmonizar a noção de Ymir como o protogigante com as estâncias 30-33 do *Vafthrúdnismál*, nas quais se afirma que Aurgelmir se tenha dedicado à monstruosa procriação hermafrodita que Snorri atribui a Ymir. Essa forma de conceber e gerar descendentes está distante de qualquer coisa que a observação de humanos ou animais possa sugerir, e embora não seja de todo incomum nas cosmogonias a concepção e nascimento hermafroditas ocorrerem, no contexto dessa mitologia, ela demonstra de uma vez por todas a natureza alienígena dos gigantes, os descendentes de Ymir.

O relacionamento de Ymir com os æsir é o próximo tópico de Snorri. Também formada de gotas no Ginnunga gap se encontrava Audhumla, a protovaca. O leite dela alimentou Ymir, e ela lambeu Búri, o primeiro dos æsir, dos blocos de sal. Búri gerou um filho Bor (presumivelmente do modo normal), e Bor se casou com Bestla, a filha do gigante Bölthorn e, portanto, uma descendente de Ymir. O número de gerações é tão pequeno que é tentador imaginar que Bölthorn foi um dos que surgiram diretamente de Ymir, mas nenhuma fonte apresenta isso de modo explícito.

Os filhos de Bor, segundo Snorri, eram Odin, Vili e Vé, e eles criaram o mundo. Aqui está o relato de Snorri:

> Os filhos de Bor mataram Ymir o gigante. E quando ele caiu, tanto sangue jorrou de suas feridas, que com ele todos os gigantes de gelo foram mortos, exceto um que escapou com sua família. Os gigantes chamavam aquele de Bergelmir. Ele subiu em seu *lúðr* juntamente com sua esposa e se salvou desse modo, e deles vêm as famílias dos gigantes de gelo.

Aqui novamente Snorri está se esforçando para manter a consistência com o *Vafthrúdnismál*. No *Vafthrúdnismál*, na estância 35, Vafthrúdnir diz simplesmente que a coisa mais antiga da qual ele se lembra foi quando Bergelmir foi colocado sobre um *lúðr*. Snorri entendeu claramente o *lúðr* como algo que flutuaria, e a palavra poderia de fato significar "caixão" ou "baú" ou alguma parte de madeira de um moinho; o significado esperado, de um instrumento musical pesado, algo parecido com uma trompa alpina, não faz sentido nem em Snorri ou em sua fonte poética. No *Vafthrúdnismál*, Bergelmir poderia ter sido colocado em seu caixão ou em alguma tábua de madeira, o que sugeriria seu funeral, ou talvez um berço durante o seu nascimento. Em nenhum dos casos há qualquer razão para pensar numa inundação, mas é isso que Snorri fez, presumivelmente como um análogo à história do dilúvio judaico-cristão.

A seção final de Snorri sobre Ymir apresenta a criação do cosmos:

> Eles tomaram Ymir e o transportaram para o meio do Ginnunga gap e fizeram a terra a partir dele: de seu sangue o mar e os lagos; a terra foi feita da carne, e montanhas dos ossos, pedras e cascalho dos dentes e molares

e ossos que foram quebrados... Do sangue que jorrou das feridas e estava fluindo sem rumo eles fizeram aquele oceano, quando eles fizeram a terra e a ancoraram, e eles o colocaram ao redor da terra, e a maioria das pessoas consideraria impossível atravessá-lo... Eles também pegaram seu crânio [e] fizeram dele o céu e o colocaram sobre a terra com quatro lados, e sob cada canto eles colocam um anão; eles são chamados de Leste, Oeste, Norte e Sul.

Snorri faz com que os filhos de Bor criem um cosmos medieval, com a terra no centro e o mar ao seu redor, e acrescenta os detalhes das direções cardeais representadas pelos anões que sustentam o céu. Ele também adiciona os dentes de Ymir à equação micro-macro.

O assassinato de um monstro é visto não raramente em conexão com a criação do universo em mitologias de todo o mundo, e a criação do cosmo através de um conjunto de analogias micro-macro não é incomum na tradição indo-europeia. O nome de Ymir originalmente significava algo como "duplicado", e estudiosos associam essa etimologia à procriação hermafrodita à qual ele se dedica e a Tuisto, o ser primevo em Tácito, *Germania*, no capítulo 2. Mas talvez o mais importante para a mitologia como um todo, a meu ver, é que Ymir é um parente materno dos filhos de Bor, talvez tão próximo quanto seu avô. Para criar o cosmos, os deuses mataram um parente materno. Isso pode ser visto como o primeiro de três assassinatos dentro da família na mitologia. O segundo é a morte de Baldr nas mãos de seu meio-irmão Höd, e o terceiro seria o conjunto de assassinatos durante o Ragnarök, quando gigantes e deuses, inextricavelmente ligados por Ymir e Audhumla, matam uns aos outros até o fim e destroem o cosmos que foi criado através do primeiro assassinato.

Ver também Audhumla; Aurgelmir; Baldr; Bergelmir; Bestla; Bur, Bor; Búri; Tuisto.

Referências e leituras complementares: Uma leitura comparativa de todo o conjunto de mitos da criação foi oferecida por Franz Rolf Schröder ("Germanische Schöpfungsmythen I–II: Eine vergleichende religionsgeschichtliche Studie". *Germanisch-Romanisch Monatsschrift*, 19, 1931, p. 1-26, 81-99 [Ymir é tratado na parte I]). O misterioso *lúðr* é o tema de Anne Holtsmark ("Det norrøne ord *lúðr*". *Maal og minne*, 1946, p. 49-65). A natureza "duplicada" de Ymir e a sua identidade com Tuisto foram discutidas por Richard M. Meyer ("Beiträge zur altgermanischen Mythologie". *Arkiv för nordisk filologi*, 23, 1907, p. 245-256) e "Ymi-Tuisto" (*Arkiv för nordisk filologi*, 25, 1909, p. 333). Uma esplêndida análise da equação micro-macro é apresentada por

Bruce Lincoln em seu *Myth, Cosmos, and Society*: Indo-European Themes of Creation and Destruction (Cambridge, MA: Harvard University Press, 1986).

Yngvi

Nome de Frey, algumas vezes composto como Yngvi-Frey.

Os poetas referiam-se aos suecos e noruegueses como "o povo de Yngvi", presumivelmente por causa da associação do Rei Rögnvald de Vestfold, na Noruega, com a dinastia sueca do Ynglingar. *Yngvi* também é usado na poesia escáldica, seguindo as regras normais da dicção, como um substantivo que significa "rei". No prólogo de sua *Edda*, Snorri afirmou que Odin (este é o Odin evemerizado, o rei que emigrou de Tyrkland para a Escandinávia) tinha um filho chamado Yngvi que o sucedeu como rei da Suécia. Dele descendem as linhagens chamadas Ynglingar. Mas em sua *Ynglinga saga* Snorri diz explicitamente que Yngvi era um segundo nome para Frey (no capítulo 10), e duas vezes ele usa o composto Yngvifrey. Snorri também diz que o nome Yngvi foi usado por muito tempo na linhagem de Frey como um termo de respeito. Mais tarde, no capítulo 17, ele coloca isso da seguinte maneira:

> Dyggvi foi o primeiro de sua família a ser chamado rei; antes disso, eles eram chamados de *dróttinn* [chefes locais], suas mulheres *dróttning* [esposa do chefe local; mais tarde rainha], e a corte *drótt* [bando de guerreiros]. Mas cada um de sua linhagem foi chamado de Yngvi ou Ynguni por toda a sua vida, e todos juntos os Ynglingar.

A última frase deve usar "os Ynglingar" no sentido de uma dinastia, em vez de um povo, e isso está de acordo com o uso poético mencionado acima. A forma Ynguni (em alguns manuscritos Yngunni ou Yngvin) não é encontrada em outros lugares, mas parece muito com a forma germânica ocidental em Ingunar-Frey.

Ver também Frey; Ing; Ingunar-Frey.

Referências e leituras complementares: Ver Walter Baetke (*Yngvi und die Ynglingar: Eine quellenkritische Untersuchung über das nordische "Sakralkönigtum"* – Sitzungsberichte der sächsischen Akademie der Wissenschaften zu Leipzig, Phil.-hist.-Kl., 109:3 (Berlim: Akademie-Verlag, 1964)), que argumenta que os materiais referentes a Frey e aos Ynglingar não podem ser usados para promover uma noção de realeza sacra. Ver também Wolfgang Krause ("Ing". *Nachrichten der Akademie der Wissenschaften in Göttingen*, Phil.-hist.-Kl., 10, 1944, p. 229-254), para um argumento de que o nome originalmente significava "homem" e estava associado à fertilidade através do sol. Henrik Schück ("Ingunar Frey". *Fornvännen*, 10, 1940, p. 289-296), que argumentou que Ingun consistia na terra. Franz Rolf Schröder (*Untersuchungen zur germanischen und vergleichenden Religionsgeschichte* – Vol. 1: Ingunar-Frey (Tübingen: J.C. B. Mohr [P. Siebeck], 1941)), que argumentou por Ingung como sendo uma divindade da fertilidade associada com uma árvore sagrada.

4
Recursos impressos e não impressos

Este capítulo destina-se a fornecer ao leitor uma visão geral de materiais de referência importantes, bem como recursos impressos relativos, em geral, à própria mitologia. Está organizado de acordo com o seguinte esquema:

Antecedentes – Escandinávia viking e medieval,

Arqueologia,

Etimologia,

A conversão da Islândia,

Islândia medieval,

Mulheres e gênero,

Enciclopédias,

Fontes primárias – traduções,

Fontes primárias – comentários e análises,

Poesia Éddica e Escáldica,

Snorri Sturluson,

Histórias literárias,

Mitologia: tratamentos gerais,

Mitologia: estudos importantes,

Recursos não impressos,

O foco está colocado sobre obras em inglês, mas materiais em alemão e, em um caso, nos idiomas escandinavos, foram ocasionalmente incluídos quando pareciam particularmente importantes ou úteis. Orientações para leituras mais dirigidas sobre aspectos individuais da mitologia são encontradas nas seções intituladas "Referências e leituras complementares", seguindo as entradas no capítulo 3.

Antecedentes – Escandinávia viking e medieval

Para a Era Viking existem vários trabalhos excelentes que oferecem tratamentos variados: Else Roesdahl (*The Vikings* (Nova York/Londres: Penguin Books, 1992; Danish, 1987) [trad. Susan M. Margeson e Kirsten Williams]) apresenta uma pesquisa geral. Roesdahl é uma arqueóloga, mas também está bem informada sobre as fontes escritas e oferece o tratamento mais acessível e completo atualmente disponível. Peter Sawyer (ed.) (*The Oxford Illustrated History of the Vikings* (Oxford/Nova York: Oxford University Press, 1997), contém uma coleção de capítulos de vários especialistas em uma série de assuntos, com base nas pesquisas mais recentes. Numerosas ilustrações aprimoram o trabalho. R.I. Page (*Chronicles of the Vikings*: Records, Memorials, and Myths (Toronto/Búfalo: University of Toronto Press, 1995)) oferece uma coleção de materiais de fontes primárias com introduções e comentários. John Haywood (*The Penguin Historical Atlas of the Vikings* (Nova York/Londres: Penguin Books, 1995)) é uma maravilhosa coleção de mapas e inclui ilustrações em cores e comentários aptos.

Dos muitos trabalhos mais antigos sobre a Era Viking, nenhum é encontrado com mais frequência do que Gwyn Jones (*A History of the Vikings*. Ed. rev. (Nova York/Londres: Oxford University Press, 1984)). É envolvente, ainda que um pouco prolixo. Peter Foote e David M. Wilson (*The Achievement of the Vikings*: The Society and Culture of Early Medieval Scandinavia (Londres: Sidgwick e Jackson, 1970)) são insuperáveis nos detalhes de sua cobertura especializada de assuntos. Um trabalho inovador foi o de Peter Sawyer (*The Age of the Vikings*. 2. ed. (Londres: E. Arnold, 1971)). David Wilson (*The Vikings and Their Origins*: Scandinavia in the First Millennium (Nova York: McGraw Hill, 1970)) é para o leitor geral. Johannes Brøndsted (*The Vikings* (Nova York: Penguin, 1965; original dinamarquês de 1960)) parece hoje estar fora de moda.

Os livros ilustrados de formato maior incluem James Graham-Campbell e Dafydd Kidd (*The Vikings* (Nova York: W. Morrow, 1980)), o catálogo de uma exposição realizada no British Museum e no Metropolitan Museum of Art. No mesmo ano, foram publicados dois livros semelhantes: GRAHAM-CAMPBELL, J. et al. *The Viking World* (New Haven/Nova York: Ticknor and Fields, 1980). • WILSON, D.M. (ed.). *The Northern World*: The History and Heritage of Northern Europe AD 400-1100 (Nova York: H.N. Abrams, 1980), ambos talvez inspirados na exposição. Todos eles seguem o caminho de Bertil Almgren et al. (eds.) (*The Viking*) (Gothenburg, Suécia: Tre Tryckare, 1967), incluindo capítulos de vários especialistas e ilustrações ricas, muitas coloridas, em páginas de grande formato. E um catálogo explícito de exposições é William Fitzhugh e Elisabeth I. Ward (*Vikings*: The Norse Atlantic Saga (Washington, DC/Londres: Smithsonian Institution Press, 2000)). Centra-se na expansão viking a oeste através do Atlântico e é particularmente competente em relação aos assuntos conectados à investigação da arqueologia. Um capítulo separado é dedicado à religião, à arte e às runas.

Tratamentos de áreas individuais são abundantes. Para a Grã-Bretanha, ver LOYN, H.R. *The Vikings in Britain* (Londres: B.T. Batsford, 1977). • SAWYER, P.H. *From Roman Britain to Norman England* (Londres: Methuen, 1978), • SMYTH, A.P. *Scandinavian Kings in the British Isles, 850-880* (Oxford: Oxford University Press, 1977) [Oxford Historical Monographs] e o trabalho padrão: STENTON, F. *Anglo-Saxon England*. 3. ed. (Oxford: Oxford University Press, 1971). Para Escandinávia continental: RANDSBORG, K. *The Viking Age in Denmark*: The Foundation of a State (Londres: Duckworth, 1980). Para a Rússia e expansão para o leste: MELNIKOVA, E.A. *The Eastern World of the Vikings*: Eight Essays about Scandinavia and Eastern Europe in the Early Middle Ages (Gothenburg, Suécia: Litteraturvetenskapliga Institutionen/Göteborgs Universitet, 1996) [Gothenburg Old Norse Studies, 1]. Para a Islândia: JÓHANNESSON, J. *A History of the Old Icelandic Commonwealth*: Íslendinga saga ([Manitoba:] University of Manitoba Press, 1974) [trad. de Haraldur Bessason]. Para a Groenlândia: KROGH, K.J. *Viking Greenland*: With a Supplement of Saga Texts ([Copenhague:] National Museum, 1967).

O Período de Migração está bem coberto em Lucien Musset (*The Germanic Invasions*: The Making of Europe, AD 400-600 (University Park: Pennsylvania State University Press, 1975) [trad. Edward e Columba James]), e Malcolm Todd (*The Early Germans* – The Peoples of Europe (Oxford/Cambridge, MA: Blackwell, 1992)).

A Escandinávia medieval atraiu muito menos atenção geral do que a Era Viking. Uma exceção é Peter Sawyer e Bibi Sawyer (*Medieval Scandinavia*: From Conversion to Reformation, circa 800-1500 (Mineápolis: University of Minnesota Press, 1993 [Nordic Series, 17])). Caso contrário, deve-se consultar as histórias nacionais. Para a Dinamarca: Stewart P. Oakley (*A Short History of Denmark* (Nova York: Praeger, 1972)). Para a Islândia: Jón R. Hjalmarsson (*History of Iceland*: From the Settlement to the Present Day (Reykjavík: Iceland Review, 1993)). Para a Noruega: T.K. Derry (*A History of Norway* (Londres: Allen and Unwen, 1957)). Para a Suécia: Franklin Scott (*Sweden*: The Nation's History (Mineápolis: University of Minnesota Press, 1977)).

Arqueologia

Este é um campo no qual as coisas estão se movendo rapidamente. Como resultado, Haakon Shetelig e Hjalmar Falk (*Scandinavian Archaeology* (Oxford: Clarendon, 1937) [trad. E.V. Gordon]) devem ser lidos apenas para o pano de fundo. Else Roesdahl (*The Vikings*, citado acima), continuará sendo o padrão por algum tempo. Os catálogos das recentes exibições sobre Vikings, especialmente a de Fitzhugh e Ward (*Vikings*: The Norse Atlantic Saga, citados acima), oferecerão mais detalhes sobre a maioria dos tópicos.

Etimologia

O dicionário etimológico padrão é Jan de Vries (*Altnordisches etymologisches Wörterbuch* (Leiden: E.J. Brill, 1962)). O *Isländisches etymologisches Wörterbuch*, de Alexander Jóhannesson (Berna: Francke [1951-1956]) também é valioso, mas o acesso a entradas é feito através de raízes indo-europeias; portanto, não é para os não iniciados. Aqueles que não sabem ler alemão são referidos ao livro de Gabriel Turville-Petre (*Myth and Religion of the North*: The Religion of Ancient Scandinavia (Nova York: Holt, Rinehart and Winston, 1964 [reimpressão, Westport, CT: Greenwood Press, 1975)) –, embora esteja há muito esgotado – o qual geralmente inclui informações de natureza etimológica, como o faz também Rudolf Simek (*Lexikon der altgermanischen Mythologie*, traduzido como *Dictionary of Northern Mythology* (Cambridge/ Rochester: D.S. Brewer, 1993 [trad. Angela Hall])), e Andy Orchard (*Dictionary of Norse Myth and Legend* (Londres: Cassell, 1997)). Outro recurso é o *American Heritage Dictionary of the English Language*, que contém um glossário de raízes indo-europeias que é interessante consultar em conexão com uma discussão etimológica envolvendo tais raízes.

Embora haja bons trabalhos introdutórios sobre o estudo de *place-names* nos idiomas escandinavos, eles próprios e quase toda a literatura especializada não estão disponíveis em inglês. Os interessados no uso dos nomes dos deuses em *place-names* podem, no entanto, estudar facilmente os mapas em Jan de Vries ("Altgermanische Religionsgeschichte". *Grundriss der germanischen Philologie*, 12, p. 1-2 (Berlim: W. de Gruyter, 1956-1957)), se tiverem um dicionário alemão-português à mão.

Os estudantes que desejam aprender mais sobre a história das línguas germânicas em geral devem recorrer a Orrin W. Robinson (*Old English and Its Closest Relatives*: A Survey of the Earliest Germanic Languages (Stanford: Stanford University Press, 1992)) e Hans Frede Nielsen (*The Germanic Languages*: Origins and Early Dialectal Interrelations (Tuscaloosa/Londres: University of Alabama Press, 1989)). Para os escandinavos, consulte Einar Haugen (*The Escandinavian Languages*: An Introduction to Their History (Cambridge, MA: Harvard University Press, 1976)).

A conversão da Islândia

Dag Strömbäck (*The Conversion of Iceland* (Londres: Viking Society for Northern Research, 1975) [trad. e anotado por Peter Foote] [Text Series, 6]) é um modelo de erudição e não é necessário procurar mais além dele, embora um tratamento mais completo e especialmente uma análise dos eventos centrais no althingi em 1000 E.C. pode ser encontrado em Jón Hnefill Aðalsteinsson (*Under the Cloak*: The Acceptance of Christianity in Iceland with Particular Reference to the Religious Attitudes Prevailing at the Time

(Uppsala: Almqvist and Wiksell, 1978) [Studia Ethnologica Upsaliensia, 4]). Aqueles profundamente pressionados pela falta de tempo, aqueles que preferem sua história em uma forma popularizada, ou aqueles que gostam de figuras, podem recorrer ao trabalho muito curto de Michael Scott Rohan e Allan J. Scott (*The Hammer and the Cross* (Oxford: Alder Publishing, 1980)), que não pressupõe conhecimento prévio.

Islândia medieval

Como praticamente todos os textos da mitologia escandinava foram registrados na Islândia medieval, um conhecimento a respeito dessa sociedade será útil. Eu recomendo Jón Jóhannesson (*A History of the Old Icelandic Commonwealth*: Íslendinga saga (citado acima)), para o pano de fundo histórico até o décimo terceiro século. Para uma excelente análise antropológica da comunidade islandesa, ver primeiro Kirsten Hastrup (*Culture and History in Medieval Iceland*: An Anthropological Assessment of Structure and Change (Oxford: Clarendon, 1985)); esse trabalho também inclui comentários diretos sobre a mitologia, especialmente no que diz respeito à cosmologia. A obra de Hastrup (*Island of Anthropology*: Studies in Past and Present Iceland (Odense: Odense University Press, 1990) [Viking Collection, 5]) contém outros ensaios relevantes de Hastrup, e uma coleção de ensaios pode ser encontrada em Gísli Pálsson (ed.) (*From Sagas to Society*: Contemporary Approaches to Early Iceland (Enfield Lock, Inglaterra: Hisarlik Press, 1992)). Livros que enfocam a interface entre história e literatura são Preben Meulengracht Sørensen (*Saga and Society*: An Introduction to Old Norse Literature (Odense: Odense University Press, 1993; original dinamarquês de 1977) [trad. John Tucker] [Studia Borealis/Nordic Studies, 1]), e, nos dois ensaios de sua introdução, Theodore M. Andersson e William Ian Miller (*Law and Literature in Medieval Iceland*: Ljósvetninga saga and Valla-Ljóts saga (Stanford: Stanford University Press, 1989)). O livro de Miller (*Bloodtaking and Peacemaking*: Feud, Law, and Society in Saga Iceland (Chicago/Londres: University of Chicago Press, 1990)), é uma análise detalhada e minuciosa dos processos de resolução de disputas conforme são manifestados nas sagas; esses processos são, a meu ver, diretamente relevantes para a mitologia. Os estudantes também podem achar útil Jesse Byock (*Feud in the Icelandic Saga* (Berkeley/Los Angeles: University of California Press, 1982)), e Byock (*Medieval Iceland* (Berkeley/Los Angeles: University of California Press, 1988)).

Mulheres e gênero

O papel das mulheres na sociedade e na literatura tem sido objeto de várias investigações recentes. Veja Judith Jesch (*Women in the Viking Age* (Woodridge, Inglaterra: Boydell, 1991)), Jenny Jochens (*Women in Old Norse Society* (Ithaca, NY: Cornell University Press, 1995)) e Jochens (*Old Norse Images of Women* (Filadélfia: University of Pennsylvania Press, 1996)). Carol J. Clover argumenta que o gênero é menos importante do que o poder em "Regardless of Sex: Men, Women, and Power in Early Northern Europe" (*Speculum*, 68, 1993, p. 363-387).

Enciclopédias

Várias enciclopédias oferecem fácil acesso a informações relevantes sobre a mitologia nórdica. Philip Pulsiano, Kirsten Wolf, Paul Acker e Donald K. Fry (*Medieval Scandinavia*: An Encyclopedia – Garland Encyclopedias of the Middle Ages, 1 (Nova York/Londres: Garland Publishing, 1993) [Garland Reference Library of the Humanities, 934]) oferecem artigos sobre assuntos literários, históricos e arqueológicos. Complementam a compilação nórdica de 22 volumes, publicada em todos os cinco países nórdicos, intitulada em sueco *Kulturhistoriskt lexikon för nordisk medeltid från vikingatid till reformationstid* (Malmö, Suécia: Allhems förlag, 1956-1978); os artigos estão nos idiomas escandinavos, mas as referências podem ser úteis mesmo para aqueles que não podem ler esses idiomas. O *Dictionary of the Middle Ages* (Joseph R. Strayer, editor geral, 13 vols. (Nova York: Scribners, 1982-1989)) tem extensa cobertura da Escandinávia, incluindo artigos sobre mitologia nórdica. Da mesma forma, *The Encyclopedia of Religion* (Mircea Eliade, editor-chefe, 16 vols. (Nova York/Londres: Macmillan, 1987)) contém artigos sobre mito e religião indo-europeus, germânicos e escandinavos. Aqueles que podem ler o alemão encontrarão grande vantagem consultando os artigos na edição nova do *Reallexikon der germanischen Altertumskunde* (ed. Heinrich Beck et al.) (Berlim/Nova York: W. de Gruyter, 1973-), muitos dos quais são estudos detalhados de mitos e tópicos religiosos por si mesmos. O *Lexikon des Mittelalters* (9 vols. (Munique/Zurique: Artemis Verlag, 1980-1998)) tem bons artigos sobre história e literatura medievais. A literatura medieval escandinava e a mitologia também são tratadas em Carl Lindahl, John McNamara e John Lindow (editores do *Medieval Folklore*: An Encyclopedia of Myths, Legends, Tales, Beliefs, and Customs. 2 vols. (Santa Bárbara, CA: ABC-CLIO, 2000)).

Fontes primárias – traduções

Embora várias tentativas tenham sido feitas para traduzir a *Edda Poética*, nenhuma foi totalmente bem-sucedida, principalmente por causa da dificuldade dos próprios textos em vários lugares. Henry Adams Bellows (*The Poetic Edda*: Translated from the Icelandic with an Introduction and Notes (Nova York: American-Scandinavian Foundation, 1923)) ainda é útil, embora empregue algumas grafias idiossincráticas (p. ex., *Hovamol* para *Hávamál*), e as copiosas notas de rodapé devem ser evitadas. Lee M. Hollander (*The Poetic Edda*: Translated with an Introduction and Explanatory Notes. 2. ed. rev. (Austin: University of Texas Press, 1962)) usa um inglês arcaico que não deixa de ter seu interesse, mas geralmente confunde o leitor comum. Paul B. Taylor e W.H. Auden (*The Elder Edda*: A Selection (Nova York: Random House, 1967-1969)) é o resultado de uma colaboração entre um estudioso e um ilustre poeta, mas seu arranjo dos poemas é arbitrário, e outras traduções são mais literalmente precisas. Patricia Terry (*Poems of the Vikings*: The Elder Edda (Indianápolis, IN: Bobbs-Merrill [1969])) também sofre de questões relativas à precisão. A tradução mais recente para o inglês, útil e acessível, é a de Carolyne Larrington (*The Poetic Edda*: Translated with an Introduction and Notes (Oxford/Nova York: Oxford University Press, 1996)). Ursula Dronke está produzindo uma edição de poemas éddicos; além de apresentações e notas, contém traduções em inglês paralelas ao texto islandês. As traduções de Dronke são esplêndidas, mas o trabalho como um todo destina-se a uma audiência acadêmica em vez de geral. No momento em que escrevo, dois volumes apareceram: *The Poetic Edda* – Vol. 1, Heroic Poems: Edited with Translation, Introduction, and Commentary (Oxford: Clarendon, 1969) e *The Poetic Edda* – Vol. 2, Mythological Poems: Edited with Translation, Introduction, and Commentary (Oxford: Clarendon, 1997; contém o *Völuspá*, e o *Hávamál*). Finalmente, a famosa e influente edição do *Völuspá* de Sigurður Nordal, com comentários, está disponível na tradução inglesa por B.S. Benedikz e John McKinnell (Durham, Inglaterra: Durham and St. Andrews Medieval Texts, 1978).

A mais recente tradução em inglês da *Edda* de Snorri Sturluson também é a melhor: FAULKES, A. *Edda/Snorri Sturluson*: Translated from the Icelandic and Introduced (Londres: Dent, 1987) [Everyman Classics, Everyman's Library, 499]. Uma tradução da maioria das passagens mitológicas é oferecida por Jean I. Young (*The Prose Edda of Snorri Sturluson*: Tales from Norse Mythology, Selected and Translated (Berkeley/Los Angeles: University of California Press, c. 1954)). Ela é precisa, e a introdução de Sigurður Nordal é agradável, mas, como omite a maior parte do *Skáldskaparmál* e de todos os *Háttatal*, dá uma falsa impressão do trabalho como um todo e não é isento de simplificações ocasionais. A obra de Arthur Gilchrist Brodeur (*The Prose Edda, by Snorri Sturluson*: Translated from the Icelandic with an Introduction (Nova York: American-Scandinavian Foundation, 1916) [Scandinavian Classics, 5]) está há muito esgotada, mas é ainda bastante utilizável.

Alguns versos escáldicos mitológicos estão presentes juntos em Lee M. Hollander (*The Skalds*: A Selection of Their Poems, with Introductions and Notes (Princeton/Nova York: Princeton University Press, for the American-Scandinavian Foundation, c. 1945)). Alguns também podem ser encontrados traduzidos e explicados em *Scaldic Poetry* (de Gabriel Turville-Petre (Oxford: Clarendon, 1976)). Outros poemas significativos podem ser encontrados em *Old Norse Poems*: The Most Important Non-Skaldic Verse Not Included in the Poetic Edda (de Hollander (Nova York: Columbia University Press, 1936 [reimpressão, Millwood, NY: Kraus Reprint Co., 1973])).

As *Gesta Danorum* de Saxo Grammaticus foram traduzidas para o inglês duas vezes. Da era vitoriana é *The First Nine Books of the Danish History of Saxo Grammaticus* (trad. Oliver Elton, com "Algumas considerações sobre as fontes, os métodos históricos e o folclore de Saxo", de Frederick York Powell (Londres: D. Nutt, 1894 [Publications of the Folk-Lore Society, 33])). Nossa era encontrou seu Saxo em *The History of the Danes/Saxo Grammaticus* (trad. Peter Fisher; ed. Hilda Ellis Davidson (Cambridge/Totowa: D.S. Brewer/Rowman and Littlefield, 1979-1980)), que apresenta um comentário muito útil de Hilda Ellis Davidson.

Finalmente, Hermann Pálsson e Magnus Magnus Magnusson (*The Vinland Sagas*: The Norse Discovery of America (Baltimore: Penguin Books, 1965)) oferecem aos leitores a chance de considerar por si mesmos a evidência literária das excursões escandinavas à América do Norte meio milênio antes da chegada de Colombo; no contexto desse trabalho, é um texto relevante por causa da descrição elaborada de uma cerimônia de seid no capítulo 3 de *Eiríks saga rauda* (A saga de Erik, o Vermelho).

Fontes primárias – comentários e análises

Poesia Éddica e Escáldica

Infelizmente, esta é talvez a área em que alguém é mais prejudicado pela incapacidade de ler as línguas alemã e escandinava. Uma série de comentários à poesia éddica tem aparecido ao longo dos anos, mas todos são em alemão, até mesmo aqueles anunciados por uma equipe de estudiosos em Frankfurt e manifesto em pequenas amostras textuais. Os únicos comentários, portanto, são aqueles ligados às traduções mencionadas acima. Dronke é o mais satisfatório, mas ela colocou limites bastante severos no que tange ir além das questões efetivamente textuais. As notas de Larrington também são boas, mas não posso recomendar com entusiasmo nada mais sobre o *corpus* éddico. E o caso é quase impossível para a poesia escáldica. Há, com certeza, os comentários que acompanham as traduções de Turville-Petre e Hollander, mas os textos apresentados são muito limitados. Há também, é claro, tratamentos monográficos de vários poemas escáldicos importantes, mas esses textos são tão difíceis que tais tratamentos geralmente tendem a limitar-se a comentários sobre linguagem e gramática, em vez de conteúdo. Aqueles que podem ler as línguas escandinavas podem fazer uso dos *corpora* e comentários criados por Finnur Jónsson e Ernst Albin Kock; a respeito dos problemas inerentes a eles, ver Roberta Frank ("Skaldic Poetry". In: CLOVER, C.J. & LINDOW, J. (eds.). *Old Norse-Icelandic Literature*: A Critical Guide (Ithaca/Londres: Cornell University Press, 1985) [Islandica, 45]).

Um estudo idiossincrático da poesia éddica é o de Eleazar Meletinskij (*The Elder Edda and Early Forms of the Epic* (Trieste: Parnaso, 1998) [trad. Kenneth H. Ober] [Hesperides, 6]).

Snorri Sturluson

Uma biografia de Snorri Sturluson e consideração de seus escritos é Marlene Ciklamini (*Snorri Sturluson* (Boston: Twayne Publishers, 1978) [Twayne's World Authors Series, TWAS 493: Iceland]). Não tem a autoridade do magistral *Snorri Sturluson* ([Reykjavík]: Þór. B. Þorláksson, 1920), do Sigurður Nordal, mas esse trabalho nunca foi traduzido do islandês original. Um bom estudo do *Heimskringla* de Snorri é Sverre Bagge (*Society and Politics in Snorri Sturluson's* Heimskringla (Berkeley/Los Angeles: University of California Press, 1991)). Recentes coleções de ensaios sobre Snorri e o seu trabalho incluem *Snorri: Átta alda minning* (Reykjavík: Sögufelag, 1979), um volume no qual estudiosos islandeses contemplam oito séculos da memória de Snorri; Úlfar Bragason (ed.) (*Snorrastefna: 25. – 27. Júlí 1990* (Reykjavík: Stofnun Sigurðar Nordals, 1992)) – apesar do título islandês, mais da metade dos ensaios está em inglês; Alois Wolf (ed.) (*Snorri Sturluson*: Kolloquium anlässlich der 750. Wiederkehr sena Todestages (Tübingen: G. Narr, c. 1993) [Script Oralia, 51]); e Hans Fix (ed.) (*Snorri Sturluson*: Beitrage zu Werk und Rezeption (Berlim: W. de Gruyter, 1998) [Ergänzungsbände zum Reallexikon der germanischen Altertumskunde, 18]). Margaret Clunies Ross (*Skáldskaparmál*: Snorri Sturluson's Ars Poetica and Medieval Theories of Language (Odense: Odense University Press, 1987) [Viking Collection, 4]) define o *Skáldskaparmál* diante do pano de fundo enciclopédico erudito medieval. Alexandra Pesch (*Brunaöld, haugsöld, kirkjuöld*: Untersuchungen zu den archaologisch überprüfbaren Aussagen in der Heimskringla des Snorri Sturluson (Frankfurt a. Main/Nova York: P. Lang, 1996) [Texte und Untersuchungen zur Germanistik und Skandinavistik, 35]) lê o registo arqueológico em face do *Heimskringla*. Um comentário alemão (que acompanha uma tradução) para o *Gylfaginning* de Snorri que eu achei muito útil é o de Gottfried Lorenz (*Snorri Sturluson, Gylfaginning*: Texte, Übersetzung, Kommentar (Darmstadt: Wissenschaftliche Buchgesellschaft, 1984) [Texte zur Forschung, 48]). A respeito do *Heimskringla*, ver Diana Whaley (*Heimskringla*: An Introduction (Londres: University College, 1991) [Viking Society for Northern Research Text Series, 3]).

Histórias literárias

A pesquisa geral mais recente em inglês é a de Jónas Kristjánsson (*Eddas and Sagas*: Iceland's Medieval Literature (Reykjavík: Hið íslenska bókmenntafélag, 1988) [trad. Peter Foote]). Uma coleção de ensaios resumindo o estado das pesquisas e incluindo extensas bibliografias sobre mito e mitografia, poesia éddica, poesia escáldica, sagas dos reis, sagas de islandeses e romances é Carol J. Clover e John Lindow (eds.) (*Old Norse-Icelandic Literature*: A Critical Guide (citado acima)). As *fornaldarsögur* são a omissão mais importante daquela coleção, mas foi de certa forma remediada pela publicação de Stephen A. Mitchell (*Heroic Sagas and Ballads* (Ithaca/Londres: Cornell University Press, 1991)).

A relação entre as condições sociais e a literatura é apresentada no excelente *Saga and Society*: An Introduction to Old Norse Literature (de Preben Meulengracht Sørensen (citado acima)). Meulengracht Sørensen é particularmente bom em padrões míticos na literatura em geral. Sigurður Nordal (*Icelandic Culture* (Ithaca, NY: Cornell University Library, 1990) [trad. e com notas de Vilhjalmur T. Bjarnar]) não é, estritamente falando, uma história literária, mas oferece muito do que é interessante. Aqueles que leem alemão podem recorrer a Jan de Vries (*Altnordische Literaturgeschichte*. 2 vols. (Berlim: W. de Gruyter, 1964) [Grundriss der germanischen Philologie, 15-16]), mas todas as outras pesquisas literárias-padrão estão nas línguas escandinavas.

Mitologia: tratamentos gerais

O mito e a religião escandinavos são um campo em que muitos trabalhos mais antigos ainda são lidos e citados, com o resultado inevitável de que uma grande porcentagem do material está em alemão e escandinavo (também há muito material de interesse em italiano, francês e russo, entre outros). É possível ter uma noção da erudição até o início dos anos de 1980, consultando meu *Scandinavian Mythology*: An Annotated Biblio-

graphy (Nova York: Garland, 1988) [Garland Folklore Bibliographies, 13].
Se existe um trabalho de referência padrão, é Jan de Vries (*Altgermanische Religionsgeschichte*. 2 vols. 2. ed. (Berlim: W. de Gruyter, 1956-1967) [Grundriss der germanischen Philologie, 12-13]. No entanto, existem muitos trabalhos introdutórios em inglês que podem ser recomendados. O melhor, na minha opinião, é o de Gabriel Turville-Petre (*Myth and Religion of the North*: The Religion of Ancient Scandinavia (citado acima)), mas está há muito esgotado. H. Ellis Davidson (*Gods and Myths of Northern Europe* (Baltimore: Penguin, 1964)) presta menos atenção aos detalhes textuais do que eu gostaria, mas permanece impresso e é sólido. Davidson também contribuiu com um livro de grande formato originalmente intitulado *Scandinavian Mythology* (Londres/Nova York: Hamlyn, 1969) e recentemente reeditado como *Viking and Norse Mythology* (Nova York: Barnes and Noble, 1996); esse trabalho apresenta imagens especialmente atraentes de muitos dos artefatos mais significativos. Um tratamento muito breve, mas muito bom, é o de R.I. Page (*Norse Myths* (Londres/Austin: British Museum/University of Texas Press, 1990)). Um tratamento muito longo é o volume da série mais antiga *Mythology of All Races* (de John Arnott MacCulloch (o editor da série), intitulado simplesmente *Eddic* (Nova York: M. Jones [reimpressão, Nova York: Cooper Square Publishers, 1964])).

Não gosto de obras que, na sua sistematização, afastem os leitores dos textos; ao contrário, digamos, da mitologia grega, a mitologia nórdica é realmente encontrada em um *corpus* textual tão limitado que me parece indefensável separar-se dela. Assim, não posso recomendar o trabalho do historiador norueguês Peter Andreas Munch, revisado pelo grande filólogo Magnus Olsen e disponível em inglês como *Norse Mythology*: Legends of Gods and Heroes (Nova York: American-Scandinavian Foundation, 1927) [trad. Sigure Bernhard Hustvedt], embora a versão norueguesa, com comentários adicionados por Anne Holtsmark, definitivamente valha a pena dar uma olhada. Eu igualmente não recomendo Brian Branston (*Gods of the North* (Nova York: Vanguard, n. 1955?)), ou Kevin Crossley-Holland (*The Norse Myths*: Introduced and Retold (Nova York: Pantheon Books, 1980)).

Mitologia: estudos importantes

O melhor tratamento moderno da mitologia, e para o qual todo leitor sério pode recorrer com grande vantagem, é Margaret Clunies Ross (*Prolonged Echoes: Old Norse Myths in Medieval Northern Society* – Vol. 1: The Myths (Odense: Odense University Press, 1994) [Viking Collection, 7]) e vol. 2 (*The Reception of Norse Myths in Medieval Iceland* (Odense: Odense University Press, 1998) [Viking Collection, 10]). O primeiro volume consegue admiravelmente compreender toda a mitologia como um sistema no qual a oposição contínua entre deuses e gigantes é considerada como uma luta envolvendo hierarquias sociais dentro de um complexo sistema simbólico. Clunies Ross conhece a academia intimamente e tem habilidades analíticas magistrais; se você ler apenas um livro sobre a mitologia (exceto o que está em suas mãos agora), faça com que seja o de Clunies Ross. O volume 2 é mais interessante em conexão com o restante da literatura islandesa em nórdico antigo, mas é igualmente cativante.

Dois outros recentes tratamentos "de A a Z" da mitologia precederam este. O mais antigo foi aquele de Rudolf Simek (*Dictionary of Northern Mythology*, citado acima); o original alemão apareceu em 1984 em uma série de enciclopédias de pequeno formato e, portanto, foi presumivelmente formado pelo menos em parte para se adequar aos parâmetros daquela série. É confiável e particularmente útil se alguém está interessado em manifestações pós-medievais da mitologia na arte, literatura e música, pois artigos terminam com informações sobre tais manifestações. Como o trabalho foi originalmente destinado a leitores alemães, a literatura secundária em inglês é citada apenas quando o autor julgou ser esta particularmente relevante, e referências completas não são citadas. A segunda dessas enciclopédias foi a de Andy Orchard (*Dictionary of Norse Myth and Legend*, citada acima). Como é o caso de Simek, a erudição é totalmente sólida. O livro de Orchard tem uma abrangência maior, pois também inclui lendas heroicas, e o resultado é que as entradas mitológicas tendem a ser um pouco mais curtas do que as do volume de Simek. O livro também contém algo em torno de 40 ilustrações. Um toque particularmente agradável é o conjunto de apêndices listados e oferecendo traduções para os numerosos nomes de Odin, anões, gigantes e "esposas-troll, gigantas e valquírias". Citações bibliográficas no corpo dos textos somam cerca de 850 itens reunidos em quatro listas no final do livro.

O pensamento de Georges Dumézil sobre a mitologia nórdica e sua relação com os mitos e religiões indo-europeias pode ser encontrado em Dumézil (*Gods of the Ancient Northmen* (Berkeley/Los Angeles: University of California Press, 1973) [ed. Einar Haugen; trad. John Lindow, Alan Toth, Francis Charat e George Gopen] [Center for Comparative Folklore and Mythology, 3]). Esse livro compreende uma tradução de *Les dieux des germains*: Essai sur la formation de la scandinave (Paris: Presses Universitaires de France, 1959), de Dumézil, e traduções de quatro artigos especificamente sobre a mitologia escandinava. Os argumentos posteriores de Dumézil sobre o deslocamento do mito para o épico estão disponíveis em DUMÉZIL. *From Myth to Fiction*: The Saga of Hadingus (Chicago e Londres: University of Chicago Press, 1973) [trad. Derek Coltman], que foi publicado por apenas três anos após o original francês (*Du mythe au roman*: La Saga de Hadingus et autre essais (Paris: Presses Universitaires de France, 1970)). Seu enorme estudo *Mythe et epopée* (Paris: Gallimard, 1968-1975) foi traduzido aos poucos em inglês: *The Destiny of a King* (Chicago/Londres: University of Chicago Press, 1973) [trad. Alf Hiltebeitel]; *Camillus*: A Study of Indo-European Religion as Roman History (Berkeley/Los Angeles: University of California Press, 1980) [trad. Annette Aronowicz e Josette Bryson; ed. Udo Strutynski]; *The Stakes of the Warrior* (Berkeley/Los Angeles: University of California Press, 1983) [trad. David Weeks; ed. Jaan Puhvel]; *The Plight of a Sorcerer* (Berkeley/Los Angeles: University of California Press, 1986) [ed. Jaan Puhvel e David Weeks]. Aqueles que anseiam por mais Dumézil, mas não sabem ler francês, podem se voltar para o seu *Mitra-Varuna*: An Essay on Two Indo-European Representations (Nova York: Zone Books, 1988) [trad. Derek Coltman], um clássico do dossiê dumeziliano, ou o curioso *Riddle of Nostradamus*: A Critical Dialogue (Baltimore: Johns Hopkins University Press, 1999) [trad. Betsy Wing]. Para um *vade mecum* através dos muitos detalhes do trabalho de Dumézil até 1980, ver C. Scott Littleton (*The New Comparative Mythology*: An Anthropological Assessment of the Theories of Georges Dumézil. 3. ed. (Berkeley/Los Angeles: University of California Press, 1982)). Uma leitura incisiva não dumeziliana é oferecida por Jarich G. Oosten (*The War of the Gods*: The Social Code in Indo-European Mythology (Londres: Routledge, 1985)).

Dois trabalhos recentes de Hilda Ellis Davidson, que contribuíram grandemente para o estudo da mitologia nórdica, são *Myths and Symbols in Pagan Europe*: Early Scandinavian and Celtic Religions (Siracusa, NY: Syracuse University Press, 1988) e *The Lost Beliefs of Northern Europa* (Londres/Nova York: Routledge, 1993). Onde Davidson explora a interface celta, Thomas DuBois nos lembra a existência das religiões dos Sámi e dos finlandeses na Escandinávia da Era Viking: *Viking Ages Religions* (Filadélfia: University of Pennsylvania Press, 1999).

A conexão entre os textos da poesia éddica e o ritual foi discutida pela primeira vez por Bertha Philpotts (*The Elder Edda and Ancient Scandinavian Drama* (Cambridge: Cambridge University Press, 1920). Terry Gunnell (*The Origins of Drama in Scandinavia* (Cambridge: D.S. Brewer, 1995)) retorna à questão.

Recursos não impressos

Inserindo "mitologia nórdica" no mecanismo de busca do Google na world wide web, obtive 8.540 resultados. Claramente há muitas coisas por aí. Em http://www.pantheon.org/mythica/areas/norse/, um dos primeiros sites que visitei, encontrei uma lista de A a Z das principais figuras e das figuras secundárias da mitologia nórdica, semelhante à encontrada neste livro. Essa listagem é parte de *The Encyclopedia Mythica: An Encyclopedia on Mythology, Folklore, and Legend.* Olhando aleatoriamente para algumas entradas, achei isso em Bragi:

> O deus da eloquência e da poesia, e o patrono dos skalds (poetas) na mitologia nórdica. Ele é considerado um filho de Odin e Frigg. Runas foram esculpidas em sua língua e ele inspirou poesia em humanos, deixando-os beber do hidromel da poesia. Bragi é casado com Idun, a deusa da eterna juventude. Juramentos foram feitos sobre o Bragarfull (Taça de Bragi), e bebidas foram tomadas a partir dele em homenagem a um rei morto. Antes de um rei subir ao trono, ele bebia de tal taça.

Não há menos que seis erros neste parágrafo (as runas linguais são as mais espetaculares), e esse triste fato me leva ao ponto principal que deve ser feito sobre os materiais encontrados na internet: *use-os por sua conta e risco*. O conteúdo é fácil de encontrar, mas não há controle de qualidade. A internet é melhor usada para ver coisas como mapas, imagens (exemplos de manuscritos islandeses em nórdico-antigo, p. ex., podem ser vistos em http://www. hum.ku.dk/ami), ou o texto real de alguma fonte primária. (Existem muitos sites da internet que oferecem fontes primárias, mas meus comentários no capítulo 4 sobre fontes primárias também se aplicam aqui.)

Eu conheço dois sites com bibliografias. O *The Bibliography of Old Norse-Icelandic Studies*, na Biblioteca da Universidade de Odense, na Dinamarca, abrange todo o campo, não apenas a mitologia. Sua URL em inglês é http://www.sdu.dk/oub/fagomraa/nordisk/boniseng.htm Uma bibliografia bastante breve da *Edda Poética* compilada na Fiske Icelandic Collection da Biblioteca da Universidade de Cornell pode ser encontrada em http://rmc.library.cornell.edu/Fiske/edda.html

Scott Trimble, ex-aluno de meu curso de graduação na Universidade da Califórnia em Berkeley, a respeito da mitologia escandinava, construiu o site http://www.stst.net/Scandinavian/. A página de genealogia é uma tentativa corajosa de inventar uma genealogia única para todo o sistema. Navegando em sites que vendem trabalhos de conclusão de disciplinas, descobri que se pode obter um artigo de oito páginas intitulado "O Gigante Loki na Mitologia Nórdica" por US$ 8,95 por página (alguns meses depois o preço subiu para US$ 9,95). Eu não comprei, mas dar uma olhada no resumo me deu a impressão de que eu, na verdade, já o li.

Olhe na internet. Você encontrará descrições da mitologia; listagens enciclopédicas longas e curtas; trabalhos estudantis de conclusão de disciplina ou cursos; coleções de textos; coleções de fotos; releituras próximas e imaginativas dos mitos; ficção; poesia e música; sites wiccanos; sites neopagãos de vários tipos, alguns incluindo santuários on-line; jogos; discursos e falas; currículos de cursos; literatura infantil; quadrinhos; clubes para se associar; sites dedicados de qualquer maneira a deuses e deusas individuais; uma "caça ao tesouro" (na verdade, uma lista de perguntas aparentemente usadas em uma unidade sobre a mitologia em alguma escola); um "livro de visitas" para o qual você pode postar qualquer comentário que você goste de se relacionar, ainda que tenuamente, com a mitologia nórdica; instruções para professores de terceira série preparando uma aula sobre a mitologia nórdica; instruções para integrar o estudo da mitologia nórdica no sistema de *home schooling*; ficção científica; astrologia. Apenas exercite o cuidado. Se não parece certo, provavelmente não é. Afinal, se eu, um especialista em mitologia islandesa nórdico-antiga, desenvolvesse e disponibilizasse na internet planos para um jato supersônico, você arriscaria construí-lo e voá-lo?

Índice remissivo

Absalão 42

Aðalsteinsson, Jón Hnefill 236, 418

Adam de Bremen 18, 51, 53, 162, 407

Adils 124

Adoração 49-54

A *Edda de Sæmund* (Sæmund) 23

Ægir 31, 59, 66-68, 139, 154s., 171, 173, 179
  Bragi e 114
  festa de 66, 247
  filhas de 66
  Fimafeng e 148
  Gymir e 201s.
  Loki e 279
  Rán e 66, 329
  Vídar e 396

Ægisdrekka 66

Æsir 10s., 32, 36-39, 66, 68-70, 88, 143s.
  álfar e 69
  crença em 56
  elfos e 140
  jötnar e 121s.
  seid para 165
  vanir e 11, 60, 194-196, 268, 309, 323, 392, 403

Afi 260

Agamemnon 35

Agnar 190s., 229
  Hraudung e 236
  Odin e 318
  Thrúdheim e 371

Água, gigantes e 369

Ái 332

Alcuíno 155

Aldafödr 398

Álfablót 72s., 141

Álfar 69, 140

Álf de Álfheimar 123

Álfheim 73, 141, 160, 190

Álfhild 123s., 359

Alfödr 74, 186, 229, 267, 306, 313s., 390
  Dag/Nótt e 121
  Lofn e 276
  nomes para 150
  Odin e 313s.
  Skírnir e 145, 378

Alfred o Grande 15

Algrœn 71s., 151

Ali 394, 396

Almáttki áss 74, 76

Alskog Tjängvide 146, 352s., 379

Alsvin (ilus.) 83, 94 (ilus.), 130, 355

Alta Idade Média 20, 183, 262, 332

Althingi 19, 165, 418

Alvíss 24, 71, 76, 82, 121, 279

Alvíssmál 24, 71, 76, 82, 130, 140s., 191, 279, 367

Amma, Karl e 332

Ámsvartnir 145, 378

Ánar 121, 312

Andad, Ítrek e 266

Andersen, Hans Christian 54

Andhrímnir 78, 133, 137, 336

Andlang 78

Andvari 79, 82
  Lódur e 276
  Loki e 82, 281
  nornas e 311
  Rán e 329

Anganty'r 202, 251s.

Angeln 13

Angeyja 217

Angrboda 79, 144s., 264, 295, 339, 351, 378
  Eggthér e 130
  Hel e 220
  Loki e 270, 281

Annarr, Jörd e 267

Anões 11, 25, 32, 42, 59, 71, 76s., 80-83, 87, 111, 116-118, 129s., 137, 141, 145, 160, 164, 342
  catálogo de 79s., 87, 128, 130, 149, 272
  gigantes e 71
  Gungnir e 200
  hidromel da poesia e 223

Anses 68

Ansgar 17

Antigo alto-alemão 26, 52, 142, 166, 228, 311

Antigo Testamento 333

Ardre VIII 353s.

Ari Thorgilsson, o Instruído 35

Árvak 83, 84 (ilus.) 355

Árvore do mundo; cf. Yggdrasil

Ásaheim 37

Ása-heimr 70

Ásaland 37, 70

Ása-Thor 69, 74s., 85, 267

Ás-brú 85, 109s., 405

Ásgard 31s., 37, 40, 63, 67, 70, 86, 164, 197, 224, 240, 256s., 280, 282, 291, 306s.
  antiga 74

Ásía 70

Ask 87s., 233, 275, 403
  Embla e 87s.
  Lit e 272
  Lódur e 275

Áss 36, 68-70, 75, 115, 396

Åsteson, Olav 183

Ásynja, ásynjur 68s., 89, 115, 158, 163, 267, 324, 329, 334, 356

Athalstan 15

Atla 88, 217

Atlakvida 75, 382

Atlamál 125

Atli 75

Aud 300, 312

Audhumla 88s., 119, 314, 410s.

Augusto 168, 192

Aujā 11

Aurboda 89, 162, 178, 201

Aurgelmir 89s., 103, 138s., 181, 298, 371, 389, 408s.
  Élivágar e 90

Aurnir 193

Aurvandil 90s., 241

Aurvandilstá 241

Austrfaravísur (Sighvatr
Thórdarson) 72

Austri 83

Balder 142s.

Balderus 94s., 300
Høtherus e 94, 231s.
Nanna e 94, 112, 231
vingador de 334, 395

Baldr 25, 42s., 50, 59, 61, 63s.,
91-98, 113, 129, 136, 142, 166s.,
179, 222, 231
Balder e 142
embarcação funerária de 238, 254s.,
353
Frigg e 92, 166
funeral de 28, 93, 160, 197s., 254s.,
271s., 300s., 353, 367, 389
Hel e 93, 113
Höd e 42s., 61, 222, 232, 234, 394,
403
Loki e 92, 113, 342, 392
morada de 116
morte de 42s., 59, 61, 63, 91s.,
94, 96-98, 112, 129, 148, 166s.,
230-232, 268, 278s., 282s., 301,
342, 392s., 403, 407, 411
Odin e 91, 129, 266, 389
restauração de 222
sonhos de 97, 352
Váli e 392s.
vingando 112, 232, 239, 267, 334,
338, 393, 398
visco e 148, 231

Baldrs draumar 25, 97s., 172,
231-233, 251s., 262, 306, 316,
318, 334, 393
a respeito de Baldr 352
a respeito de Odin/Niflhel 306
a respeito de Váli 393s.
a respeito de Vídar 397
Höd em 231s.
Thrymskvida e 98
Vafthrúdnismál e 98

Báleyg 98s., 108

Barri 99, 158

Batalha de
Brávellir 359
Hafrsfjörd 104
Samsey 202
Stiklestad 17
Stord 204

Baugi 100s., 223-225, 362

Bebida-dourada 199

Beldeg; cf. Baldr

Beli 101s., 149, 159

Beowulf 96, 117
Brísinga men e 117
frea Ingwina e 260

Bergbúa tháttr 102, 139

Bergelmir 89, 103s., 371, 387s.,
408, 410

Berserks 35s., 87, 93, 104-106, 254

Bestla 106, 119, 314, 316, 407
Bölthor e 111
Bor e 410
Bur e 119
Odin e 106

Beyla 107, 119s., 160, 278s.
Byggvir e 107

Bil 108, 399
  Máni e 288
  Sól e 356
Bileyg 108
Bilröst 109, 172, 215, 227, 382, 390, 405s.
Bilskírnir 110s., 372, 391
Bilwisus, reconciliação por 99
Bjarg-álfr 102
Bláin 80, 111, 116
Blíkjanda-böl 221, 306
Blódudhadda 85
Blót 52-54, 204
Bodn 223s., 321
Bödvar, Egil e 329
Bölthor 106, 111, 316, 320
Bölthorn 106, 111, 314, 316, 410
Bölverk 100, 223-225
Bolwisus, discórdia por 99
Bönd 68, 133, 206, 324s., 331
Bor 103, 106, 118s.
  Bestla e 410
  Ymir e 410s.
  cf. tb. Bur
Bosque sagrado 50, 52
Bous 95s., 112, 232, 335, 395
  Rinda e 398
  Váli e 395
Bracteates 43, 112, 113 (ilus.)
Bragi 31, 67, 114s., 135s., 172, 195, 205, 222, 257, 371, 421
  covardia de 278
  Idun e 429
Bragi Boddason, o Velho 27, 39, 114s., 173, 228, 249, 272, 370
  a respeito de Thor/serpente de Midgard 27

  a respeito de Thrúd 371
  Lit e 272
Breidablik 91, 116
Brimir 80, 111, 116, 342
Brísinga men 42, 82, 117, 130, 164, 216s., 227, 282, 357
Brokk 81, 118, 129, 137, 160, 197, 342
Brosings 117
Brynjólfur Sveinsson 22
Búi o Robusto 112
Bur 58, 87, 118s., 290, 314, 402, 409
  Lódur e 275
  Midgard e 290
  Odin e 314
  Vili/Vé e 400
  Ymir e 58
  cf. tb. Bor
Búri 88s., 118s.
  æsir e 88
  Odin e 314
  Ymir e 410
Byggvir 107, 119s., 160, 278s.
  Beyla e 107
  Frey e 260
Byleist 120
Bylgja 85
Byrgir 108

Carlos Magno 16
Carruagem-do-sol 348 (ilus.)
César, a respeito dos deuses germânicos 263
Chaleira 131, 139, 245
Charneca de Jelling 169
Chatti 324, 394
Cíclico, sistema 57

Ciclo do Anel (Wagner) 284, 325

Classes sociais 49

Clunies Ross, Margaret 62s., 101, 158, 344, 427

Cnut, o Grande 18

Codex Regius da *Edda Poética* 23 (ilus.) 24-26, 41, 66, 76, 97, 189, 208, 212, 277, 373, 386
a respeito do Valhöll 391
Grímnismál no 189
Hymiskvida e 208
poemas no 23
Vafthrúdnismál e 386
Völuspá e 402

Codex Wormianus 331

Coleção Arnamagnæan 25

Composição de manuscritos cristianismo e 20s.

Contexto histórico 11-17, 19-32, 34-43, 45s.

Cosmologia medieval 340

Cristianismo 403
contato com 16, 30, 127
escrita manuscrita e 20-22
mitologia escandinava e 20

Cristo, Thor e 65, 368

Cronologia 57-59, 61-63

Cruz de Thorwald 283 (ilus.)

Culto 49-54
a Odin 95, 105, 134

Cultos de guerreiros 105

Cultura
Barco-Machado 12
compartilhada 46

Culture and History in Medieval Iceland: An Anthropological Assessment of Structure and Change (Hastrup) 62

Cumbria, pedra da 281 (ilus.)

Dag 120-123, 312s., 339, 348

Dáin 122, 130, 141, 226, 405

Dan 333

Danelaw 14

Danp 333

Das Nibelungenlied (Wagner) 56

Das Rheingold (Wagner) 56

Delling 69, 121-123, 312, 387

Der Ring des Nibelungen (Wagner) 56

Deus *Veraldar* 161

Deus-corvo 243

Deuses 9-11
do trovão 49
jogo dos 265s.
germânicos 263
mitos e 54
palavras para 322

Diana 65, 175

Dias da Semana
Dia da Lua 261
Dienstag 262
Dies Jovis, Thursday e 261
Dies Martis 261, 380
Dies Mercurii 261
Dies Saturni 262
Dies Veneris 261
Dinsdag 262
Lördag/Lørdag 262
Mittwoch 262
Monday, tradução de 261

Onsdag 262

Saturday, tradução de 262

Sunday, tradução de 261

Thursday, tradução de 261

Tuesday, tradução de 261s.

Wednesday, tradução de 261s.

Wodnesdæg 261

Woensdag 262

Zaterdag 262

Dias de mudança 16

Dictionary of Norse Myth and Legend (Orchard) 427

Die Wälkure (Wagner) 56

Dísablót 123-125, 127s.

Dísathing 125

Dísir 42, 108, 123-125, 126 (ilus.), 127s., 142

Divindades 10, 48, 53

Dragões 25, 62

Drápa, drápur 27s.

Draumkvæde 183

Draupnir 32, 118, 128s., 137, 158, 200, 222, 282, 300, 346
  Odin e 128
  queima de 93

Drífa 154

Dröfn 85

Drómi 145, 186
  cf. tb. Fenrir

Drótt/dróttinn/dróttning 412

Dúfa 85

Dumézil, Georges 48s., 196, 242, 331, 333, 364, 398, 428

Duneyr 129, 405

Durathrór 98, 405

Durkheim, Émile 48

Dvalin 129s., 311, 405

Dyggvi 412

Ecgtheow 130

Edda 332

Edda (Snorri) 22, 25, 34, 36s., 39, 57, 59
  a respeito do *Rígsthula* 218
  estâncias do *Hákonarmál* na 205
  tradução da 55
  Vafthrúdnismál e 386
  Völuspá e 402

Edda antiga (Sæmund) 23

Edda de Laufás 55

Edda Poética (Snorri) 23, 56, 79, 94, 141, 249
  a respeito de Frigg 171
  a respeito de hierarquia 279
  a respeito de Odin 317
  cf. tb. Codex Regius da *Edda Poética*

Eggthér 130, 149

Egil 131s., 247, 329s.

Egil Skallagrímsson 29, 329

Egils saga 29, 124s., 329s.

Eikin 244

Eikinskjaldi 132

Eikthyrnir 132, 190, 244, 269, 391

Eilíf Godrúnarson 28
  a respeito de Röskva 335
  Geirröd e 176
  Thjálfi e 364

Einar Helgason skálaglamm 131, 170, 268

Ein(d)ridi 133

Einherjar 133-136, 153, 190, 214, 261, 336, 388, 401

Eir 89, 135

Eirík, Machado de Sangue 28, 124, 135s.
  em Valhöll 204, 206, 391

Eiríks saga rauda 338

Eiríksmál 28, 134s., 391
  Bragi em 115
  e *Hákonarmál* em comparação 205
  Valhöll do 206

Eistla 136, 217

Eitri 118, 129, 137, 197

Eixo vertical, natureza irreversível
  do 63

Eldhrímnir 133, 137, 336

Eldir 67, 138, 148, 278

Elfos 11, 24, 76, 140s.
  æsir e 140
  sacrifício de 72

Eliade, Mircea 62

Élivágar 58, 102, 138-140, 181, 244, 329, 387

Éljudnir 221, 306

Elli 140, 384

Embarcação funerária de Oseberg 238, 239 (ilus.)

Embla 87s., 233, 272, 403
  Ask e 87s., 233, 272, 403
  Lit e 272
  Lódur e 275

Encantamentos de Merseburg 113, 142s., 166, 171

Era dos Sturlungar 30, 273

Era Viking 9, 11, 14, 22, 43
  alfabeto rúnico e 22
  cidades da 16
  escandinavos/europeus e 16s.
  poemas éddicos e 25

Ergi 101, 237

Ermanerico 117

Erna 332

Estela Tangelgarda 351 (ilus.)

Estelas pictóricas 326 (ilus.), 348, 352 (ilus.)

Etimologia 44

Evemerismo 36, 38-40, 42, 169, 172

Eyrbyggja saga 41, 51

Eyrgjafa 143, 217

Eyvind Finnsson skáldaspillir 28, 134, 204, 206s.
  Hákonarmál e 204-206
  Sæming e 337

Fadir 332

Fáfnir 109, 274, 311, 360

Fáfnir-desgrenhado 274

Fáfnismál 311
  a respeito de Surt 360s.
  Bilröst e 109
  Dvalin e 130

Fagrskinna, Estâncias do
  Hákonarmál no 204

Falhófnir 143

Fárbauti 143s., 246, 270, 281, 300, 358

Fenja 192

Fenrir 60s., 79, 81, 98, 144-147, 182, 186, 211, 222, 243, 261, 271
  Eggthér e 130
  Garm e 173
  Hel e 221
  Hródvitnir e 239
  Loki e 278, 281
  Odin e 211, 295, 320, 339s., 349

Týr e 278, 377-379

Vídar e 396s.

Fenrisúlf 144

Fensalir 148, 166, 232, 337

Filhas de Ægir 66, 85

Fimafeng 67, 138, 148, 278

Fimbul- 148s.

Fimbulfambi 149

Fimbulthul 149, 244, 305

Fimbultýr 149, 256

Fimbulvetr 149, 152, 271, 388

Fivelas 13 (ilus.), 105 (ilus.)

Fjalar 149s., 268, 320, 362
  hidromel da poesia e 223
  Odin e 349
  Skrýmir e 150
  Suttung e 362

Fjölnir 40, 150, 160, 169, 192

Fjölsvinnsmál 89, 135, 153

Fjölvar 151

Fjörgyn 151s., 167, 327, 400

Fjörm 244, 305

Fjöturlund 324

Flateyjarbók 68, 153, 250, 277, 357

Floresta de Hoddmímir 152s., 271,
  293

Fólkvang 153, 163

Fönn 154

Fornjót 68, 153s.
  filhos de 154
  Logi e 277

Forma metálica para carimbar
  315 (ilus.), 316 (ilus.), 317 (ilus.),
  318 (ilus.)

Fornaldarsaga, fornaldarsögur 41,
  202, 357, 425

Fornjót 68, 153s.

Fornyrðislag 26, 97, 190, 208

Forseti 91, 155, 187s., 300, 380

För Skírnis, Frey e 24

Fosite 155

Fótr 307, 344

Frank's Casket, cena da 310 (ilus.),
  401 (ilus.)

Frazer, Sir James, visco e 95

Frea 168

Frea Ingwina 260

Freki 155s., 179

Frey 24, 38, 40-42, 48, 50, 52, 54s.,
  65, 73, 81, 89, 156-163
  adoração de 161s., 258, 322
  batalhas de 9
  Byggvir e 119s.
  carroças e 302
  embarcação de 128, 200
  em Hlidskjálf 229
  Freyja e 164, 197, 307s., 345
  funeral de Baldr e 93
  Gerd e 59 99, 101s., 178, 237s.,
    278, 344
  javali de 32, 128, 200, 282
  morte de 161, 170
  Njörd e 278, 307, 345
  nomes para 260, 412
  representação de 156 (ilus.),
    319 (ilus.)
  Skídbladnir e 346s.

Freyja 24, 38, 42, 48, 50, 55, 69,
  71, 81s., 86, 106, 117, 130, 156,
  163-165
  carroças e 302
  Frey e 197, 307s., 345
  hnoss e 231
  Hyndla e 226, 250s.

javali de 354
morada de 153
Njörd e 307, 345
nomes para 176, 235, 289, 362
Ód e 168, 289, 313
Óttar e 197, 226, 251
sacrifícios e 357
Sýr e 362
Thor e 251, 373
Fricco 52, 162
Fridleif 168, 170, 192
Fridthjófs saga, a respeito de Rán 330
Frigg 38, 43, 54, 146, 166-168, 171,
176, 188, 190
Baldr e 92, 148
em Hlidskjálf 229
Fjörgyn e 151s.
Ísis e 263
Jörd e 266
Lofn e 276
Loki e 63
morada de 148
Nanna e 222, 300
nomes para 276, 338, 343
Odin e 387
sexta-feira e 168
Vênus e 263
Frigga 167, 400
Frija 54
sexta-feira e 262
Frø 161, 204
Frøblot 161, 204, 259
Fródi 50, 65, 168-170, 192, 322
Fjölnir e 150
Mýsing e 192
nomes para 168
Odin e 192
vingando 193

Fródi III 161
Frosti 154
Frotho III 161, 170
Fulla 142, 171, 190, 300
Fundinn Noregr 67, 153s., 277
Futuro próximo 61
Fylgjur 127
Fyn 38, 46, 167, 400

Galar 81, 223, 268, 320, 362
cf. tb. Hidromel da poesia
Galdralag 26, 77, 190s., 278, 387
Galdrar 172
Ganglati 306
Gangleri 32, 34, 74, 109, 115, 139,
141, 180, 211
Hár e 236
Sleipnir e 350
Gardrofa 188
Garm 156, 172s., 188, 211, 287,
295s., 325, 349, 379
Garota de Billing 70-72, 149, 212s.
Gautreks saga 41, 95, 358
Gefjon 27, 38, 173-176, 278
Gefn 164, 176
Geirröd 24, 28, 31, 60, 67, 125,
133, 150, 172, 176s.
Fulla e 171
Gjálp e 185
Greip e 188s.
Gríd e 189
Hraudung e 236
Loki e 281
Odin e 125, 191, 208s., 276, 318
Thor e 246, 366, 374, 396
Geirrödargardar 176s.
Geivimul 244

Gerd 24, 59, 89, 128, 157s., 178, 222
 Beli e 102
 Frey e 59, 99, 101, 157, 160, 178,
   237s., 344
 Gymir e 201s.
 maçãs de ouro e 257
 Skírnir e 24
Geri 156, 179
Germania (Tácito) 50, 134, 394, 411
 a respeito de Mannus 288
 a respeito de Tuisto 376
 a respeito do Regnator Omnium
   Deus 331
 a respeito dos deuses germânicos
   263
 a respeito dos Semnones 324
 Ing no 258
Geruthus 177
Gesta Danorum (Saxo Grammaticus)
   42, 99, 112, 161, 165, 167, 170,
   177, 203, 210, 231
 a respeito de Frey 259
 a respeito de Hadingus 203, 259
 a respeito de Harthgrepa 210
 a respeito de Høtherus/Balderus
   231s.
 a respeito de Starkad 359
 a respeito de Thorkillus 177
 Frotho III em 170
 Nanna em 231
Gestumblindi 179, 266
Gevarus 94
Gigantes
 anões e 71
 água e 369
 destruição de 102, 285s.
 Mímir e 293
 Odin e 279
 Thor e 366

Gilling, morte de 223
Gimlé 180
Ginna 181
Ginnregin 181
Ginn-santo 181
Ginnunga gap 58, 139, 180s., 298,
   305, 406, 409s.
Gípul 244
Gísl 182
Gjallarbrú 92, 182-184, 222, 294,
   352
Gjallarhorn 183s., 215s., 292
 entoar do 183s., 215-217, 219, 292
Gjálp 177, 185, 217
Gjöll 182, 184, 222
Glad 185
Gladsheim 185s., 256, 390, 401
Glær 186
Glaumvör, Gunnar e 125
Gleipnir 81s., 145, 186s., 222, 378
Glen 187, 355
Glitnir 155, 187s.
Glúm Geirason 198
Gná 188
Gnæfa 188
Gnipahellir 156, 173, 188, 295, 379
Goð, goðar 15, 30, 40, 51, 323s., 396
Godan 168
Godheim 40
Godheimar 40
Godos 13
Gói 154
Góinn 405
Gömul 244
Göndul 205, 227, 357

Göpul 244

Gór 154

Gosforth 245
cruz de 328 (ilus.)
escultura de arenito de 245 (ilus.)

Götaland 13

Gotland 146s., 153s., 326
estelas pictóricas de 347, 353

Götterdämmerung (Wagner) 56, 325

Grá 244

Grábak 405

Gráfeldardrápa 198

Grafvitnir 405

Grafvöllud 405

Grágás 105

Gram, Hadingus e 203

Grande Saga de Olaf Tryggvason 127, 357

Grande Saga de St. Olaf 260

Greip 177, 185, 188s.

Gríd 176, 189, 286, 396

Grídarvöl 176s., 189

Grímnir 189s.

Grímnismál (Snorri) 24, 32, 34, 67, 189
Palavras para deus em 209
Vafthrúdnismál e 386s.

Gritador 185, 201

Grjótúnargard 240

Gróa 90, 241

Grógald 89

Grottasöng 169, 192

Grotti 192

Grupos de parentesco 10

Gudrún 215

Gudrúnarkvida I 126

Gudún 75

Guerra Æsir-Vanir 73, 157, 162, 194, 233, 268, 292
Hoenir e 233
Kvasir e 268

Gullfaxi 240, 264, 286

Gullinborsti 32, 81, 160, 197, 282, 346, 354
nomes para 354

Gullintanni 198, 215

Gulltopp 198, 215s., 405

Gullveig 165, 194s., 199, 213, 338

Gungnir 32, 81, 118, 128, 137, 200, 346

Gunnar 125, 235, 251, 297

Gunnhild 28, 124

Gunnlaug Leifsson 127

Gunnlöd 71, 101, 149, 200s., 317
Baugi e 101
estupro de 101, 213, 317
Odin e 212s., 225

Gunnthrá 244, 305

Gunnthráin 244

Guthorm sindri, Máni e 288

Guthrum 15

Gylfaginning (Snorri) 32, 34, 37, 39, 60s.
citações do Grímnismál em 189
Vafthrúdnismál e 386
Völuspá e 402, 404

Gylfi 27, 32, 33 (ilus.), 36-38, 70, 74, 109, 139, 141, 174s.

Gyllir 201

Gymir 66, 89, 157, 178, 201

Hábrók 172, 202

Haddingjar 202, 259

Haddingus, Hadding 203

Hades 261

Hadingus 49, 161, 202-204, 210, 259, 353

Hædcyn 96

Hagbard 99

Hákon Hákonarson, o Velho, Snorri e 30

Hákon Jarl, Háleygjatal e 207

Hákon Sigurdarson, Jarl de Hladir 28, 170, 176

Hákon, o Bom 15, 17, 28, 134, 222
Morte de 204
no Valhöll 391
Odin e 205s.

Hákonardrápa (Hallfred Óttarson vandrædaskáld) 98

Hákonarmál 115, 134, 136, 204-206, 222

Hákonar saga góda 53

Háleygjatal 206s., 253, 265

Hallar-Steinn, a respeito de Vídblindi 399

Hallfred Óttarson 98, 312

Hallinskídi 198, 207s., 215, 219

Hama 117

Hamdir 125

Hamdismál 125

Hamskerpir 188

Handbani 393

Hanga-goð 323

Hangatýr 380

Hár 32s., 37, 74, 109s., 115, 139, 141, 194, 199, 211, 213, 225, 236, 275
Gangleri e 236
Gullveig e 200

Harald, Cabelo Belo 15, 104s.

Harald, Dente-Azul 17

Harald gráfeld (Capa-cinzenta) 198, 205

Haraldskvædi 104

Hárbard 208s.

Hárbardsljód 24, 71, 85, 149, 208s., 247, 273, 279, 341, 367, 385
a respeito de Fjölvar 151
a respeito de Midgard 291
a respeito de Skrýmir 349
Fjörgyn no 151
Hymiskvida e 247
Magni e 285
Odin no 273

Hardgreip 210

Harii 134

Harthgrepa 203, 210

Hastrup, Kirsten, modelo proposto por 63

Hati Hródvitnisson 210s., 239, 349, 356

Háttatal (Snorri) 30, 34

Hauck, Karl 113s., 142

Hauk Erlendsson, Völuspá e 402

Hauksbók 71, 80, 148, 311, 402
a respeito de Váli 392
nornas no 311
Völuspá e 402

Haustlöng (Thjódólf de Hvin) 28, 117, 233, 240, 256s., 365
a respeito de Hrungnir 90
a respeito de Idun 256s.
a respeito de Sigyn 341
Brísing de 117

Hávamál 24, 69s., 82, 100, 106s., 122s., 130, 149, 172, 191, 200, 205, 212
  a respeito de Fimbulfambi 149
  a respeito de Gunnlöd 201
  a respeito de Odin 316s.
  a respeito de o hidromel da poesia 223, 225
  a respeito de Ódrerir 320
  a respeito de Suttung 361
  a respeito de Vafthrúdnir 387
  a respeito de Yggdrasil 406s.
  Bölthor no 111
  seção *Ljódatal* do 69
  Vafthrúdnismál e 386
Heardingas 258
Hedin 27, 227, 358
Hefring 85
Heid 165, 194s., 195
Heidrek 123, 179
Heidrún 190, 213s., 215
Heimdalargaldr 216
Heimdali 219
Heimdall 28, 88, 109, 117, 123, 136, 143, 183-185, 189, 198, 207s., 215s., 219, 264, 373, 395, 405
  como guardião dos deuses 218
  chifre de 184, 208, 216 (ilus.)
  Eyrgjafa e 143
  Loki e 28
  nomes para 207
  palavras de ouro e 208
Heimskringla 37, 40s., 53, 57, 174, 194, 207
  a respeito de Odin 314-316
  a respeito de Sæming 337
  estâncias do *Hákonarmál* no 205
Heiti 31, 37

Hel 60, 79, 95, 97s., 113, 129, 144, 147, 158, 166, 182, 220s., 237, 296
  Baldr e 92, 270
  Hvedrung e 147
  Loki e 281
  Niflhel e 306
  Odin e 320
  Serpente de Midgard e 221
  Vafthrúdnir em 389
Helblindi 120
Helgakvida Hjörvardssonar, Hati em 211
Helgakvida Hundingsbana I 76, 85, 323
Helgakvida Hundingsbana II 202, 324
Helgi Haddingja skati 202
Helgi Hundingsbani 202
Helgö 14
Helgrind 221s.
Heliand 26, 298
Helveg 221
Hengankjöpa 255
Hércules 263
Herebeald 96
Herfödr 74
Herjafödr 132, 156, 179, 214, 244, 251, 269, 391
Herjann, dísir de 126
Hermes, quarta-feira e 261
Herminones 259, 289, 376
Hermód 92s., 129, 166, 182, 205s., 222, 251
  Baldr e 129, 352
  Módgud e 294
  Nanna e 300

Hersir 332

Hervarar saga ok Heidreks konnungs
123, 179, 202, 359
dísablót na 123

Hidromel da poesia 60, 212, 223-225,
316, 320
Kvasir e 268
Odin e 249, 361
Ódrerir e 223

Hild 27, 93, 227s., 254, 358

Hildisvíni 197, 226, 354

Hildólf 208

Hill, Thomas 333

Himinbjörg 109, 184, 215, 226s.,
390

Himinglæfa 85

História, mito e 64s.

História dos Lombardos (Paulo
Diácono) 168

Historia Norvegiae 39, 124

Hitler, Adolf 56

Hjadningar 228

Hjadningavíg 153, 165, 227s., 357

Hjaldr-goð 323

Hjálmar 202

Hjalti Skeggjason 165

Hjúki 108, 288, 399

Hlaut 53

Hlautvið 234

Hleidr, Fródi em 169

Hlér 31, 67s., 154

Hlésey 31

Hlidskjálf 157, 178, 229s.

Hlín 146, 230, 326

Hlódyn 267, 327

Hlóra 230

Hlórridi 230, 374

Hnefatafl 266

Hnikar, Sigurd e 125

Hnitbjörg 201, 223s.

Hnoss 164, 230s., 235, 313

Höd 42s., 61, 92, 112, 231-234,
285, 295, 396
Baldr e 35s., 232, 328, 392-394,
403, 411
Hermód e 222
Significado de 95
vingança sobre 98

Hoenir 25, 79, 81, 87, 157, 196,
233s., 281, 365, 407
Ask/Embla e 233
Idun e 256
Lódur e 275
Loki e 233, 281
Mímir e 292
Njörd e 307
Odin e 233
Thjazi e 233

Hóflátr 354

Hófvarpnir 188

Högni 27, 227, 251, 358

Höll 244

Holtsmark, Anne 108, 399

Höpt 68, 324, 331

Hörgr 52

"Horizontale und vertikale
Achsen in der vorchristlichen
skandinavischen Kosmologie"
(Clunies Ross and Schjødt) 63

Hörn 164, 235

Høtherus 300
Balderus e 94s., 231s.
Bous e 112

morte de 95
Nanna e 94, 112, 231, 300

Hræsvelg 235, 388

Hrafnkels saga 41, 162

Hraudung 190, 236

Hredel, morte de 96

Hreidgoths 348

Hreidmar 79, 81

Hríd 244, 305

Hrímfaxi 237, 313, 387

Hrímgrímnir 237

Hrímnir 78, 137, 213s., 336

Hringhorni 238, 254

Hródrsvitnir 146, 211, 239, 378

Hródvitnir 210s., 239, 348

Hrönn 85, 244

Hropt 93, 186, 239, 254, 390

Hroptatýr 69

Hrungnir 28, 164, 193, 240s., 264, 280
  assassinato de 209
  duelo de Thor com 28, 31, 90, 133, 240, 280, 286, 351, 364, 366, 371, 389, 394
  Sleipnir e 351
  Thjálfi e 364

Hugi 363, 384

Hugin e Munin 242s.
  ilustração de 242 (ilus.)

Hunke, Waltraud, a respeito de Bestla 107

Húsdrápa (Úlf Uggason) 27, 117, 198, 216, 254
  a respeito de Hyrrokkin 254
  a respeito de Slídrugtanni 354
  funeral de Baldr no 93, 197

Hvedrung 147, 243, 397

Hvergelmir 132, 182, 184, 244, 269, 305, 391, 406

Hversu Noregr byggdisk 68, 153s., 277

Hymir 60, 66, 131, 245-247, 278, 291, 309
  ilustração de 245
  Thor e 24, 247s., 366
  Týr e 379

Hymiskvida 24, 208, 230, 248s., 277s.
  Ægir e 66
  a respeito da serpente de Midgard 248
  a respeito de Egil 131
  a respeito de Hymir 244s.
  Élivágar e 139s.
  Týr no 379

Hyndla 214, 226
  Freyja e 164, 226, 250-252

Hyndluljód 79, 82, 88s., 136, 143s., 189, 202, 213, 217, 219, 250-252, 286, 409
  a respeito de Járnsaxa 264
  a respeito de Ód 313
  a respeito de Skadi 343
  a respeito de Sleipnir 350
  a respeito de Váli 393
  Freyja no 164, 197
  Gjálp no 185
  Hermód/Sigmund no 222
  Hildisvíni no 226
  Óttar no 197

Hyrrokkin 93, 238, 254s., 271, 367

Ibn Fadlan, a respeito de Nanna 301

Idade do Bronze escandinava 12

Idade do Ferro
  escandinava 11s., 16
  germânica 11s., 14
  romana 12

Idavöll 255s., 390, 394
Idi 193
Ídolos 52
Idun 31, 82, 114, 117, 164, 256s.,
    307, 343
  Loki e 60
  Thjazi e 365s.
  traição de 28
Ifing 258, 387
Imdr 217
Império Romano 12, 262
Indra 49
Ing 258
Ingaevones 259s.
Inglês antigo 26
Ingunar 260
Ingunar-Frey 258-260
Ingvaeones 259s.
Ingwina 260
Interpretatio Germanica 50, 54,
    168, 262s., 331
Interpretatio Romana 263
Introduction à l'histoire de
  Dannemarc, ou l'on traite de la
  religion, des loix, des moeurs,
  et des usages des anciens danois
  (Mallet), tradução de 55
Ísarnkól 85, 355
Ísis 263
Islândia
  conversão da 19, 25, 29
  imigração para a 15
  sagas a respeito da 35, 41, 52, 105
Íslendingabók (Ari Thorgilsson, o
  Instruído) 35
Íslendingasögur 41

Istaevones 376
Ítrek 266
Ívaldi 81, 160, 346
Ívarr Ijómi 228, 358

Jafnhár 32, 34, 37, 109, 115
Jarl, Módir e 332
Jarlar de Hladir 205, 332
  Hákonarmál e 206
  Háleygjatal e 207
  Sæming e 337
Járnsaxa 217, 264, 286
Járnvid 130, 264s.
Járnvidja, Járnvidjur 265, 287
Jogo
  de caça 265
  dos deuses 265s.
Jökull 154
Jómsvikings 112, 207
Jörd 134, 151s., 207s., 302
  nomes para 151
  Thor e 366
Jörmungand 79, 144, 339
Jötnar 10s., 60s., 66, 82, 86, 90, 158
  æsir e 121s.
Jötunheimar 79s., 90, 93, 121, 131,
    145, 157, 174, 254, 257, 265, 267,
    312, 365, 374, 378, 384s.
Julgamento final 296, 298
Jungner, Hugo 168
Júpiter 65, 262, 331
  quinta-feira e 261
Jutlândia 11, 14, 153

Kabell, Aage 101
Kálfsvísa 202

Kára 85

Kári 68, 154

Karl 112, 332

Kenningar 31, 37, 165, 173, 207
  datação de mitos e 29
  skalds e 29

Kerlaug, Kerlaugar 110, 369

Kirk Andreas 397

Kólga 85

Kon 333

Konr ungr 333

Kör 221, 306

Kormák Ögmundarson 72, 308,
  334, 394

Kormáks saga 72s., 308

Körmt 109, 369

Kuhn, Adalbert 47

Kvasir 81s., 94, 149, 195s., 223, 268
  sangue de 321, 362

Kvenland 154

Kviðuháttr 207

Lærad 132, 213s., 244, 269, 391

Lago Mälaren 11, 14, 22, 36, 174

Lancashire, cruz em 274 (ilus.)

Landnámabók 75

Lang, Andrew 48

Lapões 153

Laufey 270, 281, 358
  Nál e 300
  nomes para 300

Laxdoela saga, Úlf Uggason e 28

Leipt 244, 305

Léttfeti 271

Lexikon der germanischen Mythologie
  (Simek) 75

Líf 152, 271, 328, 388

Lífthrasir 152, 271, 328, 388

Lindisfarne, saque de 14

Linguagem 14, 63
  compartilhada 46
  doença de 47
  escandinava 14
  germânica 26
  indo-europeia 45-49
  ramos/famílias 46

Liserus 203, 353

Lit 93, 271s., 367

Ljóð 172

Ljóðaháttr 26, 76, 172, 190, 208,
  278, 386

Ljódatal 69, 212s., 272s.
  a respeito de Odin 315

Loddfáfnir 274s.

Loddfáfnismál 212s., 274

Lódur 87, 233, 275s.

Lœding 145, 186

Lof 276

Lofat 276

Lofn 276

Logathore 276

Logi 68, 154, 277, 384
  concurso de comida e 277

Lögrinn 174

Lokasenna 24, 63, 66s., 69, 94, 107,
  115, 119s., 134, 138, 144,
  146-148, 152, 160, 175, 201,
  211, 218, 230, 239, 246s., 257,
  260, 277, 282, 296, 301, 307,
  344s., 367, 378, 385, 400
  æsir/álfar no 69
  a respeito de Eldir 138
  a respeito de Gymir 201

a respeito de Heimdall 215, 279, 281, 284

a respeito de Hródvitnir 239

a respeito de Hymir 245

a respeito dos einherjar 134

a respeito de Loki 138, 279, 281

a respeito de Muspell 298

a respeito de Njörd 309

a respeito de Skadi 343

a respeito de Skrýmir 349

a respeito de Týr 377s.

a respeito do Valhöll 390

a respeito de Vili/Vé 400

Bragi no 115

Byggvir e 119s.

Fjörgyn no 152

Freyja no 164

Gefjon no 173

Hródrsvitnir no 211

Hymiskvida e 230

Ingunar-Frey no 260

Jörd e 267

Lokerus, Senhor da Kurlândia 353

Loki 24s., 28, 42s., 59-61, 63, 79, 92, 107, 113, 115, 119s., 129, 138, 143, 160, 164, 166, 176, 197, 216-218, 220, 229, 239, 243, 249, 256s., 268, 276, 284, 308, 326, 329, 341, 373

Ægir e 279

aleijamento de bode e 249

Andvari e 79

Angrboda e 79

Baldr e 92, 94, 222, 232, 278s., 301, 342, 392

Beyla e 107

Bragi e 114

Brokk e 118, 129

Byggvir e 119

Byleist e 120

captura/punição de 268

concurso de comida e 384

crianças de 98

demonização de 385

Eldir e 138

Fárbauti e 143

Fenrir e 144

Fimafeng e 138

Frey e 150, 308

Freyja e 153, 350

Frigg e 43, 167

Gefjon e 173

gravidez de 253

Heimdall e 28, 117, 216

Hel e 220

Höd e 231

Hoenir e 233

Hvedrung e 243

Idun e 28, 60, 256s.

Insultos por 282

Laufey e 270, 281

Lódur e 233, 275s.

Logi e 277

Lopt e 276, 285

Nari/Narfi e 301s.

nomes para 285

Njörd e 246, 307-309

Odin e 61, 339, 357

Otr e 79

Povo Brísinga e 117

Ragnarök e 393

Rán e 329

representação de 280 (ilus.), 281 (ilus.)

serpente de Midgard e 281

Sigyn e 279, 296, 341

Skadi e 344

Skrýmir e 349

Sleipnir e 350
Svadilfari e 79
terremotos e 279
Thjazi e 233
Thor e 66, 134, 279, 349, 351, 383
Thrym e 366
Týr e 144S., 221, 377S.
Váli e 392
Loki Fárbautason 270
Lombardos 168
Lopt 284
Lódur e 275s.
Loricus 35
Lúðr 103s., 388
Luote/luotte 52
Lút 272
Lyngvi 145, 378

Mãe Terra 50, 302
Magni 61, 217, 232, 234, 241, 264,
    285s., 295, 328, 341, 364-366,
    388, 394, 398
    Módi e 295, 328
    Sif e 341
    Thor e 366
Magnús Báreyeg 99
Magnús Ólafsson 55
Magnus Olsen 99, 158
Mallet, Paul Henri, Edda e 55
Málsháttakvædi 146, 378
Mánagarm 173, 286-288
Máni 287s.
    Mundilfoeri e 297
    Sól e 187, 287, 297, 355
Männerbünde 76
Mannjafnaðfr 209
Mannus 259, 288, 376

Mardöll 164, 289
Marte 65, 263, 380
    segunda-feira e 261
Martelo de Thor 18 (ilus.), 32,
    44 (ilus.), 69, 81, 94, 118, 128,
    137, 200, 232, 279, 328, 341,
    367 (ilus.), 368 (ilus.), 373 (ilus.)
    cf. tb. Mjöllnir
Matres e Matrones 289, 290 (ilus.)
Mauss, Marcel 48
Meili 208, 290
Meillet, Antoine 48
Meletinskij, Eleazar 62, 407, 424
Menglöd 89, 135
Menja 192
Mennón 35
Mercúrio 261, 263
Midgard 265, 290s., 327, 383, 385,
    400, 409
Mím 83, 183s., 219, 290s.
Mímameid 152, 293
Mími 292s.
Mímir 38, 152, 157, 184, 196, 233s.,
    271, 292-294, 383
    Hoenir e 307
    Odin e 307
    poço de 293
Mímisbrunn 184, 293, 383, 406
Missionários 19
Mithothyn 167, 203, 400
Mithra 48
Mitologia 20, 27
    comparativa 47s.
    deuses e 54
    história e 64s.
    imanência da 63
    indo-europeia 48s.

kenningar e 29
natural 48
nórdica 49s., 55s.
períodos temporais da 10
religião e 9
Mitologia escandinava 9s., 41
compreendendo 43
cristãos e 20
cronologia da 57s., 61
importância da 54s.
sistema de tempo da 57
Mitólogo solar 48
Mjöll 154
Mjöllnir 32, 81, 118, 137, 241, 272,
285s., 295, 328, 346, 384, 394,
398
assassinato de gigantes e 366
Módi e 295
Módgud 92, 182, 222, 294
Módi 61, 232, 234, 285, 295, 328,
341, 366, 388, 394, 398
Magni e 328
Sif e 341
Thor e 366
Módir, Jarl e 332
Mögr 143
Móinn 405
Mökkurkálfi 240, 364
Molde em pedra-sabão 44 (ilus.)
Monstro aprisionado 295s.
Montes funerários de Uppsala 159
(ilus.)
Mótsognir 80, 402
Mudspell 298
Müller, Max, Teoria do Mito de 47
Mundilfœri 187, 287s., 297, 355,
387

Munin; cf. Hugin e Munin
Múnón 35
Muspell 109, 181, 298s., 346, 361
Muspellsheim 181, 298, 355
Muspilli 298
Mýsing, Fródi e 192

Nabbi 226
Naglfar 299, 346
Naglfari 121, 299, 312
Nágrind 158, 221, 237
Nál 270, 281, 300, 358
Nanna 43, 59, 251, 300
Balderus e 94, 231
Forseti e 155
Frigg e 222
funeral de Baldr e 59
Høtherus e 94, 231
morte de 93, 271
Nanna Nepsdóttir 91, 300
Narfi 121s., 281, 301s.
Jörd e 267
Nari e 392
Nótt e 312
Sigyn e 341
Váli e 392
Nari 281, 301
Narfi e 392
Sigyn e 341
Nep 300
Nerthus 51, 170, 258, 302, 308s.,
330
Nidafjöll 303s., 342
Nidavellir 303, 342
Nídhögg 244, 303-305, 325, 328,
330, 405-407
Nidi 303s., 342

Niflheim 181, 221, 244, 298, 305s., 406

Niflhel 305s., 352

Njörd 38, 40, 54, 59, 68, 75, 156s., 160, 169, 200, 203s., 207, 234, 246, 257, 278, 302, 307-309, 330, 337, 343, 388, 395
água e 302
em Thrymheim 372s.
Frey e 75, 278, 345
Freyja e 163, 345
Hadingus e 202-204
Loki e 246
Odin e 388s.
sacrifícios e 357
Sæming e 337
Skadi e 59, 126, 158, 343-345
Thor e 246
Uppsalir e 40

Nóatún 307, 343, 373

Noé 333

Nökkvi 251

Nomes teofóricos 46

Nönn 244

Nör 121s., 154, 237, 302, 312

Nordal, Sigurður, a respeito da garota de Billing 71

Nordri 83

Nörfi 122, 302
Jörd e 267
Nótt e 312

Nornas 309-312

Nornegraut 312

Northern Antiquities: Or, A Description of The Manners, Customs, Religions and Laws of The Ancient Danes, and Other Northern Nations... (Mallet) 55

Northumbria 397

Nöt 244

Nótt 121s., 237, 267, 299
Dag e 121
Jörd e 267
Naglfari e 299
Narfi e 302

Nyt 244

Ód 152, 164s., 176, 313s., 362
Freyja e 168, 230, 289
hnoss e 235
Hœnir e 233
Odin e 165

Oddrúnargrátr 168

Odense 46

Odin 24s., 33-36, 42s., 48, 52-55, 59, 67, 79, 86s., 89, 113, 130, 149s., 190, 193, 196, 227, 262s., 279, 313-320, 323, 326-328, 330s., 334, 337
æsir/álfar e 69
almáttki áss e 75
anel de 32, 200
artes mágicas de 172
Baldr e 59, 91, 129, 226, 389
batalhas de 9
berserks e 104
descrito 39, 69, 252, 338
Fenrir e 146s., 211, 379
filhos de 222
Frigg e 190, 229
Geirröd e 125, 191, 208s., 275
Gunnlöd e 200s., 212, 317
Hidromel da poesia e 249, 261, 361
juramentos de 278
lança de 32, 81, 118, 128, 137, 200, 282

Loki e 61, 282, 357, 378
mitos de 60
morte de 147
nomes para 98, 243
quarta-feira e 261
Ragnarök e 388s., 393s.
representação de 283 (ilus.), 319
(ilus.), 351 (ilus.)
Rind e 43, 95, 232, 239, 334
sacrifício de 60, 95, 212
Skídbladnir e 346s.
Sleipnir e 350-353
Suttung e 100, 361s.
Thor e 24, 208s., 240, 279s., 290,
366s., 385s.
travestimento e 374
Vafthrúdnir e 24, 121, 241, 355,
387s., 408
Váli e 301, 334, 398
viagens de 39
vidente e 97
xamanismo e 40
Yggdrasil e 77, 405, 407
Ynglinga Saga e 37
Völuspá e 402
O mascarado 190
Ódinsey 38
Ödlingar 251
Ódrerir 223s., 316, 320s.
Ofnir 405
Ögmund 161, 321
Ögmundar tháttr dytts ok
GunnarsHelmings 50, 161, 170,
258, 321
Ókólnir 116
Olaf 161, 321
Olaf Haraldsson, morte de 17
Óláf pái 28, 93, 353

Olaf Tryggvason 17, 19, 127, 161,
227s., 321, 358
Old Norse and Finnish Cultic Religions
and Place Names (Ahlbäck) 63
Ollerus 335, 381
Olo, assassinato de 359
Olrik, Axel 296
Öndur-goð 323
Óðinn 44
Orchard, Andy 130
Orkneyinga saga 67, 153, 277
Örmt 109, 369
Örvar-Odds saga (Hjálmar) 202
Óskópnir 109, 360
Othinus 167, 335
Bous e 112
Frigga e 400
Rind e 334
Rinda e 95
Váli e 395
Otr 81
morte de 79, 82, 233
Óttar 197, 251-253
Freyja e 164, 214, 226, 250
genealogia de 250
Ouro, kenningar para 128

Paganismo 16, 19, 41, 51-53, 57, 65
cristãos e 16
origens do 35
satanás e 35
Passado
distante 58
próximo 58, 268
presente/futuro mítico 58-62, 268,
281
Paulo Diácono 168

Paz de Fródi 40, 150, 160, 169, 171, 192

Pedra de forno, rosto esculpido em 280 (ilus.)

Pedra Rúnica 18 (ilus.), 20 (ilus.), 21 (ilus.), 340 (ilus.), 351 (ilus.), 381 (ilus.)
  de Jelling 17
  Sparlösa, detalhe da 381 (ilus.)

Percy, bispo, tradução de 55

Período
  de Vendel 14
  migrações 12, 43, 112, 260

Perséfone 95

Phol 142s.

Placas de capacetes 105, 242 (ilus.)

Placas decorativas, formas metálicas para carimbar 315 (ilus.), 316s. (ilus.), 318 (ilus.)

Place-names 10, 50, 128, 165
  culto/natureza 46
  dísir e 125
  Frey e 162
  Njörd e 303
  Odin e 54
  Thor e 55
  Ull e 345

Poema
  escudo 27
  rúnico 69

Poemas
  de Odin 24, 386
  em estrofes 27
  heroicos 24

Poemas éddicos 25, 57, 76, 140, 218
  Ægir e 66
  descritos 22, 25, 30

Poesia erótica 165

Poesia escáldica 37, 40, 63, 66, 243
  descrita 26, 29-31
  Islândia cristã e 30

Ponte Gjallar 92

Poppo, Harald Dente-Azul e 17

Portão-de-cadáveres 158

Povo-Ása 70

Pré-história erudita 123, 150, 160, 175, 204, 357

Priam 35

Prima signatio 16

Primeiro Tratado de Gramática, aquisição da chaleira e o 249

Prolonged Echoes (Clunies Ross) 62

Proserpina 95

Proto-germânico 44s.

Proto-indo-europeu 44s., 47

Ráðbani 393

Ragnar Lodbrók 27

Ragnarök 32, 61s., 64s., 69, 77, 96, 102, 109, 133, 140, 144, 146, 149, 152s., 156, 173, 178, 180, 208, 211, 219, 253, 256s., 304s., 325-328
  einherjar no 228
  Fimbulvetr e 149, 152
  Frey no 160
  jogo dos deuses e 256
  Gerd no 160
  Höd e 232
  Hœnir e 233
  início do 183, 217, 403
  Loki e 282, 393
  Máni no 288
  Mímir e 292
  monstro aprisionado no 284, 295

morte de Baldr e 96, 98
Muspell e 298
Naglfar no 299
Níðhögg e 304s.
Odin e 136, 320, 388s., 393s.
partes do 327
ragna no 323
representação de 327 (ilus.), 328
(ilus.)
serpente de Midgard e 340
Sól durante o 355
sobrevivendo o 271, 285, 295,
393, 398
Surt e 360
Vídar e 398s.
Ragnarøkkr 325
Ragnarsdrápa (Bragi Boddason,
O Velho) 27, 173, 228, 249
a respeito de Thrúd 370
Rán 29, 79, 217, 329s.
Ægir e 66
filhas de 85
Ratatosk 304, 330, 405s.
Rati 223
Ref Gestsson, a respeito de Gymir/
Ægir 201
Regin 206, 323s.
Regindómr 323
Reginkunnr 323
Reginsmál 25, 56, 79, 125, 150, 329
a respeito das nornas 311
a respeito de Máni 288
Reginþing 323
Reginvitleysa 323
Regnator Omnium Deus 331
Regnhild, Hadingus e 203
Reidgotaland 36

Religião
lei, sociedade e 51
mito e 9
Reliques of Ancient Poetry, Percy e 55
Ríg 25, 218
Rígsthula 25, 112, 218, 331, 333s.
Rind 232, 334, 338
Jörd e 267
Odin e 43, 232, 239
Váli e 393, 398
Rinda 334s.
Bous e 398
estupro de 95, 112, 381
Othinus e 95
Váli e 394
Ritual
estudo do 49
público 51
Rocha sagrada 52
Rofterus 239
Rögnvald heidumheiri Óláfsson 27
Rögnvald
Ingunar-Frey e 260
Yngvi e 412
Rök, pedra rúnica de 21 (ilus.)
Röskva 249, 335, 383
Egil e 131
Thjálfi e 335
Thor e 386
Runas 17-19, 22, 122, 149, 172, 215
Rúnatal 212, 315

Sacrifício 49-54
Sæhrímnir 78, 133, 137, 214, 336,
391
Sæming 36, 337
Sæmund Sigfússon, O Erudito 22

Sága 337s.

Saga de Olaf Tryggvason 127

Sagas
islandesa 35, 41s., 52, 105
mítico-heroica 41s.

Sámi 39s., 51, 153, 399

Satã, pagãos e 35

Saxão antigo 26

Saxões 16

Saxo Grammaticus 99, 161, 165, 167,
202-204, 334s., 353, 400
a respeito de Baldr 94, 395
a respeito de Frotho 170
a respeito de Starkad 358s.
a respeito de Thorkillus 177
a respeito de Ull 382
a respeito do evemerismo 42
Bous e 112
Fródi e 65
história de 42s.

Scandinaujã 11

"Scandinavian Mythology as a
System" (Meletinskij) 62

Schjødt, Jens Peter 62

Schröder, Franz Rolf 249

Scyldingas 175

Seid 95, 165, 168, 172, 194-196,
199, 213, 334s., 338s.

Seland 174

Selund 174

Semnones 324, 331

Serpente de Midgard 24, 60s., 63,
79, 86, 98, 144s., 256, 270, 326,
340, 378, 385
broche (ilus.) 339
Fenrir e 98
Hel e 79

Loki e 281
Odin e 306, 320
pesca da 245, 246 (ilus.), 247-250,
256
Thor e 27, 43, 248, 366

Sessrúmnir 153, 163

Sibila; cf. Sif

Síd 244

Sidgrani 76

Sídu-Hall 127

Sif 35, 127, 278, 286, 341, 380
cabelo de 81
cabelo dourado de 32, 128, 200,
346
Járnsaxa e 264
Loki e 29, 81, 118, 137
Módi e 295
ornamento de cabeça de 282
Thor e 366

Sigarus 99

Sigfather 147, 397

Sighvatr Thórdarson, poema de 72s.

Sigmund 135s., 222, 251

Signe 99

Sigrdrífumál 83, 190, 292
palavras para deus em 323

Sigtúnir 36, 39

Sigtýr 380

Sigurd 25, 56, 251
Fáfnir e 360
Hnikar e 125
Loddfáfnismál e 274
nornas e 311

Sigurdurdrápa 334, 394

Sigyn 94, 279, 281, 296, 341s., 344

Simek, Rudolf 75
Sindri 288, 303

Sinfjötli 135s.

Singasteinn 216

Sinthgunt 142

Sistema linear 57s., 62

Siwardus 239

Sjælland 12, 174s.

Sjöfn 343

Skadi 18, 126, 156, 159, 278, 323, 343-345, 372
  Freyja e 163
  Háleygjatal e 206s.
  Loki e 282
  Njörd e 59, 207, 307
  Odin e 207
  Sæming e 337
  Thjazi e 282, 307, 365s.
  Thrymheim e 372
  vingança por 257

Skævad 202

Skalds 27, 29, 128, 409
  kenningar e 29
  Odin e 200

Skáldskaparmál (Snorri) 31s., 34, 37, 59s., 66s., 70

Skåne 12

Skídbladnir 32, 81, 118, 128, 137, 160, 172, 200, 282, 346s.

Skilfingar 251

Skínfaxi 121, 348, 387

Skírnir 128, 157s., 186, 222
  Alfödr 145, 378
  Frey e 99
  Gerd e 24, 178
  Hrímgrímnir e 237s.
  maçãs de ouro e 257

Skírnismál 59, 99, 138, 208, 257, 345
  æsir/álfar no 69, 102
  Frey no 24, 157, 170, 229

Grímnismál e 189

Gymir e 201

Skjöld 168, 174s., 192

Skjöldunga saga 169

Skjöldungar 36, 168, 175, 251

Skögul 205s.

Sköll 146, 210s., 348s.

Skrýmir 278, 349, 384
  Fjalar e 149s.
  Thor e 366, 383

Skuld 58, 310s.

Skuli, jarl 30

Sleipnir 60, 896, 92s., 115, 172, 179, 202s., 222, 240, 350-354, 351 (ilus.), 352 (ilus.)

Sleipnir-do-mar 353

Slíd 244, 305

Slídrugtanni 160, 197, 354

Snær 154

Snør 332

Snorri Sturluson 10, 27, 31s., 34, 42, 53
  assassinato de 30
  cronologia e 57
  evemerismo de 36, 42
  mitologia e 10
  paganismo e 53
  prólogo por 35
  vida de 30

Snotra 354

Soekin 189

Sögubrot af fornkonungum 73

Søkkvabekk 337

Sökmímir 82

Sól 108
  Bil e 356
  Glen e 187

Máni e 187, 287s., 297, 355

Mundilfoeri e 287s.

Són 223s., 321

Sonatorrek (Egil Skallagrímsson) 28, 329s.

Sørensen, Preben Meulengracht 248

Sörla tháttr 42, 82, 117, 130, 164, 227s., 357

a respeito de Laufey 270

a respeito de Nál/Laufey 300

Sörli 125

Stál-goð 323

Starcatherus 359

Starkad 41, 358s.

morte de Víkar e 95

Starkad Áludreng 123s., 359

Steingerd 308

Steinn 82

Steinsland, Gro, a respeito da Yggdrasil 407

Sturla Thórdarson, a respeito da Gjallarbrú 142

Sturlaugs saga starfsama 266

Sturlungar 30

Sudri 83

Suebi 263

Sunna 142

Surt 61, 109, 159, 178, 230, 256, 285, 326, 360s., 387, 394, 398

fogo de 102

Suttung 201, 223-225, 237, 317, 361s.

estupro de 101

Odin e 100, 223

Svadilfari 79, 86, 350s.

Sváfnir 405

Svárangr 209

Svartálfaheim 82, 141

Svarthöfdi 252

Sveares 11

Sveigdir 82

Svein 85, 154

Svipdagsmál 89

Svöl 244, 305

Sylg 244, 305

Syn 362

Sýr 164, 362

Tácito 50-52, 111, 134, 170, 258, 376s., 394, 411

a respeito de Ing 258

a respeito de Mannus 288s.

a respeito de Nerthus 302, 308

a respeito de Tuisto 376

a respeito do Regnator Omnium Deus 331

a respeito dos deuses germânicos 263

a respeito dos Semnones 324

Talismãs 368

Tanakvísl 70

Tapeçaria 319 (ilus.)

Tegneby, escultura em rocha em 346 (ilus.)

Tempo 61

espaço e 62s.

mítico 57

Teodorico 21 (ilus.)

Terra dos gigantes 117, 151, 223, 240s., 317, 326, 363, 366, 373s.

Thœttir 41

The Journal of Structural Anthropology 62

The Myth of the Eternal Return
  (Eliade) 62
Thidranda tháttr ok Thorhálls 42, 127
Thidriks saga 401
Thing-men 16
Thingsus 262
Thír 332
Thjálfi 176, 240s., 363-365, 384
  aleijamento de bode por 249
  Egil e 131
  Hrungnir e 241
  Röskva e 335
  Thor e 368, 383, 386
Thjazi 28, 31, 59, 82, 91, 164, 193,
  209, 233, 256s., 365, 372
  Lódur e 276
  Loki e 281
  Njörd e 308
  Skadi e 282, 307, 343
  Thrymheim e 372
Thjódnuma 244
Thjódólf de Hvin 37, 40, 82, 124,
  133, 150, 154, 207, 233, 243,
  256, 260, 365
  a respeito de Hrungnir 240
  a respeito de Sigyn 342
  poema de escudo de 27
Thjódrörir 69, 82, 123
Thökk 93, 270
Thöll 244
Thor 24, 52, 54s., 66, 76, 85, 90,
  102, 109, 117, 131, 149, 177,
  189, 262, 317, 327s., 331, 356,
  366-371, 373
  anões e 141
  assassinatos de gigantes por 285
  batalhas de 9
  cerveja e 249

Cristo e 65, 368
duelo Hrungnir com 28, 31, 90,
  133, 240, 280, 286, 351, 364,
  370, 386, 394
estudo de 49
Geirröd e 246, 374, 396
Gríd e 189, 396
Hymir e 24, 244s., 247s.
Jörd e 266s.
Lit e 271s.
Loki e 69, 134, 278s., 281, 365,
  385
Magni e 285s.
Midgard e 290s.
morada de 371-373
Odin e 24, 207-209, 241, 279,
  282, 286, 386
poesia e 24, 29, 128
quinta-feira e 261
representação de 245 (ilus.),
  319 (ilus.), 369 (ilus.)
serpente de Midgard e 27s., 43,
  248s., 339s.
Skrymir e 349, 383
templo de 266
Thjálfi e 363-365, 383s.
Útgarda-Loki e 33, 383, 385s.
Thorbjörn dísarskáld 86, 128, 272
Thorbjörn hornklofi 104
Thórd 102s.
Thórdís, Thorvard e 72
Thorgeir 19
Thorgerd 329
Thórgrímsthula, a respeito de
  Sleipnir 351
Thorhall 127
Thórir 312
Thorkillus 177, 385

Thorri 154

Thórsdrápa (Eilíf Godrúnarson) 28, 364
  a respeito de Magni 285
  Geirröd e 176

Thorvard, Thórdís e 72

Thrall 332

Thridi 32, 34, 37, 115

Thrívaldi, assassinato de 369

Thrúd 366, 370s.

Thrúdgelmir 89, 371, 387, 408

Thrúdheim 35, 190, 371s.

Thrúdvangar 110, 372

Thrym 24, 69, 82, 164, 373
  Loki e 375
  Thor e 366, 372

Thrymheim 126, 343, 345, 372s.

Thrymskvida 25, 69, 140, 164, 218, 230, 270, 277, 373s.
  Baldrs draumar e 98
  Brísinga no 117
  Jörd e 267

Thulur 37, 66, 68, 79, 88, 99s., 108, 111, 143, 147, 176, 182 , 185s., 189s., 198, 201s., 207s., 210, 219, 270-272, 309, 329, 343, 349, 397

Thund 317

Thunor 54

Þyle 275

Þylja 275

Thyn 244

Tiw 54
  terça-feira e 261

Tiwaz 261

Topo-dourado 198

Torshøj 46

Tradição
  judaico-cristã 57, 104, 410
  oral 20, 22

Trákía 35

Tróan 35

Troia 35, 150

Trolls 66

Trór; cf. Thor

Tuisto 259, 289, 376s., 411

Tungl 287

Týr 44s., 48, 54, 60, 173, 187, 221, 246, 248s., 263, 279, 295, 339, 356, 377-380
  bravura de 144
  Fenrir e 278
  Hymir e 245
  Loki e 144-146, 239, 368, 378
  Odin e 207
  terça-feira e 261
  Thor e 139, 246

Tyrkland 35, 38, 64, 315, 372, 412

Úlfrún 217

Úlf Uggason 27, 93, 117, 160, 197, 216, 249, 254, 353
  a respeito de Frey 197
  a respeito de Hyrrokkin 254
  a respeito de Slídrugtanni 354
  drápa por 27

Ull 190, 309, 313, 335, 345, 380-382, 394
  anel de 75
  Ullin e 165

Ullin 165, 313

Unn 85

Uppland 22

Uppsala, templo pagão em 407

Urd 58, 275, 310s., 382

Urdarbrunn 109, 311, 382, 406

Útgard 383

Útgarda-Loki 85, 131, 140, 149,
249, 277, 279, 281, 335, 349,
363, 383-386
Logi e 277
Thor e 33, 367, 383

Útgardar 86, 385

Vafthrúdnir 60, 89, 103s., 179, 287,
297, 361, 388s., 410
Bergelmir e 103, 371
Dag e 121
Fenrir e 146
Frigg e 166
Hræsvelg e 235
Hrímfaxi e 237
Magni e 285
Nótt e 312
Odin e 24, 122, 147, 306, 316,
387-389, 408
Surt e 360
Ymir e 408s.

Vafthrúdnismál 24, 32, 77, 89, 98,
103, 121, 138, 146, 152, 166,
180, 187, 191, 209, 212, 236,
252, 258, 266, 271, 279, 295,
306, 317, 328, 360s., 386-389
a respeito de Fenrir 146
a respeito de Frigg 166
a respeito de Glen 187
a respeito de Hrímfaxi 237
a respeito de Ifing 258
a respeito de Líf/Lífthrasir 271
a respeito de Módi 295
a respeito de Niflhel 306
a respeito de Sól 354s.

a respeito de Surt 360

a respeito de Váli 394

a respeito de Vídar 398

a respeito de Ymir 408-410
Baldrs draumar e 98
Dag no 121
Delling no 122
Grímnismál e 189
Magni no 285
Nótt no 312
Odin e 317, 355
Skínfaxi e 348
Thrúdgelmir no 371

Vágasker 216

Válaskjálf 390

Valfödr 74, 184, 218, 391
juramento de 218
Völuspá e 402

Valgrind 221

Valhöll 28, 60s., 86, 126, 135-137,
148, 153, 156, 186, 190, 222,
226, 228, 232, 240, 307, 318,
336, 352, 390-392
Bragi no 115
einherjar e 133, 228
Entrada de Eirík Machado-de-
-Sangue no 204
Heidrún no 213s.
heróis humano no 206
hidromel no 391
Odin no 401

Váli 61, 94-96, 112, 234, 256, 274,
285, 295, 301, 388, 392-395, 397
Baldr e 267
Höd e 232
Jörd e 267
kenningar para 94, 232
Magni e 285

Narfi e 393
Nari e 301
Odin e 314, 334
Rind e 334, 398
Vídar e 328, 361, 394, 398
vingança por 98, 253
Valquírias 125s., 126 (ilus.), 127,
133, 136, 190, 201, 205, 267,
352 (ilus.)
no Valhöll 391
Van Hamel, A.G. 100, 266
Vanadís 126
Vanaheim 37
Vanakvísl 195, 357
Vanaland 37
Vândalos 13, 168
Vanir 38, 59, 158, 163, 188, 195,
199, 204, 219, 307, 394s.
æsir e 60, 194, 196, 223, 268
áss e 75
culto dos 302
Vännern 11
Vár 395
Várar 396
Varin 21
Varuna 48
Vastergötland, pedra rúnica
de 381 (ilus.)
Vatnsdæla saga 105
Vättern 11
Vé 38, 87, 106, 152, 166s., 279, 400
Bor e 410
Bur e 119
Frigg e 278
Lódur e 275
Odin e 314
Vedrfölnir 396, 406

Vegsvínn 244
Vegtam 97
Velent 402
Vellekla (Einar Helgason
skálaglamm) 133, 170, 268
Vemod 21
Vendsyssel 13
Vênus
Frigg e 263
sexta-feira e 261s.
Verdandi 58, 310s.
Verland 151
Vestri 83
Viajante, importância do 56
Víd 244, 305
Vida de São Willebrord (Alcuíno) 155
Vídar 61, 176, 189, 232, 243, 256,
285, 295, 388, 396-399
Bragi e 115
Gríd e 189
Magni e 286
Odin e 314, 328
Váli e 328, 361, 393s., 398
vingança de 147
Vídbláin 399
Vídblindi 399
Vidfinn 108, 399
Vidólf 252
Vidrir 152, 167, 400
Víga-Glúms saga 125
Vígríd 387
Víkar, morte de 95, 359
Vili 38, 87, 106, 152, 166s., 279, 400
Bor e 410
Bur e 119
Frigg e 278

Lódur e 275
Odin e 314
Vilmeid 252
Vimur 176, 185, 364, 369
Vín 244
Vína 244
Vindhlér 216, 218
Vingnir 286
Vingólf 256, 401
Vingthór 76
Visco 43, 148, 231
Vóden; cf. Odin
Volla 142, 171
Völsunga saga 41, 56, 79, 150, 329
Völund 24, 132, 401s.
 elfos e 140
 representação de 401 (ilus.)
Völundarkvida 24, 76
 elfos e 140
Völuspá (Snorri) 24, 32, 51, 402-404
 passado/presente/futuro no 58
 sistema cíclico/sistema linear
  no 57, 62
 versão do *Codex Regius* do 91,
  231, 308
 versão oral do 91
 cf. tb. "*Völuspá* abreviado"
"*Völuspá* abreviado" 79, 136, 143s.,
 189, 214, 217, 252s.
 a respeito de Skadi 343
 a respeito de Sleipnir 351
 a respeito de Váli 393
 Gjálp no 185
 Hyndluljód e 250
"Völuspá-cyklisk tidsopfattelse i
 gammelnordisk religion"
 (Schjødt) 62

Vör 404
Voss 125

Wagner, Richard 56, 325
Wayland, o Ferreiro 141, 401
Wodæn 54
Wodan 52, 142, 200
Wotan, importância de 56

Xamanismo, Odin e 39

Ýdalir 380
Ygg 86, 191, 407
Yggdrasil 77, 109s., 122, 132, 143,
 172, 181s., 185s., 190, 198, 201,
 218, 271, 293, 310, 326, 346,
 350, 396, 404-407
 Hel e 220
 Lærad e 269
 Nídhögg e 304
 Odin e 316
 raiz da 382
 Ratatosk e 330
 roendo na 129s.
 Thor e 369
 Urdarbrunn e 382
Ylg 244, 305
Ymir 82, 88, 103, 119, 121, 180s.,
 191, 252, 289-291, 298, 371,
 377, 387, 408-411
 assassinato de 58, 107, 314
 Aurgelmir e 89
 Élivágar e 138
 nomes para 111, 116
 Odin e 314
 parentesco de 89
Ynglinga saga (Snorri) 37, 39, 42, 53

Ynglinga tal (Thjódólf de Hvin) 27,
  37, 39, 82, 124, 147, 150, 154,
  207, 243, 397
  a respeito de Ingunar-Frey 260
  a respeito de Njörd/Skadi 207
Ynglingar 40, 251, 412
Ynguni 412
Yngvi 36, 258, 412

Yngvi-Frey 412
  Sæming e 337
Yngvin 412
Yrsa 193

Zeus 262
  quinta-feira e 261

Índice geral

Sumário, 5

Nota sobre a ortografia, 7

1 Introdução, 9

O contexto histórico, 11

O contexto indo-europeu, 46

Culto, adoração e sacrifício, 49

A importância da mitologia escandinava, 54

2 Tempo, 57

A natureza do tempo mítico, 57

Passado mítico, presente e futuro, 58

Tempo cíclico, 62

Tempo e espaço, 62

Mito, narrativa e linguagem, 63

Mito e história, 64

3 Divindades, temas e conceitos, 66

Ægir, 66

Æsir, 68

A garota de Billing, 70

Álfablót, 72

Álfheim (Terra dos elfos), 73

Alfödr (Pai-supremo), 74

Almáttki áss, 74

Alvíssmál, 76

Andhrímnir (Fronte-em-cinza), 78

Andlang, 78

Andvari (Cuidadoso), 79

Angrboda (Aquela-que-oferece-tristeza), 79

Anões, 80

Árvak e Alsvin (Madrugador e Ligeiro), 83

Ása-Thor (Thor-dos-Æsir), 85

Ás-Brú (Ponte-Æsir), 85

As filhas de Ægir, 85

Ásgard (Recinto dos Æsir), 86

Ask (Freixo) e Embla, 87

Atla, 88

Audhumla, 88

Aurboda (Aquela que oferece cascalho), 89

Aurgelmir (Gritador de lama), 89

Aurvandil, 90

Baldr, 91

Baldrs Draumar (Os sonhos de Baldr), 97

Báleyg (Olho flamejante), 98

Barri, 99

Baugi (Forma-de-anel), 100

Beli, 101

Bergbúa tháttr (O conto do morador da montanha), 102

Bergelmir (Gritador de urso, Gritador da montanha ou Gritador desnudo), 103

Berserks, 104

Bestla, 106

Beyla, 107

Bil e Hjúki, 108

Bileyg (Olho vacilante), 108

Bilröst, 109

Bilskírnir, 110

Bláin, 111

Bölthor(n), 111

Bous, 112

Bracteates, 112

Bragi, 114

Breidablik, 116

Brimir, 116

Brísinga men, 117

Brokk, 118

Bur, Bor (filho), 118

Búri, 119

Byggvir, 119

Byleist (Byleipt, Byleift), 120

Dag (Dia), 120

Dáin (Morto), 122

Delling, 122

Dísablót, 123

Dísir, 125

Draupnir (Gotejador), 128

Drómi, 129

Duneyr, 129

Durathrór, 129

Dvalin (Atrasado), 129

Eggthér, 130

Egil, 131

Eikinskjaldi (Com-um-escudo-de-carvalho), 132

Eikthyrnir (Cercador-de-carvalho), 132

Ein(d)ridi (Cavaleiro-solitário), 133

Einherjar (Guerreiros-solitários), 133

Eir, 135

Eiríksmál, 135

Eistla, 136

Eitri, 137

Eldhrímnir (Fuligem-de-fogo), 137

Eldir, 138

Élivágar (Ondas-de-granizo), 138

Elli (Idade-Avançada), 140

Elfos, 140

Encantamentos de Merseburg, 142

Eyrgjafa, 143

Falhófnir (De-cascos-pálidos), 143

Fárbauti (Batedor-raivoso), 143

Fenrir, 144

Fensalir (Salões-de-pântano), 148

Fimafeng, 148

Fimbul-, 148

Fjalar (Enganador), 149

Fjölnir, 150

Fjölvar, 151

Fjörgyn, 151

Floresta de Hoddmímir, 152

Fólkvang (Campo-de-pessoas ou Campo-de-exércitos), 153

Fornjót, 153

Forseti (Presidente), 155

Freki (O-Esfomeado), 155

Frey, 156

Freyja (Senhora), 163

Frigg, 166

Fródi, 168

Fulla, 171

Galar (Gritador), 171

Galdrar, 172

Garm, 172

Gefjon, 173

Gefn, 176

Geirröd, 176

Gerd, 178

Geri (O-Esfomeado), 179

Gestumblindi (Aquele-que-é-cego-para-os-convidados?), 179

Gimlé, 180

Ginnunga Gap, 180

Gísl, 182

Gjallarbrú, 182

Gjallarhorn (Trombeta-Gritante), 183

Gjálp, 185

Glad (Contente), 185

Gladsheim, 185

Glær (Vítreo), 186

Gleipnir, 186

Glen, 187

Glitnir, 187

Gná, 188

Gnipahellir (Caverna-de-Gnipa), 188

Greip (Punho), 188

Gríd, 189

Grímnismál, 189

Gröttasöng, 192

Guerra Æsir-Vanir, 194

Gullinborsti (Pelagem-dourada), 197

Gullintanni (Dente-dourado), 198

Gulltopp (Topo-dourado), 198

Gullveig, 199

Gungnir, 200

Gunnlöd, 200

Gyllir, 201

Gymir, 201

Hábrók (Calças-altas), 202

Haddingjar, 202

Hadingus, 203

Hákonarmál, 204

Háleygjatal, 206

Hallinskídi, 207

Hárbardsljód, 208

Harthgrepa (Punho-firme), 210

Hati Hródvitnisson, 210

Hávamál, 212

Heid, 213

Heidrún, 213

Heimdall, 215

Hel, 220

Hermód, 222

Hidromel da Poesia, 223

Hildisvíni (Porco-de-batalha), 226

Himinbjörg (Montanha-celeste), 226

Hjadningavíg (Batalha-dos-seguidores-de-Hedin), 227

Hlidskjálf, 229

Hlín, 230

Hlóra, 230

Hlórridi, 230

Hnoss (Tesouro), 230

Höd, 231

Hœnir, 233

Hörn, 235

Hræsvelg, 235

Hraudung, 236

Hrímfaxi, 237

Hrímgrímnir (Mascarado-de-geada), 237

Hringhorni (Chifre-de-anel), 238

Hródvitnir, 239

Hropt, 239

Hrungnir, 240

Hugin (Pensamento) e Munin (Mente), 242

Hvedrung, 243

Hvergelmir (Caldeira-de-fontes-térmicas), 244

Hymir, 244

Hymiskvida, 247

Hyndluljód, 250

Hyrrokkin (Defumada-de-fogo), 254

Idavöll, 255

Idun, 256

Ifing, 258

Ing, 258

Ingunar-Frey, 260

Interpretatio Germanica, 260

Interpretatio Romana, 263

Járnsaxa (Armada-com-uma-espada-de-ferro), 264

Járnvid (Floresta-de-ferro), 264

Jogo dos deuses, 265

Jörd (Terra), 266

Jötunheimar (Mundos-dos-gigantes), 267

Kvasir, 268

Lærad, 269

Laufey, 270

Léttfeti (Pé-leve), 271

Líf e Lífthrasir, 271

Lit (Cor, semblante), 271

Ljódatal, 272

Loddfáfnismál, 274

Lódur, 275

Lofn, 276

Logi (Fogo), 277

Lokasenna, 277

Loki, 280

Lopt, 285

Magni (Aquele que é Forte), 285

Mánagarm (Cachorro-da-Lua), 286

Máni (Lua), 287

Mannus (Homem), 288

Mardöll, 289

Matres e Matrones, 289

Meili, 290

Midgard (Recinto-central), 290

Mímir (Mím, Mími), 292

Módgud (Cansada-de-batalha), 294

Módi (Aquele que é raivoso), 295

Monstro aprisionado, 295

Mundilfœri, 297

Muspell, 298

Naglfar, 299

Naglfari, 299

Nál (Agulha), 300

Nanna, 300

Nari e/ou Narfi, 301

Nerthus, 302

Nidafjöll, 303

Nidavellir, 303

Nídhögg (Sopro-do-mal), 304

Niflheim (Mundo-de-neblina) e Niflhel (Hel-de-neblina), 305

Njörd, 307

Nornas, 309

Nótt (Noite), 312

Ód, 313

Odin (Nórdico Antigo Óðinn), 314

Ódrerir, 320

Ögmundar tháttr dytts ok Gunnars Helmings (O conto de Ögmund Dint e Gunnar Half), 321

Palavras para deuses, 322

Ragnarök (Julgamento-dos-poderes), 325

Rán, 329

Ratatosk (Dente-de-perfuração), 330

Regnator Omnium Deus, 331

Rígsthula, 331

Rind, 334

Röskva (Madura?), 335

Sæhrímnir, 336

Sæming, 337

Sága, 337

Seid, 338

Serpente de Midgard, 339

Sif (Relacionamento-por-casamento), 341

Sigyn, 341

Sindri (Escória), 342

Sjöfn, 343

Skadi, 343

Skídbladnir, 346

Skínfaxi (Juba-brilhante), 348

Sköll, 348

Skrýmir (Aquele-que-parece-grande), 349

Sleipnir, 350

Slídrugtanni (Dente-perigoso), 354

Snotra, 354

Sól (Sol), 354

Sörla tháttr, 357

Starkad, 358

Surt, 360

Suttung, 361

Syn, 362

Sýr (Porca), 362

Thjálfi, 363

Thjazi, 365

Thor, 366

Thrúd (Força), 370

Thrúdgelmir (Gritador-de-força), 371

Thrúdheim (Mundo-da-força), 371

Thrúdvangar (Campos-de-força), 372

Thrymheim (Mundo-do-barulho), 372

Thrymskvida (O poema de Thrym), 373

Tuisto, 376

Týr, 377

Ull, 380

Urdarbrunn (Fonte de Urd), 382

Útgard (Cercado-externo), 383

Útgarda-Loki (Loki-dos-Útgardar), 383

Vafthrúdnismál, 386

Válaskjálf, 390

Valhöll (Salão-de-carniça), 390

Váli, filho de Loki, 392

Váli, filho de Odin, 393

Vanir, 395

Vár, 395

Vedrfölnir (Pálido-de-tempestade), 396

Vídar, 396

Vídbláin (Amplo-azulado), 399

Vídblindi (Amplo-cego), 399

Vidfinn (Finlandês da floresta), 399

Vili e Vé, 400

Vingólf (Salão amigo), 401

Völund, 401

Völuspá, 402

Vör, 404

Yggdrasil (O Corcel de Ygg), 404

Ymir, 408

Yngvi, 412

4 Recursos impressos e não impressos, 414

Antecedentes – Escandinávia viking e medieval, 415

Arqueologia, 417

Etimologia, 417

A conversão da Islândia, 418

Islândia medieval, 419

Mulheres e gênero, 420

Enciclopédias, 420

Fontes primárias – traduções, 421

Fontes primárias – comentários e análises, 423

Poesia Éddica e Escáldica, 423

Snorri Sturluson, 424

Histórias literárias, 425

Mitologia: tratamentos gerais, 425

Mitologia: estudos importantes, 427

Recursos não impressos, 429

Índice remissivo, 433

CULTURAL

Administração
Antropologia
Biografias
Comunicação
Dinâmicas e Jogos
Ecologia e Meio Ambiente
Educação e Pedagogia
Filosofia
História
Letras e Literatura
Obras de referência
Política
Psicologia
Saúde e Nutrição
Serviço Social e Trabalho
Sociologia

CATEQUÉTICO PASTORAL

Catequese
Geral
Crisma
Primeira Eucaristia

Pastoral
Geral
Sacramental
Familiar
Social
Ensino Religioso Escolar

TEOLÓGICO ESPIRITUAL

Biografias
Devocionários
Espiritualidade e Mística
Espiritualidade Mariana
Franciscanismo
Autoconhecimento
Liturgia
Obras de referência
Sagrada Escritura e Livros Apócrifos

Teologia
Bíblica
Histórica
Prática
Sistemática

VOZES NOBILIS

Uma linha editorial especial, com importantes autores, alto valor agregado e qualidade superior.

REVISTAS

Concilium
Estudos Bíblicos
Grande Sinal
REB (Revista Eclesiástica Brasileira)

VOZES DE BOLSO

Obras clássicas de Ciências Humanas em formato de bolso.

PRODUTOS SAZONAIS

Folhinha do Sagrado Coração de Jesus
Calendário de mesa do Sagrado Coração de Jesus
Agenda do Sagrado Coração de Jesus
Almanaque Santo Antônio
Agendinha
Diário Vozes
Meditações para o dia a dia
Encontro diário com Deus
Guia Litúrgico

CADASTRE-SE
www.vozes.com.br

EDITORA VOZES LTDA.
Rua Frei Luís, 100 – Centro – Cep 25689-900 – Petrópolis, RJ
Tel.: (24) 2233-9000 – Fax: (24) 2231-4676 – E-mail: vendas@vozes.com.br

UNIDADES NO BRASIL: Belo Horizonte, MG – Brasília, DF – Campinas, SP – Cuiabá, MT
Curitiba, PR – Fortaleza, CE – Goiânia, GO – Juiz de Fora, MG
Manaus, AM – Petrópolis, RJ – Porto Alegre, RS – Recife, PE – Rio de Janeiro, RJ
Salvador, BA – São Paulo, SP